博士论文
出版项目

伊拉克库尔德问题研究
（1958—2003）

The Kurdish Question in Iraq
（1958—2003）

李睿恒　著

中国社会科学出版社

图书在版编目（CIP）数据

伊拉克库尔德问题研究 ： 1958—2003 / 李睿恒著.
北京 ： 中国社会科学出版社， 2024. 9. -- ISBN 978-7
-5227-3873-4

Ⅰ. D737.762

中国国家版本馆 CIP 数据核字第 2024L65H27 号

出 版 人　赵剑英
责任编辑　范娟荣
责任校对　闫　萃
责任印制　王　超

出　　版　中国社会科学出版社
社　　址　北京鼓楼西大街甲 158 号
邮　　编　100720
网　　址　http://www.csspw.cn
发 行 部　010－84083685
门 市 部　010－84029450
经　　销　新华书店及其他书店

印　　刷　北京君升印刷有限公司
装　　订　廊坊市广阳区广增装订厂
版　　次　2024 年 9 月第 1 版
印　　次　2024 年 9 月第 1 次印刷

开　　本　710×1000　1/16
印　　张　20.5
字　　数　286 千字
定　　价　108.00 元

出版说明

为进一步加大对哲学社会科学领域青年人才扶持力度，促进优秀青年学者更快更好成长，国家社科基金2019年起设立博士论文出版项目，重点资助学术基础扎实、具有创新意识和发展潜力的青年学者。每年评选一次。2022年经组织申报、专家评审、社会公示，评选出第四批博士论文项目。按照“统一标识、统一封面、统一版式、统一标准”的总体要求，现予出版，以飨读者。

全国哲学社会科学工作办公室

2023年

序 言 一

我与李睿恒博士认识时他还在北京大学攻读博士学位，当时就得知他的研究专注于伊拉克的库尔德问题。现在看到他的博士学位论文能够获得国家社会科学基金的立项资助、成书出版为《伊拉克库尔德问题研究（1958—2003）》，我为他感到由衷的高兴。我从事外交工作起步时曾在伊拉克学习和工作过，后来任中东问题特使期间也曾访问过伊拉克，跨度40余载。伊拉克的库尔德问题一直是特别引人关注的重要话题。为此，我很乐意为李睿恒博士的新书作序推荐，这不仅是出于对他成果付梓的祝贺，更是因为库尔德问题本身所具有的现实重要性。

众所周知，多元的民族构成是中东地区最为显著的社会特征之一，该地区也由此形成了错综复杂的族际关系。如何妥善处理这些关系、有效实现族际政治整合，是中东多民族国家维护和巩固国家统一、稳定与发展过程中面临的重大理论与现实问题。其中，库尔德问题是最具代表性的案例。库尔德人口约有3500万人，是中东地区的第四大民族。出于复杂的历史原因，库尔德人没有建立自己的国家，而是在第一次世界大战后被划分到伊朗、伊拉克、土耳其和叙利亚四国境内。长期以来，库尔德人对自身民族身份和权利的追求，与四国中央政府希望建构的现代国家形态产生冲突，从而给四国的政治发展与社会稳定造成深刻且巨大的影响。此外，相邻的地理空间和密切的社会纽带，让四国的库尔德人之间有着很强的跨界联动性，因此一国库尔德问题的发酵很可能对另外三国的库尔德问题形成外溢效应。同时，中东地区国际关系的盘根错节，以及域外大国在中东地区激烈的战略博弈，也让四国的库尔德问题被相关国家竞相打造为实现自身利益的战略工具。由此来看，库尔德问题的现实影响力有着国别性、区域性与国际性三重维度。2011 年中东变局后，库尔德人在打击极端组织“伊斯兰国”过程中发挥的积极性作用，以及 2017 年伊拉克库尔德人独立公投引发的地缘政治波动等一系列事件，都让我们意识到库尔德问题日益上升的重要性。毫不夸张地说，理解库尔德问题已成为我们把脉中东地缘政治与国际关系演变走向所不可或缺的重要环节。

近年来，随着库尔德问题的不断升温，我非常高兴地注意到国内学界就该问题的研究形成了丰富可观的成果积累。更让我欣慰的是，李睿恒博士的研究成果《伊拉克库尔德问题研究（1958—2003）》又在此基础上实现了三个“新”的增补。

第一个“新”是研究材料的创新。李睿恒博士充分利用自身阿拉伯语的学科背景与优势，大量运用了阿拉伯语原始档案《伊拉克阿拉伯复兴社会党档案》和英语原始档案《美国外交关系文件集》来开展研究，对国内学界主要依托于二手文献的研究局面实现了较为重要的突破，并且对国际学界尚未充分挖掘《伊拉克阿拉伯复兴社会党档案》的缺陷做出了相应弥补。材料占有的独创性保证了这本书的前沿性与创新度。

第二个“新”是研究观点的创新。长期以来，国内外学界和媒体多以实用主义来定性伊拉克复兴党政府的库尔德政策，但李睿恒博士通过挖掘《伊拉克阿拉伯复兴社会党档案》，首次聚焦意识形态、组织动员和族际政治整合三个层面来分析伊拉克复兴党解决库尔德问题的战略思考和现实政策。这对国内外学界的既有研究作出了重要的观点修正与创新，为学界从理论层面重新理解中东地区的民族国家建构和政治体制发展等问题增添了新的案例。

第三个“新”是研究视角的创新。库尔德问题虽然是一个各国间密切联动的区域性问题，但受制于各自所在国国情的结构性影响，四国的库尔德问题有着各自独特的发展路径，因此对该问题的研究还有待按国别入手做更为细致的探索。李睿恒博士在将库尔德问题聚焦到伊拉克单一国家内部来研究，着重分析了伊拉克国家体制与该问题之间的互动关系。同时，通过研究《伊拉克阿拉伯复兴社会党档案》中的相关材料，本书为我们提供了伊拉克复兴党政府理解库尔德问题的内部视角。可以说，这在很大程度上突破了传统研究和媒体报道多强调库尔德人单一观点的局面，有助于我们构建一种更为平衡、理性和客观的视角来观察库尔德问题。这都有效地细化和丰富了我国库尔德问题研究与地区民族问题研究的相关成果。

我想，恰是得益于这三个“新”的优势，李睿恒博士本书的研究成果也经受住了国内外学界同行的检验，获得了广泛的好评。本书所依托的博士学位论文曾获 2021 年北京大学优秀博士学位论文奖，获 2022 年北京市优秀博士学位论文提名奖。同时，这本书的前期成果论文 2021 年刊载于英文学术期刊《中东学刊》（*The Middle East Journal*），该期刊是国际中东研究领域最为权威的 SSCI 学术季刊。据我了解，李睿恒博士应该是首位在这本刊物上发表论文的中国学者。我相信，这有助于中国学界在国际前沿学术平台上发出中国声音，传递中国智慧。

除学术意义外，我们知道，伊拉克是“一带一路”建设沿线的重要国家，是连接亚欧交通的海陆联运关键节点，因此这本书还有助于深化我们对伊拉克国别的认识，同时为我们未来制定有关涉库尔德问题国家的政策提供知识依据和智力支撑，在与其开展友好互利合作的同时，又能充分地维护中东地区的安全、秩序与稳定，服务于我国的外交事业。

或许限于篇幅、历史分期和档案材料等客观原因，李睿恒博士对伊拉克库尔德问题的考察聚焦于 1958—2003 年间，即伊拉克确立共和国体制到美国发动伊拉克战争推翻萨达姆·侯赛因与复兴党的统治。如此来看，虽然这本书属于历史研究，但它为我们理解 2003 年后的伊拉克库尔德问题打下了坚实的知识基础与认知框架。可以说，没有一个长周期的历史视野，我们难以把握2003年以来伊拉克库尔德问题的发展脉络。本书对相关历史细节丰富生动的描写和娓娓道来的叙事方式，让我读来意犹未尽，因此我相信无论对于专业研究者而言，还是所有关心国际问题的人员来说，这都是一本让人开卷有益的著作。最后，我也期待李睿恒博士继续努力深耕，未来为我们呈现更多关于中东库尔德问题的深入思考与优质成果。

是以为序。

吴思科
外交部外交政策咨询委员会委员
中国前中东问题特使
前驻沙特大使、驻埃及大使兼驻阿拉伯国家联盟全权代表
第十一届全国政协委员

序 言 二

21世纪以来，库尔德问题日益引起广泛关注，库尔德人日益具有地区和国际影响力。其中，五件大事最为引人注目：2003年伊拉克战争打破伊拉克政治权力机构，伊拉克库尔德人历史性地获得合法自治地位；2013年叙利亚库尔德人在内战中趁乱而起，在美国庇护下搞起了“罗贾瓦自治”；库尔德人在打击极端组织“伊斯兰国”国际反恐斗争中扮演了地面主力军角色，其遭受的苦痛和勇敢作战精神赢得世人对库尔德问题的关注；土耳其库尔德工人党与政府间和平进程起起伏伏，持续受到重压，同时库尔德语言文化权利在土耳其社会逐步获得承认；2017年伊拉克库尔德人公投失败，自此内外交困，自治逐步受到蚕食。这些事件既属于整个地区库尔德人的重大历史事件，也对所在国家和中东地区产生了重要影响。它突出表明库尔德问题日益显性化、地区化和国际化，凸显该问题在相关国家、中东地区乃至全球政治格局中不断增强的现实影响力。虽然库尔德问题的热度与冲突烈度的急剧上升看似只是21世纪以来的事情，但其发轫的历史则逾百年之久，最近可追溯到第一次世界大战前后。因此，我们要清晰、准确地把握当前库尔德问题的新发展和新变化，离不开对其百年演变历史的探究。在区域国别学方兴未艾的大背景下，必须强调历史学仍然是开展区域国别研究最强大的支撑。同时，由于库尔德人所在四国（伊拉克、土耳其、叙利亚和伊朗）有着截然不同的国情，对库尔德问题历史沿革的追溯还应该分国别来具体展开，然后我们才能对整体的库尔德问题作出全方位的研判。从局部到整体，再从全局到个体，这样的路径对库尔德问题研究是非常有益的。可以说，北京大学李睿恒博士的专著《伊拉克库尔德问题研究（1958—2003）》在这两个层面均契合着学界研究库尔德问题的迫切需求。

在中东四国的库尔德问题中，伊拉克库尔德问题的重要性及具有的历史厚度远超另外三国。伊拉克库尔德人的自治目前也是“库尔德斯坦”四国库尔德人中水平最高，并具有被国际社会承认的合法性。在这个意义上，伊拉克库尔德人成功的历史实践对于其他国家的库尔德问题有着样板式的示范效应。同时，1958—2003 年这一时期对伊拉克库尔德问题而言意义重大。伊拉克库尔德人的自治地位的获得虽然是 21 世纪的事情，但却可以追根溯源到 20 世纪 50 年代，并非空中楼阁，一蹴而就。可以说，不厘清该时期伊拉克库尔德问题的历史发展脉络，我们既无从把握未来库尔德问题的发展趋势，也理解不了 2003 年以来伊拉克库尔德问题的演变轨迹。我最初就是做中东库尔德问题研究的，出版了国内首部库尔德研究专著，对该问题也有较为长期密切的跟踪与观察。因此，我非常欣慰地看到李睿恒博士就 1958—2003 年这个时期的伊拉克库尔德问题做专门深入的探究，这对于进一步深化和细化我国学界对库尔德问题和中东民族问题的研究，助力国别和区域问题研究，都有着积极意义。

截至目前，国内学界围绕库尔德问题已出版了五本专著和论文集，李睿恒博士的大作贡献了第六部，可喜可贺。与前五部资料文献大多取自西方不同的是，李睿恒博士的力作主要取材于伊拉克政府档案，可谓独树一帜。值得一提的是，为更好地完成这本书的研究，李睿恒博士专门赴美国斯坦福大学做访问学者，阅读存放在那里的阿拉伯语原始档案《伊拉克阿拉伯复兴社会党档案》，搜集到宝贵的一手资料。据我了解，这套档案对于研究复兴党治下的伊拉克有着极高的学术价值。就伊拉克库尔德问题而言，长期以来学界多从库尔德民族主义运动的视角来论述该问题，而较少讨论来自伊拉克政府和执政党的观点。李睿恒博士对伊拉克复兴党一手档案的研究，实际上是对这方面的研究做了非常必要的平衡性补充。在本书中，他通过挖掘一手档案，对许多涉及伊拉克政府与库尔德社会间关系的核心因素进行了较为深入的研究，有了不少新的学术发现，如伊拉克库尔德地区的复兴党化问题，库尔德民族主义发展与伊拉克国家框架和政策间的互动逻辑，以及库尔德民族主义发展的限度问题等。在此基础上，他在国内外中东研究领域权威期刊上就伊拉克库尔德问题还发表了若干篇中英文论文。这都说明，李睿恒博士的研究成果得到了国内外学界同行的肯定与认可。

更令我欣喜的是，通过深化自己的研究，李睿恒博士还开始有意识地去拓展其未来的研究空间，其呈现了强烈的科研兴趣和钻研精神。一方面，他借助一些大型的学术平台召集组建库尔德研究的专题会议，试图密切国内外相关学者的交流合作，建立库尔德问题研究的学术共同体；另一方面，从他个人发表论文的变化中我也看到，他目前虽专注于库尔德问题，但并不局限于此，而是以它为案例依托，开始对族群、教派、国家能力和国家治理体系等有更广的思考，这对他未来研究向学理层面推进有着重要的意义。

经过这么多年的认识与相处，我在李睿恒博士身上看到了他显著的进步与成长，他的第一本专著《伊拉克库尔德问题研究（1958—2003）》得到国家社科基金资助立项与出版，就是最有力的一个证明。为此，我衷心地祝贺李睿恒博士，并希望他能够继续保持高度的学术热情，为库尔德问题研究和中东研究贡献更多力作。

唐志超

中国社会科学院西亚非洲研究所研究员

中国中东学会副会长兼秘书长

摘　　要

第一次世界大战以来，库尔德问题作为中东地区的热点问题之一，长期影响着其所在的伊朗、伊拉克、土耳其和叙利亚四国及中东地区的稳定与发展。与其他三国的库尔德问题相比，伊拉克的库尔德问题在伊拉克内政、中东地缘政治与国际关系中发挥着更大且更为长期的作用。

1958—2003 年，伊拉克库尔德问题经历了重大且深刻的变化。第一，1958 年伊拉克从君主制转向共和制，外交上从西方阵营转向苏联阵营，库尔德人的民族权利在宪法上首次得到承认，伊拉克库尔德问题演变的背景框架发生根本性的变化。第二，在新的历史条件下，从苏联回国的库尔德领导人毛拉穆斯塔法·巴尔扎尼个人及伊拉克库尔德斯坦民主党的政党架构，开始在伊拉克政局中施加巨大的影响。第三，1958 年后伊拉克局势及其在中东战略格局中的地位变化，开启了伊拉克库尔德问题向暴力化、复杂化、族裔化、国际化、长期化等特征塑型和定型的历史进程，并深刻影响和决定了 2003 年美国发动伊拉克战争后库尔德人政治地位的变化和该问题的嬗变程度。

本书对 1958—2003 年伊拉克库尔德问题的演变开展历史性研究，对既有文献作批判性解读、史料梳理，在与阿拉伯语原始档案《伊拉克阿拉伯复兴社会党档案》及英语原始档案《美国外交关系文件集》比对的基础上，以相关重大时间节点和事件标志为线索，将该问题在此时期的演变划分为塑型与发展（1958—1968）、高潮

（1968—1975）、低潮与转折（1975—1990）以及定型（1990—2003）四个子时期。本书史论结合，重点考察伊拉克中央政府与库尔德民族主义运动在思想、组织和行动三个层次的互动过程，比照双方在核心争端议题上的视野分歧，同时引入库尔德人内部的社会结构、政党政治和地区及域外大国干涉等因素，分析该问题在伊拉克现代国家建构、中东地缘战略格局与大国政治演变进程中产生的历史影响。

关键词：伊拉克；库尔德问题；复兴党；国家建构；民族主义

Abstract

Since the First World War, the Kurdish question has constituted one of the hotspot issues in the Middle East. The question has long affected the stability and development of the four countries where it emerged and evolved, namely Iran, Iraq, Turkey, and Syria, while also exerting broader impacts on the Middle East region. In comparison with its counterparts in the other three countries, the Kurdish question in Iraq holds greater and more enduring significance not only on Iraq's internal affairs but also on Middle Eastern geopolitics and international relations.

Between 1958 and 2003, the Kurdish question in Iraq witnessed significant and profound changes. First, the contextual framework of the Kurdish question in Iraq changed fundamentally as Iraq transitioned from a monarchy to a republic in 1958, alongside a redirection of the focus of state diplomacy from the Western camp to the Soviet-led Eastern camp. This period also saw the constitutional recognition of the national rights of the Kurdish people for the first time. Second, under these emerging historical circumstances, the Kurdish leader Mulla Mustafa Barzani, who returned from his exile in the Soviet Union, and the Iraqi Kurdistan Democratic Party with a modern party structure, began to wield substantial influence on Iraq's political stage. Third, from 1958 onwards, the ever-changing dynamics in both Iraq's domestic situation and the state's position in the political geography of the Middle East, in effect, set in motion the historical development of the Kurdish question as it shifted towards a violent, complex, ethnicized, internationalized, and long-lasting issue. All these factors profoundly influenced and determined the changes in the political status of the Kurds and the degree of evolution of the Iraqi Kurdish question following the end of the 2003 Iraq War.

Based on that, this book conducts a historical examination of the evolution of the Kurdish question in Iraq from 1958 to 2003. Drawing on a critical reading of the existing literature and an investigation of historical records, as well as a comparison with the internal Arabic documents of the Ḥizb al-Ba' th al-' Arabī al-Ishtirākī in Iraq, and the primary English archives of the Foreign Relations of the United States, this book embarks on a historical and theoretical study of the Kurdish question in Iraq. Building on a chronological overview of key historical events and turning points, this book divides the evolution of the Iraqi Kurdish question during this period into four sub-periods: the emergence and development period (1958 – 1968); the rise period (1968 – 1975); the fall and resurgence period (1975 – 1990); and the making period (1990 – 2003). With this delineation, this book also closely scrutinizes the interactions between the Iraqi central government and the Kurdish nationalist movement across three dimensions: ideology, socio-political organization, and political actions. The analysis is conducted through a comparative lens, exploring the divergent visions from both sides on some core disputes. Furthermore, various factors such as the social structure and party politics of the Kurdish community, as well as the positions and involvement of regional and global powers, are introduced to the discussion, to further address their historical implications.

Key Words: Iraq; Kurdish Question; Ba' th Party; Nation Building; Nationalism

目　录

绪　论 …………………………………………………………………… (1)

第一章　库尔德人的历史、社会与文化 ……………………… (26)

第一节　库尔德人的起源与地理分布 ……………………… (26)

一　争议中的库尔德人起源 ……………………………… (26)

二　库尔德斯坦与库尔德人的地理分布 ………………… (32)

第二节　伊斯兰教历史上的库尔德人 ……………………… (37)

第三节　库尔德人的社会与文化 …………………………… (43)

一　演化中的库尔德部落社会 …………………………… (43)

二　库尔德人的语言 ……………………………………… (50)

三　库尔德人的宗教 ……………………………………… (53)

第四节　现代国家与伊拉克库尔德问题的诞生 …………… (56)

一　库尔德问题的诞生 …………………………………… (56)

二　现代国家与伊拉克库尔德问题（1921—1958） ……… (60)

小　结 ……………………………………………………………… (66)

第二章　伊拉克库尔德问题的塑型与发展期（1958—1968） ………………………………………………………… (67)

第一节　卡塞姆政权时期 ……………………………………… (67)

一　卡塞姆与库尔德人的权宜联盟 ……………………… (67)

二　权宜联盟的瓦解 ……………………………………… (73)

三　第一次伊拉克库尔德战争爆发……………………（80）
第二节　复兴党首次执政时期……………………………（88）
第三节　阿里夫兄弟统治时期……………………………（96）
一　库民党六大与库尔德运动的分裂……………………（96）
二　库尔德战争与阿里夫兄弟统治的终结 ………………（102）
小　结 ……………………………………………………（111）

第三章　伊拉克库尔德问题的高潮期（1968—1975） ………（113）
第一节　复兴党二次执政与《三月声明》 ………………（113）
一　走向《三月声明》前的博弈 …………………………（113）
二　复兴党—库尔德谈判与《三月声明》的颁布 ………（122）
第二节　库尔德人自治与大国干预 ………………………（130）
一　库尔德人自治与毛拉穆斯塔法地位的提升 …………（130）
二　自治分歧、冷战与美国的“隐蔽行动” ……………（134）
第三节　库尔德战争与《阿尔及尔协议》 ………………（143）
一　1974年《自治法》与第二次伊拉克库尔德战争的爆发 ……………………………………………………（143）
二　《阿尔及尔协议》与库尔德运动“大溃败” ………（152）
小　结 ……………………………………………………（158）

第四章　伊拉克库尔德问题的低潮与转折期（1975—1990） …………………………………………………（160）
第一节　石油财富、阿拉伯/复兴党化与库尔德运动的低潮 ……………………………………………（160）
一　石油财富与库尔德人的伊拉克认同 …………………（160）
二　对库尔德人的族际政治整合：复兴党化还是阿拉伯化？ ……………………………………………（164）
三　伊拉克库尔德地区的阿拉伯化进程 …………………（173）
四　伊拉克库尔德运动的裂变与低潮 ……………………（177）

第二节　两伊战争中的库尔德人 …………………………（187）
一　伊朗伊斯兰革命、两伊战争爆发与库尔德运动的复苏 …………………………（187）
二　复兴党政府在库区的运转：动员“我们的库尔德人民” …………………………（195）
第三节　“安法尔行动”与库尔德民族主义的嬗变 ………（207）
一　战争消耗与伊拉克国家能力的衰退 …………………（207）
二　“安法尔行动”：一次性彻底解决库尔德问题？ ……（210）
三　“强大的”伊拉克与“弱小的”库尔德人 …………（216）
小　结 ……………………………………………………（222）

第五章　伊拉克库尔德问题的定型期（1990—2003） ………（224）
第一节　海湾危机与伊拉克北部禁飞区的建立 …………（224）
一　海湾危机中的伊拉克库尔德人 ………………………（224）
二　库尔德人起义与伊拉克北部禁飞区的建立 …………（228）
三　自治谈判重启与复兴党退出库区 ……………………（232）
第二节　库尔德人自治与库尔德内战 ……………………（237）
一　库尔德地区政府的成立与库尔德人自治 ……………（237）
二　库尔德内战与库区政府分裂 …………………………（243）
第三节　从《华盛顿协议》到伊拉克战争 ………………（255）
一　《解放伊拉克法案》与《华盛顿协议》 ……………（255）
二　“反恐战争”与“倒萨”议程中的库尔德人 ………（263）
小　结 ……………………………………………………（270）

结　论 ……………………………………………………（273）

参考文献 …………………………………………………（282）

索　引 ……………………………………………………（296）

后　记 ……………………………………………………（302）

Contents

Introduction ······ (1)

Chapter 1 History, Society, and Culture of the Kurds ······ (26)

Section 1 Origins and Geographical Distribution of the Kurds ······ (26)

1 The Controversial Origins of the Kurds ······ (26)

2 Kurdistan and Geographical Distribution of the Kurds ······ (32)

Section 2 The Kurds under Islam ······ (37)

Section 3 Society and Culture of the Kurds ······ (43)

1 The Evolving Kurdish Tribal Society ······ (43)

2 Language of the Kurds ······ (50)

3 Religion of the Kurds ······ (53)

Section 4 Modern State and the Inception of the Kurdish Question in Iraq ······ (56)

1 The Inception of the Kurdish Question ······ (56)

2 Modern State and the Kurdish Question in Iraq, 1921 – 1958 ······ (60)

Conclusions ······ (66)

Chapter 2 The Emergence and Development of the Kurdish Question in Iraq, 1958 – 1968 ……………… (67)

Section 1 The Kurds under Qasim's Rule …………………… (67)

1 Qasim and His Alliance of Convenience with the Kurds ………………………………………………… (67)

2 The Collapse of the Alliance of Convenience …………… (73)

3 The First Iraqi-Kurdish War ………………………………… (80)

Section 2 The Kurds under the First Ba' thist Rule ………… (88)

Section 3 The Kurds under the Arif Brothers' Rule ………… (96)

1 The Sixth Congress of the KDP and the Split of the Kurdish Movement ……………………………………… (96)

2 The Kurdish War and the End of the Arif Brothers' Rule ……………………………………………………… (102)

Conclusions ………………………………………………… (111)

Chapter 3 The Rise of the Kurdish Question in Iraq, 1968 – 1975 ……………………………………… (113)

Section 1 The Second Ba' thist Rule and the March Declaration ………………………………………… (113)

1 Competitions before the March Declaration …………… (113)

2 The Ba' thi-Kurdish Negotiations and the Promulgation of the March Declaration ……………………………… (122)

Section 2 Kurdish Autonomy and Great Power Intervention ……………………………………… (130)

1 Kurdish Autonomy and the Rise of Mulla Mustafa …… (130)

2 Disputes over Autonomy, the Cold War, and U. S. Covert Actions ……………………………………… (134)

Section 3 The Kurdish War and the Algiers Agreement …… (143)
1 The 1974 Autonomy Law and the Second Iraqi-Kurdish War …… (143)
2 The Algiers Agreement and the Collapse of the Kurdish Movement …… (152)
Conclusions …… (158)

Chapter 4 The Fall and Resurgence of the Kurdish Question in Iraq, 1975 – 1990 …… (160)
Section 1 Oil Wealth, Arabization (Ba'thification), and the Fall of the Kurdish Movement …… (160)
1 Oil Wealth and the Iraqi Identity of the Kurds …… (160)
2 Integrating the Kurds Politically: Ba'thification or Arabization? …… (164)
3 The Arabization Process in Iraqi Kurdistan …… (173)
4 The Fragmentation and Fall of the Kurdish Movement in Iraq …… (177)
Section 2 The Kurds during the Iran-Iraq War …… (187)
1 The Iranian Islamic Revolution, the Iran-Iraq War, and the Revival of the Kurdish Movement …… (187)
2 The Ba'thist Management of Iraqi Kurdistan: Mobilizing "Our Kurdish People" …… (195)
Section 3 The Anfal Campaign and the Transformation of the Kurdish Nationalism …… (207)
1 War Burden and the Declining State Capacity of Iraq …… (207)
2 The Anfal Campaign: A Final Solution to the Kurdish Question? …… (210)

3 The "Strong" Iraq and the "Weak" Kurds …………… (216)
Conclusions …………………………………………………… (222)

Chapter 5 The Making of the Kurdish Question in Iraq, 1990 – 2003 …………………………………………… (224)
Section 1 The Gulf Crisis and the Establishment of the No-Fly Zone over Northern Iraq ………………………………… (224)
1 The Iraqi Kurds during the Gulf Crisis ………………… (224)
2 The Kurdish Uprisings and the Establishment of the No-Fly Zone over Northern Iraq ………………………… (228)
3 Resumed Negotiations over Kurdish Autonomy and the Withdrawal of the Ba'th from Iraqi Kurdistan ………… (232)
Section 2 Kurdish Autonomy and the Kurdish Civil War …… (237)
1 The Formation of the KRG and Kurdish Autonomy …… (237)
2 The Kurdish Civil War and the Fragmentation of the KRG ……………………………………………… (243)
Section 3 From Washington Agreement to the Iraq War …… (255)
1 The Iraq Liberation Act and the Washington Agreement …………………………………………… (255)
2 The War on Terror and the Kurds in the Toppling Saddam Husayn Agenda ………………………………… (263)
Conclusions …………………………………………………… (270)

Conclusion …………………………………………………… (273)

Bibliography ………………………………………………… (282)

Index ……………………………………………………………… (296)

Acknowledgments …………………………………………… (302)

绪　论

一　选题意义

库尔德民族是西亚地区的古老民族之一，也是继阿拉伯人、波斯人和土耳其人之后西亚地区的第四大民族。其总人数约 3500 万人，集中分布于土耳其、叙利亚、伊拉克和伊朗四国的库尔德斯坦地区。基于历史的综合原因，库尔德人作为一个可识别民族未能建立自己独立的民族国家，而是在第一次世界大战（以下简称“一战”）后被划分到了前述的四国之内。长期以来，如何回应库尔德人对民族身份和权利的追求，一直是四国在其现代国家建构过程中面临的重大挑战之一，库尔德人与四国中央政府间由此形成的政治、社会与经济冲突，影响着这些国家的政治与社会稳定。更为重要的是，尽管从法理上看，库尔德问题属于四国各自的内政问题，但库尔德人作为一个民族和库尔德斯坦作为一个自然地理与历史文化概念的现实，决定了各国的库尔德人之间有着极强的跨界联动性，因此任何一国库尔德问题的激化与爆发都可能带来地区乃至国际性的影响。与其他三国的库尔德问题相比，伊拉克的库尔德问题在伊拉克内政、中东地缘政治与国际关系中发挥的作用更大且更为长期。这既是基于伊拉克库尔德斯坦地区连接伊拉克中央政府、土耳其、叙利亚和伊朗四方的地缘战略优势，同时也是基于中东现代民族国家形成以来伊拉克库尔德人所经历的特殊发展轨迹。尤其是近年来伊拉克库尔德人经历了打击极端组织“伊斯兰国”[①]（Islamic State in

① 阿拉伯国家和部分西方国家根据该组织的阿拉伯语名缩写，称其为 Daesh。

Syria and Iraq，ISIS）和举行独立公投间的地位沉浮后，伊拉克库尔德问题不断升温，成为国内外学界、政界和媒体共同热议的一个重要话题。基于此，全面深入地对伊拉克库尔德问题做专门性的研究，有着多方面的学术与现实意义。

第一，研究伊拉克库尔德问题有助于进一步细化和深化中国的中东库尔德问题研究。目前，国内学界对中东库尔德问题的整体发展有着较为全面深入的把握，但就各国库尔德问题具体细致的研究还较为欠缺。库尔德人被划分到四个国家后，受到了各自所在国国情的结构性影响，库尔德问题也因此衍生出四种不同的发展路径。只有对每一国的库尔德问题做针对性的深入研究，才有可能进一步提升和深化中国学界对中东库尔德问题的整体性理解。

第二，深入研究伊拉克库尔德问题有助于推动对伊拉克国别研究的发展。库尔德人是伊拉克人口中的重要组成部分，库尔德地区在伊拉克的经济发展和军事战略层面都发挥着举足轻重的作用，库尔德问题因此也是伊拉克现代国家 1921 年成立至今政治生活中的一条重要线索。把握了伊拉克的库尔德问题，可以更好地考察和认知现代伊拉克的内政外交状况。例如，伊拉克库尔德问题曾在 20 世纪 60 年代深度影响着伊拉克的军政关系，并于 70—90 年代在伊拉克和伊朗的关系发展中发挥着巨大的作用。

第三，对伊拉克库尔德问题的研究有助于加深学界对中东地缘政治与国际关系演变的理解。如前所述，伊拉克库尔德问题在中东地区有着极强的跨界性与穿透力，因此它多次被地区或域外大国所利用，映射在中东地缘战略竞争与大国博弈之中。例如，埃及总统贾迈勒·阿卜杜·纳赛尔（Jamāl ‘Abd al-Nāṣir，以下简称“纳赛尔”）曾为同伊拉克阿拉伯复兴社会党（Ḥizb al-Ba‘th al-‘Arabī al-Ishtirākī fī al-‘Irāq/Arab Socialist Ba‘th Party in Iraq，以下简称“伊拉克复兴党”）抢夺阿拉伯民族主义领导权于 1963 年支持伊拉克库尔德人；美国也曾将伊拉克库尔德问题用作其在中东开展冷战的工具，于1974—1975年秘密支持库尔德人，以此把伊拉克的主要军力拖于北线，防止苏联扶持伊拉克南拓自身的势力范围。可见，伊拉克库尔德问题是照射中东战略格局与国际关系变化的一面镜子，是把握和深化对中东区域研究的一个重要抓手。

第四，深入认识伊拉克库尔德问题有助于在学理层面拓展对现代民族国家建构和政治体制发展两方面的研究。深层次来看，伊拉克库尔德问题所反映的，是有着多族群与多教派社会构成的中东现代民族国家该如何实现政治秩序的问题。因此，不充分理解伊拉克的库尔德问题，就无法完全理解伊拉克现代民族国家的建构进程，更无法理解2003年战后伊拉克形成的教派—族群分权体制。基于此，可将研究成熟的伊拉克库尔德问题案例与地区其他相关国家和社会（如黎巴嫩与叙利亚）的类似案例进行比较，建构符合中东地区国家特色与国情的比较政治学，为设计与地区国家历史发展规律相匹配的政治体制和治理体系提供扎实的案例支持。

第五，该研究还对中国处理多民族关系有着一定的借鉴意义，为中国发展同中东国家间的关系提供必要的知识和决策支持。伊拉克在处理库尔德问题过程中的经验和教训，有助于我们深度思考该如何妥善处理多民族关系。更为重要的是，2003年后伊拉克库尔德人获得了合法的自治权，同伊拉克库尔德人打交道构成了发展中国与伊拉克关系中的一个有机组成部分。因此，厘清伊拉克库尔德问题，有助于中国在中东局势复杂演变的背景下更好地把握同伊拉克库尔德人关系的限度，在与其开展友好互利合作的同时，又能充分地维护中东地区的安全、秩序与稳定。

二　研究对象的概念界定

本书所涉及的核心概念为“库尔德问题”。但就如何清晰地界定该问题，学界一直难以达成定论。普遍来看，有三大类界定方式：（1）“无国民族说”。即库尔德问题是指库尔德人作为一个人数众多的可识别民族未能独立建国的问题。[①]（2）“内政问题说”。即由于“一战”后库尔德人被划分到土耳其、伊朗、伊拉克和叙利亚四个国家，因此库尔德问题从法理上看首先是相关四国共有的一个内政问题，它指的是库尔德人的自治和独立诉求对四国政治稳定和领土完整构成的威胁与挑战。（3）“地区问题说”。即在第二类界定方式的基础上，学界对库尔德问题的含义做了进一步扩展，将其看作是挑战中东民族国家秩序的一个整体性的地区问题，因为库尔德人的独立诉求在很大程度上引发了中东地区的动荡，其外溢效应也激化着其他民族问题的爆发。[②]

上述三种界定方式的共同之处在于，都将库尔德人的独立诉求作为问题的核心。但本书认为，无论是出于理念认同或是对现实政治的妥协，并非所有的库尔德人乃至民族主义运动都将独立建国作为其诉诸的最终目标。因此，第一类界定方式，实际上是内化了库尔德民族主义者的视角，不完全具备现实客观性。相较而言，第二类界定方式更为贴近现实，但又过于突出库尔德问题的冲突性特点，其实在特定时期内，库尔德人不必然对国家形成政治稳定性上的挑战，相反，国家结构会对库尔德人的政治理念产生重大的改变。而第三类界定方式，更多是对第二类方式的延展，不具备清晰的划分边界。更重要的是，长期以来，库尔德人受各自所在国的结构性影响，并未协同产生第三类界定方式所强调的地区性内涵。直到2011年中东变局爆发后，库尔德问题整体“走向区域”的这种变化才开始逐渐显现与清晰化，事实上是一个晚近发生的政治现象。因此，本书在第二类界定方式的基础上认为，库尔德问题应该是指在相关国家的现代历史进程中，国家和政府未能处理好现代国家建构与国

---

① Carole A. O'leary, “Are the Kurds a Source of Instability in the Middle East?” in Mohammed M. A. Ahmed and Michael M. Gunter, eds., *The Kurdish Question and the* 2003 *Iraqi War*, Costa Mesa: Mazda Publishers, 2005, p. 12.

② 相似的归类与论述参见李秉忠《土耳其民族国家建设和库尔德问题的演进》，社会科学文献出版社2017年版，第13—14页。

内库尔德人政治、社会、经济与文化诉求的关系，而产生的政治认同与社会秩序问题。而本书将库尔德问题限定在伊拉克单一国别内进行考察。

在库尔德问题的内涵上，学界的研究大致遵循了其界定该问题的方式所框定的路径，多从库尔德民族主义运动（以下简称“库尔德运动”）与中央政府双边博弈的视角来论述该问题。一方面，本书所指称的库尔德人，不仅包括民族主义者等政治精英及其领导的政治运动，也指称库尔德民间社会。可以说，库尔德问题并非一个限于库尔德民族主义运动与现代国家政府间的双边关系，而是一个包括了库尔德民间社会在内的三角关系，库尔德运动与现代国家中央政府长期处于斗争拉锯的状态，试图独立代表库尔德民间社会的利益。具体到伊拉克的库尔德问题来看，出于国际学界左翼化视野对库尔德人历史遭遇的同情，加之1991年海湾战争后西方遏制伊拉克的政治议程，以及伊拉克库尔德人自治后的身份建构，学界和媒体表述相关问题时多侧重伊拉克库尔德运动本身，却较少地讨论来自伊拉克政府和执政党的观点。本书将部分依托于2003年伊拉克战争后公开的《伊拉克阿拉伯复兴社会党档案》，以期对这种三角互动关系在伊拉克背景下的演变有所补充。

另一方面，有必要厘清的是本书所覆盖的时间跨度问题，即1958—2003年。以1921年伊拉克现代国家的成立为起点，演变至今的伊拉克库尔德问题已有了逾百年的历史，经历了诸多重要的历史阶段、时间节点和标志事件。本书之所以选择1958年为考察的历史起点，是因为1958年伊拉克“七月革命”对库尔德问题的发展有着至关重要的意义。首先，“七月革命”推翻了哈希姆王朝，伊拉克政体从君主制转向共和制，外交上从亲西方阵营向亲苏联阵营倾斜，伊拉克库尔德问题演变的背景框架发生了根本性变化。其次，在新的历史条件下，伊拉克库尔德斯坦民主党的政党架构开始在伊拉克政局中施加巨大的影响，虽然它早在1946年就已成立，并对库尔德民族主义运动的发展本身有着深远的意义，但领导人毛拉穆斯塔法·巴尔扎尼流亡苏联和伊拉克君主政府的打压，让左翼派系主导下的该党难以发挥实质性的作用。最后，1958 年后的伊拉克局势及其在中东战略格局中地位的变化，开启了库尔德问题向暴力化、复杂化、国际化和长期化特征定型的历史进程，直到 2003 年伊拉克战争后库尔德人获得了合法的自治地位，该问题的性质、发展框架与程度才有了更为深刻的改变。

因此，无论是从伊拉克国家框架或是库尔德民族主义运动的层面来看，集中研究 1958—2003 年的伊拉克库尔德问题，具有客观上的合理性和时间跨度上的整体感。同时，深入细致地研究该问题在这一历史阶段的演变，也将更好地辅助学界把握 2003 年后伊拉克库尔德问题的发展变化。

三　文献与研究材料综述

（一）档案文献

本书依托于阿拉伯语和英语的一手档案材料各一套，分别为《伊拉克阿拉伯复兴社会党档案》（*Ḥizb al-Ba'th al-'Arabī al-Ishtirākī in Iraq Archives*）和《美国外交关系文件集》（*Foreign Relations of the United States*，*FRUS*）。

1.《伊拉克阿拉伯复兴社会党档案》

这套档案是伊拉克复兴社会党 1968—2003 年统治伊拉克的档案文件，用阿拉伯语书写，共有 1100 万份文件，包括复兴党统治伊拉克期间的通信往来、内参报告、会议纪要、复兴党成员和人事档案、司法和调查档案，以及与伊拉克政治状况及其统治相关的行政档案。根据档案的获取地点、时间和内容主题，这套档案又被分为 7 个子集，分别为《伊拉克北部数据集》（*North Iraq Dataset*）、《科威特数据集》（*Kuwait Dataset*）、《学校注册表数据集》（*School Registers Dataset*）、《复兴党文件盒数据集》（*Ba'th Party Boxfiles Dataset*）、《党员档案数据集》（*Membership Files Dataset*）、《2004 年附属档案数据集》（*2004 Secondary Collection Dataset*）

和《在伊犹太人数据集》（*Jewish Presence in Iraq Dataset*）。例如，《伊拉克北部数据集》是于1991年伊拉克起义期间被库尔德武装所截获，主要是复兴党北方组织部下辖省份的相关档案，故此命名；[①] 再如《科威特数据集》，则是于1991年海湾战争解放科威特时在科威特当地截获的档案，主要记录了复兴党政权入侵科威特至撤军期间短暂的统治活动；剩余的档案子集则是在2003年伊拉克战争中被美军截获，主要根据档案的主题和时间来进行分类。

2003年伊拉克战争结束后，美军将《伊拉克阿拉伯复兴社会党档案》交由伊拉克记忆基金会（Iraq Memory Foundation）负责管理。该基金会由伊拉克裔美国人、伊拉克海外反对派活动家、美国布兰迪斯大学教授凯南·马基亚（Ka'nān Makkiya）于1992年建立。除档案文件外，2003—2008年，该基金会还发起一个口述史项目，对190个曾生活在萨达姆·侯赛因统治之下的伊拉克平民进行采访。这些回忆经历被制作成纪录片，也被纳入这套档案中。2008年，该基金会将这套档案的实体和扫描版电子文档移交至斯坦福大学的胡佛研究所（Hoover Institution）进行代管。2010年，胡佛研究所允许外界赴档案馆在馆阅读这套档案，但阅读者只被允许阅读和抄录，禁止对档案复印和拍照。除《伊拉克阿拉伯复兴社会党档案》外，还有一套2003年美军截取的伊拉克档案，是萨达姆与其顾问和下属间的谈话录音带和相关抄本，包括了1000份独立文件，总页数达3万页。这套档案由美国国防大学冲突记录研究中心（Conflict Records Research Center of National Defense University）收录和管理，于2010年首度对公众开放，但受预算原因影响，该中心于2015年6月关闭，对这套档案的研究也因此受阻。

由于《伊拉克阿拉伯复兴社会党档案》的获取方式和对外开放

---

① 关于《伊拉克北部数据集》的更多内容，可参见Joseph Sassoon and Michael Brill, "The North Iraq Dataset (NIDS) Files: Northern Iraq under Ba'thist Rule, 1968 - 91," *Journal of Contemporary Iraq & the Arab World*, Vol. 14, No. 1 & 2, June 2020, pp. 105 - 126。

使用与伊拉克战争直接相关，且其中包含着大量目前依旧在世人员的信息，因此这套档案获取方式的道义性、所有权、使用权和管理权等问题一度引起多方争执。目前来看，各方仅就该档案的所有权达成一致，认为其属于伊拉克政府，是伊拉克文化遗产中的重要组成部分，美国应该将档案归还给伊拉克政府。但在档案的使用权、管理权和归还的时间点等问题上，则形成了分别以伊拉克记忆基金会和伊拉克国家图书与档案馆（Iraq National Library and Archives）为主导的两派意见。前者认为，伊拉克记忆基金会是在获得战后伊拉克临时管理当局的允许后，才将档案运至美国进行管理，从而使得档案免受伊拉克战后乱局的影响而得到保护，其将在伊拉克局势稳定和管理条件成熟的情况下把档案归还给伊拉克政府；而后者则认为，伊拉克记忆基金会是凭借其主席凯南·马基亚与美军良好的私人关系而将档案“非法地”运送至美国，这是对伊拉克国家尊严的亵渎和对伊拉克文化遗产的偷窃行径，美国应该尽快将档案送回伊拉克，并停止对公众开放。后者的立场还得到美国档案学家协会（Society of American Archivists）和加拿大档案学家协会（Association of Canadian Archivists）的支持。尽管如此，双方就这些分歧一直未能达成共识，直到2020年5月伊拉克人权活动家、伊拉克记忆基金会前主任穆斯塔法·卡迪米（Muṣṭafā al-Kāẓimī）就任伊拉克总理，以及同年7月美国伊拉克举行两国战略对话之时，这套档案的实体原件才被美国同意运送回伊拉克，但存储在胡佛研究所档案馆中的扫描版电子文档目前依旧对公众开放使用。①

① 更多细节可参见 Michelle Caswell, “‘Thank You Very Much, Now Give Them Back’: Cultural Property and the Fight over the Iraqi Baath Party Records,” *The American Archivist*, Vol. 74, No. 1, April 2011, pp. 211 – 240; Al-Monitor Staff, “Intel: US Returns Baath Party Archives to Iraq,” *Al-Monitor*, September 1, 2020, https://www.al-monitor.com/pulse/originals/2020/09/iraq-baath-party-archives-return-us.html; Omar al-Jaffal, “Iraq's Baath Party Archive Location Unknown,” *Al-Monitor*, September 23, 2020, https://www.al-monitor.com/pulse/originals/2020/09/iraq-baath-archive-us.html。

本书所依托的档案主要为《伊拉克北部数据集》和《复兴党文件盒数据集》。《复兴党文件盒数据集》也被命名为《复兴党地区指挥部档案集》（*Ba'th Regional Command Collection*），该名称更多地被研究者们接受和使用。本书在引述这套档案子集时，也将按学界既有的习惯采用《复兴党地区指挥部档案集》的名称，并对其中涉及私人信息的内容做相应的模糊化处理。

2. 《美国外交关系文件集》

该文件集由美国国务院下属的历史学家办公室（Office of the Historian in the United States Department of State）负责整理、编撰和公开出版，自1861年以来已整理和出版480个独立分卷。该系列文献的主要内容来自总统图书馆、国务院、国防部、国家安全委员会、中央情报局、国际开发署等机构，同时也包含来自其他组织与个人的有关美国外交政策制定的文件。[①] 本书将重点依托20世纪70年代前半叶美国国务院、国家安全委员会与美国驻德黑兰使馆、驻巴格达利益代表处间的通信和分析报告，考察美国秘密介入伊拉克库尔德问题背后的冷战考量。

（二）中文文献

目前，国内学界对伊拉克库尔德问题的研究已有一定积累。专著方面，目前已出版4本库尔德研究的中文著作，即唐志超的《中东库尔德民族问题透视》[②]、汪波的《中东库尔德问题研究》[③]、敏敬的《中东库尔德问题研究》[④] 和李秉忠的《土耳其民族国家建设和库尔德问题的演进》。四本著作都在不同篇幅与程度上分析了伊拉克的库尔德问题。唐志超、汪波和敏敬在各自的著作中都专辟一章对

---

① 参见靳风《美国外交文件集：FRUS》，《当代美国评论》2017年第2期。
② 唐志超：《中东库尔德民族问题透视》，社会科学文献出版社2013年版。
③ 汪波：《中东库尔德问题研究》，时事出版社2014年版。
④ 敏敬：《中东库尔德问题研究》，中央编译出版社2015年版。

伊拉克库尔德问题的演变做了历史性的综述与梳理。李秉忠则是以土耳其国家建构为依托，着重分析了伊拉克海湾战争和伊拉克战争等重大地区性事件，及伊拉克库尔德人政治地位的沉浮变化对土耳其库尔德问题带来的外溢性影响。可以说，四本著作为中文学界深化对伊拉克库尔德问题的研究打下了必要的框架性基础。此外，韩志斌在其专著《伊拉克复兴党民族主义理论与实践研究》① 中，重点分析了伊拉克复兴党民族主义理论对库尔德问题的理解，以及《3·11 宣言》前后复兴党政府与库尔德民族主义运动间的关系变化。

近年来，随着伊拉克库尔德人在打击极端组织“伊斯兰国”中发挥了重要作用，及 2017 年 9 月底举行库尔德独立公投引发地区局势动荡，越来越多的学位论文与期刊论文开始关注伊拉克库尔德问题。总的来看，国内学界主要依循该问题的内部与外部两大视角来开展研究。

在内部视角上，国内学界的研究主要表现为两种路径：（1）从民族和国家认同的角度分析，代表性的研究有王伟和张伦阳的《伊拉克库尔德人的民族认同：根源、发展路径及原因探析》② 和冯燚的《伊拉克现代民族国家建构研究》③ 中的部分内容。（2）从伊拉克库尔德政党政治发展的视角出发，代表性的主要有李睿恒的《伊拉克库尔德地区两党政治格局的演化》④、杨玉龙的《现代中东库尔德政党研究：起源、嬗变和现实》⑤、肖文超的《伊拉克库尔德伊斯

---

① 韩志斌：《伊拉克复兴党民族主义理论与实践研究》，中国社会科学出版社 2011 年版。

② 王伟、张伦阳：《伊拉克库尔德人的民族认同：根源、发展路径及原因探析》，《西南民族大学学报》（人文社会科学版）2019 年第 5 期。

③ 冯燚：《伊拉克现代民族国家建构研究》，博士学位论文，西北大学，2017 年。

④ 李睿恒：《伊拉克库尔德地区两党政治格局的演化》，《阿拉伯世界研究》2018 年第 6 期。

⑤ 杨玉龙：《现代中东库尔德政党研究：起源、嬗变和现实》，博士学位论文，西北大学，2019 年。

兰运动的发展演变及其影响》[①] 和肖文超、李佳欣的《伊拉克库尔德政党》[②]。

同时，对伊拉克库尔德问题中外部因素的研究也在逐渐增多。在美国因素和伊拉克库尔德问题上，代表性的有：周鑫宇以 2017 年库尔德独立公投为背景，在《美国对库尔德独立问题的政策及其发展前景》[③] 一文中分析了美国在此次公投危机上的考量，展望了未来美国将延续对库尔德问题的实用主义政策。李秉忠和梁钦的《库尔德人独立建国问题的突破及其有限性》[④] 一文指明了伊拉克库尔德人建国必须仰赖大国意志因素，但发展至今大国没有足够的动力来推动该议题。李睿恒在《美国对伊拉克库尔德问题政策的演变》[⑤] 一文中首先分析了美国政策出发的基础，即美国在中东和伊拉克的利益与政策，随后对美国就该问题的政策进行了海湾战争前及其后的两大分期，又按特点细分为八个子时期，在部分依托于《美国外交关系文件集》的基础上，对整个政策的演变过程做了细致的历史梳理。哈冠群的《尼克松政府对伊拉克库尔德人的政策初探》[⑥] 一文则聚焦尼克松总统任期，对美国的伊拉克库尔德政策做了更为详尽的史学考察。赵建明从美国国内政治过程的视角出发，在《伊拉克库尔德对美的游说与各方在独立公投上的多重博弈》[⑦] 一文中以

① 肖文超：《伊拉克库尔德伊斯兰运动的发展演变及其影响》，《西亚非洲》2019 年第 6 期。

② 肖文超、李佳欣：《伊拉克库尔德政党》，《国际研究参考》2019 年第 12 期。

③ 周鑫宇：《美国对库尔德独立问题的政策及其发展前景》，《现代国际关系》2017 年第 10 期。

④ 李秉忠、梁钦：《库尔德人独立建国问题的突破及其有限性》，《现代国际关系》2017 年第 11 期。

⑤ 李睿恒：《美国对伊拉克库尔德问题政策的演变》，《美国研究》2018 年第 5 期。

⑥ 哈冠群：《尼克松政府对伊拉克库尔德人的政策初探》，《安徽史学》2018 年第 5 期。

⑦ 赵建明：《伊拉克库尔德对美的游说与各方在独立公投上的多重博弈》，《美国研究》2019 年第 4 期。

伊拉克库尔德公投为例，分析了库尔德人如何反向影响大国因素的作用。穆春唤的博士学位论文《美国对中东库尔德武装组织政策研究》[①] 把研究对象细化到库尔德武装组织，从威胁认知理论的视角，分析美国在规避威胁、遏制威胁以及消灭威胁等动机的驱使下，对伊拉克的库尔德武装组织政策的形成、发展和变化。此外，汪波和历晶晶的《"外围战略"视域下的以色列库尔德政策》[②] 一文虽然不与美国直接关联，但作为美国在中东地区的重要盟友，以色列长期以来是美国介入伊拉克库尔德问题的抓手与配合方，因此该文有着重要的参考价值。刘云的《美国与土耳其在伊拉克库尔德问题上的分歧与矛盾》[③] 一文则引入了土耳其的因素，分析美土两国在该问题上的博弈。

关于其他外部因素影响的研究，代表性的有刘辉的《1921—1979 年苏联与伊拉克、库尔德关系探析》[④]，其把苏联的政策分为 1958 年革命前及其后两大阶段进行分析，前一阶段为"亲库反伊"，后一阶段为"亲伊反库"，政策改变的原因在于 1958 年前后苏联与伊拉克关系的结构性变化。除此之外，没有进一步的相关研究成果产出，这与 1991 年苏联解体后俄罗斯在中东势力的衰弱有着直接的关系。肖文超在《一战后初期大英帝国对伊拉克库尔德人政策的衍变》[⑤] 中指出，虽然伊拉克库尔德问题是英国殖民政策的产物，但本质上是英国中东政策不成熟的结果，而非完全贴合所谓的理性政

---

① 穆春唤：《美国对中东库尔德武装组织政策研究》，博士学位论文，上海外国语大学，2020 年。

② 汪波、历晶晶：《"外围战略"视域下的以色列库尔德政策》，《阿拉伯世界研究》2020 年第 2 期。

③ 刘云：《美国与土耳其在伊拉克库尔德问题上的分歧与矛盾》，《河西学院学报》2007 年第 1 期。

④ 刘辉：《1921—1979 年苏联与伊拉克、库尔德关系探析》，《哈尔滨工业大学学报》（社会科学版）2005 年第 2 期。

⑤ 肖文超：《一战后初期大英帝国对伊拉克库尔德人政策的衍变》，《史学集刊》2018 年第 4 期。

策设计。郭长刚和杜东辉的《英国的库尔德斯坦政策探析（1915—1922）》① 对“一战”后英国关于库尔德人政治安排的政策演变做了历史考证，并指出政策前后的反转，是英国内部迫于缩减财政支出和裁撤兵员的压力，以及土耳其凯末尔革命带来的地区形势变化双重因素叠加的结果。此外，王琼的《伊拉克库尔德人难以独立的国际法检视》② 一文从国际法机制的角度对伊拉克库尔德人独立诉求做了分析。

总的来看，国内学界对本书关注的主题有一定的成果积累，并于近年来实现了较大的增补和突破，但还有待系统性的考察与论证。此外，一些中文译著也有着重要的参考价值。俄罗斯前对外情报局局长、前外交部部长、前总理叶夫根尼·普里马科夫（Yevgeny Primakov）的《揭秘中东的台前与幕后（20 世纪后半叶—21 世纪初）》③ 一书第十八章回忆了作者本人 20 世纪 70 年代前半叶与毛拉穆斯塔法·巴尔扎尼的接触经历，从侧面还原了伊拉克库尔德问题的一个重要发展阶段。曾深度影响苏联中东外交决策的学者阿列克谢·瓦西里耶夫（Alexey Vasiliev）所著的《俄罗斯的中东政策：从列宁到普京》④ 一书，部分阐述了苏联在其中东政策的演变过程中对库尔德问题的理念关切与政策矛盾。美国前国务卿亨利·基辛格（Henry Kissinger）在其回忆录《白宫岁月：基辛格回忆录》⑤ 中也提到了 1974 年美国决定秘密支持伊拉克库尔德人的一些细节。

---

① 郭长刚、杜东辉：《英国的库尔德斯坦政策探析（1915—1922）》，《上海大学学报》（社会科学版）2018 年第 5 期。

② 王琼：《伊拉克库尔德人难以独立的国际法检视》，《西亚非洲》2016 年第 4 期。

③ ［俄］叶·普里马科夫：《揭秘中东的台前与幕后（20 世纪后半叶—21 世纪初）》，李成滋译，中国对外翻译出版有限公司 2014 年版。

④ ［俄］阿列克谢·瓦西里耶夫：《俄罗斯的中东政策：从列宁到普京》，唐志超等译，社会科学文献出版社 2021 年版。

⑤ ［美］亨利·基辛格：《白宫岁月：基辛格回忆录》，范益世、殷汶祖译，上海译文出版社 2016 年版。

（三）英文文献

国际英文学术界对伊拉克库尔德问题的研究有着系统且丰硕的成果。在综述性的历史研究中，代表性的有：戴维·麦克道瓦（David McDowall）的《库尔德人现代历史》[①] 一书对伊拉克库尔德问题从20世纪30—90年代初的发展做了详略得当的描述和分析。丹妮丝·娜塔莉（Denise Natali）的《库尔德人与国家：在伊拉克、土耳其和伊朗演化中的民族认同》[②] 一书强调了不同的国家框架对本国库尔德问题演变路径的影响。迈克尔·冈特（Michael M. Gunter）的《库尔德人崛起：伊拉克与土耳其库尔德问题演变中的解决方案》[③] 一书重点关注了欧美因素的介入与伊拉克库尔德问题重要性上升间的内在联系。

在对伊拉克库尔德问题本身做专门性研究的著作中，代表性的有：埃德蒙·加里卜（Edmund Ghareeb）的《伊拉克的库尔德问题》[④] 一书主要分析了库尔德人与伊拉克复兴党政府间的互动，对大量阿拉伯语原始文件做了译介和分析，其中最大的亮点是作者对毛拉穆斯塔法本人的采访。丹妮丝·娜塔莉的新书《库尔德准国家：海湾战争后伊拉克的发展与依赖》[⑤] 从政治经济学的视角分析了该问题在海湾战争后的变化。奥夫拉·本吉欧（Ofra Bengio）的《伊拉克库尔德人：建立一个国中之国》[⑥] 一书借助大量报刊材料和领

---

① David McDowall, *A Modern History of the Kurds*, London: I. B. Tauris, 1996.

② Denise Natali, *The Kurds and the State: Evolving National Identity in Iraq, Turkey, and Iran*, Syracuse: Syracuse University Press, 2005.

③ Michael M. Gunter, *The Kurds Ascending: The Evolving Solution to the Kurdish Problem in Iraq and Turkey*, New York: Palgrave Macmillan, 2008.

④ Edmund Ghareeb, *The Kurdish Question in Iraq*, Syracuse: Syracuse University Press, 1981.

⑤ Denise Natali, *The Kurdish Quasi-state: Development and Dependency in Post-gulf War Iraq*, Syracuse: Syracuse University Press, 2010.

⑥ Ofra Bengio, *The Kurds of Iraq: Building a State within a State*, London: Lynne Rienner Publishers, 2012.

导人公开演讲，对从 1968 年复兴党二次执政发展至 2010 年前后的伊拉克库尔德问题做了深入细致的分析。加雷思·斯坦斯菲尔德（Gareth R. V. Stansfield）的专著《伊拉克库尔德斯坦：政治发展与新生民主》① 和《库尔德人与伊拉克》②，分别从伊拉克库尔德政党的内部政治架构和伊拉克国家框架两个层面，分析伊拉克库尔德人的政治发展。马希尔·阿齐兹（Mahir A. Aziz）的《伊拉克库尔德人：伊拉克库尔德斯坦的民族主义与认同》③ 一书从民族身份建构的视角出发，考察了伊拉克库尔德人的民族身份政治逐渐显著化的历史进程，尤其是 1991 年禁飞区设立后，库尔德人开始有能力进行自主的身份话语构建。丽莎·布蕾兹（Lisa Blaydes）在其《镇压国度：萨达姆·侯赛因统治下的伊拉克》④ 一书中考察了复兴党政策与伊拉克库尔德人民族认同变化间的关系，认为库尔德民族主义的兴起，是伊拉克国家能力衰弱与畸形的国家建构进程的产物。

外部因素对伊拉克库尔德问题有着长期且深远的影响，具有代表性的研究主要为：丹尼尔·西尔弗法布（Daniel Silverfarb）的《英国在中东的非正式帝国：以伊拉克为例（1929—1941）》⑤ 一书，指明了英国对伊拉克库尔德问题政策的两面性，它既需要库尔德人支持费萨尔国王在伊拉克的统治，但也需要保持库尔德问题的存在以制衡巴格达中央政府的阿拉伯民族主义情绪，从而使得后者长期仰赖英国的军事保障。正是这样的政策安排，固化了伊拉克的库尔德问题，对伊拉克现代国家的建构形成了挑战。安德烈·克鲁兹

---

① Gareth R. V. Stansfield, *Iraqi Kurdistan: Political Development and Emergent Democracy*, London: Routledge, 2003.

② Gareth R. V. Stansfield, *The Kurds and Iraq*, London: Routledge, 2008.

③ Mahir A. Aziz, *The Kurds of Iraq: Nationalism and Identity in Iraqi Kurdistan*, London: I. B. Tauris, 2011.

④ Lisa Blaydes, *State of Repression: Iraq under Saddam Hussein*, Princeton: Princeton University Press, 2018.

⑤ Daniel Silverfarb, *Britain's Informal Empire in the Middle East: A Case Study of Iraq, 1929 - 1941*, Oxford: Oxford University Press, 1986.

（Andrej Kreutz）在专著《俄罗斯在中东：朋友还是敌人》[①] 中论述了俄罗斯（苏联）在处理与伊拉克关系时不同阶段的利益考量。在伊拉克君主制时期，库尔德人与伊拉克共产主义运动相绑定，因此获得了苏联的支持，但进入共和制时期后，伊拉克奉行亲苏外交，苏联不再支持库尔德人自治，但也不主张伊拉克政府对库尔德人的打压。苏联解体后，俄罗斯在中东实力收缩，淡化了对库尔德问题的介入，但2003年的伊拉克局势变动后库尔德人地位的上升引起了俄罗斯的担忧，普京明确表示反对库尔德人的独立诉求。穆罕默德·沙里夫（Mohammad Shareef）的《美国、伊拉克和库尔德人：震惊、震慑与后果》[②] 一书对美国就伊拉克库尔德问题的政策进行了总体分析。作者指出该政策从属于美国的大战略，美国以自身利益为考量，间断性地与库尔德人发展关系。虽然美国对伊拉克库尔德人的政策缺乏连续性，但随着2003年后库尔德人在伊拉克获得合法自治地位，美国与伊拉克库尔德运动的互动逐渐制度化，变得有迹可循。布赖恩·吉布森（Bryan R. Gibson）所著的《被出卖？美国外交政策、伊拉克、库尔德人与冷战》[③] 一书将问题限定在1958—1975年，利用大量一手档案，分析了美国如何在对两伊关系和冷战的考量中处理伊拉克的库尔德问题。

此外，一些涉及其他主题的泛库尔德研究对本书也有着重要的参考价值。如伊朗库尔德斯坦民主党前主席阿卜杜·拉赫曼·卡塞姆鲁（Abdul Rahman Ghassemlou）的《库尔德斯坦与库尔德人》[④]、

---

① Andrej Kreutz, *Russia in the Middle East: Friend or Foe*, Westport: Praeger, 2007.

② Mohammad Shareef, *The United States, Iraq and the Kurds: Shock, Awe and Aftermath*, London: Routledge, 2014.

③ Bryan R. Gibson, *Sold Out? US Foreign Policy, Iraq, the Kurds, and the Cold War*, New York: Palgrave Macmillan, 2015.

④ Abdul Rahman Ghassemlou, *Kurdistan and the Kurds*, Prague: Czechoslovak Academy of Sciences, 1965.

马丁·范·布鲁内森（Martin Van Bruinessen）的《阿迦、谢赫与国家：库尔德斯坦的社会与政治结构》[①]、艾米尔·哈桑普尔（Amir Hassanpour）的《库尔德斯坦的民族主义和语言（1918—1985）》[②]、戴维·罗马诺（David Romano）的《库尔德民族主义运动：机遇、动员和认同》[③]、法利赫·贾巴尔（Faleh A. Jabar）牵头主编的两本库尔德研究论文集《库尔德人：民族主义与政治》[④] 和《变化中东下的库尔德人：历史、政治与代表性》[⑤] 等。

（四）阿拉伯文文献

相较于英文学界的研究成果，阿拉伯文研究的学理化和总结性特征较弱，但其对历史演变过程的细致考察，有助于研究者更加切实深入地理解伊拉克库尔德问题。其中：

萨拉赫·胡拉桑（Ṣalāḥ al-Khurasān）的《伊拉克库尔德斯坦的政治运动：对伊拉克库尔德运动和政党的文件解读（1946—2001）》[⑥] 依托于对大量库尔德政党政策和声明文件的分析，细致描述了1946年伊拉克库尔德斯坦民主党成立至2001年间，伊拉克库尔德运动的发展及其与中央政府、大国势力间的互动过程。曼齐尔·摩苏里（Mundhir al-Mūṣilī）的《伊拉克的库尔德问题：复兴党

---

① Martin Van Bruinessen, *Agha, Shaikh and State: The Social and Political Structures of Kurdistan*, London: Zed Books, 1992.

② Amir Hassanpour, *Nationalism and Language in Kurdistan 1918 – 1985*, San Francisco: Mellen Research University Press, 1992.

③ David Romano, *The Kurdish Nationalist Movement: Opportunity, Mobilization and Identity*, Cambridge: Cambridge University, 2006.

④ Faleh A. Jabar and Hosham Dawod, eds., *The Kurds: Nationalism and Politics*, London: Saqi, 2006.

⑤ Faleh A. Jabar and Renad Mansour, eds., *The Kurds in a Changing Middle East: History, Politics and Representation*, London: I. B. Tauris, 2019.

⑥ Ṣalāḥ al- Khurasān, *Al-Tayyārāt al-Siyāsiyyah fī Kurdistān al-ʻIrāq: Qirā'ah fī Milaffāt al-Ḥarakāt wa al-Aḥzāb al-Kurdiyyah fī al-ʻIrāq (1946 – 2001)*, Bayrūt: Mu'assasat al-Balāgh li al-Ṭibāʻah wa al-Nashr wa al-Tawzīʻ, 2001.

与库尔德人》[①] 对伊拉克的库尔德问题做了整体回顾，着重分析了1968年至20世纪末伊拉克库尔德运动与复兴党政权间的关系演变。伊拉克媒体人萨阿德·巴扎兹（Sa'd al-Bazzāz）的《伊拉克问题中的库尔德人：言谈与对话》[②] 一书记录了作者与伊拉克海外侨民就复兴党执政期间伊拉克的政治外交局势展开的对话，和其在约旦研究中心就伊拉克库尔德问题召开的研讨会实录，以及部分与该问题相关的政策文件。由于作者本人20世纪90年代初从伊拉克出逃移民伦敦，因此其就该问题的论述提供了一个必要的海外视角。同时，前伊拉克反对派政治家阿里·阿卜杜·艾米尔·阿莱维（'Alī 'Abd al-Amīr 'Allāwī）在所著的《占领伊拉克：战争之利与和平之损》[③] 一书中写到了包括库尔德运动在内的伊拉克反对派出于"倒萨"的共同目标，与美国开展了密切的沟通与合作，铺就了通往2003年伊拉克战争的道路。类似的历史描述性著作还包括哈米德·马哈茂德·尔撒（Ḥāmid Maḥmūd 'Īsā）的《伊拉克的库尔德问题：从英国占领到美国入侵（1914—2004）》[④]、穆罕默德·苏海尔·塔古什（Muḥammad Suhayl Ṭaqqūsh）的《库尔德人历史（637—2015）》[⑤]、穆萨·马胡勒（Mūsā Makhūl）的《库尔德人：从部落到国家》[⑥] 等。

---

① Mundhir al-Mūṣilī, *Al-Qaḍiyyat al-Kurdiyyah fī al-'Irāq: Al-Ba'th wa al-Akrād*, Dimashq: Dār al-Mukhtār, 2000.

② Sa'd al-Bazzāz, *Al-Akrād fī al-Mas'alat al-'Irāqiyyah: Aḥādīth wa Ḥiwārāt*, 'Ammān: Al-Ahliyyah li al-Nashr wa al-Tawzī', 1996.

③ 'Alī 'Abd al-Amīr 'Allāwī, *Iḥtilāl al-'Irāq: Ribḥ al-Ḥarb wa Khasārat al-Salām*, Tarjamat: 'Aṭā 'Abd al-Wahhāb, Bayrūt: Al-Mu'assasat al-'Arabiyyah li al-Dirāsāt wa al-Nashr, 2009.

④ Ḥāmid Maḥmūd 'Īsā, *Al-Qaḍiyyat al-Kurdiyyah fī al-'Irāq: Min al-Iḥtilāl al-Birīṭānī ilā al-Ghazw al-Amrīkī (1914 – 2004)*, Al-Qāhirah: Maktabat Madbūlī, 2005.

⑤ Muḥammad Suhayl Ṭaqqūsh, *Tārīkh al-Akrād (637 – 2015)*, Bayrūt: Dār al-Nafā'is li al-Ṭibā'ah wa al-Nashr wa al-Tawzī', 2015.

⑥ Mūsā Makhūl, *Al-Akrād: Min al-'Ashīrah ilā al-Dawlah*, Bayrūt: Bīsān li al-Nashr wa al-Tawzī' wa al-I'lām, 2013.

伊拉克库尔德人方面也有相关的阿拉伯文著述。例如，伊拉克库尔德斯坦民主党（al-Ḥizb al-Dīmqurāṭī al-Kūrdistānī/Kurdistan Democratic Party，以下简称“库民党”）现主席马苏德·巴尔扎尼（Mas'ūd al-Bārzānī）为其父毛拉穆斯塔法·巴尔扎尼所著的回忆式传记《巴尔扎尼与库尔德解放运动》①，对1961年第一次伊拉克库尔德战争爆发前的库民党成立、巴尔扎尼流亡苏联等事件细节进行了翔实的回忆。库尔德斯坦爱国联盟创始人贾拉勒·塔拉巴尼（Jalāl al-Ṭālabānī）的《库尔德斯坦与库尔德民族主义运动》② 从左翼的视角对库尔德运动进行了相应的分析，主张面对库尔德社会的新变化，库尔德运动应该抛弃部落为首的领导体系，坚持城市暴动的斗争路线。库民党前领导层高级成员马哈茂德·奥斯曼（Maḥmūd 'Uthmān）带头起草的报告《对库尔德革命进程及其崩溃的评估与从中汲取的教训》③ 是对1975年库尔德人战败的总结与反思，从七个方面对1961—1975年的库尔德革命进行了评估，系统反映了库尔德政治精英对此事件的内部视角。此外，伊拉克库尔德民主爱国联盟主席加富尔·马赫穆里（Ghafūr Makhmūrī）的《库尔德斯坦的阿拉伯化：阿拉伯化、风险与冲突》④ 将复兴党政府在库尔德斯坦开展的阿拉伯化进程划分了四个时期，并就每个时期的特征表现展开了细致的梳理。

四 研究方法与内容结构

本书将对1958—2003年伊拉克库尔德问题的演变做历史性的研

---

① Mas'ūd al-Bārzānī, *Al-Bārzānī wa al-Ḥarakat al-Taḥarruriyyat al-Kurdiyyah*, Bayrūt: Kāwā li al-Thaqāfat al-Kurdiyyah, 1997.

② Jalāl Ṭālabānī, *Kurdistān wa al-Ḥarakat al-Qawmiyyat al-Kurdiyyah*, Bayrūt: Dār al-Ṭalī'ah, 1971.

③ Al-Lajnat al-Taḥḍīriyyah li al-Ḥizb al-Dīmuqrāṭī al-Kurdistānī, *Taqyīm Masīrat al-Thawrat al-Kurdiyyah wa Inhiyārihā wa al-Durūs wa al-'Ibar al-Mustakhlaṣah minhā*, Awā'il Kānūn al-Thānī, 1977.

④ Ghafūr Makhmūrī, *Ta'rīb Kurdistān: Al-Ta'rīb-al-Makhāṭir-al-Muwājahah*, Tarjamat: 'Abdallah Qarkay, Arbīl: Maṭba'at Tārān, 2020.

究，在对既有文献做批判性解读、史料梳理以及与阿拉伯语一手档案对比的基础上，以相关的重大时间节点和事件为标志对该问题开展史论结合的研究，重点考察伊拉克中央政府与库尔德民族主义运动在思想、组织和行动三个层次的互动过程，比照伊拉克中央政府和库尔德民族主义运动在核心争端议题上的视野分歧，并引入库尔德人内部的社会结构、派系政治和地区与域外大国等因素，分析其对该问题的影响。就此，本书正文部分大致按照时间线索分为五章。

第一章首先对库尔德人的历史、社会与文化做宏观性的考察，以期为更好地论述1958—2003年的伊拉克库尔德问题打下必要的基础。第一节介绍库尔德人的起源、人口与地理分布。第二节对奥斯曼帝国覆灭前库尔德人的历史演变进行回顾，主要探讨库尔德人与阿拉伯人、波斯人和土耳其人等帝国主体民族间的互动。第三节讨论库尔德人的部落社会结构、语言和宗教信仰情况，以及三者在库尔德人民族意识和身份认同形成过程中发挥的作用。第四节论述奥斯曼帝国解体后库尔德问题的生成过程。考虑到1958年后伊拉克库尔德问题的演变基础与伊拉克王国时期（1921—1958）有着紧密的联系，因此第四节还在一定程度上考察了伊拉克王国时期的库尔德问题发展。

第二章探究1958年伊拉克“七月革命”至1968年复兴党二次执政10年间的库尔德问题演变。该时期也是伊拉克库尔德问题的重要塑型期。第一节分析卡塞姆政府与库尔德人从1958年建立权宜联盟到1961年爆发第一次伊拉克库尔德战争的整体过程，以及战争对卡塞姆执政带来的影响。第二节和第三节探讨卡塞姆倒台后库尔德问题对伊拉克政局的作用和反作用。在泛阿拉伯民族主义风靡地区的背景下，库尔德战争成为激化伊拉克军政冲突和权力更迭的一个重要因素，而在剧烈的局势变动中，库尔德自治谈判被伊拉克中央政府工具化，用于满足巩固权力的短期需求，交战双方互信丧失，库尔德问题也因战争的延续逐渐向长期化和暴力化的方向演进。

第三章考察伊拉克复兴党1968年二次执政至1975年第二次伊拉克库尔德战争结束期间的库尔德问题发展。这一时期为伊拉克库尔德问题发展的高潮期。第一节探讨复兴党为巩固权力根基和解决政权内部的军政分歧，允诺库尔德人民族自治的权利，双方签署《三月声明》，第一次伊拉克库尔德战争结束。第二节分析冷战因素对库尔德问题的影响。伊拉克中央政府与库尔德人在自治核心问题上产生分歧，美国对此加以利用，秘密支持库尔德运动反对伊拉克中央政府，以实现其在中东反苏的冷战诉求。第三节讨论库尔德人在美国的秘密支持下与伊拉克中央政府爆发第二次库尔德战争，但随着两伊签署《阿尔及尔协议》和伊苏关系转淡，美国停止支持库尔德人，库尔德运动遭受重大溃败，陷入历史性低潮。

第四章考察1975—1990年海湾危机前的伊拉克库尔德问题的演变。该时期库尔德问题处于低潮阶段，并于20世纪80年代末期实现重要的发展与转折。第一节关注复兴党政府在库尔德运动衰败的背景下试图替代性地在库尔德社会中建构库尔德人对复兴党国家的政治认同。这主要是通过石油财富基础上的高福利政策和阿拉伯化与复兴党化的族际政治整合两条路径来展开。第二节分析两伊战争期间（1980—1988）库尔德问题的发展。战争爆发后，库尔德斯坦地区成为主战场之一，两伊对库尔德人作战支持的需要，让库尔德运动获得复苏的空间。战争前中期，复兴党政权坚持对库尔德人采取细分的政策，推动库区的复兴党化进程，动员“我们的库尔德人民”参与作战，反对作为“破坏分子”的库尔德运动。第三节讨论复兴党政权在战争末期对库尔德问题政策的转变及其对库尔德民族主义带来的本质性变化。两伊战争长期的消耗和1986年国际油价的大幅下跌，让复兴党政权无力维系既有的细分政策，从而对库尔德人发动了低成本的集体性惩罚政策“安法尔行动”。库尔德运动虽然因此再度陷入低潮，但库尔德民族主义的外延也从而得到拓展，精英化的民族主义思想开始向库尔德社会大众层面下沉与普及。

第五章探讨1990年海湾危机至2003年伊拉克战争期间伊拉克

库尔德问题的重大转变。因库尔德禁飞区的设立和库尔德人的自治实践，这一时期的伊拉克库尔德问题开始经历定型的实质性嬗变。第一节关注在伊拉克入侵科威特招致国际孤立的背景下库尔德问题地位的改变，讨论“安法尔行动”造成的集体性创伤在库尔德人1991年起义和顽强抵抗中发挥的作用，并分析国际社会设立库尔德禁飞区的人道主义考量和遏制伊拉克的政策诉求。第二节考察库尔德人在禁飞区庇护下开展的自治实践过程和1994—1998年库尔德两党内战对自治和美国遏制伊拉克议程造成的消极影响。第三节探讨在美国1998年确立对伊拉克政权更迭政策的新背景下伊拉克库尔德人地位的提升，分析小布什政府的外交政策理念和2001年的“9·11”恐袭事件，是如何促成了2003年伊拉克战争后库尔德人获得合法的联邦自治地位。

五　学术创新点

本书的创新点主要体现在研究材料与研究观点两个方面。

首先，在研究材料上，本书充分发挥阿拉伯语语言文学的学科优势，重点依托阿拉伯语档案文献《伊拉克阿拉伯复兴社会党档案》中的《伊拉克北部数据集》和《复兴党地区指挥部档案集》对伊拉克库尔德问题进行研究，开发利用一手档案文献，对国内学界既有研究成果主要依托二手文献的局面实现了一定的突破。更重要的是，在国际学界范围内，虽然研究者在分析伊拉克库尔德问题时大量采用一手文献，如引用库尔德语材料，或在库尔德地区进行个人采访与实地调研等，但借助《伊拉克阿拉伯复兴社会党档案》研究伊拉克库尔德问题的学术成果依旧非常有限。既有的档案研究成果主要聚焦的话题有：伊拉克复兴党的政党架构与运转、[①] 复兴党政权的统

① 代表性的著作为约瑟夫·沙逊（Joseph Sassoon）的《萨达姆·侯赛因的复兴党：一个威权体制的内部》。参见 Joseph Sassoon, *Saddam Hussein's Ba'th Party: Inside an Authoritarian Regime*, New York: Cambridge University Press, 2012。

治战略与政策、[①] 复兴党政权的国家能力与伊拉克公民的政治行为间的关系、[②] 复兴党政权对伊斯兰主义运动的统治政策、[③] 复兴党政权对非国家武装力量的运用策略[④]等，但是，在库尔德问题上，既有研究只做了简要的论述。而依托该档案对库尔德问题所开展的专门性研究，则仅限于学术报告和学术论文各一份，分别为人权观察组织（Human Rights Watch）1993 年发布的研究报告《伊拉克的种族灭绝：针对库尔德人的"安法尔行动"》[⑤] 和亚尼夫·沃勒（Yaniv Voller）的学术论文《身份政治与复兴党政权在伊拉克北部的反库尔

---

① 代表性的著作主要有两部，分别为蒂娜·里兹克·扈里（Dina Rizk Khoury）的《战时伊拉克：从军、殉难与记忆》和亚伦·福斯特（Aaron Faust）的《伊拉克的复兴党化：萨达姆·侯赛因的极权主义》。此外，还有一部著作是对萨达姆·侯赛因举行高级决策会议时录音材料的文字化记录和批注，也在一定程度上还原了复兴党政权和萨达姆个人的统治过程。参见 Dina Rizk Khoury, *Iraq in Wartime: Soldiering, Martyrdom, and Remembrance*, New York: Cambridge University Press, 2013; Aaron Faust, *The Ba'thification of Iraq: Saddam Hussein's Totalitarianism*, Austin: University of Texas Press, 2015; Kevin M. Woods, David Palkki, and Mark Stout, *The Saddam Tapes: The Inner Workings of a Tyrant's Regime, 1978 – 2001*, New York: Cambridge University Press, 2011; Eckart Woertz, "Iraq under UN Embargo, 1990 – 2003: Food Security, Agriculture, and Regime Survival," *The Middle East Journal*, Vol. 73, No. 1, 2019, pp. 93 – 112; Lisa Blaydes, "Rebuilding the Ba'thist State: Party, Tribe, and Administrative Control in Authoritarian Iraq, 1991 – 1996," *Comparative Politics*, Vol. 53, No. 1, October 2020, pp. 1 – 23。

② 代表性的著作为丽莎·布蕾兹（Lisa Blaydes）的《镇压国度：萨达姆·侯赛因统治下的伊拉克》，参见 Lisa Blaydes, *State of Repression: Iraq under Saddam Hussein*, Princeton: Princeton University Press, 2018。

③ 代表性的著作为塞缪尔·赫尔方特（Samuel Helfont）的《宗教强迫：萨达姆·侯赛因、伊斯兰教与伊拉克叛乱的根源》，参见 Samuel Helfont, *Compulsion in Religion: Saddam Hussein, Islam, and the Roots of Insurgencies in Iraq*, New York: Oxford University Press, 2018。

④ 代表性的研究为迈克尔·布瑞尔（Michael Brill）的硕士论文《安拉、祖国和"基地"组织：浅析伊拉克复兴党政权的民兵组织（1991—2003）》。参见 Michael Brill, *'Allah, Al-Watan, Al-Qa'id': A Preliminary Study of Regime Militias in Iraq, 1991 – 2003*, Master Dissertation, Georgetown University, 2016。

⑤ Human Rights Watch, *Genocide in Iraq: The Anfal Campaign against the Kurds*, New Haven: Yale University Press, 1993.

德叛军行动》[①]。前者聚焦于1987—1988年复兴党政权对库尔德人开展的化学武器攻击，后者则关注复兴党政权在两伊战争期间如何以身份政治动员其他族裔民兵反对库尔德运动武装。此外，2019年出版的著作《黑金之城：石油、族裔性和现代基尔库克的形成》[②]也利用该档案中的《伊拉克北部数据集》和美国国防大学冲突记录研究中心的萨达姆·侯赛因录音档案，分析伊拉克中央政府与库尔德人围绕基尔库克城市归属的分歧和争夺。

由此可见，国际学界在这套档案文献基础上形成的对伊拉克库尔德问题的研究成果仍然极为有限。一方面，这是由该档案文献必须到馆现场阅读的限制所决定的；另一方面，则是档案庞大的体量和有待精细化的检索系统，使得研究者在阅读和搜集研究素材时面临较大的时间与精力挑战。因此，对该档案文献材料进一步占有和探索，构成了本书在国际学界范围内的一个重要创新点。

其次，在对研究材料有所突破的基础上，本书在研究观点上也实现了相应创新。就伊拉克复兴党政权处理库尔德问题的方式和政策问题，学界的既有研究成果多分析和强调实用主义的手段，如分而治之、军事打击、经济收买和强制性的人口迁移等，而普遍忽略了复兴党政权致力于对伊拉克社会进行全面复兴党化（al-tab'īth/Ba'thification），[③]从而建立一个复兴党式国家的宏观框架。这主要是由三个原因决定的：第一，档案文献材料的缺失或匮乏，让研究者难以从复兴党政权的内部视角来探析该问题；第二，在研究材料限制的情况下，从逻辑的自然推导来看，复兴党作为一个泛阿拉伯民族主义政党，很难对库尔德人形成有效的吸引，真正在库尔德地区推行复兴党化政策，因此既有研究就此多有忽略；第三，伊拉克复

① Yaniv Voller, "Identity and the Ba'th Regime's Campaign against Kurdish Rebels in Northern Iraq," *The Middle East Journal*, Vol. 71, No. 3, 2017, pp. 383 - 401.

② Arbella Bet-Shlimon, *City of Black Gold: Oil, Ethnicity, and the Making of Modern Kirkuk*, Stanford: Stanford University Press, 2019.

③ 关于复兴党化的定义，本书在第四章第一节中做了相应的详细论述。

兴党执政的大部分时期，库尔德地区都处于战争状态（1968—1970年第一次伊拉克库尔德战争，1974—1975年第二次伊拉克库尔德战争，1980—1988年两伊战争）或中央权力的真空态（1991—2003年库尔德禁飞区），因此复兴党化进程未能得到持续且系统性开展，而复兴党政权的政策也往往呈现出实用主义的特点，以应对战争状态下迫切的现实需求。

尽管如此，这都不能否定和改变伊拉克复兴党试图复兴党化库尔德社会的基本事实。借助《伊拉克阿拉伯复兴社会党档案》，本书从意识形态和组织动员两个层面对伊拉克库尔德斯坦地区的复兴党化进程进行探析，一方面分析复兴党是如何在意识形态层面解决复兴党的泛阿拉伯民族主义意识形态和库尔德人民族身份之间的张力；另一方面考察复兴党化进程在组织动员和库尔德人政治行为选择层面的现实表现。基于此，本书对国际和国内学界就伊拉克复兴党政权的库尔德问题政策的研究成果做出了重要的补充，这也是本书在学术观点层面所实现的最主要的创新之处。

第一章

库尔德人的历史、社会与文化

本书所探索的库尔德问题是一个现代问题，且聚焦于1958—2003年单一国别伊拉克范围内。但是，库尔德人在长期的历史发展中形成了自身独特的居住环境、社会结构和文化心理体系，这都是影响现代库尔德问题演变的基本要素。因此，本章重点讨论库尔德人的起源、地理分布、历史演进和社会文化发展，并分析现代伊拉克库尔德问题的生成过程，以期为更好地考察1958—2003年的伊拉克库尔德问题奠定必要的基础。

第一节　库尔德人的起源与地理分布

一　争议中的库尔德人起源

库尔德人从何而来？就该问题，学界一直难以形成定论。这主要是由三个方面的因素所决定的。首先，缺乏相关史料的佐证。库尔德人历史上长期居住于山区，处于帝国的边陲，远离政治与文明中心。这一方面决定了库尔德人的文化发展程度有限，很晚才开始记录自己的历史；另一方面，其在异族史学家的历史书写中难以得到足够的重视和清晰的记述。直到16世纪末，库尔德埃米尔国埃米尔夏拉夫汗（Sharafkhān）才写出被认为是第一部关于库尔德人的史书《夏拉夫书》(*Sharafnāma*)。[①] 戴维·麦克道瓦认为，库尔德人首次被清晰地记录于史，是以塞尔提亚人（Cyrtians）的身份出现于公元前 2 世纪。[②] 伊拉克库尔德史学家穆罕默德·艾敏·扎基（Muḥammad Amīn Zakī）则认为，最早明确提及库尔德人的历史文献，是第四任哈里发阿里·本·艾比·塔利卜（'Alī Ibn Abī Ṭālib）与其巴士拉行省长官间的通信。[③] 由此可见，至少在阿拉伯伊斯兰征服前，无论是以直接或间接的方式，都难以找到专门关于库尔德人的确切史料。

其次，既有史料对“库尔德人”概念外延的模糊界定。毫无疑问，置身于现代语境中，研究者所欲探究的是作为一个在人种和心理上可被识别族群的库尔德人究竟发源于何处。但在穆斯林史学家的记述中，“库尔德人”一词所体现的社会经济意义，大于其族群意义。戴维·麦克道瓦指出，“库尔德人”一词还曾被史学家用于描述许多文化、地理或政治上与库尔德人亲近的阿拉伯、土库曼和伊朗部落。[④] 因此，即使在阿拉伯伊斯兰征服后，库尔德人越来越多地见诸于穆斯林史学家的笔下，但由此来探究族群意义上的库尔德人起源，还存有一定的局限性。当然，这也侧面反映了库尔德人历史上与多族群融合的现实，表明了要确定库尔德人单一族群来源的客观难度。

最后，库尔德人族群识别本身的困难在现代政治因素的催化下被加剧。“一战”后，库尔德人被划分到土耳其、伊拉克、伊朗和叙

---

① Mahir A. Aziz, *The Kurds of Iraq: Nationalism and Identity in Iraqi Kurdistan*, London: I. B. Tauris, 2011, p. 55.

② David McDowall, *A Modern History of the Kurds*, London: I. B. Tauris, 1996, p. 9.

③ Muḥammad Amīn Zakī, *Khulāṣat Tārīkh al-Kurd wa Kurdistān: Min Aqdam al-'Uṣūr al-Tārīkhiyyah ḥattā al-Āna*, Naqalahu ilā al-'Arabiyyah Muḥammad 'Alī 'Awnī, Baghdād: Dār al-Shu'ūn al-Thaqāfiyyat al-'Āmmah, 2005, p. 88.

④ David McDowall, *A Modern History of the Kurds*, London: I. B. Tauris, 1996, p. 9.

利亚，受四国现代民族国家建构进程的影响，库尔德人的族群起源得到了不同的解释，如伊拉克复兴社会党政府将库尔德人看作是阿拉伯民族的一部分，而土耳其民族主义者则认定库尔德人为突厥民族的一支。

从中世纪穆斯林史学家的记载来看，库尔德人的起源多被追溯到阿拉伯人。公元 10 世纪的阿拉伯史学家麦斯欧迪（Al-Mas'ūdī）认为库尔德人源自阿拉伯人，其祖先可以追溯到拉比阿·本·尼扎尔·本·穆阿兹（Rabī'at Ibn Nizār Ibn Mu'ādh），或穆达尔·本·尼扎尔·本·穆阿兹（Muḍar Ibn Nizār Ibn Mu'ādh）。这意味着库尔德人的谱系实际上属于北方阿拉伯人中的阿德南系。伊斯兰教前时期，拉比阿的后人曾居住于现今的叙利亚和伊拉克北部，即两河流域的上游段，历史上称为哲齐赖地区（al-Jazīrah）。为躲避加萨尼王朝的迫害，这些部落离开原本的居住地，迁徙到大山之间，并在此过程中与其他的部落相融合，逐渐忘却了自己的语言，但由于这些部落时常侵袭波斯帝国辖下的城市，因此其形成的新语言深受波斯语的影响。[①] 公元 14 世纪的阿拉伯史学家麦格里齐（Al-Maqrīzī）也支持麦斯欧迪的看法，认为库尔德人源自阿拉伯人，并列举多个伊拉克库尔德部落将谱系追溯到圣裔家族的例子。[②] 库尔德历史学家夏拉夫汗在《夏拉夫书》中指出，哲齐赖地区的库尔德埃米尔将自身起源追溯到阿拉伯将领哈立德·本·瓦立德。库尔德历史上有名的巴德尔汗家族也曾称自己源于阿拉伯古莱氏部落中的一支。同时期的阿拉伯史学家艾布·费达（Abū al-Fidā'）虽然认为库尔德人源自波斯人，但他也指出有说法认为，库尔德人源自阿拉伯人，随后奈伯特化了，也有称他们是波斯化的阿拉伯人。

黎巴嫩史学家穆罕默德·苏海尔·塔古什（Muḥammad Suhayl

---

① Muḥammad Suhayl Ṭaqqūsh, *Tārīkh al-Akrād (637 – 2015)*, Bayrūt: Dār al-Nafā'is li al-Ṭibā'ah wa al-Nashr wa al-Tawzī', 2015, p. 17.

② Muḥammad Suhayl Ṭaqqūsh, *Tārīkh al-Akrād (637 – 2015)*, Bayrūt: Dār al-Nafā'is li al-Ṭibā'ah wa al-Nashr wa al-Tawzī', 2015, pp. 17 – 18.

Ṭaqqūsh）认为，库尔德人的阿拉伯源头说，可能与公元750年发生在摩苏尔地区的扎布河战役（Ma'rakat al-Zāb）有关。据研究考证，在此次战役后，伍麦叶王朝灭亡，有部分阿拉伯王宫贵族为躲避阿拔斯人的追杀逃入了北部深山，和当地的库尔德人相融合，从而奠定了库尔德人起源于阿拉伯人或圣裔家族说法的基础。[①]

相较阿拉伯人起源说，更被学界广泛接受的研究认为，库尔德人在人种上属于印欧人，主要源于公元前7世纪的米底人，或是从公元前2000年跨越伊朗的印欧部落中分离后向西迁徙的部落民。另一种说法则认为库尔德人来源于高加索地区的山区居民，人种上更靠近亚美尼亚人、格鲁吉亚人和迦勒底人。这种说法的一个重要依据，是库尔德人的原始语言与格鲁吉亚人的原始语言更为接近，但后期受伊朗和亚美尼亚的影响，原始的库尔德语发生异变。这与在库尔德人中广泛流传的一个传统观点相契合，即库尔德人的祖先历史上曾放弃过一门古老的语言，接受了目前的库尔德语。第三种常见的理论将库尔德人的源头追溯到大约公元前3000年伊朗西北部的古提部落（Gūti）。还有研究认为库尔德人的祖先为古代亚述人和巴比伦人，在随后与该地区其他原住民的交融中形成库尔德人。[②]

此外，研究者还尝试从"库尔德人"（Kurd/Kūrd）一词本身出发来探究库尔德人的源头。从发音相近的特点上来看，有研究者认为，希腊史学家色诺芬（Xenophon）在《远征记》（*Anabasis*）中提到的"卡尔杜霍人"（Kardouchoi），指的正是库尔德人的祖先。据色诺芬记述，他带领的军队从波斯撤返黑海的归程中，遭到了卡尔杜霍人的劫掠。这群人"生活在大山间，勇猛且不向薛西斯或亚美

---

① Muḥammad Suhayl Ṭaqqūsh, *Tārīkh al-Akrād (637 – 2015)*, Bayrūt: Dār al-Nafā'is li al-Ṭibā'ah wa al-Nashr wa al-Tawzī', 2015, p. 17.

② Edmund Ghareeb and Beth Dougherty, *Historical Dictionary of Iraq*, Lanham: Scarecrow Press, 2004, pp. 141 – 142.

尼亚人的统治屈服”[①]。俄罗斯东方学家弗拉基米尔·米诺尔斯基（Vladimir Minorsky）则认为，公元前2000年的两则苏美尔铭文中提到一个叫“卡尔达卡”（Kar-da-ka）的国度，正是库尔德人祖先建立的国度。公元6世纪的《塔木德》（*Talmud*）中出现的Kardu和Karduyyim，也被认为指向库尔德人。[②] 然而，单纯从发音的相似性上来探究库尔德人的族群起源，说服力显得薄弱，但这也引出学界的另一种猜想，即认为库尔德人是多族群融合的结果，库尔德斯坦的说法可能先于库尔德人而存在，库尔德人因居住于库尔德斯坦而得名。

还有学者从“库尔德人”阿拉伯语一词的词根意“驱赶”（karada）上寻找联系，从而引入库尔德人的神话起源说。有说法认为，库尔德人的根源可以追溯到所罗门国王时期。相传所罗门派出百余名精灵赴欧洲为其寻找女奴，但归来时所罗门已经去世，以色列王国陷入动乱，精灵们趁乱将带回的女奴据为己有。局势平息后，新国王视这些女奴及她们产下的孩子为不洁，便把他们驱逐到大山之中，在那里他们世世代代繁衍生息，成为库尔德人的祖先。库尔德人也因此被称为精灵的后代。[③]

另一则广为流传的神话认为，库尔德人的起源与《列王纪》（*Shāhnāma*）中记载的俾什达迪王朝的国王佐哈克（al-malik al-ḍaḥāk）相关。国王佐哈克因暴虐统治而遭到神的惩罚，两肩生蛇，咀食其肉，疼痛难忍。魔鬼伊卜里斯蛊惑佐哈克每天向蛇喂食两个人脑，以减缓其痛楚。屠夫心生怜意，每天暗中放走一人，用羊脑替代，并让他们逃入深山躲避，严守秘密。由于这群幸存者来自不

---

① Abdul Rahman Ghassemlou, *Kurdistan and the Kurds*, Prague: Czechoslovak Academy of Sciences, 1965, p. 35.

② Ofra Bengio, *The Kurds of Iraq: Building a State within a State*, London: Lynne Rienner Publishers, 2012, pp. 1－2.

③ Muḥammad Suhayl Ṭaqqūsh, *Tārīkh al-Akrād (637－2015)*, Bayrūt: Dār al-Nafā'is li al-Ṭibā'ah wa al-Nashr wa al-Tawzī', 2015, p. 16.

同的群体和地域，长此以往，他们忘记了各自本来的语言，在新的融合中习得一门独特的语言，形成自身的风俗和文化，成为库尔德人的祖先。① 本质上，这群人迫于国王佐哈克的暴政而被“驱赶”到大山之中，因此被称为“被驱赶的人”，即“库尔德人”。

在不限于此二则的库尔德族源神话中，可以发现三个共通的意象：（1）库尔德人遭到了不公正的对待；（2）库尔德人被驱赶；（3）大山是库尔德人的避难所。即使在如上述“库尔德人阿拉伯起源说”这种极具阿拉伯民族主义主观色彩的历史叙述中，这些意象依旧存在。可见，在库尔德人的历史情结中有着强烈的苦难感、被迫性和他者化的色彩，即库尔德人的存在是一个被动的过程，库尔德人的命运由他人所决定。广为流传的库尔德谚语“库尔德人没有朋友，只有大山”也恰是这种历史心态的经典写照。这些传说为现代库尔德人建构族群间的共同想象提供了历史素材，尤其是第二则神话，被库尔德民族主义者所认可，并在库尔德社会中被津津乐道。

在多种观点中，库尔德人倾向于将自身认定为雅利安人，是米底人的后裔。库尔德史学家萨米德·库尔德斯坦尼（Ṣāmid al-Kurdistānī）认为库尔德人属于米底人，库尔德语属于印欧语系。库尔德史学家阿里·赛义杜·库拉尼（‘Alī Sayyidū al-Kūrānī）也支持库尔德人雅利安源头的说法。库尔德政治家阿卜杜·拉赫曼·卡塞姆鲁（‘Abd al-Raḥmān Qāsimlū）还将公元前612年米底国王库阿克撒列斯（Kyaxar）征服尼尼微（Nineveh）作为库尔德人历史的开始。② 穆罕默德·艾敏·扎基也同意这一看法，但他指出，除埃兰人（al-sha‘b al-‘ilāmī）以外，扎格罗斯山区的原始居民构成了库尔德人的源头，公元前10—前9世纪时雅利安人西迁至扎格罗斯山区，将

---

① Muḥammad Suhayl Ṭaqqūsh, *Tārīkh al-Akrād (637 – 2015)*, Bayrūt: Dār al-Nafā’is li al-Ṭibā‘ah wa al-Nashr wa al-Tawzī‘, 2015, p. 15.

② Abdul Rahman Ghassemlou, *Kurdistan and the Kurds*, Prague: Czechoslovak Academy of Sciences, 1965, p. 34.

这些原始居民雅利安化了。①

无论如何，可以肯定的一点是，库尔德人并非源自单一种族。受不同时期自然和社会经济环境变化、战争、帝国兴衰和人口迁徙等因素的综合影响，库尔德民族的历史形成和中东地区的其他民族一样，有着复杂多元的构成。库尔德政治家贾拉勒·塔拉巴尼（Jalāl al-Ṭālabānī）认为，"库尔德民族不可能只有一个特定的源头，而是高度交融的产物，其内部一个部落和另一个部落又各有不同"②。玛丽亚·奥谢（Maria O'Shea）指出："以既有的信息，对于库尔德人的准确起源，（他们）何时并演化为这样一个可被识别的群体，或是其在阿拉伯伊斯兰征服前的早期历史，都不可能达成一个合理的解释。"③ 从另一个角度来看，与中东多民族相关联的多种起源说，刚好证明了库尔德人作为中东地区古老民族之一的基本事实。

二　库尔德斯坦与库尔德人的地理分布

尽管就库尔德人的起源问题很难达成一致，但库尔德人与库尔德斯坦相绑定的历史联系，却为各学说普遍承认。"库尔德斯坦"（Kurdistān）由"库尔德人"（Kurd）和"斯坦"（stān）两部分组成，意为"库尔德人的土地"，是指库尔德人长期聚居生活的地方，是一个笼统的地理和历史概念。"库尔德斯坦"一词最早出现于公元12世纪，被塞尔柱（Saljūq）最后一任素丹桑贾尔（Sanjar）用于命

---

① Muḥammad Amīn Zakī, *Khulāṣat Tārīkh al-Kurd wa Kurdistān*: *Min Aqdam al-'Uṣūr al-Tārīkhiyyah ḥattā al-Āna*, Naqalahu ilā al-'Arabiyyah Muḥammad 'Alī 'Awnī, Baghdād: Dār al-Shu'ūn al-Thaqāfiyyat al-'Āmmah, 2005, pp. 63 – 64.

② Jalāl Ṭālabānī, *Kurdistān wa al-Ḥarakat al-Qawmiyyat al-Kurdiyyah*, Bayrūt: Dār al-Ṭalī'ah, 1971, pp. 38 – 39.

③ Maria O'Shea, "Tying Down the Territory: Conceptions and Misconceptions of Early Kurdish History," in Faleh A. Jabar and Hosham Dawod, eds., *The Kurds*: *Nationalism and Politics*, London: Saqi, 2006, p. 126.

名一块介于阿塞拜疆和卢里斯坦（Lūristān）之间的行政区域。[①] 库尔德斯坦的地理边界并不清晰，在历史上具有高度的流动性，但从16世纪开始，其主体至少囊括今土耳其、叙利亚、伊拉克和伊朗交界的整个山区。[②] 目前，学界较为一致地认为，库尔德斯坦地理上主要是指西起托罗斯山脉、东抵伊朗高原西部、北起阿拉拉特山脉（Ararat Mountains）、南达美索不达米亚平原的广袤区域。[③] 其总面积大约为40.96万平方千米，其中土耳其占19.44万平方千米（约47.5%），伊朗占12.49万平方千米（约30.5%），伊拉克占7.2万平方千米（约17.5%），叙利亚占1.83万平方千米（约4.5%）。[④]

值得注意的是，奥斯曼帝国和萨法维王朝1639年签订的《席林堡条约》（*Treaty of Qasr-e-Shirin/Treaty of Zuhab*，也称《祖哈布条约》），将库尔德斯坦划分到两个帝国之下，库尔德斯坦因此开始被少许库尔德精英赋予有限的政治意蕴。随着19世纪末20世纪初现代库尔德问题的兴起，库尔德斯坦进一步带有了政治上的内涵，库尔德民族主义者将其认定为库尔德民族的天然属地及其独立建国的领土基础，四国的库尔德民族主义者也将库尔德斯坦分为东南西北四个部分，用来分别指称伊朗、伊拉克、叙利亚和土耳其境内的库尔德斯坦地区。但该表述并未在法理和国际层面得到认可，除伊朗用其命名本国的库尔德斯坦省外，"库尔德斯坦"在2003年前并不被用于其他三国任何正式的官方文件或地图之中。[⑤] 土耳其把其领土

---

① Ofra Bengio, *The Kurds of Iraq: Building a State within a State*, London: Lynne Rienner Publishers, 2012, p. 2.

② Kerim Yildiz, *The Kurds in Iraq: The Past, Present and Future*, London: Pluto Press, 2007, p. 7.

③ Ofra Bengio, *The Kurds of Iraq: Building a State within a State*, London: Lynne Rienner Publishers, 2012, p. 2.

④ Abdul Rahman Ghassemlou, *Kurdistan and the Kurds*, Prague: Czechoslovak Academy of Sciences, 1965, p. 14.

⑤ Abdul Rahman Ghassemlou, *Kurdistan and the Kurds*, Prague: Czechoslovak Academy of Sciences, 1965, p. 13.

内的库尔德斯坦称为“土耳其东南部”，伊拉克将境内库尔德斯坦称为“伊拉克北部”。可以说，受现代政治因素的影响，库尔德斯坦的确切边界和库尔德人的起源一样，很难得到一个各方公认的划定。

与库尔德神话中不断出现的群山意向一致，山地构成库尔德斯坦的主体，是其主要的地理特征，扎格罗斯山脉由西北至东南横贯库尔德斯坦大部，群山绵延是库尔德斯坦随处可见的景观。历史上，这些山区曾被森林覆盖，但受几个世纪以来过度砍伐、放牧和战争的影响，库尔德斯坦的森林植被大大减少，有些土地还出现一定程度的荒漠化。① 据统计，土耳其库尔德斯坦的森林覆盖率为6%，伊拉克的为8%，伊朗的最高，达到32%。② 同时，山区中分布有丰富的水系，底格里斯河和幼发拉底河均发源于库尔德斯坦北部，大小扎布河也都流经于此。这些河流在中下游地区冲击而开的平原低地，及较为温和宜人的山地气候，还让库尔德斯坦成为重要的畜牧业和农业产区。19世纪末以前，畜牧业曾是库尔德斯坦最为重要的经济活动，库尔德斯坦在19世纪时是安纳托利亚、叙利亚和美索不达米亚主要的肉产地之一。库尔德游牧民和农民春秋两季对土地的争夺，构成当时库尔德社会矛盾的一个方面，但受20世纪现代化和城市化等因素的影响，大规模的游牧活动逐渐消失，让位于农业。谷物、烟草和棉花是该地区重要的经济作物，土耳其15%、伊朗35%和伊拉克30%的谷物，均产自库尔德斯坦。③

据笔者统计，目前全球库尔德总人口数达3400万—3500万人。其中，91%的库尔德人集中在库尔德斯坦，土耳其约1500万人，伊朗约840万人，伊拉克580万—750万人，叙利亚约190万人；④ 剩

① Michael M. Gunter, *Historical Dictionary of the Kurds*, Lanham: The Scarecrow Press, 2011, p. 3.

② Abdul Rahman Ghassemlou, *Kurdistan and the Kurds*, Prague: Czechoslovak Academy of Sciences, 1965, p. 17.

③ David McDowall, *A Modern History of the Kurds*, London: I. B. Tauris, 1996, p. 6.

④ 数据来源：“The World Factbook,” CIA, July 2020, https://www.cia.gov/library/publications/resources/the-world-factbook/。

余的约300万人（9%）为库尔德人海外群体（见表1－1）。在苏联及其加盟共和国如亚美尼亚和阿塞拜疆境内，有约20万库尔德人；① 在除库尔德斯坦所在四国之外的其他中东地区也有一定的库尔德人群体，如沙姆地区、埃及和海湾阿拉伯国家，② 其中约旦约有3万人，③ 黎巴嫩10万—12万人。④ 也有数据指出，2011年叙利亚危机和极端组织"伊斯兰国"的威胁，造成很多叙利亚和伊拉克的库尔德难民流亡，因此在黎巴嫩的库尔德人实际达15万—20万人。⑤ 但这一数字可能和前述库尔德斯坦所在四国的统计数字有所重叠，因此本书不将其纳入统计。

表1－1　**当前全球库尔德人口情况**　（单位：万人）

	库尔德人口数
土耳其	1500
伊朗	840

① Michael M. Gunter, *The Kurds Ascending: The Evolving Solution to the Kurdish Problem in Iraq and Turkey*, New York: Palgrave Macmillan, 2008, p. 2.

② 既有研究指出在埃及、巴勒斯坦、叙利亚和海湾阿拉伯国家都有库尔德人群体存在，但并未提供具体的数据，海湾国家如科威特和巴林虽有相关数据，但统计年代较早（20世纪90年代初），故未被收录于此。可参见Muḥammad ʻAlī al-Ṣuwayrikī, *Tārīkh al-Akrād fī Bilād al-Shām wa Miṣr*, ʻAmmān: Maṭbaʻat al-Safīr, 2010; ʻAbd al-Jalīl Ṣāliḥ Mūsā, *Jamāl ʻAbd al-Nāṣir wa al-Qaḍiyyat al-Kurdiyyah fī al-ʻIrāq: 1952－1970*, Duhūk: Maṭbaʻat Muḥāfaẓat Duhūk, 2013; Jāsim Yūnus al-Ḥarīrī, "Al-Dawr al-Khalījī fī al-Milaff al-Kurdī fī al-ʻIrāq baʻda 2003," *Majallat al-Mustaqbal al-ʻArabī*, Vol. 1, No. 465, 2017; Kim Murphy, "Kurds in Kuwait Also Are Treated Harshly: Ethnic Conflict: Many Have Been Prevented from Returning to Their Jobs, and Some Have Disappeared," *Los Angeles Times*, April 11, 1991, https://www.latimes.com/archives/la-xpm-1991－04－11－mn-321-story.html。

③ Muḥammad ʻAlī al-Ṣuwayrikī, *Tārīkh al-Akrād fī Bilād al-Shām wa Miṣr*, ʻAmmān: Maṭbaʻat al-Safīr, 2010, p. 43.

④ Muḥammad ʻAlī al-Ṣuwayrikī, *Tārīkh al-Akrād fī Bilād al-Shām wa Miṣr*, ʻAmmān: Maṭbaʻat al-Safīr, 2010, p. 165.

⑤ Salwā Abū Shaqrā, "Mā Huwa al-ʻĀʼiq alladhī Yaʻtariḍ al-Akrād fī Lubnān," *Al-Nahār*, March 21, 2016.

续表

	库尔德人口数
伊拉克	580—750
叙利亚	190
苏联及其加盟共和国	20
中东其他地区（仅约旦和黎巴嫩）	13—15
欧洲	150—170
中亚	6.7
北美	3.7
大洋洲地区	1.1
总数	3400—3500

注：相关国家与地区的库尔德人口情况，笔者根据各方数据来源自制。

欧洲的库尔德人构成了库尔德人海外群体的一半，据巴黎库尔德研究所（Institut Kurde de Paris）2016 年 5 月的统计，欧洲的库尔德人达到 150 万—170 万人，有一半以上主要在德国。其中，来自土耳其的库尔德人构成该群体的 80%，其次是伊拉克、叙利亚和伊朗。从分布特点来看，土耳其库尔德人主要分布在德国、荷兰和比利时，伊拉克库尔德人主要分布于英国、荷兰和瑞典，叙利亚库尔德人主要分布在德国、法国和瑞典，伊朗库尔德人则主要分布在法国、英国和北欧国家。① “这一特性的形成有着历史文化的因素（如，英国对伊朗和伊拉克的殖民，法国对叙利亚的殖民），也有现实利益考虑（德国引进土耳其劳工最多）。”② 此外，中亚地区还有约 6.7 万库尔

① “Diaspora Kurde,” *Institut Kurde de Paris*, https://web.archive.org/web/20171220182421/http://www.institutkurde.org/kurdorama/.

② 唐志超：《政治游说与社会公关：库尔德移民对欧盟库尔德政策制定的影响》，《西亚非洲》2019 年第 3 期。

德人,① 北美地区约3.7万人（美国约2.5万人，加拿大约1.2万人),② 大洋洲约1.1万人。③ 需要指出的是，不同国家和地区的统计方式和年份不一，因此很难得到一个关于库尔德人口的准确数字。

第二节 伊斯兰教历史上的库尔德人

公元7世纪伊斯兰教创立后阿拉伯人开始对外征战，库尔德人也在新的历史舞台上发挥起自身的作用。据阿拉伯历史学家考证，阿拉伯军队是在公元637年征服伊拉克的哈勒旺（Ḥalwān）和提克里特（Tikrīt）之后，才和库尔德人建立联系，并开始关注库尔德斯坦。一方面，库尔德斯坦是阿拉伯人征服阿塞拜疆、亚美尼亚乃至拜占庭帝国的前哨和必经之途；另一方面，只有控制了库尔德斯坦的关键区域，才能防止拜占庭帝国和波斯帝国的回击及相互结盟，并将两帝国和附庸其下的库尔德部落从地理上隔离开来，从而巩固阿拉伯军队在叙利亚和伊拉克地区的成果，保证其在北线和东线继

---

① 哈萨克斯坦数据参见https：//stat. gov. kz/getImg? id = ESTAT306055；吉尔吉斯斯坦数据参见 National Statistical Committee of the Kyrgyz Republic, *Population and Housing Census of the Kyrgyz Republic of 2009*, 2009, p. 52；土库曼斯坦数据参见 Итоги всеобщей переписи населения Туркменистана по национальному составу в 1995 году, http：//asgabat. net/turkmenistan/itogi-vseobschei-perepisi-naselenija-turkmenistana-po-nacionalnomu-sostavu-v-1995-godu. html；乌兹别克斯坦数据参见 Всесоюзная перепись населения 1989 года. Национальный состав населения по республикам СССР, http：//demoscope. ru/weekly/ssp/sng_ nac_ 89. php? reg = ；塔吉克斯坦数据参见http：//stat. tj/en/img/526b8592e834fcaaccec26a22965ea2b_ 1355502192. pdf。

② Michael M. Gunter, *Historical Dictionary of the Kurds*, Lanham：The Scarecrow Press, 2011, p. 4；"Proportion of mother tongue responses for various regions in Canada, 2016 Census," *Statistics Canada*, August 31, 2017, https：//www12. statcan. gc. ca/census-recensement/2016/dp-pd/dv-vd/lang/index-eng. cfm.

③ 澳大利亚数据参见https：//profile. id. com. au/australia/ancestry? WebID = 10；新西兰数据参见https：//www. stats. govt. nz/information-releases/2018-census-totals-by-topic-national-highlights-updated。

续扩张的态势。[①] 在叙利亚，阿拉伯人首先于 639 年占领拉卡（al-Raqqah），进入哲齐赖地区，随后于 640 年向北推进直逼亚美尼亚。在伊拉克，阿拉伯人 637 年和 641 年分别征服尼尼微和摩苏尔之后，持续北上最终于 643 年征服阿塞拜疆。需要指出的是，阿拉伯人对库尔德斯坦的关注主要表现在军事层面，其征服行动并未深入到库尔德斯坦内部，只是把它当作进一步扩张的过渡地带。

正是基于这一征服策略，阿拉伯人并未对库尔德斯坦建立起直接的统治。一方面，库尔德部落多次发动或参与挑战帝国中央权威的叛乱，如阿拔斯哈里发艾布·加法尔·曼苏尔（Abū Ja'far al-Manṣūr）就曾两度（765 年与 775 年）平定摩苏尔省库尔德人的叛乱；另一方面，库尔德斯坦因其崎岖复杂的山地地形，还成为帝国政治异见者的避难所之一。哈瓦利及派（Ḥarakat al-Khawārij）就曾赶赴库尔德斯坦山区藏身，如沙尔祖尔（Sharzūr）、摩苏尔城郊、哲齐赖地区和埃尔比勒（Arbīl）与巴格达中途的达古卡（Dāqūq），躲避伍麦叶人的迫害，哈瓦利及派也因此较早地与库尔德人建立了联系。阿拉伯史学家哈姆丹尼（Al-Hamdhānī）还因此把摩苏尔附近的库尔德地区称为“归顺真主者之地/哈瓦利及派之地”（bilād al-shurāh）。[②] 有说法认为，这主要是因为哈瓦利及派的政治主张与库尔德人不愿臣服于中央统治的部落传统较为契合。当然，库尔德人的立场也存在分化，哈勒旺地区的库尔德人为获得物质回报，曾于 696 年辅佐将领哈查支（Al-Hajjāj）击退与哈瓦利及派立场相似的穆特里夫叛乱（Ḥarakat al-Muṭrif Ibn al-Mughayrat Shu'bah）。

此外，这也让库尔德人皈依伊斯兰教的过程渐进展开，库尔德人并非仅为躲避直接统治带来的赋税压力等制度因素才成为穆斯林，而是在长达 3 个世纪的征服和宣教活动中逐渐皈依的。可以肯定的

---

① Muḥammad Suhayl Ṭaqqūsh, *Tārīkh al-Akrād* (*637 – 2015*), Bayrūt: Dār al-Nafā'is li al-Ṭibā'ah wa al-Nashr wa al-Tawzī', 2015, p. 33.

② Muḥammad Suhayl Ṭaqqūsh, *Tārīkh al-Akrād* (*637 – 2015*), Bayrūt: Dār al-Nafā'is li al-Ṭibā'ah wa al-Nashr wa al-Tawzī', 2015, p. 37.

是，伊斯兰教和阿拉伯帝国的征服，开始让库尔德人得以在政治舞台上进一步发挥自身的作用，库尔德斯坦向外的移民也为帝国的发展增添着新的活力。塔古什还认为，皈依伊斯兰教成为库尔德人真正意义上的历史起源，并对整合库尔德社会内部发挥了一定的作用。[①]

随着9世纪中后期哈里发大权旁落，阿拔斯帝国境内开始出现一系列地方叛乱和由突厥人或波斯人建立的东方小王朝，库尔德人的活动空间也由此得到拓展，成为各方打击或争夺的对象。例如，阿瓦士地区（al-Ahwāz）长官穆罕默德·本·欧贝杜拉·本·哈扎尔·穆尔德就是库尔德人，曾在“黑奴运动”（Ḥarakat al-Zanj）[②]（869—892）和萨法尔王朝（al-Ṣafārīyūn）的斗争中左右逢源，试图获得独立的统治地位。在随后10世纪布韦希王朝（Buwayh）和哈姆丹王朝（Ḥamdāniyyah）的斗争及其各自的宫廷内斗中，库尔德人也发挥了相应的制衡作用。

1127年，伊马杜丁·赞吉（‘Imād al-Dīn Zankī）建立地跨摩苏尔和哲齐赖地区的赞吉王朝，相继征服和收编了中库尔德斯坦的多个部落，包括阿格勒地区的哈米迪耶部落（al-‘ashīrat al-ḥamīdiyyah），阿马迪耶（al-‘Imādīyah）和哈布尔地区的海凯里耶部落（al-‘ashīrat al-hakāriyyah），吉兹雷和迪亚巴克尔的巴什纳维耶部落（al-‘ashīrat al-bashnawiyyah）等。在与十字军的作战中，库尔德人构成了赞吉王朝军中的一股重要力量，这种作用在赞吉去世后表现得更为明显，并于库尔德将领萨拉丁（Ṣalāḥ al-Dīn al-Ayūbī）时期

---

① Muḥammad Suhayl Ṭaqqūsh, *Tārīkh al-Akrād（637 - 2015）*, Bayrūt: Dār al-Nafā’is li al-Ṭibā‘ah wa al-Nashr wa al-Tawzī‘, 2015, pp. 38 - 39.

② “黑奴运动”指的是公元869—892年阿拔斯王朝时期在伊拉克巴士拉地区爆发的东非黑奴反奴隶主剥削的运动。在中国唐宋史书的记载中，东非黑奴被称为“僧祇奴”，系波斯语单词zanj（黑人）的音译。除被阿拔斯人掠为奴隶外，这些黑奴还被贩卖至东南亚一带地区（该地之人被称为“昆仑人”），随后通过海上丝绸之路进入中国市场，因此他们在中国的史书记载中也被称为“昆仑奴”。参见周伟洲、丁景泰主编《丝绸之路大辞典》，陕西人民出版社2006年版。

达到顶峰。1171 年，萨拉丁推翻了法帖梅王朝在埃及的统治，于 1174 年建立地跨肥沃新月、希贾兹和北非的艾尤布王朝。他还是抗击十字军的穆斯林英雄，并在 1187 年的哈廷战役（Ma‘rakat Haṭṭīn）中收复耶路撒冷。除艾尤布王朝外，同时期的库尔德人还建立了一系列小型的地方性王朝，如埃兰地区的沙达德王朝、阿塞拜疆的哈兹巴尼·里瓦迪亚王朝，以及迪亚巴克尔和哲齐赖地区的麦尔旺王朝等。公元 10—12 世纪也因此被史学家们称为伊斯兰历史上的库尔德时代。

在 13 世纪的蒙古西征中，花剌子模（Khwārizm）的军队向西北退守，库尔德斯坦随之成为蒙古帝国和花剌子模帝国角力的舞台之一。据伊本·赫勒敦考证，花剌子模的末代素丹札兰丁（Jalāl al-Dīn Minkubirnī）就是在逃至哲齐赖地区时，死在一位为兄报仇的库尔德人手下。而蒙古军队在追击花剌子模人的过程中也对东库尔德斯坦进行了征服和劫掠，并于 1258 年取道库尔德斯坦，分别从埃尔比勒和哈尼金（Khāniqīn）北向入侵阿拔斯王朝的首府巴格达。蒙古人和随后帖木儿人残暴的征掠手段，给库尔德斯坦造成巨大的创伤，那些地方性的库尔德王朝相继灭亡。迫于新的形势，库尔德人于 14 世纪分化重组为多个新的部落，重拾游牧迁徙的生活，库尔德斯坦的自然资源也因过度放牧而骤降到原来的 1/10。①

14—15 世纪奥斯曼土耳其帝国和萨法维王朝相继崛起。萨法维王朝建国（1502 年）后西扩至摩苏尔的态势引起了奥斯曼人的担忧和反击。1514 年，两帝国军队对垒于阿塞拜疆的查尔迪兰沙漠，萨法维伊斯玛仪沙（Shāh Ismā‘īl）败阵后退守伊朗内陆，奥斯曼素丹塞利姆一世（Salīm I）乘胜追击，但最终因地形、气候和地方抵抗等因素而停止。塞利姆一世转而寻求从经济上击垮萨法维帝国，阻断其通向欧洲的商路，要做到这一点，就必须把伊拉克北部、哲齐

① Muḥammad Suhayl Ṭaqqūsh, *Tārīkh al-Akrād (637 – 2015)*, Bayrūt: Dār al-Nafā’is li al-Ṭibā‘ah wa al-Nashr wa al-Tawzī‘, 2015, p. 90.

赖地区和沙姆等地纳入自身的势力范围。这也由此开启了两个帝国对包括库尔德斯坦在内的中间地带的拉锯和争夺。伊斯玛仪沙选择对库尔德斯坦实行直接统治和什叶化（al-tashayyu‘）的政策，引起大量库尔德部落的不满，并导致他们起兵反抗，西向迁入奥斯曼帝国的版图内。拜德里斯地区的库尔德谢赫伊德里斯·拜德里希（Shaykh Idrīs al-Bādlīsī）就曾领导多个库尔德部落反对萨法维人的统治，将起义范围南扩至基尔库克和埃尔比勒地区，并配合塞利姆一世夺取迪亚巴克尔、拉卡和摩苏尔等多个据点。

素丹塞利姆一世则接受了拜德里希的建议，采取成本更低也更为实际的库尔德政策。奥斯曼帝国减免针对库尔德人的赋税，给予其内部自治权，以此换取库尔德人对伊斯坦布尔权威的承认，并在必要时出兵相助，与其形成了相对稳定的合作关系。20 余个小型的库尔德埃米尔国因此再度兴起，其中拜德里斯埃米尔国最为强势，控制着阿塞拜疆通往迪亚巴克尔和哲齐赖地区的关隘。但 1639 年两帝国签订《席林堡条约》，在既有现状的基础上划定领土界限，将南高加索地区归入萨法维王朝治下，伊拉克则划给奥斯曼土耳其，库尔德人原本在帝国博弈间享有的灵活性也随之缩小。奥斯曼素丹穆拉德四世在 1637—1638 年夺取巴格达的过程中，撕毁与库尔德人的约定，要求行军沿途的库尔德埃米尔国上缴粮食和马料。

除经济和安全层面，常年的战事和局势变动还在思想上对库尔德精英产生了一定的影响。16 世纪末，库尔德埃米尔夏拉夫汗就在其著作《夏拉夫书》中强调库尔德人与土耳其人的不同，描绘后者对前者的压迫。17 世纪中期，库尔德诗人艾哈迈迪·哈尼（Aḥmadī Khānī）开始以库尔德语进行创作，在他创作的史诗中号召库尔德人团结起来，反对土耳其人和波斯人的统治。[①] 依托于这些著述，库尔德学者艾米尔·哈桑普尔（Amir Hassanpour）认为，1514 年的查尔

---

① Mahir A. Aziz, *The Kurds of Iraq: Nationalism and Identity in Iraqi Kurdistan*, London: I. B. Tauris, 2011, p. 55.

迪兰战役对库尔德斯坦造成的破坏，及两个帝国1639年签订的《席林堡条约》对库尔德斯坦进行的瓜分，事实上在17世纪就催生出封建形态的库尔德民族主义。[①] 但这些思想的传播范围毕竟非常有限，并未实际转化为相应的政治行为，库尔德部落领导人依旧各自为政，部落间旧有的隔阂在帝国博弈中不仅没有得到消弭，反而被进一步得到强化。凯里姆汗·赞德（Karīm Khān al-Zand）18世纪后半叶在波斯建立的库尔德赞德王朝虽然囊括了库尔德斯坦的东北大部，并呈西扩之势，但最终也只是昙花一现，没有对库尔德社会起到内部统合的作用。因此，以民族意识或民族主义萌芽而非民族主义本身，来定义该时期在部分库尔德精英中出现的思想，将更为准确。

19世纪初，沙俄将其帝国版图扩展至高加索地区，格鲁吉亚、阿塞拜疆、亚美尼亚等地相继被沙俄吞并，库尔德人因此进一步受到外部势力的影响。同一时期，为应对同西方国家之间不断加剧的力量对比失衡，奥斯曼帝国开始推行“坦齐马特”改革（Tanẓīmāt），并随后形成阿卜杜拉·哈米德二世的专制统治。帝国政府的集权行为极大地损害了库尔德埃米尔国原本享有的内部自治权，现代化改革也削弱了帝国统治的宗教合法性根基，而这些埃米尔国本质上只是建立在部落基础上的松散政治联盟，也因此于19世纪后期逐渐瓦解，裂变为大小不一的库尔德部落叛乱。其中最有影响力的当属谢赫欧贝杜拉·纳赫里（Shaykh ‘Ubaydallah al-Nahrī）1880年秋领导的起事，大量库尔德部落集结其下，直接威胁到处于伊朗中部的恺加王朝。纳赫里还公开表示要建立一个独立的库尔德埃米尔国，他也因此被许多库尔德民族主义者追认为库尔德历史上的首位民族主义领袖。然而，许多部落在攫取完战利品后很快就退出他的阵营，奥斯曼帝国和恺加王朝基于共同的利益形成配合，东西两面夹击，很快平定了这场叛乱。这反过来进一步强化了帝国镇压和直接统治库尔

---

① Amir Hassanpour, *Nationalism and Language in Kurdistan 1918 - 1985*, San Francisco: Mellen Research University Press, 1992, pp. 55 - 56.

德人的力度，哈米德二世 1890 年还效仿沙俄的哥萨克骑兵建立由库尔德人组成的哈米迪耶骑兵团（Firqat al-Fursān al-Ḥamīdiyyah）。

库尔德人力量分化和弱化的另一面，是其不断上升的屈辱感和民族意识。① 部分库尔德知识分子在接受西方教育时受到民族主义思想的影响，开始创办相关的报纸和政治组织，宣传库尔德民族自治或独立的权利，但其影响力在库尔德社会中依旧非常有限。按照安东尼·史密斯的定义，② 尽管库尔德人可能早在长期的历史进程中形成了一个潜在的"种族"（ethnie），但无论是 17 世纪处于萌芽状态的民族意识，或是 19 世纪末期开始显现的民族主义思想，库尔德人的民族身份更多是对外界形势变化的反应，且局限于库尔德少数精英的层面。这构成了"一战"后现代库尔德问题演变的历史基础，也是库尔德民族主义自身发展所面临的历史局限。

第三节　库尔德人的社会与文化

一　演化中的库尔德部落社会

长期以来，库尔德社会都被宽泛地定义为一个部落社会。在库尔德人的历史上，部落一直发挥着广泛且重要的作用，但在不同的历史阶段和条件下，其表现出来的特点、发挥作用的层次与程度又各有不同。因此，只有将库尔德部落放在动态具体的历史情景中来观察，才能真实地了解库尔德社会的全貌。

经典人类学研究认为，部落是国家出现前建立在亲族血缘关系基础上的社会组织形态。从演化的过程来看，部落会从权力中心分

---

① Sa'd Bashīr Iskandar, *Qiyām al-Niẓām al-Imārātī fī Kurdistān wa Suqūṭuh: Mā bayna Muntaṣaf al-Qarn al-'Āshir wa Muntaṣaf al-Qarn al-Tāsi' 'Ashar*, Baghdād: Dār al-Shu'ūn al-Thaqāfiyyat al-'Āmmah, 2005, pp. 278 – 298.

② ［英］安东尼·史密斯：《民族主义：理论、意识形态、历史》，叶江译，上海人民出版社 2006 年版，第 9 页。

散和权力关系扁平化的组织结构，逐步发展为等级分明的酋邦，并最终演变至形态成熟和权力集中的国家。这意味着，部落与国家在出现时间上存有先后顺序，在权力上是一组互斥而非共生的关系。然而在阿拉伯历史哲学家伊本·赫勒敦（Ibn Khaldūn）的解读中，他将人类社会分为“麦赫赞之地”（bilād al-makhzan）①和“希巴之地”（bilād al-sībah）②两种形态，前者指的是国家权力直接统治的地区，后者则是指国家控制不稳、部落长期叛乱的边陲地区。赫勒敦认为，两地在性质上实际上无异，并可以相互转化，其区别仅在于各自宗派归属感（al-‘aṣabiyyah）③的强弱程度。对部落而言，要

---

① “麦赫赞”也可译为“马赫增”，为阿拉伯语单词 al-makhzan，是阿拉伯语动词 khazana 的地点名词，原意为“存放物品之地”“仓库”或“储藏室”。该词最早在北非地区的使用可以追溯到公元 8 世纪，用其指代阿拉伯穆斯林军队征服过程中用于装放赋税和金银制战利品的铁箱。装点完毕后，这些铁箱会被送回阿拔斯王朝首府巴格达，承担押送护卫任务的军人则被称为“麦赫赞之奴”（‘abīd al-makhzan）。公元 10 世纪后，阿拔斯王朝中央权威衰落，帝国东西领土分离，摩洛哥开始陆续出现一系列建立在部落联盟基础上的地方性王朝，传统的央地赋税关系被削弱乃至断裂，“麦赫赞之奴”效忠辅佐的对象从帝国哈里发转向摩洛哥地方王朝的素丹（sulṭān），其职能也随之从单一的护卫角色，被提升至征收赋税、参与统治的军队将领，因此带有负面意义的前缀“奴隶”一词，也被剥离出“麦赫赞之奴”的表达，代之以“麦赫赞”相称。随着穆拉比特王朝、穆瓦希德王朝和马林王朝等摩洛哥地方王朝不断的建制化，“麦赫赞”不再仅限于指代负责征伐纳税的军人，而泛指所有为摩洛哥王朝素丹效忠服务的人。“麦赫赞之地”因此指的是中央权力所能有效控制和管辖的领土范围。相关细节可参见Muḥammad Jādūr, *Mu’assasat al-Makhzan fī Tārīkh al-Maghrib*, Al-Dār al-Bayḍā’: Mu’assasat ‘Abd al-‘Azīz, 2009, pp. 42 – 45。

② “希巴”为阿拉伯语单词 al-sībah，词源为阿拉伯语动词 sāba，意为“放任”“遗弃”或“忽视”，也可表示水的流动和流走。“希巴之地”因此指“放任自流的地区”或“遭到遗弃的地区”，延伸指“麦赫赞权力所无法实际控制和征税的偏远地区”。相关细节可参见Muḥammad Jādūr, *Mu’assasat al-Makhzan fī Tārīkh al-Maghrib*, Al-Dār al-Bayḍā’: Mu’assasat ‘Abd al-‘Azīz, 2009, pp. 42 – 45。

③ 宗派归属感（al-‘aṣabiyyah）一词由阿拉伯历史哲学家伊本·赫勒敦提出，是指游牧或野蛮民族在共同的血缘和信仰纽带基础上建立的群体内部认同和团结精神。他认为，宗派归属感构成了人类早期国家的权力来源和基础。更多论述可参见 Gerhard Böwering ed., *The Princeton Encyclopedia of Islamic Political Thought*, Princeton: Princeton University Press, 2013, pp. 53 – 54。

在艰难困苦的环境中生存下来，就需要在共同血缘的基础上培养出一种强烈的宗派归属感，以保证部落拥有一致对外的军事能力，甚至代替“麦赫赞之地”，成为新的“国家”。当然，“麦赫赞之地”可以通过庇护网络来消解与“希巴之地”间的矛盾和冲突，对其形成间接的控制。

可见，在赫勒敦对阿拉伯社会形态的描述中，的确存有部落发展为国家的线性规律总结，但这绝非必然或唯一的状态，因此对象征国家本身的“麦赫赞之地”的性质也需要研究者给予符合中东地区历史经验的观照。对此，阿拉伯思想家穆罕默德·阿比德·贾比里（Muḥammad ‘Ābid al-Jābirī）从部落（al-qabīlah）、信仰（al-‘aqīdah）及战利品（al-ghanīmah）三要素进行了分析。他认为，部落是历史上阿拉伯社会的结构与底色，国家在中央集权的过程中要动员这些部落，就必须以信仰（伊斯兰教）作为话语和意识形态，以战利品作为维持部落对国家权威效忠的物质利益保障，信仰与战利品的脱节，随时可能导致部落倒戈相向，中央权威随之在地方没落。[①] 因此，在阿拉伯人征服后的帝国历史上，部落和国家从来不是相互隔绝或非此即彼，而是在长期密切频繁的互动之中共存。中央权威的出现不必然导致部落的消亡，甚至可能强化着它的存在。只有从这一历史大框架出发，我们才可能理解库尔德部落社会的非线性发展轨迹及其与中东“国家”间的关系。

为应对多变的自然和外部环境，部落演变为库尔德人主要的社会组织形态，游牧则是他们主要的生产生活方式。但在一些肥沃的平原和谷地，也有库尔德人从事农业，但规模相对有限。库尔德部落也可依此被划分为三类：以放牧为生的迁徙部落、从事农业为主

---

① Muḥammad ‘Ābid al-Jābirī, *Al-‘Aql al-Siyāsī al-‘Arabī*: *Muḥaddadātuh wa Tajalliyyātuh*, Al-Markaz al-Thaqāfī al-‘Arabī, Al-Dār al-Bayḍā’: Dār al-Nashr al-Maghribiyyah, 1990, p. 367.

的定居部落和依季节放牧与务农并营的半定居部落。[①] 值得注意的是，库尔德部落的经济生产长期以来主要为自给自足型，而不用作商业用途，因此难以积累必要的财富盈余来建立超越部落的公共组织。当然，库尔德山区与外隔绝的地理特点及其自然资源禀赋，也让库尔德部落缺乏与外交往的动力。[②] 从这个意义上来看，"库尔德人没有朋友，只有大山"这句话，也是对库尔德部落自给自足经济特点的某种写照。

从部落结构来看，和中东地区的其他部落一样，库尔德人的部落也有着分支化的谱系结构（segmentary lineage）和等级化的领导结构（hierarchic leadership）两大特点。

首先，每个库尔德部落之下，还分有氏族（clan）、家系（lineage）和家庭（family）等多个次级单位。核心家庭（nuclear family）构成了库尔德社会中最基本的生产生活单位，多个家庭又以共同的血缘关系组成家系，比家系再大一层的为氏族，然后是部落。但就氏族和部落的定义，学界就难以达成普遍的共识。约翰·米德尔顿（John Middleton）和戴维·泰特（David Tait）认为，氏族是多个家系通婚的结果，并能追溯到单系的共同祖先。[③] 理查德·塔珀（Richard Tapper）则将氏族定义为"一群有着共同祖先的人，尽管他（该祖先）不一定能被追溯"。而在定义部落时，他认为部落本质上是氏族间的联盟。[④] 这实际上否定了部落的血缘基础。欧内斯特·盖尔纳（Ernest Gellner）则从功能的角度出发，将部落宽泛地

---

① Mūsā Makhūl, *Al-Akrād: Min al-'Ashīrah ilā al-Dawlah*, Bayrūt: Bīsān li al-Nashr wa al-Tawzī' wa al-I'lām, 2013, pp. 50 - 51.

② Hussein Tahiri, *The Structure of Kurdish Society and the Struggle for a Kurdish State*, Costa Mesa: Mazda Publishers, 2007, pp. 24 - 25.

③ John Middleton and David Tait, "Introduction," in John Middleton and David Tait, eds., *Tribes without Rulers: Studies in African Segmentary Systems*, London: Routledge, 1958, p. 4.

④ Richard Tapper, "Introduction," in Richard Tapper ed., *The Conflict of Tribe and State in Iran and Afghanistan*, New York: St. Martin's Press, 1983, p. 10.

定义为一种地方性的互助组织，致力于维护内部的秩序和组织抵御外敌。[①] 但对于国家或其他人类的社会组织结构来说，这样的定义同样适用。杰勒德·查理安德（Gerard Chaliand）强调地域的作用，认为库尔德部落是在共同土地上混合而成的社会与经济单位。[②] 而侯赛因·塔希里（Hussein Tahiri）则认为，共同的血缘纽带才是库尔德部落得以建立的基础，尽管这种纽带有时可能是想象的结果。因为只有这样才能理解，为何居住于相同地区的库尔德部落并没有组成新的部落，而散于其他土地的个人或家庭，却依旧能保持对其部落的忠诚。[③]

然而，库尔德部落内部这种由大到小的组织架构，并不意味着由上至下的权力关系。一个库尔德人依次效忠于他的家庭、家系和氏族，最后才是部落。这也是分支化谱系结构的主要特点。[④] 究其原因，这与家庭作为基本的生产单位和库尔德部落自给自足的经济特点相关。[⑤] 库尔德人会按照血缘关系的亲疏来依次往上地捍卫自己家庭的利益，因此即使在同一家系内部，不同家庭也会因利益分配不均而爆发冲突。库尔德部落这种分支化的谱系结构，决定了只有保证部落内不同层级间的平衡，才能维持部落的存续，保证其整体利益的最大化。由此，这引入部落的等级化领导结构特点。部落年长男性中的最优者是部落天然的领导人，负责弥合分支化谱系带来的

---

① Ernest Gellner, "The Tribal Society and Its Enemies," in Richard Tapper ed., *The Conflict of Tribe and State in Iran and Afghanistan*, New York: St. Martin's Press, 1983, p. 10.

② Gerard Chaliand, *The Kurdish Tragedy*, London and New Jersey: Zed, 1992, p. 19.

③ Hussein Tahiri, *The Structure of Kurdish Society and the Struggle for a Kurdish State*, Costa Mesa: Mazda Publishers, 2007, p. 21.

④ Mehrdad R. Izady, *The Kurds: A Concise Handbook*, London: Routledge, 1992, p. 192.

⑤ Hussein Tahiri, *The Structure of Kurdish Society and the Struggle for a Kurdish State*, Costa Mesa: Mazda Publishers, 2007, p. 24.

张力。[①] 因此，分支化谱系结构和等级化领导结构两种特点虽然看似相互排斥，但却是一种伴生型的关系。随着部落各分支间冲突的增加，领导人的权力不断上升；当冲突消失时，领导人的作用也就变得非常有限。

库尔德部落领导人权力的另一个重要来源，则在于其代表部落利益处理与外部世界关系的能力。当外部威胁加大时，无力应对裂化的部落还会寻求并入强势部落，形成新的大型部落。但其本质上可能只是多个部落的联盟，由一个主导性的家族或部落来领导统合。这种联盟没有天然的共同血缘维系，主导性的部落家族一方面会选择通过部落间的联姻从血缘上强化联盟内部的归属感；另一方面，则是建立有效的庇护网络，保证各分支部落在乱局中的利益不受侵犯。[②] 10—12 世纪建立的一系列库尔德王朝，正是强势部落领导人在帝国各力量间左右逢源，塑造自身强势地位从而得以扩张的结果。包括时至今日伊拉克的巴尔扎尼部落，也是通过不断吸纳和庇护其他部落而成长起来的地方性部落，因此在当今的语境下，“巴尔扎尼部落民”一词并不一定具有血缘上的内涵，而更可能是政治意义上的指称。

当部落领导人无力管理内部冲突和应对外部威胁时，部落中的不同分支则将通过自主裂变和重组的方式来维护自身利益。正如 13—14 世纪在遭到蒙古人和帖木儿人残暴的征掠后，库尔德王朝覆灭，并组建成多个新的部落。但随着 15 世纪后苏非教团（al-ṭarā'q al-ṣūfiyyah）的发展，以及卡迪里耶教团（al-ṭarīqat al-qādiriyyah）与纳格什班迪耶教团（al-ṭarīqat al-naqshabandiyyah）于 18—19 世纪在

---

① Martin Van Bruinessen, “Tribes and Ethnic Identity”, in Faleh A. Jabar and Renad Mansour, eds., *The Kurds in a Changing Middle East: History, Politics and Representation*, London: I. B. Tauris, 2019, p. 151.

② Martin Van Bruinessen, “Tribes and Ethnic Identity”, in Faleh A. Jabar and Renad Mansour, eds., *The Kurds in a Changing Middle East: History, Politics and Representation*, London: I. B. Tauris, 2019, p. 152.

库尔德斯坦的传播，库尔德部落社会的演变轨迹也受到相应的影响。[①] 在和平时期，苏非教团的作用更多表现在个人的宗教信仰层面，教团领袖因其圣徒或谢赫的身份，被人们认为能够传播“巴拉卡”（nashr al-barakah）[②] 和使用说情权（al-shafā‘ah）[③]，能显示神迹，揭示社会的行为规范、准则和价值观念，赐福于广大信众；而在动乱时期，苏非教团作为一种超越部落的组织结构，可以联合来自不同部落的群体，因此还有着政治、经济与社会层面的职能，如代替衰败部落或政权在灾难中救死扶伤、在战乱中保护商贸安全及在政治冲突中居间调停等。[④]

19 世纪后半叶奥斯曼帝国的改革和集权政策，让作为松散部落联盟的库尔德埃米尔国丧失原有的自治优势，主导性部落的领导人无力维护部落间的平衡，权力由此转移至苏非教团，苏非领袖以调停人的角色被部落各方所接受，负责维系库尔德社会的内部秩序，应对来自帝国政权的威胁。[⑤] 如分别于 1880 年和 1925 年起事的谢赫欧贝杜拉·纳赫里和谢赫赛义德（Shaykh Sa‘īd），都是纳格什班迪

---

① Mūsā Makhūl, *Al-Akrād: Min al-‘Ashīrah ilā al-Dawlah*, Bayrūt: Bīsān li al-Nashr wa al-Tawzī‘ wa al-I‘lām, 2013, pp. 82 – 84.

② “巴拉卡”为阿拉伯语单词 al-barakah，字面意思为“幸福”和“吉祥”，在苏非主义的宗教话语中，则指真主赐予有着崇高宗教品级的圣徒与谢赫的特殊运气和福气，并且可以通过血缘在他们下一代得到延续和积累。苏非信徒因此会选择亲近、追随和效仿圣徒和谢赫，以此获得他们的福气和保佑，从而化险为夷，平安度过危机，这一行为也被称为“沾吉”。

③ 说情权是一个后世的说法，指在末日审判之时先知穆罕默德有权在真主面前为符合信仰条件的信众说情，请求真主的宽恕。而随着历史的发展，这一概念向世俗领域过渡，成为苏非圣徒为其追随者摆脱现世罪过的一种世俗权力。

④ Muḥammad al-Māzūnī, “Waẓā’if al-Zāwiyat al-Maghribiyyah,” *Mawqi‘ Bawwābat Tārīkh al-Maghrib*, November 15, 2012, http://www.maroc-histoire.net/2015/05/blog-post_77.html.

⑤ Muḥammad Suhayl Ṭaqqūsh, *Tārīkh al-Akrād (637 – 2015)*, Bayrūt: Dār al-Nafā’is li al-Ṭibā‘ah wa al-Nashr wa al-Tawzī‘, 2015, p. 110; Martin Van Bruinessen, *Agha, Shaikh and State: The Social and Political Structures of Kurdistan*, London: Zed Books, 1992, pp. 224 – 234.

耶教团的领袖，1919 年和 1923 年在苏莱曼尼亚起事的谢赫马哈茂德·巴尔金吉（Shaykh Maḥmūd al-Barzinjī），则是一位卡迪里耶教团的领袖，三人还将自身的谱系追溯到先知穆罕默德，进一步增强了他们在追随者中的魅力。①

需要明晰的是，苏非教团领导力的出现，并未改变库尔德部落社会的性质，它只是为各部落间的共存提供了一个伞状的架构，但也正是这一超部落的组织体系，在客观上起到整合库尔德社会的作用，为后期库尔德政治组织的建立奠定了一定的基础。例如，伊拉克的库尔德斯坦民主党就是主要依托于领导纳格什班迪耶教团的巴尔扎尼部落，包括较为左翼和以城市知识分子占主导的伊拉克库尔德斯坦爱国联盟，也在很大程度上仰赖于卡迪里耶教团的塔拉巴尼部落。② 通过苏非教团网络内嵌于库尔德政党结构中的部落，在现代伊拉克政治和库尔德民族主义运动中持续发挥着作用，并主要表现在政党内部的组织整合和规模扩展、政党之间的分歧与斗争，以及政党与国家间形成的合作或挑战关系等多个层面。

二　库尔德人的语言

库尔德语属于印欧语系的印度伊朗语族中的西伊朗语支，其中又可细分为西南支的克尔曼吉语（Kirmanji）和索拉尼语（Sorani），以及西北支的迪米里语（Dimili/Zaza，也被称为扎扎语）和古拉尼语（Gerani）。克尔曼吉语和索拉尼语是库尔德语中最主要的两个分支：（1）克尔曼吉语，在伊拉克又被称巴赫迪纳尼语（Bahdinani），

---

① Martin Van Bruinessen, "Tribes and Ethnic Identity," in Faleh A. Jabar and Renad Mansour, eds., *The Kurds in a Changing Middle East: History, Politics and Representation*, London: I. B. Tauris, 2019, p. 154.

② Martin Van Bruinessen, "Tribes and Ethnic Identity," in Faleh A. Jabar and Renad Mansour, eds., *The Kurds in a Changing Middle East: History, Politics and Representation*, London: I. B. Tauris, 2019, pp. 156 – 157.

主要用拉丁字母拼写，流行于土耳其和叙利亚的库尔德地区、伊拉克库尔德地区的北部和苏联境内的库尔德地区（在此为西里尔字母拼写），因此也被称为北方库尔德语，有1500万—1700万人使用，占到了库尔德人口总数的一半。（2）索拉尼语，用阿拉伯字母拼写，流行于伊朗和伊拉克的库尔德地区，也被称为南方库尔德语，使用者数达900万—1200万人。① 克尔曼吉语和索拉尼语尽管联系密切，深受波斯语的影响，但其基本结构层次和用语都存有差异，例如，二者的动词都和宾语而非主语一致，但克尔曼吉语保留了词语阴阳性的特点，而索拉尼语早已不做区分，因此使用者在相互理解上有一定的困难。②

由于地理位置上更靠近城市地区和帝国文明中心，索拉尼语历史上更多地被库尔德文学家和知识分子用来创作语言，再加上1946年马哈巴德共和国（Mahabad Republic，1946年1—12月）政策的推动，以及伊拉克1958年革命后允许索拉尼库尔德语作为合法语言被使用，索拉尼语的规范化和整合程度因此要高于克尔曼吉语。③ 还有说法将克尔曼吉语看作落后的部落语言，因为它的使用更多地以山区为主，而索拉尼语则是现代的城市语言。当然，这种说法可能更多是受20世纪60年代伊拉克库尔德斯坦民主党内部部落势力和左翼派系激烈斗争的影响，当时巴尔扎尼家族领导的部落势力多操克尔曼吉语，而贾拉勒·塔拉巴尼领导的左翼派系则主要说索拉尼语。④ 事实上，“一战”后克尔曼吉语已经开始被知识分子所重视，

---

① W. M. Thackston, "Sorani Kurdish: A Reference Grammar with Selected Readings," https://sites.fas.harvard.edu/~iranian/Sorani/sorani_1_grammar.pdf.

② Michael M. Gunter, *Historical Dictionary of the Kurds*, Lanham: The Scarecrow Press, 2011, p. 194.

③ Abdul Rahman Ghassemlou, *Kurdistan and the Kurds*, Prague: Czechoslovak Academy of Sciences, 1965, p. 27.

④ Michael M. Gunter, *Historical Dictionary of the Kurds*, Lanham: The Scarecrow Press, 2011, p. 278.

但因现代土耳其和叙利亚的国家政策，这一势头被迫停止；[1] 并且在克尔曼吉语和索拉尼语下，还可分出更多的地方性方言，为不同的库尔德社会阶层所使用。[2]

迪米里语和古拉尼语虽同属于伊朗语支中的西北支，但却分别流行于库尔德斯坦西北部的边缘地区和东南部。戴维·麦克道瓦认为，这证明了说迪米里语和古拉尼语的群体原本早已共同居住在扎格罗斯山区，但在随后的人口迁徙中，他们被说克尔曼吉语和索拉尼语的群体从西北和东南两向分隔开来。[3] 目前，大约450 万库尔德人说迪米里语，150 万库尔德人说古拉尼语。[4] 此外，还有一些使用程度有限的小型方言，如萨南达季语（Sanandaji）、克尔曼沙赫语（Kermanshahi）、莱吉语（Leki）等库尔德语东南方言，与现代波斯语更为相似。[5]

可以说，库尔德人居住的山区环境，塑造了库尔德语的多样性和独特性，但这也成为掣肘库尔德社会整合的一个重要因素。伊拉克的库尔德知识分子曾尝试去统一各库尔德语方言，将索拉尼语立为库尔德人的标准语。伊拉克君主制时期的库尔德政治家和语言学家陶菲克·瓦赫比（Tawfīq Wahabī）就曾联合一些语言学家，为库尔德语制定语法，把库尔德语中的阿拉伯语外来词用古波斯语词代替，并鼓励知识分子使用和普及这些词语。[6] 随着 1992 年伊拉克库

---

① Abdul Rahman Ghassemlou, *Kurdistan and the Kurds*, Prague: Czechoslovak Academy of Sciences, 1965, p. 27.

② Michael M. Gunter, *Historical Dictionary of the Kurds*, Lanham: The Scarecrow Press, 2011, p. 194.

③ David McDowall, *A Modern History of the Kurds*, London: I. B. Tauris, 1996, p. 10.

④ Michael M. Gunter, *Historical Dictionary of the Kurds*, Lanham: The Scarecrow Press, 2011, p. 194.

⑤ Gareth R. V. Stansfield, *Iraqi Kurdistan: Political Development and Emergent Democracy*, London: Routledge, 2003, p. 38.

⑥ Aḥmad Tāj al-Dīn, *Al-Akrād: Tārīkh Sha'b wa Qaḍiyyat Waṭan*, Al-Qāhirah: Al-Dār al-Thaqāfiyyah li al-Nashr, 2001, p. 58.

尔德斯坦地区政府的成立和网络传播技术的发展，索拉尼语在伊拉克库尔德地区被进一步普及，强化了伊拉克库尔德人对本民族身份的认同和想象，很多年轻人开始不再掌握阿拉伯语，与伊拉克的非库尔德公民交流需要借助第三方语言，这在很大程度上给伊拉克的国家认同建构形成挑战。

三 库尔德人的宗教

在公元7世纪以前，库尔德人主要信仰琐罗亚斯德教和一些拜物教。随着阿拉伯人对外征服，库尔德人逐渐皈依伊斯兰教，伊斯兰教由此成为库尔德社会的主体信仰。不过也有学者和旅行家认为，库尔德人不过其实是在伊斯兰教的外衣下继续践行其原有的信仰，如崇拜太阳、火焰、树木、山石和逝者等，而并不重视伊斯兰教的宗教功修。在土耳其和伊拉克，还广泛流传着“只有和不信道者相比，库尔德人才算是穆斯林”这样的俗语。① 这是因为，山区多变的地理环境，让库尔德人更容易崇拜具体的事物，很难接受抽象的神的概念，再加上很多部落民与外界隔绝，且并不掌握阿拉伯语，对伊斯兰教的了解都浅尝辄止。这也在很大程度上解释了为何苏非主义能在库尔德社会中广为流传，拜谒圣徒（al-walīy al-ṣāliḥ）、追随谢赫，都和库尔德人具体的宗教观相契合。② 当然，库尔德史学家艾哈迈德·哈利勒（Aḥmad al-Khalīl）也指出，琐罗亚斯德教和伊斯兰教中都存有信仰后世、善恶分明等要素，因此库尔德人很容易就接受了伊斯兰教。③

---

① Aram Rafaat, “Kurdish Islam and Kurdish Integration into the State of Iraq,” *The Journal of Social, Political and Economic Studies*, Vol. 37, No. 1, 2012, p. 33.

② Mūsā Makhūl, *Al-Akrād: Min al-‘Ashīrah ilā al-Dawlah*, Bayrūt: Bīsān li al-Nashr wa al-Tawzī‘ wa al-I‘lām, 2013, p. 76.

③ Aḥmad Maḥmūd al-Khalīl, *Tārīkh al-Kurd fī al-‘Uhūd al-Islāmiyyah*, Bayrūt: Dār al-Sāqī, 2013, p. 87.

据各方学者的统计，目前，有75%—80%的库尔德人都为逊尼派穆斯林，集中于伊朗以外的库尔德地区，教法上属于沙斐仪学派，有别于在土耳其和伊拉克占主体的哈乃斐学派，这主要是在阿拔斯时期由库尔德宗教学者带回库尔德斯坦而保留下来的。[①] 还有10%—15%的库尔德人信奉什叶派的十二伊玛目派，主要分布在库尔德斯坦的南部和东南部的边缘地区，如伊朗的克尔曼沙赫省（Karmānshāh）和伊拉克的哈尼金地区。[②] 戴维·麦克道瓦认为，什叶派库尔德人的出现是比较晚近的现象，是16世纪萨法维王朝将十二伊玛目派立为国教的结果，在此之前，这些库尔德人可能都是雅尔珊教（Yaresan）信徒，为了提高自身的政治和社会地位，他们改信了什叶派。

此外，10%的库尔德人则为阿拉维派、雅尔珊教和雅兹迪教信徒，被伊斯兰教认为属于异端信仰。阿拉维派库尔德人说迪米里语，主要分布于库尔德斯坦的西北部，即安纳托利亚中部地区，尤其是土耳其的通杰拉省。阿拉维信仰被认为是公元15世纪出现的琐罗亚斯德教、土库曼萨满教和什叶派思想的混合体，相信哈里发阿里具有神性。[③] 历史上，阿拉维派库尔德人还曾辅佐萨法维王朝反对奥斯曼帝国。雅尔珊教也被称为“真理之民教”（Ahl al-Ḥaqq），和阿拉维派在信仰上有着诸多相似之处，如琐罗亚斯德教的传统和对阿里神性的信笃等。但相较于阿里，雅尔珊教更崇拜其创始人苏尔坦·萨哈克（Sulṭān Sahak）。[④] 雅尔珊教信徒说古拉尼语，主要集中在科

---

① Mūsā Makhūl, *Al-Akrād*: *Min al-'Ashīrah ilā al-Dawlah*, Bayrūt: Bīsān li al-Nashr wa al-Tawzī' wa al-I'lām, 2013, p. 77.

② David McDowall, *A Modern History of the Kurds*, London: I. B. Tauris, 1996, p. 10.

③ David McDowall, *A Modern History of the Kurds*, London: I. B. Tauris, 1996, p. 11.

④ Gareth R. V. Stansfield, *Iraqi Kurdistan*: *Political Development and Emergent Democracy*, London: Routledge, 2003, p. 39.

尔曼沙赫省的祖哈布（Zuhāb）等地，在西阿塞拜疆、苏莱曼尼亚、基尔库克和摩苏尔也有少许分布。

雅兹迪教则混合了更为复杂的成分，婆罗门教、琐罗亚斯德教、基督教、伊斯兰教都对其有所影响，例如其保留的种姓制度，就是受婆罗门教的影响。雅兹迪教只在库尔德人中流行，因此其信徒也可被直接称为雅兹迪库尔德人或雅兹迪人。雅兹迪人因信仰孔雀天使（malak ṭāwūs）而被称为“魔鬼崇拜者”，因为在雅兹迪的神话传说中，孔雀天使认为自己更为高贵，拒绝真主的命令，不愿向阿丹行跪拜礼，而这一行为与《圣经》和《古兰经》中魔鬼的行为如出一辙，[①] 雅兹迪人也因此被视为异端遭到迫害。很多雅兹迪人为此被迫迁徙，或改信伊斯兰教或基督教。也许是基于少数派的共同身份，雅兹迪人更愿转信为基督徒。目前，雅兹迪人主要分布于伊拉克摩苏尔省的西南部和伊拉克叙利亚边境的山区，如辛贾尔地区（Sinjār），以及摩苏尔省东部的谢伊汗地区（Shaykhān）。因历史原因，还有一部分雅兹迪人于19世纪30—40年代迁徙到高加索地区并定居至今。[②]

值得注意的是，在库尔德人多元的信仰构成之下，还有着浓厚的伊斯兰苏非底色。苏非主义的神秘性和讲求个人体验的思想特点，与上述非正统宗教信仰有着极大的相似性，二者很容易地互为结合。[③] 目前，库尔德地区最有影响力的苏非教团主要有三个：卡迪里耶教团、纳格什班迪耶教团和里法伊耶教团（al-ṭarīqat al-rifā'iyyah）。除在信仰领域外，前两个教团还发挥着重要的政治和社会作用，这在本节库尔德部落社会的部分里笔者已有所论述。

---

① 关于雅兹迪教教义与制度，参见梁娟娟《一个正在遭受ISIS“屠杀”的宗教——雅兹迪教初探》，《世界宗教文化》2015年第1期。

② Martin Van Bruinessen, *Agha, Shaikh and State: The Social and Political Structures of Kurdistan*, London: Zed Books, 1992, p. 24.

③ 参见敏敬《库尔德人与伊斯兰教》，《中国穆斯林》2010年第6期。

第四节　现代国家与伊拉克库尔德问题的诞生

一　库尔德问题的诞生

库尔德问题是第一次世界大战后中东地区诞生的一个现代问题。由于该问题涉及多个主体和层次，因此有着多种内涵。从层次上来看，库尔德问题应该算库尔德人所在国的内政问题，但库尔德人作为一个民族具有高度的内在联动性，一国库尔德问题局势的变动可能会对其他三国的库尔德问题乃至其他国家类似的政治议题形成示范，造成外溢效应，因此库尔德问题还是一个地区问题，乃至国际问题。从类型上看，库尔德问题被定义为一个民族问题，即库尔德人作为一个民族未能建国的问题，但这种说法的客观性也被学界所质疑，因为不是所有库尔德人都是民族主义者，并诉诸独立建国；从民族问题延伸来看，库尔德民族主义潜在的分裂倾向，对其所在国的主权统一、领土完整和政治稳定构成威胁，因此库尔德问题还被看作是个安全问题；此外，其对国家认同带来的挑战，也使其可被定性为一个身份政治的问题。

本书认为，在以民族国家为基本单位的国际体系中，对库尔德问题的界定在根本上需要从国际法法理的角度出发，因此在性质上本书将库尔德问题视为相关国家的内政问题，具体是指“一战”后库尔德人的政治诉求与中东现代民族国家建构间矛盾和冲突的表现。这里所说的库尔德人不仅包括民族主义者等政治精英，也同时指称库尔德民间社会。可以说，库尔德问题并非是一个限于库尔德民族主义运动与现代国家政府间的双边关系，而是一个包括了库尔德民间社会在内的三角关系。库尔德民族主义运动与现代国家政府长期处于斗争拉锯的状态，试图独立代表库尔德民间的利益。

现代库尔德问题的出现，是奥斯曼帝国解体的直接产物。在1919年的巴黎和会上，美国总统威尔逊提出的“民族自决”原则成为战胜国处理奥斯曼帝国治下各民族问题的基础。1919年3月22日，库尔德领导人谢里夫帕夏（Sharīf Pāshā）将军带领代表团出席和会，提交了库尔德斯坦独立建国的议案，得到了和会的原则性同意。在1920年8月签署的《色佛尔条约》（*Treaty of Sèvres*）中，第62—64条规定，在当地居民愿意的前提下，库尔德人有权在“幼发拉底河东岸、土耳其东南部以及同叙利亚和伊拉克接壤的土耳其边境以南”的地区建立自己的国家。此外，只要当地居民愿意，战胜国也不反对伊拉克的库尔德斯坦并入其中。[①] 巴黎和会和《色佛尔条约》的规定，自此成为库尔德民族主义者宣称其独立建国权利的国际法理来源。

该方案遭到土耳其凯末尔政府的强烈反对。1923年，土耳其将在土耳其—希腊战争（1919—1922）中获得的战场优势转化为谈判资本，用《洛桑条约》（*Treaty of Lausanne*）代替《色佛尔条约》，抹去库尔德人独立建国的内容。当然，这并非土耳其因素单方面所决定的。从英国的角度来看，其之所以愿意在前述文件中承认库尔德人的民族权利，一方面是为了广泛回应巴黎和会“民族自决”的原则；另一方面，则是迫于英法秘密制定的《赛克斯—皮科协定》（*Sykes-Picot Agreement*）被苏联公之于众后的国际压力，英国希望借此来淡化《赛克斯—皮科协定》的负面影响。[②] 事实上，当时的英国政府并没有就库尔德建国问题达成清晰统一的政策：支持派官员更多是基于对库尔德人的同情，反对派则认为“限制性的种族和地

---

① Ṣalāḥ al- Khurasān, *Al-Tayyārāt al-Siyāsiyyah fī Kurdistān al-'Irāq: Qirā'ah fī Milaffāt al-Ḥarakāt wa al-Aḥzāb al-Kurdiyyah fī al-'Irāq (1946 – 2001)*, Bayrūt: Mu'assasat al-Balāgh li al-Ṭibā'ah wa al-Nashr wa al-Tawzī', 2001, pp. 17 – 18.

② Ṣalāḥ al- Khurasān, *Al-Tayyārāt al-Siyāsiyyah fī Kurdistān al-'Irāq: Qirā'ah fī Milaffāt al-Ḥarakāt wa al-Aḥzāb al-Kurdiyyah fī al-'Irāq (1946 – 2001)*, Bayrūt: Mu'assasat al-Balāgh li al-Ṭibā'ah wa al-Nashr wa al-Tawzī', 2001, p. 18.

理困难”并不能让库尔德人建立有效的国家，并且摩苏尔地区有着丰富的农产区和石油资源，对新生的伊拉克国家意义重大。[①] 英国政策的暧昧，很大程度上导致了《色佛尔条约》中对库尔德人的承诺没有得到及时有效的执行。[②]

随着反对建国派逐渐占据上风，英国决定将摩苏尔省纳入伊拉克，并于1925年宣布反对成立“任何自治或独立的库尔德国家”[③]。同年，英国借助土耳其政府镇压谢赫赛义德叛乱事件，逼迫土耳其放弃对摩苏尔省的领土诉求。12月，国联裁决将摩苏尔省划入伊拉克。[④] 1926年6月，英国、伊拉克和土耳其三方签署《安卡拉条约》（*Treaty of Ankara*），同意摩苏尔省成为现代伊拉克的一部分，接受英国的国际托管。至此，库尔德人建国的可能性正式覆灭，成为大国政治的牺牲品。从库尔德人自身来看，两个层面的因素也导致了这一结果。

第一，库尔德人居住的山区环境与外隔绝，让他们不敏感于周围局势的演变，较晚才接触到民族主义思想，未能深刻意识到国际体系中出现的本质性变化并及时采取相关行动。例如，“一战”期间，奥斯曼帝国为对抗俄国扶植亚美尼亚人，再次动用和库尔德人之间的伊斯兰信仰纽带，以及土耳其政府战后没有迅速废除哈里发制度，以此动员库尔德人共同对抗希腊，都阻缓了库尔德人对战后建国潮流的把握。阿卜杜·拉赫曼·卡塞姆鲁援引当时一位英国官员的话称：“当我们告诉库尔德人建国时，他们没有为此去努力尝

① Mahir A. Aziz, *The Kurds of Iraq: Nationalism and Identity in Iraqi Kurdistan*, London: I. B. Tauris, 2011, pp. 60 – 62.

② 参见李秉忠《土耳其民族国家建设和库尔德问题的演进》，社会科学文献出版社2017年版，第155—160页。

③ Mahir A. Aziz, *The Kurds of Iraq: Nationalism and Identity in Iraqi Kurdistan*, London: I. B. Tauris, 2011, p. 60.

④ 参见李秉忠《土耳其民族国家建设和库尔德问题的演进》，社会科学文献出版社2017年版，第160—168页。

试。而当他们 1922 年突然要求 14 点（原则）时，一切都太晚了。"[①]

第二，内部多样分化的社会与政治局面，让库尔德人难以形成合力，实现建国目标。诚然，库尔德人独特的历史文化体系足以使其区别于"他者"，但却无法塑造均质统一的"自我"。社会和政治方面，库尔德斯坦当时还处于部落社会的结构之中，部落是有效进行政治动员与资源整合的社会组织形态，政治精英的行动出发点是维护狭隘的部落利益，而不是为了一个宽泛的"库尔德民族"。这让库尔德民族主义者既无力动员社会落实其政治理念，也让外部力量很容易介入分化部落间短暂形成的联盟，无法拱卫既有的政治优势。文化上，不同地区的方言、尚未规范的书面语、落后的出版业和有限的识字率，都阻碍着民族主义思想在社会底层的传播，[②] 更遑论社会自下而上地产生诉诸建国的政治运动。

但有必要明确的是，虽然从历史经验上看，阿拉伯人、土耳其人和波斯人比库尔德人组织化程度更高，有着长期且丰富的帝国统治实践，但中东民族国家体系的建立，是奥斯曼帝国覆灭和西方殖民政策的产物，其本质上是一个外输型的政治体系，其内部在不同程度上都有着多元分化的社会文化子系统，缺少现代工业化等推动民族形成的要素，因此具有内在的脆弱性。不同的是，库尔德人并不像阿拉伯人和土耳其人一样，在战后拥有正式的国家系统来整合这些分散的要素，从而逆向地塑造自身的民族。因此，如果按巴黎和会和《色佛尔条约》的规定赋予库尔德人建国的权利，上述库尔德内部因素的消极程度或将大大减弱，而目前库尔德人的历史演变则会是另一种状况。但就从当时库尔德人自身的条件预计，如果库

---

① Anwar Anaid, "Learning from History: Kurdish Nationalism and State-building Efforts," in Alex Danilovich ed., *Iraqi Kurdistan in Middle Eastern Politics*, London and New York: Routledge, 2017, p. 17.

② Mahir A. Aziz, *The Kurds of Iraq: Nationalism and Identity in Iraqi Kurdistan*, London: I. B. Tauris, 2011, pp. 49 – 53.

尔德人建国方案得以实践，这将意味着库尔德社会内部各派力量对建国主导权的争夺，从而引发局势动乱，[①] 或意味着需要大国意志来推动这一进程，两者都会导致英国成本负担过重，不符合其进行间接殖民统治的初衷。从这个意义上来看，英国更愿意依靠内部整合度更高的阿拉伯人，而非支持一个库尔德人国家。

自此，库尔德人不仅失去进行自我整合的建国机会，被划分到四个国家后，他们还开始受到各自所在国国情的结构性影响，衍生出四种不同的民族主义发展路径。而伊拉克的现代国家框架，则决定了伊拉克库尔德问题发展的特殊轨迹。

二　现代国家与伊拉克库尔德问题（1921—1958）

研究伊拉克的库尔德问题，离不开伊拉克现代国家的基本框架。而要理解伊拉克国家框架对库尔德民族主义发展的独特影响，就必须引入对伊拉克现代国家生成方式的考察。现代伊拉克成立于1921年，是"一战"后英法殖民者人为构建的产物，由前奥斯曼帝国行省巴士拉省、巴格达省和摩苏尔省组成。三省历史上行政相互独立，且人口构成各异，分别主要为什叶派阿拉伯人、逊尼派阿拉伯人和逊尼派库尔德人，各行省内部还存在多元的文化与社会子系统。将异质的三省合并为一个国家，意味着和平融入很难成为伊拉克通往现代国家的途径，中央政府往往诉诸强制性的军事手段或软性的政治妥协，自上而下地塑造伊拉克的国家民族。[②]

伊拉克现代国家的这一先天性内在缺陷，为其境内的库尔德人带来了更为广阔的活动空间。除借武力手段镇压部落叛乱外，一方面，英国为了在摩苏尔省归属问题上制衡土耳其，采取分而治之的

---

① Mahir A. Aziz, *The Kurds of Iraq: Nationalism and Identity in Iraqi Kurdistan*, London: I. B. Tauris, 2011, p. 61.

② Faleh A. Jabar, "New and Old Dynamics in the Construction of Kurdish Nationhood-Some Reflections," in Faleh A. Jabar and Renad Mansour, eds., *The Kurds in a Changing Middle East: History, Politics and Representation*, London: I. B. Tauris, 2019, p. 22.

政策，扶植亲己的伊拉克库尔德部落，打压土耳其支持的库尔德部落；另一方面，初抵伊拉克进行统治的费萨尔国王缺乏本土执政基础，也积极拉拢库尔德部落，以图推动将摩苏尔省并入伊拉克，增加逊尼派人口，制衡人口占主体的什叶派力量。[①] 这让伊拉克库尔德人一开始就获得较为宽松的政治与文化环境。1926 年摩苏尔省正式并入伊拉克后，伊拉克政府还根据国联的要求颁布《地方语言法》(*Local Languages Law*)，允许苏莱曼尼亚和埃尔比勒部分地区使用库尔德语开展小学教育和出版工作，同时还任命库尔德人出任部分大臣职位。这种对库尔德人文化身份乃至政治权利的认可，也被随后的历届伊拉克中央政府所继承（至少在理论或法律层面），伊拉克库尔德人由此走上了与其他三国库尔德人截然不同的演变轨迹。

需要指出的是，伊拉克库尔德人享有的这些优势，并不足以克服其本身既有的历史缺陷。早在 1919 年 5 月，伊拉克库尔德斯坦苏莱曼尼亚地区的库尔德部落与苏非领袖谢赫马哈茂德·巴尔金吉就发动了一次反英起义，但他打出的是“吉哈德”（al-jihād）的旗号，而非民族主义，他希望库尔德人摆脱英国的统治，但并非摆脱他个人的统治。[②] 起义很快被英国军队镇压下去，谢赫马哈茂德随后接受英国的“招安”，被任命为苏莱曼尼亚总督。库尔德民族主义者在重构其民族主义叙事时，往往把谢赫马哈茂德起义定性为民族主义运动，[③] 但他妥协的政治行为表明，作为库尔德社会主导力量的部落精英，在当时并没有清晰的民族主义诉求，叛乱或起义更多是受部落、宗教乃至个人利益所驱动。

事实上，伊拉克建国初期库尔德人的民族意识非常薄弱，并不

---

① Aram Rafaat, *The Kurds in Post Invasion Iraq: The Myth of Rebuilding the Iraqi State*, Saarbrücken: Lap Lambert Academic Publishing, 2012, p. 16.

② David McDowall, *A Modern History of the Kurds*, London: I. B. Tauris, 1996, p. 158.

③ Abdul Rahman Ghassemlou, *Kurdistan and the Kurds*, Prague: Czechoslovak Academy of Sciences, 1965, p. 63.

存在严格意义上的库尔德民族主义。以1921年8月是否同意费萨尔担任伊拉克国王的公投为例，除苏莱曼尼亚地区反对外，摩苏尔和埃尔比勒地区的库尔德人都表示支持，基尔库克地区一开始暂缓表态，最终于1923年也予以支持，但条件是基尔库克单独成为一个库尔德省，并拒绝与苏莱曼尼亚地区的库尔德人整合。[①] 这充分表明，库尔德人并非不能接受异族统治，同时，库尔德人内部分化较大，部落与地域意识主导下的政治思维，使其难以为一个抽象的"民族"概念团结协作，基尔库克地区库尔德人的立场就是谢赫马哈茂德影响力有限的证明。诚然，在同一时期的库尔德城镇中，少数受教育群体和逐渐兴起的职业阶层，开始对民族主义产生兴趣，但规模有限，并缺乏组织性。

摩苏尔省问题解决后，谢赫马哈茂德意识到建国无望。1926年年底，他再次发动起义，最终失败，于1927年夏遭到逮捕和软禁。英国和费萨尔国王随后通过收买部落、分而治之和武力镇压的策略，基本维护了伊拉克库尔德斯坦的秩序稳定。1928年，伊拉克政府评估认为，本国的库尔德问题已得到基本解决。[②] 但需要指出的是，伊拉克国家基于短期统治利益所赋予库尔德人的发展空间，也是其将库尔德社会整合进伊拉克国家认同的长远进程中所面临的问题，部落等遗留性的历史因素在被中央政府工具化的同时，也在客观上得以存续乃至固化。

1930年，伊拉克和英国签订新的《英伊条约》（*Anglo-Iraqi Treaty*），英国结束对伊拉克的国际托管，伊拉克将于1932年获得独立。相应地，伊拉克中央政府加紧对地方权力的集中，引发库尔德人的担忧，导致双边关系再度恶化。一方面，费萨尔国王试图树立中央权威，在库尔德斯坦偏远地区建立警察系统并征收赋税，对当

---

① David McDowall, *The Kurds: A Nation Denied*, London: Minority Rights Publication, 1992, p. 82.

② 唐志超：《中东库尔德民族问题透视》，社会科学文献出版社2013年版，第128页。

地库尔德部落的既得利益构成威胁；另一方面，20 世纪 30 年代，泛阿拉伯民族主义（pan-Arab nationalism）思潮风靡伊拉克政军两界，[①] 伊拉克库尔德人担心英国托管结束后，伊拉克会与其他阿拉伯国家合并，加剧其少数派地位，因此他们认为，任何泛阿拉伯化的政策，都“有必要产生一个分化的库尔德实体，无论是在这个阿拉伯上层建筑的框架内或外”[②]。从这个意义上看，伊拉克国家方案对于伊拉克库尔德人而言并非最差或最不可接受的选项，这也说明，库尔德人已经开始在伊拉克的国家框架中思考自身的地位问题了。

1930 年 9 月，谢赫马哈茂德逃离软禁，联合利益受损的部落再次诉诸武力，苏莱曼尼亚的工人、学生和商人也举行罢工、罢课和游行示威。起义遭到强力镇压，谢赫马哈茂德最终投降，接受软禁至 1956 年去世。很多库尔德历史学家认为，1930 年起义是库尔德民族主义运动史上的一个转折点，城市群体的加入扩大了库尔德民族主义的外延与内涵。贾拉勒·塔拉巴尼更进一步认为，库尔德民族主义运动的政治基础已由乡村转向城市，领导层从宗教和部落首领向城市小资产阶级转移。[③] 诚然，知识分子与城市居民的确开始发挥作用，但却没有改变伊拉克库尔德民族主义运动所依托的社会基础，只是改变和丰富了它的发展图景而已。基于伊拉克库尔德斯坦当时以农业为主导的经济结构，部落依旧是有效进行政治动员与资源整合的社会组织形态，因此该时期的库尔德反抗运动“表面上看是民族主义的，但本质上却是部落的和宗教性的”[④]。

谢赫马哈茂德陨落后，代为崛起的是来自库尔德斯坦巴尔赞地

---

① 参见 Charles Tripp, *A History of Iraq*, Cambridge: Cambridge University Press, 2007, pp. 91 – 97。

② Majid Khadurri, *Republican Iraq*, London: Oxford University Press, 1969, pp. 1 – 10.

③ Jalāl Ṭālabānī, *Kurdistān wa al-Ḥarakat al-Qawmiyyat al-Kurdiyyah*, Bayrūt: Dār al-Ṭalī‘ah, 1971, pp. 112 – 114.

④ Edmund Ghareeb, *The Kurdish Question in Iraq*, Syracuse: Syracuse University Press, 1981, p. 31.

区的巴尔扎尼部落，由谢赫艾哈迈德·巴尔扎尼（Shaykh Aḥmad al-Barzānī）和其弟毛拉穆斯塔法·巴尔扎尼（Mulla Muṣṭafā al-Barzānī，以下简称“毛拉穆斯塔法”）领导。1932 年，伊拉克政府和英国扶植沙尔瓦尼部落（al-‘ashīrat al-sharwāniyyah）的谢赫拉希德（Shaykh Rashīd）打击巴尔扎尼部落，试图推动对巴尔赞地区的控制，随之引发巴尔扎尼部落的武装反抗。但巴尔扎尼部落并没有逃脱与谢赫马哈茂德相同的下场，谢赫艾哈迈德和毛拉穆斯塔法都遭到软禁。直至第二次世界大战（以下简称“二战”）期间，毛拉穆斯塔法借形势动荡出逃，于 1943 年 6 月和 1945 年 8 月两度起义。

与以往不同的是，1943 年起义被认为是库尔德部落领导人第一次鲜明地打出民族主义口号的起义。① 这主要缘于毛拉穆斯塔法软禁期间与“伐木工人”（Darkar）和“希望”（Hiwa）等早期库尔德政治组织建立了联系。这些组织主要由城市军官、政府官员和教师组成，信奉共产主义，与伊拉克共产党（al-Ḥizb al-Shuyū‘ī al-‘Irāqī/Iraq Communist Party）联系密切，并参与到两次起义中。起义失败后，毛拉穆斯塔法于 1945 年 10 月流亡至伊朗库区。受马哈巴德共和国及伊朗库尔德斯坦民主党（KDP-Iran）的影响，毛拉穆斯塔法意识到起义的成功需要部落与受教育的城市政党结盟。② 1946 年 8 月 16 日，他联合多个库尔德政治组织成立伊拉克库民党。根据党纲，库民党以马克思列宁主义为政治意识形态，强调联合库尔德人与阿拉伯人，共同推翻伊拉克的王朝统治，摆脱帝国主义的控制。③

---

① Idmūn Gharīb, *Al-Ḥarakat al-Qawmiyyat al-Kurdiyyah*, Bayrūt: Dār al-Nahār li al-Nashr, 1973, p. 10.

② Gareth R. V. Stansfield, *Iraqi Kurdistan: Political Development and Emergent Democracy*, London: Routledge, 2003, p. 65.

③ Ḥāmid Maḥmūd ‘Īsā, *Al-Qaḍiyyat al-Kurdiyyah fī al-‘Irāq: Min al-Iḥtilāl al-Birīṭānī ilā al-Ghazw al-Amrīkī (1914–2004)*, Al-Qāhirah: Maktabat Madbūlī, 2005, p. 149.

库民党的建立，第一次为伊拉克库尔德民族主义运动设立了政党化的框架。库尔德民族主义第一次明确提出按国别独立建党，进一步表明伊拉克民族国家体系对库尔德人发挥的作用。但有必要明晰的是，库民党本质上只是占少数的城市左翼力量与农村部落力量的权宜联姻。[①] 巴尔扎尼部落扮演着主导性的角色，左翼力量提供政治意识形态和政治行动框架，二者缺乏互信，相互利用，毛拉穆斯塔法在其中发挥着关键性的纽带作用。两股力量间的竞合，构成伊拉克库尔德民族主义运动得以发展的一个重要动力。

马哈巴德共和国失败后，毛拉穆斯塔法辗转伊拉克最终进入苏联，开启长达 12 年（1947—1958）的政治流亡生涯。左翼力量主导的库民党政治局依旧在伊拉克境内活动，但在缺少部落力量的配合下无力产生大的影响，且 20 世纪 50 年代库民党与伊拉克共产党联系紧密，互为对方党员，此时库民党的政治话语更多地强调阶级斗争和反帝反封建，淡化民族主义思想的成分。同时，在意识到大国无意变革中东国家体系后，伊拉克库尔德人开始逐步将其民族诉求从独立建国缩小为获得区域自治的权利。[②] 到 1958 年“七月革命”爆发前，库尔德问题在伊拉克总体保持平静：对内，伊拉克政府主要诉诸收买库尔德部落、打压库尔德政治活动和改善公共服务等手段；对外，巴格达条约组织（Baghdad Pact Organization）建立后，伊拉克、伊朗和土耳其形成防务配合，阻断了三国库尔德人之间的政治行动串联，也防止苏联通过支持库尔德左翼力量在中东地区发力。[③]

---

① Edmund Ghareeb, *The Kurdish Question in Iraq*, Syracuse: Syracuse University Press, 1981, p. 39.

② Anwar Anaid, "Learning from History: Kurdish Nationalism and State-building Efforts," in Alex Danilovich ed., *Iraqi Kurdistan in Middle Eastern Politics*, London and New York: Routledge, 2017, p. 17.

③ Marianna Charountaki, *The Kurds and US Foreign Policy: International Relations in the Middle East since 1945*, London and New York: Routledge, 2010, p. 118.

小　结

受多重因素的影响，库尔德人的起源难有定论，但长期居住于西亚库尔德斯坦地区的历史和与外隔绝的山区地理特点，让他们衍生出自身独特的语言、文化和社会体系，16—17 世纪奥斯曼帝国和萨法维王朝对库尔德斯坦的争夺与瓜分，以及 17—19 世纪库尔德埃米尔国的自治经验，更强化了库尔德人的这些既有属性，使他们充分符合安东尼·史密斯定义下的一个“种族”所具有的基本特点。然而，这些特点从未在本质上转变为现代民族主义语境下的政治认同问题，库尔德人政治效忠的对象依旧是以血缘、地域和宗教为纽带的家族、部落和苏非教团等社会单位，而不是一个抽象的“库尔德民族”。

随着 19 世纪奥斯曼帝国“坦齐马特”改革集权措施对库尔德埃米尔国权益造成侵害，库尔德知识分子逐渐接触民族主义思想，以及“一战”后西方殖民势力以“民族自决”作为处理奥斯曼帝国问题的基本政治原则，部分库尔德政治与知识精英开始意识到自身的民族身份。但是，库尔德人对战后世界局势本质性变化的迟钝回应、库尔德社会内部多元分化的局面，以及英法两国为实现殖民利益的秘密协议，让作为一个“种族”的库尔德人，被划分到土耳其、伊朗、伊拉克和叙利亚，成为四国境内的少数民族。库尔德人在《色佛尔条约》中享有的“民族自决”权与未能建国现实之间的差距，催生出现代库尔德问题。但是，受各自所在国国情差异的结构性影响，库尔德问题的内涵也从诞生之初宽泛的“无国民族”属性，被逐步内化至四国现代国家的框架之下，发展出内政问题的属性，并依国别衍生出四种不同的演变路径。因此，库尔德问题是一个现代问题。从缘起上看，它是“一战”后奥斯曼帝国解体和英法两帝国人为划定中东民族国家版图的结果；而从历史发展的角度来看，它同样也是四国中央政府在现代民族国家建构进程中对库尔德人政策选择的结果。

第二章

伊拉克库尔德问题的塑型与发展期（1958—1968）

本章分析1958年伊拉克“七月革命”至1968年复兴党二次执政10年间的库尔德问题演变。1958年“七月革命”前，伊拉克的库尔德问题更多以部落叛乱的特征与性质呈现，而随着哈希姆王朝被推翻和毛拉穆斯塔法·巴尔扎尼归国，库尔德民族主义运动开始兴起，库民党政党架构逐步发挥作用，库尔德问题的性质与外延也在这一时期见证了重要的发展、转变和塑型。由于该时期伊拉克权力更迭频繁，本章以不同政权的执政时期为各小节的基本划分依据，试图厘清该时期各政权与库尔德问题的互动过程，并引入对伊拉克国内军政关系和中东地区泛阿拉伯民族主义思潮及运动等因素的考察，探讨该时期库尔德问题对伊拉克政局的作用和反作用。

第一节　卡塞姆政权时期

一　卡塞姆与库尔德人的权宜联盟

1958年7月14日，以阿卜杜·凯里姆·卡塞姆（‘Abd al-Karīm Qāsim，以下简称“卡塞姆”）准将和阿卜杜·萨拉姆·阿里夫

（'Abd al-Salām 'Ārif）上校为首的伊拉克自由军官发动武装革命，推翻哈希姆王朝的统治，伊拉克由此进入共和国体制。除一些前王朝庇护下的库尔德部落外，大部分库尔德人都派出代表团赴巴格达表示对革命的支持。7 月 16 日，库民党发表声明，承诺将全力配合革命领导人的决定。7 月 17 日，库民党总书记易卜拉欣·艾哈迈德（Ibrāhīm Aḥmad）与卡塞姆会面，重申库民党的支持立场。流亡苏联的库民党主席毛拉穆斯塔法也向卡塞姆发出贺电，希望新政权能够允许其结束流亡，返回伊拉克。

然而，革命成功后，当共同的敌人哈希姆王朝消失时，自由军官内部就如何践行新的共和制度产生分歧：卡塞姆主张强调以伊拉克为优先的爱国主义，并不愿意与当时风靡中东的泛阿拉伯民族主义汇合，将伊拉克并入一个统一的阿拉伯国家；阿卜杜·萨拉姆·阿里夫则是一位纳赛尔主义者，希望伊拉克加入 1958 年 2 月埃及和叙利亚合并成立的阿拉伯联合共和国（al-Jumhūriyyat al-'Arabiyyat al-Muttaḥidah，以下简称“阿联”）。就此，在新生的伊拉克政权中，形成了以纳赛尔主义者和伊拉克阿拉伯复兴社会党为一方的阿拉伯民族主义者阵营，和以卡塞姆、伊拉克共产党、库民党和民族民主党（al-Ḥizb al-Waṭanī al-Dīmqurāṭī）为另一方的阵营。

为打压阿拉伯民族主义者，卡塞姆选择联合库尔德人，并采取一系列亲库尔德人的政策：（1）1958 年 7 月 26 日颁布的《伊拉克临时宪法》第 3 条声明指出：“阿拉伯人和库尔德人是这个国家的伙伴。宪法保障他们在伊拉克共和国框架内的权利。”① 这是伊拉克宪法首次承认库尔德人的民族权利，虽然 1925 年《伊拉克宪法》就规定“在法律面前，所有伊拉克人的权利没有区别，无论民族、宗教或语言上有任何差异”，但并未直接指明库尔德人。（2）给予很多库尔德人以高职。例如，在革命后的首届政府中，库尔德人在 15 个

① Edmund Ghareeb, *The Kurdish Question in Iraq*, Syracuse: Syracuse University Press, 1981, p. 38.

部长职位中占据4席。[①]（3）对王国时期参与巴尔扎尼部落起义的库尔德人予以政治大赦，并邀请流亡苏联长达12年的库民党领导人毛拉穆斯塔法及其部下回国参政。（4）释放王国时期被关押的库尔德政治犯，其中就包括毛拉穆斯塔法的长兄谢赫艾哈迈德·巴尔扎尼。（5）解除对库尔德政党施加的党禁政策，允许库民党党报《奋斗报》（*Khabāt*）和其他13份库尔德报纸公开发行。[②]（6）退出巴格达条约组织，切断伊拉克、伊朗和土耳其三国在遏制库尔德民族主义运动上的防务配合。[③]（7）将库尔德人古老的太阳图像安置在新伊拉克国旗的正中，在国徽中把库尔德人的匕首和阿拉伯人的长刀并列，象征伊拉克库尔德人与阿拉伯人的伙伴关系。[④]（8）向毛拉穆斯塔法及其部下发放工资，斥资推动伊拉克库尔德斯坦的城镇化建设。[⑤]（9）成立库尔德斯坦教育局（Mudīriyyat Kūrdistān al-ʻĀmmah li al-Maʻārif/Kurdistan General Directorate of Education），允许在库尔德斯坦使用库尔德语开展基础教育工作。

需要指出的是，卡塞姆之所以选择联合库尔德人，并非出于对库尔德人权利的实际认同，而是在于他并未建立起属于自己的政治组织，无力进行有效的社会动员，因此需要通过激化和平衡各政治

① Sherko Kirmanj, *Identity and Nation in Iraq*, Boulder: Lynne Rienner Publishers, 2013, p. 96.

② Mūsā Makhūl, *Al-Akrād: Min al-ʻAshīrah ilā al-Dawlah*, Bayrūt: Bīsān li al-Nashr wa al-Tawzīʻ wa al-Iʻlām, 2013, p. 190.

③ Ṣalāḥ al- Khurasān, *Al-Tayyārāt al-Siyāsiyyah fī Kurdistān al-ʻIrāq: Qirā'ah fī Milaffāt al-Ḥarakāt wa al-Aḥzāb al-Kurdiyyah fī al-ʻIrāq (1946 – 2001)*, Bayrūt: Mu'assasat al-Balāgh li al-Ṭibāʻah wa al-Nashr wa al-Tawzīʻ, 2001, p. 72.

④ Denise Natali, *The Kurds and the State: Evolving National Identity in Iraq, Turkey, and Iran*, Syracuse: Syracuse University Press, 2005, p. 49.

⑤ 在1961年9月23日举行的记者会上，卡塞姆称中央政府共斥资近5220万伊拉克第纳尔用于库尔德斯坦的城镇化建设，并给流亡回国的巴尔扎尼部落成员发放35—50伊拉克第纳尔不等的工资，给获释出狱的库尔德政治犯发放30—150第纳尔不等的月工资，毛拉穆斯塔法每月的工资则高达500第纳尔。参见Mūsā Makhūl, *Al-Akrād: Min al-ʻAshīrah ilā al-Dawlah*, Bayrūt: Bīsān li al-Nashr wa al-Tawzīʻ wa al-Iʻlām, 2013, p. 193。

力量间的矛盾，塑造自己在权力格局中的核心地位。① 借助库尔德人的力量，卡塞姆可以维护伊拉克北部地区局势的稳定，打击哈希姆王朝庇护和土耳其与伊朗支持下的库尔德部落叛乱，防止阿拉伯民族主义者在中央政府管控薄弱的北部地区挑起事端。② 从这个意义上来看，在上述政策中，对卡塞姆最具实质性意义的决定，是邀请毛拉穆斯塔法回国的政策，因为在部落依旧发挥主导性作用的库尔德地区，由左翼派系主导的库民党影响力局限于城镇，且内部还有着支持纳赛尔的塔拉巴尼派系，而毛拉穆斯塔法作为强势的部落首领和苏非教团谢赫，有能力满足卡塞姆的诉求。③ 该政策的有效性很快得到了检验。在 1959 年 3 月泛阿拉伯民族主义军官阿卜杜·瓦哈卜·沙瓦夫（'Abd al-Wahhāb al-Shawwāf）在摩苏尔领导的反政府军事叛变、5 月的库尔德谢赫拉希德·卢兰（Shaykh Rashīd Lūlān）叛乱，及 7 月的基尔库克事件中，反对卡塞姆的纳赛尔主义者、复兴党人、库尔德人和土库曼人，都被毛拉穆斯塔法和伊拉克共产党成功联合镇压。④

对毛拉穆斯塔法而言，其选择与卡塞姆政权开展密切合作，是由于长年流亡海外后巴尔扎尼部落的土地和财产都被哈希姆王朝划分给了与其敌对的泽巴里（Zībārī）、哈尔基（Harkī）和苏尔齐（Surchī）等部落，库民党也早已被哈姆宰·阿卜杜拉（Ḥamzat 'Abdallah）领导的政治局和易卜拉欣·艾哈迈德领导的中央委员会两个左翼派系所控制，毛拉穆斯塔法希望借此重塑自己在伊拉克库

---

① Maḥmūd al-Durrah, *Al-Qaḍiyyat al-Kurdiyyah wa al-Qawmiyyat al-'Arabiyyah*, Bayrūt: Dār al-Ṭalī'ah, 1963, pp. 154 – 155.

② Muḥammad Suhayl Ṭaqqūsh, *Tārīkh al-Akrād (637 – 2015)*, Bayrūt: Dār al-Nafā'is li al-Ṭibā'ah wa al-Nashr wa al-Tawzī', 2015, p. 212.

③ Stephen C. Pelletiere, *The Kurds: An Unstable Element in the Gulf*, Boulder: Westview Press, 1984, p. 123.

④ 关于三起事件的更多细节和分析，参见 Sherko Kirmanj, *Identity and Nation in Iraq*, Boulder: Lynne Rienner Publishers, 2013, pp. 100 – 102。

尔德社会和库民党党内的领袖地位。①

首先，毛拉穆斯塔法利用伊拉克宽松的国内政治环境，召回和他共同流亡苏联的500余名部落战士，重新整合其部落力量，大力拓展巴尔扎尼部落下属的民兵武装力量，削弱敌对部落和库民党左翼派系的势力。

其次，毛拉穆斯塔法还借助库民党左翼派系内部的政治分歧，重塑其在党内的领导力。库民党虽然在革命成功伊始就表达了支持的立场，但和伊拉克政权内部一样，党内就革命后的道路选择也分化出两派立场。以库民党总书记易卜拉欣·艾哈迈德和贾拉勒·塔拉巴尼为首的中央委员会从地区局势出发，认为库尔德人应该积极向阿拉伯民族主义者阵营靠拢，因为"阿联"的成立表明，阿拉伯民族主义已经成为阿拉伯世界不可阻挠的潮流，库尔德人只有和主流合作才可能为自己赢得最有利的局面。② 哈姆宰·阿卜杜拉领导的党的政治局则认为库民党应该和伊拉克共产党合作，这一方面是出于他本人的共产主义信仰，另一方面则是基于伊拉克共产党在伊拉克政坛中日渐上升的影响力。两派在路线选择问题上相持不下，为毛拉穆斯塔法提供了政治上左右腾挪的空间。

在两派的竞相争取中，毛拉穆斯塔法最终对政治局予以支持。1958年12月，哈姆宰·阿卜杜拉代替易卜拉欣·艾哈迈德成为库民党中央委员会主席，贾拉勒·塔拉巴尼的党员资格遭到暂停。③ 毛拉穆斯塔法之所以选择支持哈姆宰·阿卜杜拉阵营，是因为伊拉克共产党与卡塞姆结盟的关系，或许更为重要的，是毛拉穆斯塔法对埃

① David McDowall, *A Modern History of the Kurds*, London: I. B. Tauris, 1996, pp. 302 – 303.

② Sa'd Nājī Jawād, *Al-'Irāq wa al-Mas'alat al-Kurdiyyah*, Landan: Dār al-Lām, 1990, p. 40.

③ Ṣalāḥ al- Khurasān, *Al-Tayyārāt al-Siyāsiyyah fī Kurdistān al-'Irāq: Qirā'ah fī Milaffāt al-Ḥarakāt wa al-Aḥzāb al-Kurdiyyah fī al-'Irāq (1946 – 2001)*, Bayrūt: Mu'assasat al-Balāgh li al-Ṭibā'ah wa al-Nashr wa al-Tawzī', 2001, pp. 75 – 76.

及总统纳赛尔立场的怀疑。虽然1952年埃及革命后纳赛尔一直支持库尔德人反对英国和伊拉克哈希姆王朝的斗争，但在1958年10月辗转开罗归国时与纳赛尔的短暂会面中，毛拉穆斯塔法感到纳赛尔"并没有与他进行任何实质性的对话，使他无法表明自己的观点"，①这让毛拉穆斯塔法担心伊拉克并入"阿联"后，纳赛尔将无意保障库尔德人的利益，反而会进一步加剧库尔德人的少数派弱势地位。库民党在随后的声明中也指出："如果伊拉克想要和'阿联'统一，就有必要承认库尔德民族，并且在这个新的架构中，库尔德斯坦必须被认定为一个联邦成员。"②

在卡塞姆和毛拉穆斯塔法巩固权力的同时，伊拉克共产党的影响力也在迅速地扩张。1958年9月，库民党与伊拉克共产党达成联盟合作协议，开展了一系列密切的合作。哈姆宰·阿卜杜拉甚至邀请伊拉克共产党党员参加库民党政治局会议，并致力于将库民党下属的各青年、妇女和农民组织与伊拉克共产党相整合。这些决定引起党内领导层其他成员的不满，认为哈姆宰·阿卜杜拉的决定无异于将库民党并入伊拉克共产党。多个代表团赴巴格达拜访毛拉穆斯塔法，希望他对哈姆宰·阿卜杜拉的政策作出干预。这再次为毛拉穆斯塔法在党内集权提供了机会。1959年6月30日，毛拉穆斯塔法召开党内紧急会议，决定暂停哈姆宰及其政治局成员的党员资格。

出于遏制伊拉克共产党的共同目的，卡塞姆很快批准了库民党召开第四次党代表大会的请求。1959年10月4—7日，库民党四大在巴格达召开，这也是库民党成立以来，毛拉穆斯塔法首次参加的党代表大会。会议决定，开除哈姆宰·阿卜杜拉及其派系成员的党籍，重新选取易卜拉欣·艾哈迈德出任党总书记和贾拉勒·塔拉巴

① 'Abd al-Jalīl Ṣāliḥ Mūsā, *Jamāl 'Abd al-Nāṣir wa al-Qaḍiyyat al-Kurdiyyah fī al-'Irāq: 1952 – 1970*, Duhūk: Maṭba'at Muḥāfaẓat Duhūk, 2013, p. 110.

② Massoud Barzani, *Mustafa Barzani and the Kurdish Liberation Movement 1931 – 1961*, New York: Palgrave Macmillan, 2003, p. 212.

尼为政治局委员，将库民党党章中“以马克思列宁主义为指导”的表述，改为“受益于马克思列宁主义”①。1960 年 1 月，库民党还通过了伊拉克内政部的审核，成为伊拉克的合法政党。塔拉巴尼—艾哈迈德派系虽然恢复了对库民党的领导，但失去了伊拉克共产党和共产主义意识形态的支撑，他们动员社会底层的能力变得有限，依旧需要联合巴尔扎尼部落来推动党在库尔德地区的活动。毛拉穆斯塔法在党内的影响力由此得到大幅度的提升。此外，卡塞姆推行的土地改革计划，威胁到占有大量土地的库尔德部落的利益，毛拉穆斯塔法承诺会阻缓卡塞姆的计划，由此重新获得这些部落的支持，从而进一步复苏了巴尔扎尼部落在库尔德社会中的势力。②

二 权宜联盟的瓦解

随着自身权力根基渐稳，卡塞姆政府对毛拉穆斯塔法和库民党力量的上升日益感到不满，担心这会导致伊拉克北部的分裂。事实上，双方权宜联盟背后互信的缺失，早在联盟成立不久后就已现端倪，集中体现在双方在政治舆论上的拉锯。

1960 年后，卡塞姆逐步放松对阿拉伯民族主义者的舆论限制，以《革命报》（*al-Thawrah*）为首的相关出版物发动了一场质疑库尔德人族群身份的运动，认为大部分库尔德部落根源上都是阿拉伯人，并称“所有从属于伊拉克的人，（无论是）库尔德人、黑人或是亚美尼亚人，只要他生活在一个阿拉伯国家，那么就现实而言，他就是一个阿拉伯人。”③ 卡塞姆也在其演讲中将库尔德人描述成“北方

① Ṣalāḥ al- Khurasān, *Al-Tayyārāt al-Siyāsiyyah fī Kurdistān al-ʻIrāq: Qirā'ah fī Milaffāt al-Ḥarakāt wa al-Aḥzāb al-Kurdiyyah fī al-ʻIrāq (1946 – 2001)*, Bayrūt: Mu'assasat al-Balāgh li al-Ṭibā'ah wa al-Nashr wa al-Tawzī', 2001, p. 78.

② David McDowall, *A Modern History of the Kurds*, London: I. B. Tauris, 1996, pp. 306 – 307.

③ *Al-Thawrah*, No. 555, February 17, 1961.

阿拉伯人"，并公开否定巴尔扎尼部落乃至所有库尔德人起义的作用，称除1920年的伊拉克革命、1936年的巴克尔·西德基（Bakr Ṣidqī）政变和1941年的拉希德·盖拉尼（Rashīd al-Kaylānī）政变外，1958年革命前所有的"革命"和"起义"都是帝国主义教唆的产物。[①]

库尔德民族主义者则早在1959年年初开始，就利用宽松的舆论环境，宣传库尔德人是雅利安人和米底人的后裔，强调库尔德人同阿拉伯人在人种和语言上的异质性，要求中央政府承认库尔德人的文化权利，如将库尔德新年诺鲁孜节（Nowruz Day）列为法定节日，把库尔德语算作伊拉克的官方语言。[②] 从库尔德人的角度来看，之所以强调自身的民族特性，是因为双方在1959年4月成立的库尔德斯坦教育局职权划分上的分歧，让库尔德人认为卡塞姆政府的政策并未从根本上解决伊拉克库尔德人地位的合法性问题。库尔德斯坦教育局的成立，是卡塞姆政府拉拢库尔德人政策的一部分，而主导该局的库尔德斯坦教师联合会，是一个在政治上有着民族主义倾向的职业团体，致力于推动库尔德语在库尔德地区的普及。除埃尔比勒省和苏莱曼尼亚省外，库尔德斯坦教师联合会还要求将基尔库克省、迪亚拉省与尼尼微省内的库尔德人聚居区的教育事业都纳入其管辖范围内。在伊拉克政府看来，这无异于对领土本身的诉求，会造成分裂情绪在伊拉克北部的传播。伊拉克政府随后将"库尔德斯坦教育局"的名称改为"库尔德研究教育局"（al-Mudīriyyat al-ʻĀmmah li al-Maʻārif wa al-Dirāsāt al-Kurdiyyah/General Directorate of Education for Kurdish Studies），并在不到半年内终止该局的所有自主权限。《奋斗

① ʻAbd al-Fattāḥ ʻAlī al-Būtānī, *Al-ʻIrāq: Dirāsah fī al-Taṭawwurāt al-Siyāsiyyat al-Dākhiliyyah bayna 14 Tammūz 1958 – 8 Shubāṭ 1963*, Dimashq: Dār al-Zamān li al-Ṭibāʻah wa al-Nashr wa al-Tawzīʻ, 2008, pp. 279 – 280.

② Denise Natali, *The Kurds and the State: Evolving National Identity in Iraq, Turkey, and Iran*, Syracuse: Syracuse University Press, 2005, p. 51.

报》多次发声要求恢复教育局的活动，但都未得到批复。①

在1960年10月19日《奋斗报》一篇题为《库尔德民族与〈伊拉克临时宪法〉第2条》的社评中，易卜拉欣·艾哈迈德进一步指出，虽然《伊拉克临时宪法》第3条承认了阿拉伯人与库尔德人的伙伴关系，但第2条“伊拉克是阿拉伯民族的一部分”的国家定位却与此冲突，实际上否定了库尔德人与阿拉伯人的对等关系，“是一种感情用事的声明，而非一个科学理性的论断”。文章指出：“库尔德斯坦从来不是阿拉伯领土的一部分”，因此宪法第2条应该修订为“伊拉克的阿拉伯地区是阿拉伯祖国（al-waṭan al-‘arabī）的一部分，而伊拉克的库尔德人则是库尔德民族的一部分，伊拉克的库尔德斯坦是库尔德祖国（al-waṭan al-kurdī）的一部分”②。据统计，从1959年4月至1961年4月的每一期《奋斗报》中，“伊拉克是阿拉伯人与库尔德人的共和国”这一概念几乎都被提及。谢尔库·克尔曼支（Sherko Kirmanj）认为，库尔德民族主义者虽然强调民族与属地、语言、起源、共同记忆等要素的一致性，但却并未诉诸民族必须建立国家的观念，而是在承认伊拉克国家框架的基本前提下，要求保证库尔德人与阿拉伯人的平等权利，确立伊拉克双重民族构成的国家属性。③丹妮丝·娜塔莉也认为，领土分裂并非库尔德人诉求的一部分，大部分库尔德人没有将自己看作是伊拉克以外的一个政治实体。④

《奋斗报》的表态进一步引发卡塞姆对库尔德人独立的担忧，加剧其打压性的政策。1960年年初开始，卡塞姆赋予埃尔比勒省省长

① Sherko Kirmanj, *Identity and Nation in Iraq*, Boulder: Lynne Rienner Publishers, 2013, pp. 100－103.

② Sherko Kirmanj, *Identity and Nation in Iraq*, Boulder: Lynne Rienner Publishers, 2013, p. 104.

③ Sherko Kirmanj, *Identity and Nation in Iraq*, Boulder: Lynne Rienner Publishers, 2013, p. 105.

④ Denise Natali, *The Kurds and the State: Evolving National Identity in Iraq, Turkey, and Iran*, Syracuse: Syracuse University Press, 2005, p. 51.

巴德尔丁·阿里（Badr al-Dīn ‘Alī）和摩苏尔省警察局长伊斯梅尔·阿巴维（Ismā‘īl ‘Abāwī）全力维稳的特权，并采取分而治之的策略，通过激化库尔德部落间的分歧来瓦解毛拉穆斯塔法的权力基础。1960年5月，库民党召开五大期间，卡塞姆会见泽巴里部落、哈尔基部落和苏尔齐部落等与毛拉穆斯塔法敌对的库尔德部落，并豁免1959年5月叛乱的谢赫拉希德·卢兰及其领导的巴拉杜斯提部落（Barādūstī），提供武器和资金，支持这些部落反对毛拉穆斯塔法。1960年秋，毛拉穆斯塔法与哈尔基部落和苏尔齐部落在北部爆发战事，而卡塞姆政府并未对此作出干预，但巴尔扎尼部落最终还是赢得了胜利。①

为制衡卡塞姆的攻击，毛拉穆斯塔法与时任英国驻伊拉克大使杜威廉爵士（Sir Humphrey Trevelyan）进行了秘密接触，希望得到英国人的支持，但因其长期流亡苏联的经历而遭到拒绝。得知这一消息后，卡塞姆更加笃信库尔德人不会如其所宣传的一般在伊拉克的框架内解决库尔德问题。双方关系由此进一步恶化。在随后的一次记者会上，卡塞姆表示伊拉克政府已掌握相关的材料，如果把它公布于众的话，事件的主人公（毛拉穆斯塔法）会为此感到羞耻。②据贾拉勒·塔拉巴尼的回忆，库民党政治局对此并不知情，毛拉穆斯塔法单方面的行为使库民党整体陷入被动的处境。萨阿德·贾瓦德（Sa‘d Jawād）博士则认为，毛拉穆斯塔法犯下致命性的错误，导致库尔德人与中央政府的关系近乎走向决裂。③

1960年11月，应参加纪念十月革命活动之邀，毛拉穆斯塔法访

---

① Muḥammad Suhayl Ṭaqqūsh, *Tārīkh al-Akrād（637 – 2015）*, Bayrūt：Dār al-Nafā’is li al-Ṭibā‘ah wa al-Nashr wa al-Tawzī‘, 2015, p. 214.

② Ṣalāḥ al- Khurasān, *Al-Tayyārāt al-Siyāsiyyah fī Kurdistān al-‘Irāq：Qirā’ah fī Milaffāt al-Ḥarakāt wa al-Aḥzāb al-Kurdiyyah fī al-‘Irāq（1946 – 2001）*, Bayrūt：Mu’assasat al-Balāgh li al-Ṭibā‘ah wa al-Nashr wa al-Tawzī‘, 2001, p. 92.

③ Sa‘d Nājī Jawād, *Al-‘Irāq wa al-Mas’alat al-Kurdiyyah*, Landan：Dār al-Lām, 1990, p. 54.

问苏联。一方面，毛拉穆斯塔法得到苏联支持的承诺，作为回报，毛拉穆斯塔法将改善库民党与伊拉克共产党的关系，以此制衡卡塞姆的反共政策；另一方面，卡塞姆则借毛拉穆斯塔法出访空隙，加大遏制巴尔扎尼部落和库民党的力度，如进一步豁免与巴尔扎尼部落敌对的库尔德部落，鼓动因长期入狱而失去实权的谢赫艾哈迈德·巴尔扎尼与毛拉穆斯塔法争夺领导权，以及缩减对库区发展项目的资金投入等。① 在感到事态严峻后，库民党政治局于 12 月要求毛拉穆斯塔法和其他库民党领导人尽快离开巴格达，回到库尔德地区。1961 年 1 月，毛拉穆斯塔法回国后与卡塞姆进行会面，后者要求巴尔扎尼部落与敌对部落和解，召开部落大会，统一接受中央政府的管理，毛拉穆斯塔法表示拒绝。最终，此次会谈并未实现任何积极的进展，双方的冲突依旧表现为舆论上的交锋和各自支持下的部落间军事冲突与政治暗杀。

1961 年 2 月，亲政府的胡什纳乌部落（‘ashīrat al-khūshnāw）首领谢赫萨迪克·米朗（Shaykh Ṣiddīq Mīrān）遭到一名库民党成员的暗杀。卡塞姆政府指控易卜拉欣·艾哈迈德和贾拉勒·塔拉巴尼为幕后主使，发布对二人和其他库民党领导人的通缉令，并逮捕基尔库克、苏莱曼尼亚和杜胡克等地的库民党成员。3 月 22 日，《奋斗报》因刊登贾拉勒·塔拉巴尼攻击卡塞姆、赞赏毛拉穆斯塔法的文章而遭到禁刊。同月，在与卡塞姆会谈再度未果后，毛拉穆斯塔法正式离开巴格达，回到其故乡巴尔赞地区。

意识到战争爆发的可能性后，毛拉穆斯塔法开始整合其部落力量，并与贾夫部落（‘ashā’ir al-jāf）、巴德南部落（‘ashā’ir bādnān）等因土地改革而利益受损的大型库尔德部落结成联盟。库民党中央委员会也于 1961 年 4 月召开紧急会议，决定将党在各城市分部的活动转入地下，在北部山区建立秘密军事委员会，收集武器，配合

---

① ‘Ammār ‘Alī al-Samr, *Shamāl al-‘Irāq*（*1958 – 1975*）：*Dirāsat Siyāsiyyah*, Dawḥat：Al-Markaz al-‘Arabī li al-Abḥāth wa Dirāsāt al-Siyāsāh, 2012, pp. 134 – 135.

毛拉穆斯塔法的军事安排，以备战时之需。在部落联盟和库民党的支持下，毛拉穆斯塔法有效地打击了亲政府部落，将影响力扩展至伊拉克北部的偏远地区，控制哈尔坎谷地、巴赫达南、拉尼亚和达尔班迪汗等多个重要据点。毛拉穆斯塔法和库民党认为，军事上的优势会转化为库尔德人的谈判资本，迫使卡塞姆接受他们的政治诉求。

需要指出的是，势力日益上升的库尔德阵营，本质上是靠毛拉穆斯塔法个人居中维系下的松散政治联盟，其内部多样分化的政治和利益诉求，使得该阵营在政治上有着极强的不稳定性。在看到卡塞姆并未服软的情况下，贾夫部落中的阿库部族（'ashīrat akū）首领阿巴斯·马曼德（'Abbās Māmand）单方面寻求伊朗情报机构"萨瓦克"（SAWAK）的支持，于1961年6月发动部落叛乱，公开反对卡塞姆的统治。卡塞姆政府则指控英国煽动了此次叛乱，驱逐英国驻伊拉克大使杜威廉爵士，并中断与英国的外交关系。

1961年7月，库民党中央委员会随即召开扩大会议，商讨如何应对库尔德部落叛乱引发的局势变动，党内就此形成两派意见。以易卜拉欣·艾哈迈德、阿齐兹·沙姆兹尼（'Azīz Shamzīnī）和努里·沙维斯（Nūrī Shāwis）为首的一派认为，库民党应该尽快切断与部落运动之间的合作，因为"该运动是部落性质的，并与伊朗有染，而历史已经证明，所有的部落运动最终都失败了，没有未来"。以贾拉勒·塔拉巴尼和阿里·阿斯凯里（'Alī al-'Askarī）为首的另一派则认为，"部落运动在利用库尔德人的民族情感，使卡塞姆感到了恐惧"，库民党应该顺势而为，"将其（部落运动）吸纳进来，从而架空它，控制它的领导权"，然后"自主领导真正的武装斗争来反对卡塞姆"①。

---

① Ṣalāḥ al- Khurasān, *Al-Tayyārāt al-Siyāsiyyah fī Kurdistān al-'Irāq*: *Qirā'ah fī Milaffāt al-Ḥarakāt wa al-Aḥzāb al-Kurdiyyah fī al-'Irāq (1946 - 2001)*, Bayrūt: Mu'assasat al-Balāgh li al-Ṭibā'ah wa al-Nashr wa al-Tawzī', 2001, p. 94.

最终，出于对部落军事力量的现实需求，塔拉巴尼一派占据上风，库民党选择与部落运动达成妥协，设定符合双方利益的集体安全红线，不主动发起战事，但如果卡塞姆取缔库民党或对巴尔赞地区进行攻击，双方将一致应对。当然，阿巴斯·马曼德叛乱事件依旧让贾拉勒·塔拉巴尼心有余悸，担心桀骜不驯的部落会成为库尔德人与中央政府走向全面对抗的导火索，让库尔德人无法把在北部的成就转变为与卡塞姆谈判的优势。毛拉穆斯塔法则向库民党政治局承诺，自己不会让这样的事情发生。

1961 年 7—8 月，库民党政治局两度派代表团赴巴格达向卡塞姆提交声明，[①] 要求伊拉克政府落实宪法第 3 条的规定，保障库尔德人的民族权利，卡塞姆拒绝了这些请求，将其看作对伊拉克国家主权的侵犯，并向北部进一步增派兵力。[②] 9 月 11 日，阿巴斯·马曼德在巴泽扬关隘（Maḍīq Bāzyān）对伊拉克的一个军事车队发动伏击，造成 23 名伊拉克士兵死亡，并在随后的两天内占领杜胡克和扎胡（Zākhū）之间的塞米尔地区（Samīr），控制 35 个警察站点。伊拉克政府指控毛拉穆斯塔法对袭击负有责任，9 月 16 日，卡塞姆下令空袭部落武装集结的巴尔赞地区和哈尔坎谷地，并于 9 月 23 日取缔了库民党合法政党的身份。9 月底，库民党与毛拉穆斯塔法先后发表

---

① 该声明称，双方关系动荡的原因在于伊拉克政府未能执行宪法第 3 条，没有重启库尔德研究教育局，剥夺了库尔德初高中学生使用本民族语言学习的权利，将库尔德官员调离至南部地区，任命非库尔德人出任库尔德斯坦空缺出来的政府公职，迫害库民党成员，庇护封建地主，关闭库尔德报刊而支持那些鼓吹同化库尔德人的报纸，对基尔库克等地区库尔德人遭到的侵犯视而不见等。为此，声明要求伊拉克政府撤出近期派遣至库尔德斯坦的军队，对在近期冲突事件中负有责任的官员进行撤职和审判，将调离至南部的库尔德官员官复原职，落实宪法第 3 条，实现阿拉伯民族和库尔德民族的全面平等，执行 1960 年库尔德斯坦教师联合会关于发展库尔德文化的决议，将库尔德语列为库尔德斯坦地方政府的官方语言之一，发展库尔德斯坦经济等。声明全文参见 Jalāl Ṭalabānī, *Kurdistān wa al-Ḥarakat al-Qawmiyyat al-Kurdiyyah*, Bayrūt：Dār al-Ṭalī‘ah, 1971, pp. 288 – 296。

② Ḥāmid Maḥmūd ‘Īsā, *Al-Qaḍiyyat al-Kurdiyyah fī al-‘Irāq：Min al-Iḥtilāl al-Birīṭānī ilā al-Ghazw al-Amrīkī（1914 – 2004）*, Al-Qāhirah：Maktabat Madbūlī, 2005, p. 317.

声明，反对卡塞姆政府的统治，库尔德人与卡塞姆间的权宜联盟由此正式破裂，第一次伊拉克库尔德战争打响。

三 第一次伊拉克库尔德战争爆发

以1961 年9 月11 日阿巴斯·马曼德伏击事件为肇始，以1970 年《三月声明》为终点，第一次伊拉克库尔德战争被广义地界定为一场在伊拉克中央政府与库尔德人间持续近9 年的战争。但需要指出的是，在此期间，伊拉克历经3 次政变，权力在卡塞姆政权、复兴党政权、大小阿里夫兄弟政权间几度易手，交战双方多次停火、谈判和重燃战事，因此只有以历届政权为阶段来具体分析这场战争，才能理解其全貌及在不同背景下的限度和影响。当然，之所以将这场不连贯的战争集中地界定为同一场战争，是因为其本质上是伊拉克库尔德人的政治诉求和巴格达中央政府政策未能调和的结果。从性质上看，这场战争是在伊拉克国家框架内不同政治势力间展开的，因此属于内战的范畴，不过随着中东地区局势的演化和外部势力的介入，战争也在一定程度上呈现出代理人战争的特点。

同时，交战双方因各自立场的不同，对战争性质的判定也大相径庭。从伊拉克中央政府的视角出发，库尔德人的政治诉求对伊拉克的领土及主权完整构成威胁，会导致伊拉克国家的分裂，这场战争因此被界定为一场库尔德人挑战巴格达中央权威的分离叛乱。卡塞姆下令空袭库尔德部落，是为了捍卫伊拉克的国家主权与对库尔德部落叛乱行为的回击。而就伊拉克库尔德人而言，这场战争则被赋予了革命的意义，被命名为“九月革命”（Thawrat Aylūl/September Revolution）。贾拉勒·塔拉巴尼与毛拉穆斯塔法之子马苏德·巴尔扎尼（Mas‘ūd al-Barzānī）在各自的回忆录中一致认为，“九月革命”的爆发是卡塞姆无视库尔德人政治诉求的结果，是库尔德人和平申诉无果且遭到卡塞姆军事报复后的自卫反击。① 可见，双方都试图强调各自参战在道义和法理上的优势。

然而，从历史事实本身来看，第一次伊拉克库尔德战争的爆发有着很大的偶然性，是1961年9月11日阿巴斯·马曼德伏击事件诱发的结果。无论卡塞姆还是毛拉穆斯塔法，都无意于触发双方间直接的军事冲突。对卡塞姆来说，与库尔德人交战将迫使伊拉克军队陷于北线，丧失调度上的灵活性，不利于巩固卡塞姆政府在巴格达的统治地位和实现其对1961年刚刚结束英国托管的科威特的领土诉求。② 卡塞姆空袭巴尔赞地区的核心目的是想终结毛拉穆斯塔法的领导地位，从而使松散的库尔德阵营瓦解，无法形成合力一致对外。而对毛拉穆斯塔法而言，则是希望通过间接的军事施压，获得与卡塞姆的谈判筹码，实现库尔德人阵营内部多样分化的政治和经济诉求。虽然贾拉勒·塔拉巴尼和马苏德·巴尔扎尼都将9月11日认定为"九月革命"开始的日期，但均未提及阿巴斯·马曼德伏击事件的经过及性质。此一对"革命"细节的模糊处理，是库尔德民族主义者出于政治上的目的对历史事实的选择性重构，以此向外界展示一个均质团结的"库尔德解放运动"。

事实上，战争爆发伊始，毛拉穆斯塔法和库民党都未做好应战的准备。空袭过后，毛拉穆斯塔法首先接受其兄长谢赫艾哈迈德·巴尔扎尼的劝说，从巴尔赞地区逃至巴德南地区，随后分别向叙利亚和土耳其寻求政治避难，但都遭到拒绝。其间毛拉穆斯塔法还尝试与卡塞姆政府和解，与摩苏尔地区长官哈桑·阿布德（Ḥasan 'Abd）会面，但后者的目的不过是想将毛拉穆斯塔法诱出山区进行

---

① Massoud Barzani, *Mustafa Barzani and the Kurdish Liberation Movement 1931 - 1961*, New York: Palgrave Macmillan, 2003, p. 232; Jalāl Ṭālabānī, *Kurdistān wa al-Ḥarakat al-Qawmiyyat al-Kurdiyyah*, Bayrūt: Dār al-Ṭalī'ah, 1971, p. 189.

② 参见 Majid Khadduri and Edmund Ghareeb, *War in the Gulf, 1990 - 91, The Iraq-Kuwait Conflict and Its Implications*, New York: Oxford University Press, 1997, pp. 63 - 67。

空袭。最终，毛拉穆斯塔法返回巴尔赞地区，开始组织领导战事。库民党政治局虽然早就表达了反对卡塞姆政府的立场，但对部落势力依旧心存芥蒂，在尝试与卡塞姆政府再次商谈未果后，直到1961年12月才最终决定参与到毛拉穆斯塔法领导的武装行动当中。

卡塞姆将库尔德人的踟蹰行为视作其弱势的证据，于是加大了对伊拉克北部的空袭力度，希望在短期内平定局势。① 但库区崎岖的山川地貌使得空军在缺乏地面情报配合的情况下，无法对库尔德武装实现精准打击，而无差别的空袭，反而让许多持中间立场乃至亲政府的库尔德平民和部落受到牵连，从而被库民党动员起来参与作战。据库尔德人统计，截至1962年1月，500个库尔德村落遭到政府军袭击，8万人流离失所。② 在逐渐意识到北部战事对其统治不利后，卡塞姆于1962年3月发布对库尔德人的大赦令，承诺将改善库尔德人的生存和经济状况，并雇用库尔德社会中的底层，组建亲政府的库尔德民兵“萨拉丁骑士兵团”（Fursān Ṣalāḥ al-Dīn）③ 协助作战。该兵团人数一度高达1万人左右，但在战斗力和团结性方面十分薄弱。④ 同时，卡塞姆还将第一步兵师和第二步兵师分别驻扎于摩苏尔和基尔库克，配合以空袭掩护，试图从西向和南向攻入埃尔比勒和苏莱曼尼亚。

库尔德民族主义运动方面，毛拉穆斯塔法则指派欧麦尔·穆斯塔法（‘Umar Muṣṭafa）负责埃尔比勒—摩苏尔战线，贾拉勒·塔拉

---

① Kāwis Qafṭān, *Al-Ḥarakat al-Qawmiyyat al-Taḥarruriyyat al-Kurdiyyah fī Kurdistān al-‘Irāq: 1958 – 1964*, Al-Mudīriyyat al-‘Āmmah li al-Ṭibā‘ah wa al-Nashr li Wizārat al-Thaqāfah li Ḥukūmat Iqlīm Kūrdistān, 2004, p. 161.

② David McDowall, *A Modern History of the Kurds*, London: I. B. Tauris, 1996, p. 311.

③ 这些与政府进行合作的库尔德人也被伊拉克中央政府称为“库尔德合作者”（al-muta‘āwinūn al-Akrād），库尔德民族主义者则将他们蔑称为“贾什”（jaḥūsh），意为“小毛驴”。

④ David McDowall, *A Modern History of the Kurds*, London: I. B. Tauris, 1996, p. 312.

巴尼负责苏莱曼尼亚—基尔库克战线，抵御卡塞姆的进攻。但基于交战双方在军事实力上的非对称性，库尔德人无法与伊拉克政府军开展常规战争，而是依托于其熟悉山地的优势，采取游击战的作战模式。此一策略有效地拖延了伊拉克军队的精力，但却无从形成反攻的态势，达到逼迫卡塞姆接受库尔德人自治诉求的战略目的。战局僵持不下，使双方在1961年9月战争开始至1963年2月卡塞姆下台期间，爆发了百余次小规模战斗和数次大型交战。① 更重要的是，这为外部势力的介入提供了空间，进一步加剧战争的复杂性。

为在战场上进一步对卡塞姆制造压力，毛拉穆斯塔法开始寻求外部的支持。苏联虽然从哈希姆王朝时期开始就与伊拉克库尔德人建立密切的合作，并为毛拉穆斯塔法提供长达12年的政治庇护和军事训练，但1958年“七月革命”后卡塞姆奉行亲苏的外交政策，苏联以伊拉克共产党为主要抓手，从而减少了对伊拉克库尔德人的投入。1961年战争爆发后，苏联因不满于毛拉穆斯塔法曾和英国方面秘密接触，以及库民党清洗党内共产主义派系并选择与部落势力合作的决定，不愿支持库尔德人，而是尝试居中调解，以期结束战事来统合伊拉克各派势力，服务苏联在中东地区对抗美国的冷战考量。由此，毛拉穆斯塔法更加坚定了自己亲西方的外交理念。

1962年9月，毛拉穆斯塔法派以艾斯阿德·黑莱尼（As‘ad Khaylānī）为代表与美国驻巴格达代办罗伊·墨尔本（Roy Melbourne）建立联系，希望美国在资金和武器装备上支持库尔德人的“革命”运动。黑莱尼承诺会继续清洗库民党内部和伊拉克国内的共产主义势力，向美国提供关于伊拉克和库尔德地区的情报，帮助美国让伊拉克重新加入巴格达条约组织，甚至声称如果美国愿意的话，库尔德人可以随时切断与苏联的联系。② 出于库尔德问题对盟友土耳

---

① Ḥāmid Maḥmūd ‘Īsā, *Al-Qaḍiyyat al-Kurdiyyah fī al-‘Irāq: Min al-Iḥtilāl al-Birīṭānī ilā al-Ghazw al-Amrīkī (1914–2004)*, Al-Qāhirah: Maktabat Madbūlī, 2005, p. 324.

② ‘Ammār ‘Alī al-Samr, *Shamāl al-‘Irāq (1958–1975): Dirāsat Siyāsiyyah*, Dawḥat: Al-Markaz al-‘Arabī li al-Abḥāth wa Dirāsāt al-Siyāsāh, 2012, p. 245.

其和伊朗的政治敏感性，墨尔本拒绝了黑莱尼的请求，称库尔德问题是伊拉克的一个内政问题，美国无意介入。[①] 但值得注意的是，毛拉穆斯塔法 1958 年回国后在伊拉克政局中所展现的实力，已然引起美国的重视。[②] 一方面，从四国库尔德人实际力量对比来看，土耳其、伊朗和叙利亚均奉行更为激进的民族主义意识形态，对库尔德人采取严苛的歧视和同化政策，而伊拉克库尔德人则享有更大的自主性和活动空间，这决定了大国以伊拉克库尔德人为抓手在中东地区发力的可操作性更大；另一方面，伊拉克库尔德地区连接伊拉克中央政府、土耳其、叙利亚和伊朗四方的地缘战略优势，使得对伊拉克库尔德人的投入在战略上辐射更广、收益更高。这两层因素和随后的地区局势发展叠加在一起，成为美国未来重点关注伊拉克库尔德问题、实现政策转向的基础。[③]

毛拉穆斯塔法的游说努力尽管没有在西方奏效，但却得到中东地区亲西方阵营国家伊朗和以色列的认可。为遏制苏联在伊拉克的影响力，在两伊阿拉伯河（Shaṭṭ al-ʻArab）划界分歧上压制卡塞姆，以及阻断伊朗本国的库尔德运动跨界与伊拉克库民党形成合流，伊朗国王穆罕默德·礼萨·巴列维（Shah Mohammad Reza Pahlavi，以下简称“巴列维”）选择有限地支持毛拉穆斯塔法与伊拉克军队作战，毛拉穆斯塔法则回报以打击伊朗的库尔德运动。以色列对伊拉克反以的外交立场有所忌惮，同样选择支持伊拉克库尔德人，其通过两伊间的陆路通道向毛拉穆斯塔法提供资金、衣物和药品援助，牵制卡塞姆政府的反以精力。但需要指出的是，两国对伊拉克库尔

---

① Embassy in Iraq to DOS, 20 September 1962, U. S. Department of State, in *Foreign Relations of the United States* (hereinafter referred to as *FRUS*), 1961 - 1963, Vol. XVIII, https://history.state.gov/historicaldocuments/frus1961-63v18/d49.

② Samar Faḍlā ʻAbd al-Ḥamīd Muḥammad, *Akrād al-ʻIrāq taḥta Ḥukm ʻAbd al-Karīm Qāsim (1958 - 1963)*, Risālat al-Mājistīr min Jāmiʻat al-Zaqāzīq, p. 139.

③ 李睿恒：《美国对伊拉克库尔德问题政策的演变》，《美国研究》2018 年第 5 期。

德人的支持，并非出于对其“革命”诉求的认同，而是完全基于现实政治利益的考虑。以以色列为例，其在理念上称支持库尔德人的动力，来源于犹太民族与库尔德民族作为少数派受到迫害的相似历史境遇，以及回馈历史上库尔德人曾在“大流散”时期向犹太人提供过安全庇护，但其支持政策只针对伊拉克的库尔德人，而对于盟国土耳其和伊朗治下的库尔德人，则并不予以重视。[①]

此外，伊拉克库尔德人还尝试利用阿拉伯国家的内部分歧，分别向与伊拉克关系紧张的科威特和埃及求援。科威特遵从英国的建议，不愿意介入。[②] 纳赛尔虽然将战争的全部责任归咎于卡塞姆政府，但考虑到库尔德运动的壮大会对伊拉克的阿拉伯国家属性构成威胁，以及毛拉穆斯塔法曾配合卡塞姆打压伊拉克的纳赛尔主义者，因此埃及也无意对其进行支持。[③] 总之，外部的介入有效地支撑了毛拉穆斯塔法持续作战的能力，让僵持的战局进一步常态化。

除交战双方和外部势力外，库尔德人阵营内部的互动，也是观察这场战争的另一个重要维度。库尔德左翼力量与部落势力的密切合作，强化了库尔德人在伊拉克北部的控制力，对卡塞姆的统治构成威胁。在后期的历史评估中，库民党还据此认为，“九月革命”让库尔德人打破了阶级的壁垒，共同为民族权利而斗争。但实际上，库尔德人内部在政治上的互疑和利益上的分歧并没有得到消弭。库尔德部落之所以反对卡塞姆，主要来自对其土地改革政策的反感，而非全然出于对库尔德人的民族认同。库民党政治局代表受部落剥削的佃农、城市知识分子、中产阶级和底层失业群体，主张开展社会改革，打破部落垄断下的土地制度，但由于自身实力的限制，选

---

① ‘Ammār ‘Alī al-Samr, *Shamāl al-‘Irāq（1958 – 1975）：Dirāsat Siyāsiyyah*, Dawḥat：Al-Markaz al-‘Arabī li al-Abḥāth wa Dirāsāt al-Siyāsāh, 2012, p. 248.

② ‘Ammār ‘Alī al-Samr, *Shamāl al-‘Irāq（1958 – 1975）：Dirāsat Siyāsiyyah*, Dawḥat：Al-Markaz al-‘Arabī li al-Abḥāth wa Dirāsāt al-Siyāsāh, 2012, p. 249.

③ ‘Abd al-Jalīl Ṣāliḥ Mūsā, *Jamāl ‘Abd al-Nāṣir wa al-Qaḍiyyat al-Kurdiyyah fī al-‘Irāq：1952 – 1970*, Duhūk：Maṭba‘at Muḥāfaẓat Duhūk, 2013, pp. 142 – 143.

择与部落力量合作；毛拉穆斯塔法居于其中，既希望维护部落利益，又希望领导库尔德民族主义运动，从而塑造个人在库尔德社会中最高的权力地位。两股力量虽然都打出“自治”的诉求，但在“何为自治”“谁的自治”以及“如何自治”等问题上，有着根本性的分歧。因此，在协作对外的同时，二者也在竞相确立自身的势力范围。在库区内部，以埃尔比勒—拉尼亚（Rāniya）一线为界的北部地区，主要由毛拉穆斯塔法和部落势力控制；南部地区则由库民党政治局为代表的库尔德左翼势力主导。[①] 毛拉穆斯塔法禁止库民党力量越界

---

① 虽然在后期的局势变动中，两派间的这一势力范围划界有过很大的变动，但在1998年库尔德内战结束后，又基本得到了延续［这种变动的轨迹主要为：20世纪60年代后期，贾拉勒·塔拉巴尼领导的左翼派系被毛拉穆斯塔法打压，库区势力范围近乎全部隶属于毛拉穆斯塔法控制的部落势力；但从1975年毛拉穆斯塔法遭遇“大溃败”至1991年库尔德禁飞区设立期间，库尔德运动各派在库区的势力范围严重萎缩，主要分散于伊拉克与邻国的边境地区；1991年库尔德禁飞区设立后，库民党与贾拉勒·塔拉巴尼1975年退出库民党后成立的库尔德斯坦爱国联盟（以下简称“库爱盟”）回归库区，重塑了相似的势力范围对垒，但到1994—1998年库尔德内战期间，库爱盟一度对库民党大本营埃尔比勒实现控制］。1998年至今，巴尔扎尼家族领导的库民党的势力范围以伊拉克库区最大城市埃尔比勒市为核心，集中于埃尔比勒省和杜胡克省，以塔拉巴尼家族为主导的库爱盟的势力范围则以伊拉克库区第二大城市苏莱曼尼亚市为中心，辐射整个苏莱曼尼亚省。值得注意的是，库民党与库爱盟分别控制的势力范围，在语言片区上还近乎与克尔曼吉方言区和索拉尼方言区相契合；在文化发展与社会分层方面，前者更偏于游牧与乡村文化，为部落势力所主导，后者的城市化与工业化程度更高，左翼知识分子与城市工人发挥作用显著；在宗教信仰上，前者主要追随纳格什班迪耶教团，后者则追随卡迪里耶教团。从另一个角度来看，这些因素也反向促成了库民党两个派系到随后两党间的这种势力范围的划分图景。

值得关注的是，对于原下属于苏莱曼尼亚省的哈莱卜贾地区，库爱盟的控制力度日渐式微。一方面，这是因为自20世纪80年代后期起，哈莱卜贾成为伊拉克库尔德伊斯兰主义运动的大本营，另一方面则是因1988年复兴党政权发动的哈莱卜贾惨案，该地区还成为库区内部反对权力专制与腐败的象征，进而成为伊拉克库区内部公民社会组织和政治反对派的重要活动区域。2013年6月，哈莱卜贾地区脱离苏莱曼尼亚省，变成伊拉克库区的第四个省；2014年1月，伊拉克议会批准该省为伊拉克的第19个省份。

这些内容在本书的后期论述中都将有所体现，但为读者阅读的便利，笔者在此提前做相对集中的介绍。关于这些城市的更多信息，参见 Edmund Ghareeb and Beth Dougherty, *Historical Dictionary of Iraq*, Lanham: Scarecrow Press, 2004, pp. 96 - 97, 130 - 131, 159 - 160, 297。

活动，并多次打压其尝试推行的社会改革项目。库民党迫于自身羸弱的战斗力和作战需求，选择继续与毛拉穆斯塔法合作，但同时也开始发展自己的民兵武装力量“敢死战士”（Peshmerga）。[①] 可以说，库尔德人内部的分化，预示着其总体力量的弱化，从而为战争的未来走势增添新的变量。

久未平复的库尔德战争，持续动摇着卡塞姆的统治基础。一方面，长期战事给伊拉克带来沉重的财政负担，并让伊拉克军队失去耐心，不愿再配合卡塞姆以空袭为主导的防御性作战思路，卡塞姆因此在政治上日益变得孤立。军队中的这种不满情绪被秘密谋划政变的伊拉克复兴党所利用，截至 1962 年年中，已有大批伊拉克军官被复兴党伊拉克地区总书记阿里·萨利赫·萨阿迪（‘Alī Ṣāliḥ al-Ṣa‘dī，以下简称“阿里·萨阿迪”）成功动员，同意加入推翻卡塞姆统治的政变之中。另一方面，伊拉克 2/3 的兵力都被卡塞姆部署至伊拉克北部作战，既为政变军官间的秘密沟通提供了客观便利，也极大地降低了复兴党在南部政变的难度。[②]

1962 年 4 月、1962 年 12 月和 1963 年 1 月，库民党同复兴党和阿拉伯民族主义者进行秘密接触，就推翻卡塞姆的计划展开谈判。在意识形态上，双方虽有着不可调和的矛盾，但面对共同的政敌，二者还是选择政治实用主义。对库尔德人来说，其早已意识到卡塞

① “敢死战士”为库尔德语词“پێشمەرگ”，由词语前缀“پێش”（在……之前）和名词“مەرگ”（死亡）两部分组成，意为“直面死亡的人”或“站在死亡面前的人”。在中文媒体和学界的表述中，该武装或被直译为库尔德“敢死战士”“敢战士”和“决死队”，或按照英文媒体的意译表述“Kurdish Free Fighters”翻译为库尔德“自由斗士”，或是被音译为“佩什梅格”武装。本书在比较这三种译名后决定采用库尔德“敢死战士”武装的表述，因为该译名在字面和意向上和词语原意最为贴近，“敢战士”和“决死队”虽然近乎表示同义，但程度稍弱；音译“佩什梅格”一词虽然最具库尔德语特色，但不利于未掌握相关语言和知识背景的读者接受；而受英文媒体的广泛影响，“自由斗士”的译法虽然较为常见，但却有过译之嫌。因此，本书认为采用“敢死战士”的译法最为恰当。

② Marion Farouk-Sluglett and Peter Sluglett, *Iraq Since 1958: From Revolution to Dictatorship*, New York: I. B. Tauris, 2001, pp. 83 - 84.

姆倒台的可能性，因此从战争初期就开始与卡塞姆政权潜在的接替者沟通，以期在新的权力结构中保证库尔德人能拥有自治的合法政治地位。对复兴党和阿拉伯民族主义者而言，其需要库尔德人在政变中提供支持或至少保持中立，不在北部引起事端，影响政变计划的顺利推进。[①] 1963 年 2 月 8 日，复兴党和阿拉伯民族主义者在巴格达发动政变，推翻卡塞姆的统治，第一次伊拉克库尔德战争也由此迎来首次正式的停火。

第二节　复兴党首次执政时期

1963 年 2 月 8 日政变后，复兴党与阿拉伯民族主义者建立了全国革命指挥委员会（al-Majlis al-Waṭanī li Qiyādat al-Thawrah/National Council of the Revolutionary Command）作为伊拉克的最高权力机构，成立以复兴党人艾哈迈德·哈桑·贝克尔（Aḥmad Ḥasan al-Bakr，以下简称“哈桑·贝克尔”）为总理的新政府，纳赛尔主义者阿卜杜·萨拉姆·阿里夫出任总统。1963 年 2 月 10 日，库民党正式对新政权表示欢迎，交战双方实现停火，就政变后库尔德人的政治安排展开会谈。

然而，和卡塞姆政府时期一样，双方权宜合作的弊端很快就暴露出来。库民党要求伊拉克新政府遵循政变前双方达成的承诺，落实宪法第 3 条的规定，给予库尔德人自治权，任命毛拉穆斯塔法为库尔德地区自治政府主席和武装最高统帅，保证库尔德人在新成立的中央政府中享有四个部长职位。根据易卜拉欣·艾哈迈德和贾拉勒·塔拉巴尼的回忆，这些要求早在 1962 年 4 月易卜拉欣·艾哈迈德和参与策划政变的伊拉克高级军官塔希尔·叶海亚上校（Ṭāhir

---

① David McDowall, *A Modern History of the Kurds*, London: I. B. Tauris, 1996, p. 313.

Yaḥyā）的秘密接触中就已被后者承诺，并在随后的几次密谈中进一步得到复兴党伊拉克地区总书记阿里·萨阿迪的保证。就这一点，复兴党副总书记希布里·艾斯米（Shīblī al-'Ismī）也承认双方达成过类似的协议。但复兴党高层领导人、时任伊拉克外长塔利卜·沙比布（Ṭālib Shabīb）对此予以否认，称1962年4月谈判时塔希尔·叶海亚并非复兴党党员，因此其作出的任何承诺都无法代表复兴党政府。阿里·萨阿迪本人也称，1962年12月至1963年1月的会谈中，双方只讨论了如何推翻卡塞姆的计划，“没有就未来达成任何协议，复兴党当时也从未向库尔德人允诺自治”①。

事实上，在复兴党人和纳赛尔主义者的考量中，新政权成立后的首要目标是如何实现阿拉伯民族统一，而非解决库尔德问题，甚至大量文官和军官都认为库尔德人是西方势力的工具，不配与政府进行谈判。② 因此，与其说复兴党政府内部就解决库尔德问题的分歧在于是否给予库尔德人自治，不如说是在否定库尔德人自治权共识的基础上，围绕如何减少库尔德人体量的方法之争。在伊拉克军队看来，卡塞姆在库尔德战争上的失败，证明防御性作战思路的无效，军队应该采取大规模进攻性军事行动，一次性地歼灭库尔德武装，彻底解决库尔德问题。而复兴党政府内的文官群体则坚持非暴力的手段，主张在让渡一定文化权利的基础上，对库尔德人进行阿拉伯化（al-ta'rīb/Arabization），因为库尔德人与阿拉伯人在共同的土地上一起生活了多个世纪，本质上是阿拉伯民族的一部分，而近代殖民势力对库尔德人的利用，使其忘却自身的阿拉伯属性，人为地制造了库尔德人与阿拉伯人间的仇恨。因此，阿拉伯政府应该通过一场系统性的阿拉伯化运动，帮助库尔德人重拾自己的阿拉伯民族

---

① Ṣalāḥ al- Khurasān, *Al-Tayyārāt al-Siyāsiyyah fī Kurdistān al-'Irāq: Qirā'ah fī Milaffāt al-Ḥarakāt wa al-Aḥzāb al-Kurdiyyah fī al-'Irāq (1946 – 2001)*, Bayrūt: Mu'assasat al-Balāgh li al-Ṭibā'ah wa al-Nashr wa al-Tawzī', 2001, pp. 99 – 101.

② David McDowall, *A Modern History of the Kurds*, London: I. B. Tauris, 1996, p. 313.

身份。

需要指出的是，初立政权的复兴党政府，短期内无力落实上述提及的任一方案。相反，为了保障政变后的局势稳定，顺利推动与埃及和叙利亚的统一，哈桑·贝克尔于1963年2月14日召集国防部部长萨利赫·马赫迪·阿马什（Ṣāliḥ Mahdī ‘Ammāsh）中将、第一步兵师指挥官阿卜杜·凯里姆·法尔汗（‘Abd al-Karīm Farḥān）少将和第二步兵师指挥官易卜拉欣·费萨尔·安萨里（Ibrāhīm Fayṣal al-Anṣārī）少将举行军事会议，决定通过谈判，而非武力来解决库尔德问题。1963年2月19日，贾拉勒·塔拉巴尼与毛拉穆斯塔法之子卢格曼·巴尔扎尼（Luqmān al-Barzānī）率团访问巴格达，与阿里·萨阿迪、哈桑·贝克尔等复兴党党政高层进行多轮会谈。

贾拉勒·塔拉巴尼提出以给予库尔德人自治权作为解决库尔德问题的方案，复兴党政府虽然对此表示原则上的同意，但称考虑到中东地区环境的限制，主张首先以去中央集权化的分权制（niẓām al-lāmarkaziyyah）方案代替，赋予库尔德人更多的地方权力。复兴党政府所称的地区环境限制，实际上是指以埃及总统纳赛尔为领导的阿拉伯民族主义思潮。阿里·萨阿迪和哈桑·贝克尔都向贾拉勒·塔拉巴尼表示，如果给予库尔德人自治，复兴党人将被指责在分裂伊拉克和阿拉伯民族的统一，会在外交上面临孤立，因此库尔德人若想通过自治方案，首先应该取得纳赛尔本人的同意。

1963年2月1日恰逢“阿联”成立5周年，伊拉克复兴党政府受邀赴开罗参加庆典仪式，贾拉勒·塔拉巴尼于2月6日作为随团民间代表出访，希望能说服纳赛尔接受库尔德人的自治方案。贾拉勒·塔拉巴尼回忆称，自己对自治理念的阐述给纳赛尔留下了良好的印象，纳赛尔向其坦言阿拉伯民族主义者不像共产主义者一样，有着解决民族问题的现成方案，因此需要进行研究后再给库尔德人答复。在随后赴阿尔及利亚的访问中，阿尔及利亚总统艾哈迈德·本·贝拉（Aḥmad Ibn Ballā）也做出斡旋，将库尔德人的自治问题和阿尔及利亚的独立问题进行类比，称阿尔及利亚人曾经只要求法国人给予自治与公民权，而法国人的拒绝，让阿尔及利亚人最终诉诸国家独立，因此伊拉克复兴党政府应该尽快给予库尔德人自治，以此获得他们的支持，防止库尔德问题被伊朗和其他势力所利用。

在途经开罗的回程中，贾拉勒·塔拉巴尼再次与纳赛尔会面，后者表示愿意支持伊拉克库尔德人自治，但前提条件为有三：库尔德人必须首先承认伊拉克国家的统一完整；其次不能反对阿拉伯国家的统一事业；最后要警惕和远离伊朗等国家，防止其利用库尔德问题。回到巴格达后，贾拉勒·塔拉巴尼立即与哈桑·贝克尔会面，转达纳赛尔的支持立场，哈桑·贝克尔却坚称纳赛尔并无意真正支持库尔德人自治。在贾拉勒·塔拉巴尼看来，复兴党不过是想用纳赛尔来搪塞库尔德人，但没预料到纳赛尔的立场使这一“诡计覆灭了”①。从复兴党的角度出发，埃及和叙利亚合并期间复兴党与纳赛尔权力斗争交恶的不悦经历，及1961年“阿联”解体后复兴党领导层的分裂，让阿里·萨阿迪和哈桑·贝克尔各自代表的复兴党新一代激进文官和军官派系，对纳赛尔缺乏信任，纳赛尔支持库尔德人自治的立场，不仅没有消除反而加深了伊拉克复兴党人的顾虑，认为纳赛尔是想借库尔德人削弱复兴党在伊拉克的统治基础，使其成为未来纳赛尔主义者压制复兴党的口实。

碍于纳赛尔的表态及1963年3月叙利亚复兴党政变上台后埃及、叙利亚、伊拉克合并议程的推进，伊拉克复兴党政府继续维持与库尔德人的谈判。② 复兴党高层领导人、政府谈判代表哈泽姆·贾瓦德（Hāzim Jawād）向贾拉勒·塔拉巴尼表示同意库尔德人自治，要求其拟一份自治协议交由全国革命指挥委员会批准，但限于时下的困难局势，政府会延缓4个月落实自治计划。毛拉穆斯塔法一方

① Ṣalāḥ al- Khurasān, *Al-Tayyārāt al-Siyāsiyyah fī Kurdistān al-ʻIrāq*: *Qirā'ah fī Milaffāt al-Ḥarakāt wa al-Aḥzāb al-Kurdiyyah fī al-ʻIrāq* (*1946 – 2001*), Bayrūt: Mu'assasat al-Balāgh li al-Ṭibā'ah wa al-Nashr wa al-Tawzī', 2001, p. 105.

② Charles Tripp, *A History of Iraq*, Cambridge: Cambridge University Press, 2007, p. 167.

面感到复兴党政府缺乏谈判诚意；另一方面嫉妒贾拉勒·塔拉巴尼频频代表库尔德人在国内和地区层面进行谈判，希望亲自掌握谈判主动权，因此召集贾拉勒·塔拉巴尼于3月1日回到库尔德斯坦。

3月5日，伊拉克总参谋长塔希尔·叶海亚率一个民间代表团赴北部会见毛拉穆斯塔法，再次向库尔德人阐述了中央政府的顾虑，并承诺会保障库尔德人的权利。毛拉穆斯塔法提出如下诉求：（1）要求复兴党政府立刻在宪法和相关文件中承认库尔德人的自治权，递交联合国认证，并在伊拉克官报和巴格达广播中公开宣布。（2）将原摩苏尔省的领土和基尔库克都纳入库尔德自治区的管辖。（3）与伊拉克库区领土范围内的油产占比相对应，将2/3的全国石油收益划拨库尔德人使用。（4）按照库尔德人占伊拉克总人口的比例，成立专门由库尔德人组成的部队，涉及各个兵种，并保留“敢死战士”武装，由中央政府出资支持。（5）成立库尔德自治区政府和立法机构来负责践行库尔德人的自治权利。（6）将库尔德语列为库区的第一官方语言和伊拉克的第二官方语言。[①] 毛拉穆斯塔法要求复兴党政府三天内作出答复，否则将重燃战事，并把自己的部落武装重新部署到原有的作战位置。

毛拉穆斯塔法提出的领土、军队和石油收益划分方式，激怒伊拉克军队高层，使其更加笃定库尔德人所谓的自治无异于分裂，只有军事手段才能解决库尔德问题，文官群体的非暴力解决思路因此受到压制。但为顺利推进埃及、叙利亚、伊拉克的统一进程，以及获得充足的备战时间，复兴党政府继续用谈判拖延毛拉穆斯塔法，尝试劝说其暂时接受分权制的解决方案，并承诺给予库尔德人更多文化上的特权。4月17日，埃及、叙利亚、伊拉克联合签署一份三国间的联邦统一协议，但丝毫没有提及库尔德人的地位及权利。4

---

① Ḥāmid Maḥmūd ‘Īsā, *Al-Qaḍiyyat al-Kurdiyyah fī al-‘Irāq: Min al-Iḥtilāl al-Birīṭānī ilā al-Ghazw al-Amrīkī (1914 - 2004)*, Al-Qāhirah: Maktabat Madbūlī, 2005, pp. 331 - 332.

月 24 日，毛拉穆斯塔法再次将 3 月谈判时提出的诉求细化为一份自治方案提交伊拉克中央政府，要求无论是在伊拉克或是在合并后任何形式的阿拉伯国家框架内，库尔德人独立的民族身份和权利都必须得到正式承认。[①] 戴维·麦克道瓦指出，除外交、财政和国防外，毛拉穆斯塔法事实上是在要求伊拉克政府赋予库尔德人在所有事务上的自由。[②] 甚至贾拉勒·塔拉巴尼也不认可毛拉穆斯塔法的谈判方式，认为后者提出的条件“超越了自治的诉求，超越了联邦制的方案”[③]。

5 月，双方谈判陷入停滞，军事解决方案越发在复兴党政府内部占据上风。为此，复兴党政府召开军事会议，研究将第一步兵师和第二步兵师重新部署回摩苏尔和基尔库克，分别负责在伊拉克北部平原和山地的作战计划。[④] 库尔德人方面，毛拉穆斯塔法也相应地开始加紧整合、扩招和训练对其效忠的库尔德部落武装，并早在 3 月 22 日于霍伊桑贾克（Kūyisanjaq）召集 2000 名库尔德社会各界精英代表参加库尔德大会，以期进一步提升库尔德人一致对外的能力。[⑤]

贾拉勒·塔拉巴尼同月再次赴开罗会见纳赛尔，希望埃及和阿尔及利亚能出面调解，纳赛尔依旧重申对库尔德人自治权利的支持。

---

① Ḥāmid Maḥmūd ʻĪsā, *Al-Qaḍiyyat al-Kurdiyyah fī al-ʻIrāq: Min al-Iḥtilāl al-Birīṭānī ilā al-Ghazw al-Amrīkī (1914 – 2004)*, Al-Qāhirah: Maktabat Madbūlī, 2005, pp. 337 – 338.

② David McDowall, *A Modern History of the Kurds*, London: I. B. Tauris, 1996, p. 314.

③ Ṣalāḥ al- Khurasān, *Al-Tayyārāt al-Siyāsiyyah fī Kurdistān al-ʻIrāq: Qirā'ah fī Milaffāt al-Ḥarakāt wa al-Aḥzāb al-Kurdiyyah fī al-ʻIrāq (1946 – 2001)*, Bayrūt: Mu'assasat al-Balāgh li al-Ṭibāʻah wa al-Nashr wa al-Tawzīʻ, 2001, p. 107.

④ Ṣalāḥ al- Khurasān, *Al-Tayyārāt al-Siyāsiyyah fī Kurdistān al-ʻIrāq: Qirā'ah fī Milaffāt al-Ḥarakāt wa al-Aḥzāb al-Kurdiyyah fī al-ʻIrāq (1946 – 2001)*, Bayrūt: Mu'assasat al-Balāgh li al-Ṭibāʻah wa al-Nashr wa al-Tawzīʻ, 2001, p. 115.

⑤ Ḥāmid Maḥmūd ʻĪsā, *Al-Qaḍiyyat al-Kurdiyyah fī al-ʻIrāq: Min al-Iḥtilāl al-Birīṭānī ilā al-Ghazw al-Amrīkī (1914 – 2004)*, Al-Qāhirah: Maktabat Madbūlī, 2005, p. 333.

然而，这一举动不仅没有带来局势的缓和，反而进一步激化毛拉穆斯塔法和复兴党政府各自开展军事对抗的决心。在库尔德人内部，贾拉勒·塔拉巴尼派系一直试图发扬自身具有的国际谈判优势提升其在库尔德社会中的代表性，与毛拉穆斯塔法争夺领导权，因此毛拉穆斯塔法并不愿意配合贾拉勒·塔拉巴尼的外交行动。同时，复兴党政变后纳赛尔向伊拉克提供武器援助和贸易，让毛拉穆斯塔法认为纳赛尔并非真心支持库尔德人自治。[①] 同时，伊拉克复兴党高层也更加迫切地想通过一场战争在短期内解决库尔德问题，防止纳赛尔再在此议题上发力施压，并且叙利亚复兴党政府也担心伊拉克库尔德问题的发展会有溢出效应，引发其治下的库尔德人寻求自治，因此不断向伊拉克复兴党政府施压，要求强力解决库尔德问题。阿里·萨阿迪向叙利亚复兴党同僚承诺，会“在两到三周内结束他们（库尔德人）的叛乱”[②]。

6 月初，伊拉克全国革命指挥委员会以多数票通过重启对库尔德人战争的决定，并开始逮捕和打压库民党和库尔德谈判团成员。6 月 10 日，复兴党政府发表声明谴责毛拉穆斯塔法的自治诉求本质上是与国外殖民主义势力勾结下的分裂行径，限库尔德武装于 24 小时内交出武器投降，接受中央政府的分权制政治安排。毛拉穆斯塔法拒绝并起兵反抗，伊拉克库尔德战争在经历了 4 个月的短暂停火后再度爆发。

复兴党政府汲取卡塞姆消极应战而下台的教训，从而做了充足的准备。一方面，复兴党政府继续推行分而治之的策略，挑选亲政府的库尔德部落继续组建民兵武装“萨拉丁骑士兵团”并新建“伊

---

① Ṣalāḥ al- Khurasān, *Al-Tayyārāt al-Siyāsiyyah fī Kurdistān al-'Irāq: Qirā'ah fī Milaffāt al-Ḥarakāt wa al-Aḥzāb al-Kurdiyyah fī al-'Irāq (1946 – 2001)*, Bayrūt: Mu'assasat al-Balāgh li al-Ṭibā'ah wa al-Nashr wa al-Tawzī', 2001, p. 113.

② Ṣalāḥ al- Khurasān, *Al-Tayyārāt al-Siyāsiyyah fī Kurdistān al-'Irāq: Qirā'ah fī Milaffāt al-Ḥarakāt wa al-Aḥzāb al-Kurdiyyah fī al-'Irāq (1946 – 2001)*, Bayrūt: Mu'assasat al-Balāgh li al-Ṭibā'ah wa al-Nashr wa al-Tawzī', 2001, pp. 113 – 114.

本·瓦立德骑士兵团”（Fursān Ibn al-Walīd），配合伊拉克军队与库尔德运动作战；另一方面，伊拉克军队分别与叙利亚、土耳其和伊朗建立了军事协调机制，叙利亚派法赫德·沙伊尔上校（Fahd al-Shā‘ir）率领4000—5000名士兵进入伊拉克协助作战，土耳其和伊朗则配合关闭部分边境，以阻断库尔德武装向外寻求后勤补给和安全庇护。值得注意的是，伊朗之所以一改先前支持伊拉克库尔德人的政策，是因为埃及和伊拉克库尔德人间的亲密关系引发伊朗方面的担忧，“萨瓦克”创始人台木尔·巴赫蒂亚尔（Taymūr Bakhtiyār）曾一度疑虑纳赛尔会支持库尔德人建立自己的独立国家，使其成为连接“阿联”和苏联的桥梁。① 在看到复兴党人分别与共产主义运动和纳赛尔主义者间的分歧后，巴列维国王很快实现政策转向，希望借复兴党打压苏联和埃及在伊拉克的势力。

复兴党政府细致的前期备战工作很快收到成效，第一步兵师分别对阿曼迪亚（al-‘Amādīyah）、拉旺度兹（Rawānduz）和霍伊桑贾克三向发起进攻。8月，伊拉克军队夺回大部分库尔德运动控制下的平原低地和巴尔赞地区，并于9月向拉尼亚进一步推进，几乎打通了埃尔比勒至苏莱曼尼亚间的通道。但面对库尔德武装退守的北部偏远山区，第二步兵师则难以深入，无法实施有效打击，伊拉克军队的攻势从而止步于此。当然，除复兴党政府强势的作战态度外，库尔德运动之所以应对乏力，还在于毛拉穆斯塔法和库民党左翼派系间的权力斗争使二者无法形成合力一致对外，削弱了运动的总体力量。

随着6月以来复兴党内部阿里·萨阿迪领导的文官派系和以哈桑·贝克尔为首的军事派系之间矛盾的白热化，阿里·萨阿迪被驱逐出伊拉克，但其组建的民兵力量国民卫队（al-Ḥars al-Waṭanī/National Command）依旧势力庞大，继续在巴格达街头滥用暴力，引发

① ‘Abd al-Jalīl Ṣāliḥ Mūsā, *Jamāl ‘Abd al-Nāṣir wa al-Qaḍiyyat al-Kurdiyyah fī al-‘Irāq: 1952 - 1970*, Duhūk: Maṭba‘at Muḥāfaẓat Duhūk, 2013, pp. 111 - 112.

伊拉克民众和职业军人的不满。11 月 18 日，军人出身的伊拉克总统阿卜杜·萨拉姆·阿里夫开始介入，打压国民卫队，并发动军事政变，结束了复兴党政权短期的统治。① 伊拉克库尔德战争也因政权更迭迎来新的变化。

从结果上看，复兴党下台的主要原因是政权内部派系斗争和军人政变，与库尔德问题没有直接的因果联系，并且在此后复兴党内部的自我反思中，也没有在任何文件或报告中讨论过库尔德问题对其政权陨落的影响。② 但事实上，库尔德问题的确对复兴党 1963 年的统治造成了严重的经济和军事负担。首先，连续数月的恶战持续拖累着伊拉克的经济；其次，长期将精力投入战争之中使得复兴党政府无暇落实其所倡导的政治与社会理念，腐蚀着其本就薄弱的合法性基础；最后，库尔德战场形势的恶化与僵化，让强硬派军人长期在决策层中享有话语权，加大了他们军事政变的可能性。③

第三节　阿里夫兄弟统治时期

一　库民党六大与库尔德运动的分裂

阿卜杜·萨拉姆·阿里夫上台后，重点依托伊拉克高级军官及在军队中扶植和他同样来自朱美拉部落（al-jumaylah）的军官和士兵，形成以全国革命指挥委员会和共和国卫队为核心的统治集团。

① 细节参见 Marion Farouk-Sluglett and Peter Sluglett, *Iraq Since 1958: From Revolution to Dictatorship*, New York: I. B. Tauris, 2001, pp. 92 – 93; Charles Tripp, *A History of Iraq*, Cambridge: Cambridge University Press, 2007, pp. 168 – 169。

② 唯一的一次是 1965 年 4 月在大马士革举行的第四次民族指挥部大会的一份报告中，复兴党将库尔德问题列为政党失败的原因之一，但并未就此展开详述。

③ Edmund Ghareeb, *The Kurdish Question in Iraq*, Syracuse: Syracuse University Press, 1981, p. 69.

对于库尔德问题，政治上有着泛阿拉伯民族主义倾向的伊拉克军队历来主张采取强硬的军事手段，但有鉴于库尔德战争对前述政权造成了沉重的政治和经济损失，以及为尽快稳固统治基础，阿卜杜·萨拉姆·阿里夫选择与库尔德人展开和谈，并在政变前同毛拉穆斯塔法进行秘密接触，以确保政变得以成功进行。毛拉穆斯塔法也迫于库尔德人在战场上的劣势和补给不足，接受和谈倡议。更为值得注意的是，在库尔德人阵营内部，面对积极寻求国际斡旋和支持的库民党政治局，在军事上应对不力的毛拉穆斯塔法感到自身领导权受到挑战，因此希望通过和谈寻找制衡库民党政治局的空间。

政变结束后，双方再度实现停火。阿卜杜·萨拉姆·阿里夫还很快要求叙利亚撤出派入伊拉克北部协助作战的军队，进一步消除库尔德人的战场压力。1963 年 12 月起，伊拉克中央政府派苏莱曼尼亚省省长阿卜杜·拉扎格·马哈茂德（'Abd al-Razzāq Maḥmūd）与库尔德人进行谈判。为尽快实现打压异己、塑造自身绝对领导地位的目的，毛拉穆斯塔法积极与贾拉勒·塔拉巴尼争夺谈判主导权，首先于 1964 年 1 月响应纳赛尔和本·贝拉的斡旋倡议，同意以和平友好的方式化解争端；2 月 10 日，在未与库民党政治局沟通的情况下，毛拉穆斯塔法单方面代表库尔德人签署阿卜杜·萨拉姆·阿里夫提出的政治解决方案。据此，伊拉克中央政府承诺，在伊拉克统一的爱国实体中，承认库尔德人的民族权利；释放库尔德政治犯，对参与战争的库尔德人实行政治大赦；重启政府部门在北部地区的正常运作；取消对北部地区的经济制裁，加大经济补偿力度，提升北部地区的社会与经济发展水平。①

毛拉穆斯塔法的这一决定，被认为是为实现个人权力私欲在政治上短视的表现，更为重要的是，这瓦解了库尔德传统部落势力同库民党政治局代表的左翼势力间本已脆弱的政治联盟，进一步加剧

---

① David McDowall, *A Modern History of the Kurds*, London: I. B. Tauris, 1996, p. 315.

库尔德运动分化的局面。库民党政治局认为，毛拉穆斯塔法单方面的谈判行为，首先在程序上违背了两派达成的集体协调的决策机制，其次该协议仅模糊强调“库尔德人的民族权利”，没有明确承诺保障库尔德人的自治权，并且在用语上规避了“库尔德斯坦”一词，而是以“北部地区”（al-minṭaqat al-shimāliyyah）来替代，这都被认为是突破了库尔德人自治诉求的底线。①

1964 年 3 月初，易卜拉欣·艾哈迈德带领库民党政治局全体成员与毛拉穆斯塔法会面，劝说其放弃与中央政府签署的协议，利用现政权初立之时局势的不稳定性重新谈判，为库尔德人谋求更大的政治权益。毛拉穆斯塔法则反驳称阿里夫政权内部得到军队的支持，外部与纳赛尔和苏联结盟，库尔德人因战争和经济封锁已遭受了严重的损失，无力再与中央政府相抗衡，从而拒绝政治局的劝说。随后，政治局单方面向中央政府提交一份纪要，要求制定新的方案解决库尔德问题。毛拉穆斯塔法则发表声明称，这份纪要未经他的批准，不具备任何正式效力。

在意识到双方冲突升级的可能后，易卜拉欣·艾哈迈德担心毛拉穆斯塔法会对政治局成员进行清算，于是召集库民党军事委员会，试图获得“敢死战士”武装的支持，但由于大部分指挥官都为附庸于毛拉穆斯塔法的部落首领，军事委员会出席人数有限，最终未能给予其支持。易卜拉欣·艾哈迈德随后以辞去总书记一职相要挟，希望倒逼库民党领导层向毛拉穆斯塔法施压。然而，毛拉穆斯塔法不仅批准了易卜拉欣·艾哈迈德的辞职请求，要求贾拉勒·塔拉巴尼接替，还随即召开军事会议，把三位效忠于政治局而拒绝与会的指挥官均革职替换，进一步加强自身对暴力使用权的控制。库民党最高监察委员会在二者间展开多轮斡旋，但未能奏效。

---

① David McDowall, *A Modern History of the Kurds*, London: I. B. Tauris, 1996, p. 316.

易卜拉欣·艾哈迈德转而尝试从党内削弱毛拉穆斯塔法的合法性，于4月6—9日在玛瓦特（Māwat）召开第六次党代表大会，谴责毛拉穆斯塔法单方面的谈判行为违反了党纪，要求对其权力采取严格的限制措施。但此次会议依旧面临代表性不足的问题，仅70名代表与会，贾拉勒·塔拉巴尼也因身处双方就党总书记一职的斗争中，规避缺席会议。此外，以艾斯阿德·黑莱尼为代表的一派担心这会进一步分裂库民党，因此反对易卜拉欣·艾哈迈德的倡议，并在开会间隙向毛拉穆斯塔法派出一个代表团，再次尝试调解双方分歧。但毛拉穆斯塔法依旧坚持只有易卜拉欣·艾哈迈德辞职，才愿意重新与政治局合作。斡旋的失败让易卜拉欣·艾哈迈德领导的强硬派在六大中占据上风，会议最终对毛拉穆斯塔法进行批判，宣布在未来一周内，抵制其向党的机构和“敢死战士”颁布的一切命令，作为对其违反党纪和逾越政治局擅作决定的惩罚。

在玛瓦特召开的六大决议引起毛拉穆斯塔法一派的愤怒，认为这架空了他作为库民党主席的身份。库民党最高监察委员会再次作出斡旋，建议两派共同组建一个中立的筹备委员会着手重开六大。双方同时接受了该方案，但易卜拉欣·艾哈迈德则担心毛拉穆斯塔法会借此对政治局成员进行清算，因此加紧在舆论上造势，于4月19日发布了一份题为《元帅与巴尔扎尼的协议……和解还是投降》的声明，谴责毛拉穆斯塔法的行为是对库尔德革命的终结。[①] 然而，包括贾拉勒·塔拉巴尼在内的大部分政治局成员都不支持该声明，认为不应将党内的分歧公开化，加剧党的分裂。作为应对，毛拉穆斯塔法宣布愿意加入阿卜杜·萨拉姆·阿里夫效仿埃及组建的政党阿拉伯社会主义联盟（al-Ittiḥād al-Ishtirākī al-‘Arabī），并要求贾拉

① Ṣalāḥ al- Khurasān, *Al-Tayyārāt al-Siyāsiyyah fī Kurdistān al-‘Irāq: Qirā’ah fī Milaffāt al-Ḥarakāt wa al-Aḥzāb al-Kurdiyyah fī al-‘Irāq (1946 – 2001)*, Bayrūt: Mu’assasat al-Balāgh li al-Ṭibā‘ah wa al-Nashr wa al-Tawzī‘, 2001, p. 128.

勒·塔拉巴尼在两派间做出选择。毛拉穆斯塔法的这一决定，使其在政治上彻底遭到了党组织的孤立，中央委员会17名成员中的15人都表示反对，认为这无异于在瓦解库民党的组织框架，贾拉勒·塔拉巴尼由此放弃中立，重回易卜拉欣·艾哈迈德的阵营。

毛拉穆斯塔法随即解除贾拉勒·塔拉巴尼和另外三位中央委员会成员"敢死战士"武装指挥官的身份，进一步消除政治局可能构成的军事威胁。但是，为摆脱自身在道义上面临的窘境，毛拉穆斯塔法邀请易卜拉欣·艾哈迈德和贾拉勒·塔拉巴尼等人共同参与6月2日与中央政府的谈判，意图借后者之力来打压政治局的代表性。谈判中，与政治局明确要求自治权的态度相比，毛拉穆斯塔法采取了暧昧的谈判姿态，从而使中央政府谴责政治局太为激进，并认定立场温和的毛拉穆斯塔法才是库尔德人利益的合法代表。借伊拉克中央政府的支持，毛拉穆斯塔法开始筹备于6月25日在迪扎堡（Qal'at Dīza）重新召开的库民党六大。易卜拉欣·艾哈迈德和贾拉勒·塔拉巴尼14日后发现双方共同组建的筹备委员会早已被架空，因此立马赶回玛瓦特，担心遭到毛拉穆斯塔法的软禁。

最终，毛拉穆斯塔法于7月初在迪扎堡召开六大，约400名来自部落和"敢死战士"武装的代表出席，艾哈迈德派系赴会的代表尽数遭到逮捕。会议决定：（1）毛拉穆斯塔法再度当选为党主席。（2）将以易卜拉欣·艾哈迈德和贾拉勒·塔拉巴尼为首的14名成员移除政治局与中央委员会，选举产生新一届中央委员会，由哈比卜·穆罕默德·凯里姆（Ḥabīb Muḥammad Karīm）接替担任新的党总书记。（3）取缔在玛瓦特召开的六大上作出的一切决定。

库民党六大在迪扎堡的重新召开，对塔拉巴尼—艾哈迈德派系的力量造成重创，毛拉穆斯塔法借政变带来的局势变动，极大地提升了自己在伊拉克库尔德社会中的地位。会后，毛拉穆斯塔法还在中央政府武器和资金的支持下，派其子伊德里斯·巴尔扎尼（Idrīs al-Barzānī）带兵将易卜拉欣·艾哈迈德、贾拉勒·塔拉巴尼及其

400余名追随者赶入伊朗境内。[①] 同时，这一力量对比变化也同样反映在库尔德人的对外关系层面。复兴党下台后，伊拉克中央政府奉行仿埃亲苏的外交政策，纳赛尔由此停止支持库民党政治局，希望借伊拉克制衡中央条约组织[②]。伊朗方面，巴列维国王虽然中止与伊拉克政府的军事协调机制，重拾支持库尔德人的政策，并因毛拉穆斯塔法与阿卜杜·萨拉姆·阿里夫结盟的缘故，只选择支持库民党政治局，禁止毛拉穆斯塔法势力进入伊朗，但基于对两派实际力量的评估和在以色列的斡旋下，伊朗意识到只有毛拉穆斯塔法有能力实现其遏制伊拉克中央政府的诉求，从而再次调整政策，逐步疏远库民党政治局，配合以色列将主体资源投向毛拉穆斯塔法一边。

至此，库民党实际上分裂为两套组织架构，即毛拉穆斯塔法领导的库民党中央委员会和易卜拉欣·艾哈迈德领导的库民党政治局。此外，学界还从军政关系的角度出发，将前者领导的组织架构称为"库民党军事局"（al-maktab al-'askarī），把后者称为"库民党政治局"[③]，强调两派各自在库尔德民族主义运动中的功能倚重和比较优势。可以说，1964年两派内斗对库民党政党政治的发展产生了深远

---

① Ṣalāḥ al- Khurasān, *Al-Tayyārāt al-Siyāsiyyah fī Kurdistān al-'Irāq: Qirā'ah fī Milaffāt al-Ḥarakāt wa al-Aḥzāb al-Kurdiyyah fī al-'Irāq (1946 – 2001)*, Bayrūt: Mu'assasat al-Balāgh li al-Ṭibā'ah wa al-Nashr wa al-Tawzī', 2001, p. 133.

② 中央条约组织（Central Treaty Organization）前身为巴格达条约组织。该组织起源于美国国务卿约翰·福斯特·杜勒斯（John Foster Dulles）1953年提出的"北层防御"（North Tier）计划，即希望建立一个中东防务组织串联北大西洋公约组织和东南亚条约组织，从三个方向围堵苏联阵营。1955年2月，美国促成伊拉克和土耳其签订《巴格达条约》（*Baghdad Pact*），英国、巴基斯坦和伊朗先后加入该条约，最终于同年11月成立巴格达条约组织，总部设在巴格达，伊拉克成为美国在中东反苏链条中的核心。1958年"七月革命"后，伊拉克宣布退出巴格达条约组织，美国建立的中东防务链条断裂，组织总部从巴格达迁至土耳其首都安卡拉，1959年8月，该组织更名为中央条约组织。

③ Ṣalāḥ al- Khurasān, *Al-Tayyārāt al-Siyāsiyyah fī Kurdistān al-'Irāq: Qirā'ah fī Milaffāt al-Ḥarakāt wa al-Aḥzāb al-Kurdiyyah fī al-'Irāq (1946 – 2001)*, Bayrūt: Mu'assasat al-Balāgh li al-Ṭibā'ah wa al-Nashr wa al-Tawzī', 2001, p. 128.

的影响，两派此前维持的斗而不破的潜在政治默契，正在被互不相让的零和博弈所取代。[①] 这为库民党 1975 年的正式决裂和随后库尔德两党延续至今的战略互疑与竞争埋下了伏笔。

二 库尔德战争与阿里夫兄弟统治的终结

随着库民党政治局遭到排挤，库尔德问题的发展开始逐渐回归至毛拉穆斯塔法代表的库尔德人和中央政府双边的向度之上。在 1964 年 5 月颁布的新的《伊拉克临时宪法》中，总统阿卜杜·萨拉姆·阿里夫仅按照 2 月达成的协议那样，模糊提及将保障库尔德人的民族权利，而 6 月毛拉穆斯塔法暧昧的谈判姿态和库民党内激烈的派系斗争，“让阿里夫相信他已经保障了北部的和平”[②]。然而，在消除政敌后，毛拉穆斯塔法一改前期的隐忍立场，明确提出要求实现库尔德人自治的诉求。这主要体现为：（1）在《伊拉克宪法》中明确保障库尔德人的自治权。（2）将基尔库克与哈尼金的油田划入库尔德自治区的管辖范畴。（3）向库尔德人划拨特定比例的全国石油收入。（4）保留“敢死战士”武装力量。（5）任命一位由库尔德人担任的伊拉克副总统。（6）赋予库尔德人在中央更为广泛的执政权。（7）拒绝交战前原有的政府官员返回库区，应由库尔德人自行组建自治区政府。

在此值得注意的是，毛拉穆斯塔法所动用的政治话语及所提出的自治方案，本质上与库民党政治局并无二异，从这个角度来看，不可仅按其出身单维地来界定毛拉穆斯塔法。实际上，他是伊拉克库尔德社会中不断上升的现代民族身份意识同传统部落社会结构现实间矛盾的缩影：从个人抱负和理念认同上来看，毛拉穆斯塔法不甘于仅做一个传统意义上的部落或宗教性质的领导人，而是志在成

① Marion Farouk-Sluglett and Peter Sluglett, *Iraq Since 1958: From Revolution to Dictatorship*, New York: I. B. Tauris, 2001, p. 103.

② Charles Tripp, *A History of Iraq*, Cambridge: Cambridge University Press, 2007, p. 172.

为整个库尔德民族的代表；但从现实利益维护与资源策动层面出发，他依旧需要倚重于既有的部落社会结构。同理，库民党政治局代表的左翼派系，在其斗争中也离不开塔拉巴尼部落的支持。因此，单纯地将两派之间的分歧二分为“宗教与世俗，以及传统同马克思主义间的较量”①，无助于我们把握伊拉克库尔德民族主义运动右翼保守与左翼进步并存的两面性特征。

毛拉穆斯塔法提出的上述诉求，都遭到阿卜杜·萨拉姆·阿里夫的拒绝。迫于军方高层的压力，后者还进一步要求遣散前者领导的部落武装，并效仿埃及推行土地改革与城市化政策，试图削弱库尔德部落的社会经济基础。北部局势因此趋于紧张，并从 1964 年夏季开始，双方之间零星地爆发一系列小规模的武装冲突。然而双方鉴于均处在巩固权力的初期，因此并未诉诸开展常规性的战争，而是在维持停火和谈判的同时为新一轮的战事做准备。1964 年 9 月起，毛拉穆斯塔法开始着手在机制化层面推动其对库区的控制，成立了一个由谢赫拉提夫（Shaykh Laṭīf）领导的参议院和以阿巴斯·马曼德为首的众议院，两院代表主要由 300 名部落和“敢死战士”武装首领组成，但实际的决策权和执行权依旧控制在由其本人领导的 40 人组成的库尔德革命全国指挥委员会（al-Majlis al-Waṭanī li Qiyādat al-Thawrat al-Kurdiyyah/National Council of the Kurdish Revolutionary Command）手中，并集结了 1.5 万名兵力的“敢死战士”武装。与此同时，伊拉克中央政府也相应地向北部地区增派 10 万兵力。②

1965 年 4 月初，在经过五轮谈判未果后，伊拉克一个军事车队在基尔库克至苏莱曼尼亚的路途中与“敢死战士”武装发生冲突，数名伊拉克军官和士兵伤亡。该事件引发了伊拉克军队高层的不满，成为库尔德战争再度爆发的导火索。得益于较为长期的备战安排，

---

① 相关论述参见 David McDowall, *A Modern History of the Kurds*, London: I. B. Tauris, 1996, p. 316。

② David McDowall, *A Modern History of the Kurds*, London: I. B. Tauris, 1996, p. 317.

伊拉克军队在战场上赢得上风，夺取了基尔库克省和埃尔比勒省的多个重要地区和据点。据时任库民党总书记哈比卜·穆罕默德·凯里姆回忆，伊拉克政府军的攻势对库尔德人的士气造成的影响，而毛拉穆斯塔法则承诺库民党高层将亲自领导战斗收复领土。[①] 然而，随着1965年9月强硬派少将阿卜杜·阿齐兹·阿基利（'Abd al-'Azīz al-'Aqīlī）出任国防部部长后，毛拉穆斯塔法并未等来其所预判的政府军将于秋冬季减弱攻势，[②] 阿基利持续向北推进，库尔德武装在各战线接连败退。

毛拉穆斯塔法迫于压力向阿亚图拉赛义德·穆赫辛·哈基姆（Sayyid Muḥsin al-Ḥakīm）寻求调解。后者一直对复兴党政府和阿里夫政府的教派和族群政策持批评态度，因此提出抗议，要求伊拉克政府和平解决库尔德问题。此外，毛拉穆斯塔法接受了伊朗的斡旋，于1966年1月允许除易卜拉欣·艾哈迈德以外的库民党政治局成员返回伊拉克作战，共同应对政府军发动在即的春季攻势。诚然，这都在一定程度上缓解了库尔德武装的道义和军事压力，但并未从根本上改变其在战场上的弱势局面。伊拉克军方决定乘胜追击，利用春季攻势彻底军事解决库尔德问题。4月13日，阿卜杜·萨拉姆·阿里夫因空难去世，原定于4月中旬发动的春季攻势因此被迫延迟。

毛拉穆斯塔法主动提出为期一个月的停火方案，实际上是在寻求喘息空间和向强硬的伊拉克军方释放谈判信号。阿里夫兄长阿卜杜·拉赫曼·阿里夫（'Abd al-Raḥmān 'Ārif）继任总统后，也希望能通过政治手段化解危机，但迫于国防部部长阿基利的压力，伊拉克军队继续对库尔德人保持猛攻。5月初，伊拉克军队从拉旺度兹向汗达琳山（Jabal Handarin）和祖兹克山（Jabal Zuzk）方向重新发

---

① Ṣalāḥ al- Khurasān, *Al-Tayyārāt al-Siyāsiyyah fī Kurdistān al-'Irāq: Qirā'ah fī Milaffāt al-Ḥarakāt wa al-Aḥzāb al-Kurdiyyah fī al-'Irāq (1946－2001)*, Bayrūt: Mu'assasat al-Balāgh li al-Ṭibā'ah wa al-Nashr wa al-Tawzī', 2001, p. 145.

② Ḥāmid Maḥmūd 'Īsā, *Al-Qaḍiyyat al-Kurdiyyah fī al-'Irāq: Min al-Iḥtilāl al-Birīṭānī ilā al-Ghazw al-Amrīkī (1914－2004)*, Al-Qāhirah: Maktabat Madbūlī, 2005, p. 344.

动攻势，计划于 1 个月内占领两伊边境口岸哈支欧姆兰（Ḥājj ‘Umrān），阻断库尔德人从伊朗获得补给支持的通道。5 月中旬，在以色列情报机构“摩萨德”顾问的指导下，“敢死战士”武装以 20 名游击队战士的代价，在汗达琳山地区造成政府军第二步兵师第四旅 200 人的阵亡，并擒获大量战俘，逆转了战场形势。

库尔德战争带来的长期消耗和汗达琳山战事的失利，让以国防部部长阿基利为代表的军事强硬派在中央决策过程中处于下风，总理阿卜杜·拉赫曼·巴扎兹（‘Abd al-Raḥmān al-Bazzāz）领导的文官政府开始推动政治解决库尔德问题。巴扎兹 1965 年 9 月被阿卜杜·萨拉姆·阿里夫任命为总理，是 1958 年革命后第一位担任该职位的文官，这一决定也是总统阿里夫试图制衡军队政治影响力的举措之一。[①] 上任伊始，巴扎兹总理就意识到库尔德问题在伊拉克政治中的重要性，希望寻求和平的政治解决方案。巴扎兹表示将“承认库尔德民族主义的现实”，保障库尔德人的“语言和文化遗产”，但前提是库尔德人的活动不能“与国家的统一相冲突”和造成伊拉克任何部分的分裂。[②] 巴扎兹的理念，当然遭到了伊拉克军方的反对。

借新的局势变动，巴扎兹很快展开与库民党的谈判。为总体压制库尔德人的诉求，巴扎兹采取了与库民党政治局和毛拉穆斯塔法同时进行谈判的策略。在经过为期两周的商谈后，双方于 6 月 29 日达成一项 12 点协议，巴扎兹则将其命名为《6 月 29 日声明》（以下简称《声明》），以强调伊拉克政府的主体性。《声明》内容重点包括：（1）承认库尔德民族及其与阿拉伯人享有平等的民族权利。（2）按照库尔德人占伊拉克总人口的比例分配其在未来议会中的席位。（3）对参与到北部战事中的文军人员进行大赦。（4）让库尔德人参与到中央政府的组阁之中。（5）在库尔德人占主体的地区将库

---

① 朱泉钢：《阿拉伯国家军政关系研究：以埃及、伊拉克、也门、黎巴嫩等共和制国家为例》，社会科学文献出版社 2020 年版，第 97 页。

② Majid Khadurri, *Republican Iraq*, London: Oxford University Press, 1969, p. 255.

尔德语设为政府部门与教育机构的一门官方语言。（6）在伊拉克全国范围内开展大选，承认多党制原则，保障新闻业与言论自由。（7）所有因北部战事而离岗的库尔德工人与职员全部返岗。（8）划拨预算重建因战事受损的地区。（9）把因战事而流散的农民重新安置回其原有村庄。① 此外，《声明》中还有3项秘密性质的条款，分别是：（1）将摩苏尔省内的库尔德地区单设为新省杜胡克省。（2）在大选完成后允许库民党公开活动。（3）对除文军人员以外的库尔德人实行逐步的大赦政策。②

萨阿德·贾瓦德认为，巴扎兹《声明》"是处理库尔德问题时文官理念对军事理念的首次挑战"③。戴维·麦克道瓦进一步指出，《声明》的意义不仅在于推动了库尔德问题的解决，而且在整体上有助于伊拉克民主制度的建设与发展。④ 但该方案的民主化改革理念最终还是遭到了军队的阻挠，高层军官认为赋予库尔德人如此广泛的权利无异于是在承认军队的失败，会削弱军官统治的合法性。⑤ 巴扎兹虽然有效借助局势变动的空间推出《声明》方案，但在阿卜杜·萨勒姆·阿里夫遇难后失去他的支持的背景下，其政府无力将《声明》付诸实践。⑥ 1966年6月30日，埃及总统纳赛尔利用伊拉克军队中的这种不满情绪，支持伊拉克前总理阿里夫·阿卜杜·拉扎格

---

① Ḥāmid Maḥmūd ʻĪsā, *Al-Qaḍiyyat al-Kurdiyyah fī al-ʻIrāq: Min al-Iḥtilāl al-Birīṭānī ilā al-Ghazw al-Amrīkī (1914–2004)*, Al-Qāhirah: Maktabat Madbūlī, 2005, pp. 346–347.

② Saʻd Nājī Jawād, *Al-ʻIrāq wa al-Mas'alat al-Kurdiyyah*, Landan: Dār al-Lām, 1990, p. 139.

③ Saʻd Nājī Jawād, "Al-Qaḍiyyat al-Kurdiyyah," in *Barnāmaj li Mustaqbal al-ʻIrāq baʻda Inhā' al-Iḥtilāl*, Bayrūt: Markaz Dirāsāt al-Waḥdat al-ʻArabiyyah, 2007, p. 265.

④ David McDowall, *A Modern History of the Kurds*, London: I. B. Tauris, 1996, pp. 318–319.

⑤ Charles Tripp, *A History of Iraq*, Cambridge: Cambridge University Press, 2007, p. 181.

⑥ Marion Farouk-Sluglett and Peter Sluglett, *Iraq Since 1958: From Revolution to Dictatorship*, New York: I. B. Tauris, 2001, p. 104.

（‘Ārif ‘Abd al-Razzāq）从科威特暗潜回国，联合驻扎在摩苏尔的第四师指挥官尤努斯·阿塔尔·巴希（Yūnus ‘Attār Bāshī）等纳赛尔主义军官发动政变，抵制巴扎兹的《声明》方案。[①] 虽然共和国卫队有效地反制了此次政变行动，但总统阿卜杜·拉赫曼·阿里夫依旧迫于高层军官的压力，于 8 月强迫巴扎兹辞职，自由军官纳吉·塔利卜（Nājī Ṭālib）少将代为出任新总理。[②]

在挫败巴扎兹的《声明》计划后，伊拉克军队和塔利卜政府试图利用库尔德运动的内部分歧来削弱毛拉穆斯塔法在库尔德社会中的合法性，库民党政治局成为其支持的对象，后者因自身的弱势地位和与毛拉穆斯塔法的固有恩怨，也选择同伊拉克政府合作。但该策略未能奏效，伊拉克中央政府再度面临着相同的库尔德问题困境：只要伊朗继续对毛拉穆斯塔法开放边境提供物资补给，伊拉克军队就难以从军事上消灭库尔德武装。事实上，巴扎兹《声明》的颁布，已在很大程度上对毛拉穆斯塔法同伊朗间的关系产生了消极的影响，“萨瓦克”一度将其派驻“敢死战士”武装的代表及军事顾问撤回国内，并以关闭两伊边境相要挟。毛拉穆斯塔法则谴责伊朗称，是伊朗有限的支持导致了库尔德人窘迫的经济状况，从而迫使他们与伊拉克政府展开会谈。最终，《声明》计划的破产和以色列的居中调解，让双方再次回到相互合作的状态。但这也充分暴露出伊朗和伊拉克库尔德人之间权宜联盟关系的本质，国家实力和体量有限的以色列难以独自成为消弭二者战略互疑的中间人，三方都意图寻求更为强大的国家作为合作的担保人：库尔德人希望可以由此获得更多的外部支持实现其自治乃至独立的政治诉求；伊朗需要保证库尔德人的作用仅限于遏制伊拉克中央政府，而不能实力坐大乃至追求独立进而激化伊朗本国的库尔德问题；以色列则是希望以此打消伊朗

---

① Marion Farouk-Sluglett and Peter Sluglett, *Iraq Since 1958: From Revolution to Dictatorship*, New York: I. B. Tauris, 2001, p. 104.

② Charles Tripp, *A History of Iraq*, Cambridge: Cambridge University Press, 2007, p. 181.

的顾虑，持续地通过两伊边境支持库尔德人作战，将伊拉克军队牵制在北线，无法西向打击以色列。可以说，伊朗和以色列有着相似的战略目标，但在具体的政策限度上又有所不同。这奠定了后期美国就伊拉克库尔德问题政策转向的基础，三方竞相游说美国介入其中提供支持。

总统阿卜杜·拉赫曼·阿里夫意识到伊拉克军队在打一场不可能胜利的战争，而落实巴扎兹《声明》又可能引发军事政变。① 阿里夫随后改变策略，一方面采取缓兵之计，于 1966 年 10 月末不顾军队高层的反对访问库区，与毛拉穆斯塔法会面，私下承诺会兑现《声明》计划，换取暂时的停火；另一方面，在 1967 年 3 月的伊朗外访中，阿里夫还尝试说服伊朗停止支持库尔德人，但遭到拒绝。

阿里夫内外政策的失效，反过来进一步夯实了毛拉穆斯塔法在库民党党内的领导地位。1966 年 11 月 15—20 日，库民党在凯拉莱（Kalālah）召开第七届党代表大会，选举毛拉穆斯塔法继续出任党主席，选举产生新一届党的中央委员会。值得注意的是，阿里·阿卜杜拉（‘Alī ‘Abdallah）和努里·沙维斯等六大出走的政治局成员选择重新回归，接受毛拉穆斯塔法的领导。同时，毛拉穆斯塔法还开始培养巴尔扎尼家系向下一代领导层过渡，任命其子伊德里斯·巴尔扎尼执掌库尔德革命全国指挥委员会军事局，任命另一个儿子马苏德·巴尔扎尼负责情报机构“巴拉斯汀”（Parāstin）。② 与此同时，库民党政治局的弱势局面持续加剧，贾拉勒·塔拉巴尼认为政治局犯下两个错误：同伊拉克中央政府合作以及将政军工作本末倒

---

① David McDowall, *A Modern History of the Kurds*, London: I. B. Tauris, 1996, p. 319.

② Ṣalāḥ al- Khurasān, *Al-Tayyārāt al-Siyāsiyyah fī Kurdistān al-‘Irāq: Qirā’ah fī Milaffāt al-Ḥarakāt wa al-Aḥzāb al-Kurdiyyah fī al-‘Irāq (1946 – 2001)*, Bayrūt: Mu’assasat al-Balāgh li al-Ṭibā‘ah wa al-Nashr wa al-Tawzī‘, 2001, pp. 147 – 149.

置，让政治局丧失了本有的政治谈判优势和伊朗的支持。[①]

1967 年 5 月初，总统阿里夫解散塔利卜政府，亲自担任政府总理，任命库尔德军官福阿德·阿里夫（Fu'ād 'Ārif）少将为副总理，以安抚毛拉穆斯塔法的情绪，展示其履行承诺的姿态。但至 1967 年 6 月第三次中东战争前夕，毛拉穆斯塔法配合以色列的作战计划，接受后者更多的武器支持并在伊拉克北部挑动战事，迫使军队的主要兵力无法及时抽身进入约旦支持巴勒斯坦。让阿里夫始料未及的是，以色列先发制人的作战速度让伊拉克军队最终未能实质性地参与到此次中东战争之中。[②]

阿里夫迅速辞去总理职位，于 6 月 10 日任命高级军官塔希尔·叶海亚组建新政府。叶海亚 7 月再度尝试劝说伊朗关闭支持库尔德人的通道但仍未奏效，反而进一步加剧政府的尴尬处境。这意味着，阿里夫的统治对内无法解决库尔德问题，对外不能支持巴勒斯坦问题，其依托于阿拉伯民族主义和军队的统治合法性遭到质疑，伊拉克军队内部和民间充斥着不满的情绪。[③] 更为重要的是，阿拉伯人在第三次中东战争中的“大溃败”（al-Naksah），在整个地区层面给纳赛尔主义带来重创，伊拉克军队中的纳赛尔主义者由此失势，复兴党追随者在军队中的地位相应得到提升。同时，阿里夫统治所主体依靠的共和国卫队总指挥官萨义德·苏莱比（Sa'īd Ṣulaybī）也开始利用这一局面在军队中拓展自身的势力范围来与阿里夫争夺领导权。[④]

---

① Ṣalāḥ al- Khurasān, *Al-Tayyārāt al-Siyāsiyyah fī Kurdistān al-'Irāq: Qirā'ah fī Milaffāt al-Ḥarakāt wa al-Aḥzāb al-Kurdiyyah fī al-'Irāq (1946 – 2001)*, Bayrūt: Mu'assasat al-Balāgh li al-Ṭibā'ah wa al-Nashr wa al-Tawzī', 2001, p. 146.

② Charles Tripp, *A History of Iraq*, Cambridge: Cambridge University Press, 2007, pp. 181 – 182.

③ Joseph Sassoon, *Saddam Hussein's Ba'th Party: Inside an Authoritarian Regime*, New York: Cambridge University Press, 2012, p. 28.

④ 朱泉钢：《阿拉伯国家军政关系研究：以埃及、伊拉克、也门、黎巴嫩等共和制国家为例》，社会科学文献出版社 2020 年版，第 100 页。

1963 年 11 月下台后，伊拉克复兴党充分地意识到军队支持和政变成功间的密切联系，阿里夫统治根基的弱化和军队内部的新变化被其视为重新上台的契机。[①] 但考虑到库尔德问题对当时的伊拉克政局有着深远的影响，除确保军队的支持外，复兴党还希望争取到库尔德人支持或至少是中立的立场。[②] 1968 年 7 月政变前夕，复兴党分别与毛拉穆斯塔法和库民党政治局秘密联系，邀请两派共同参加政变。毛拉穆斯塔法因复兴党 1963 年暴虐且失败的执政经历及其薄弱的社会基础，评估政变失败的风险较大，且库民党当时还与中央政府间维持着常规性的沟通渠道，因此拒绝了复兴党的邀请。[③]

库民党政治局更因与中央政府的合作关系拒绝参与。贾拉勒·塔拉巴尼回忆称，哈桑·贝克尔还请求库民党政治局作为中间人来弥合复兴党与伊拉克共产党之间的分歧，劝服伊拉克共产党加入政变，但复兴党“当时只是一个无足轻重的小党”，伊拉克共产党则希望静观其变后再做决定。贾拉勒·塔拉巴尼从哈桑·贝克尔处知晓政变计划后，向总统阿里夫告发掌管军事情报机构的阿卜杜·拉扎格·纳伊夫（‘Abd al-Razzāq al-Nāyif）、共和国卫队指挥官易卜拉欣·达乌德（Ibrāhīm al-Dāwūd）和第十装甲旅司令萨敦·盖伊丹（Sa‘dūn Ghaydān）在密谋政变，但阿里夫没有相信塔拉巴尼，而坚称这些高层军官依旧忠于自己，这些情报只是军队中纳赛尔主义者为打压对手而散播的谣言。[④] 最终，1968 年 7 月 17 日，复兴党趁萨

---

① Charles Tripp, *A History of Iraq*, Cambridge: Cambridge University Press, 2007, p. 184.

② Edmund Ghareeb, *The Kurdish Question in Iraq*, Syracuse: Syracuse University Press, 1981, p. 71.

③ Ṣalāḥ al- Khurasān, *Al-Tayyārāt al-Siyāsiyyah fī Kurdistān al-‘Irāq: Qirā’ah fī Milaffāt al-Ḥarakāt wa al-Aḥzāb al-Kurdiyyah fī al-‘Irāq (1946 – 2001)*, Bayrūt: Mu’assasat al-Balāgh li al-Ṭibā‘ah wa al-Nashr wa al-Tawzī‘, 2001, p. 169.

④ Ṣalāḥ al- Khurasān, *Al-Tayyārāt al-Siyāsiyyah fī Kurdistān al-‘Irāq: Qirā’ah fī Milaffāt al-Ḥarakāt wa al-Aḥzāb al-Kurdiyyah fī al-‘Irāq (1946 – 2001)*, Bayrūt: Mu’assasat al-Balāgh li al-Ṭibā‘ah wa al-Nashr wa al-Tawzī‘, 2001, pp. 169 – 170.

义德·苏莱比访问英国之际发动政变，阿里夫被推翻流亡英国，哈桑·贝克尔成为总统和武装部队总司令，纳伊夫出任总理，达乌德担任国防部部长，盖伊丹被提拔为共和国卫队总指挥官。[①] 库民党两派虽然没有直接参与政变，但都持观望态度没有介入，实际上是默许了复兴党的政变行为。复兴党的二次执政，再次为阿里夫兄弟统治时期僵持不下的库尔德问题带来了新的发展空间，巴扎兹的《声明》计划也因此得到执行的可能，成为复兴党 1970 年颁布《三月声明》的基础。

小　结

从 1958 年伊拉克“七月革命”推翻君主制政府，到 1968 年 7 月伊拉克复兴党二次执政，伊拉克内部发生多次政变和权力更迭，外部见证了阿拉伯统一事业、第三次中东战争、美苏冷战等重点地区和国际事件。剧烈的内外局势变动，使得 1961 年 9 月爆发的第一次伊拉克库尔德战争在此期间历经起落，双方既有激烈的交战，也有近乎达成和解的谈判。但总体上来看，该时期伊拉克库尔德问题的发展无法脱离伊拉克自身的政治大背景。

首先，军人的强硬主导及依托于个人势力范围内的小集团统治模式，使得伊拉克多元性的社会特征没有在权力分享过程中被充分反映，[②] 库尔德人的民族权利也因此难以真正地得到中央政府的承认和保障。其次，军事化解决问题的思路和频繁的暴力政变，逐步确立了伊拉克政治的暴力逻辑，不同政治与社会精英之间未能培养出和解的默契与传统，战略互疑反而成为弥漫伊拉克政局的氛围。长

---

① 细节可参见 Marion Farouk-Sluglett and Peter Sluglett, *Iraq Since 1958: From Revolution to Dictatorship*, New York: I. B. Tauris, 2001, pp. 112 - 116。

② Charles Tripp, *A History of Iraq*, Cambridge: Cambridge University Press, 2007, p. 185.

期的战争和各自出尔反尔的行为，让库尔德人与伊拉克中央政府间缺乏互信，各方都不愿率先迈出实质性的一步来化解危机。最后，20 世纪 60 年代，泛阿拉伯民族主义在阿拉伯世界和伊拉克阿拉伯政治精英内部风靡，因此伊拉克中央政府并不愿意真正赋予库尔德人相应的民族权利，担心这会导致阿拉伯统一事业的失败。从本质上来看，这反映了泛阿拉伯民族主义意识形态面临的理论困境，如埃及总统纳赛尔对贾拉勒·塔拉巴尼所说的一样，阿拉伯民族主义就少数民族问题没有现成的解决方案。美国学者丹妮丝·娜塔莉进一步指出，伊拉克阿拉伯精英不断将伊拉克的政治空间族裔化和军事化，库尔德人的民族身份与认同也随之变得族裔化了。① 此外，这些事件还使伊拉克的库尔德问题逐渐向长期化和暴力化的方向塑型与发展。

---

① Denise Natali, *The Kurds and the State*: *Evolving National Identity in Iraq*, *Turkey*, *and Iran*, Syracuse: Syracuse University Press, 2005, pp. 52 - 53.

第三章

伊拉克库尔德问题的高潮期（1968—1975）

1968 年复兴党二次执政至 1975 年两伊签署《阿尔及尔协议》是伊拉克库尔德问题发展一个极为重要的时期。1970 年签署的《三月声明》方案近乎带来了伊拉克库尔德问题的和平与政治解决，但伊拉克中央政府与库尔德人最终依旧走向战争，库尔德运动也经历了从高潮到溃败的重大转折。这一进程同时还与复兴党政权内部的派系斗争、冷战在中东地区的演变平行展开且密切联动。因此，本章对该时期库尔德问题的分析将就上述三条线索加以展开。

第一节　复兴党二次执政与《三月声明》

一　走向《三月声明》前的博弈

二次执政后，伊拉克复兴党政府充分汲取前一次执政失败的教训。为尽快巩固权力，其首先通过流放、降职或委以虚职的方式将纳伊夫、达乌德等军队高层清洗出权力核心，并解职、逮捕或处决了数百名军官，因为他们并非出于信仰复兴党的意识形态才参与政变，而是因为他们都反对阿里夫兄弟的统治。在库尔德问题上，复兴党政府也展现出友好和解的姿态，在 1968 年 7 月 17 日与 7 月 30 日的两份声明中，均表示要和平地解决库尔德问题，尊重库尔德人的抱负，愿意以巴扎兹的《6 月 29 日声明》作为解决问题的基础。[①]此外，在 7 月 17 日成立的新政府中，3 名库尔德人还被允许进入内阁，其中 2 人来自库民党毛拉穆斯塔法阵营，另外 1 人来自库民党政治局。[②]

政变伊始，库民党两派都对复兴党政府表达了支持，但在看到纳伊夫、达乌德等人遭到如此迅速的清洗后，毛拉穆斯塔法一派开始对复兴党政府兑现诺言的诚意产生怀疑，同时他还不满复兴党政府同时将库民党政治局列为谈判对象，[③] 于是在 7 月 30 日将其下属的 2 名部长从内阁中撤出，收回对新政府的支持。该决定相应地反向激化了复兴党政府对毛拉穆斯塔法的怀疑。[④] 事实上，复兴党政府一直对毛拉穆斯塔法心存芥蒂，因为他曾在 1959 年 3 月的摩苏尔事件和 7 月的基尔库克事件[⑤]中配合卡塞姆政府打压复兴党人。[⑥] 更让复兴党不满的，是其 1963 年首次下台后，毛拉穆斯塔法迅速接受了阿卜杜·萨拉姆·阿里夫提出的模糊且有限的谈判条款，但现今却

---

① Edmund Ghareeb, *The Kurdish Question in Iraq*, Syracuse: Syracuse University Press, 1981, p. 71.

② Charles Tripp, *A History of Iraq*, Cambridge: Cambridge University Press, 2007, p. 192.

③ Ṣalāḥ al- Khurasān, *Al-Tayyārāt al-Siyāsiyyah fī Kurdistān al-'Irāq: Qirā'ah fī Milaffāt al-Ḥarakāt wa al-Aḥzāb al-Kurdiyyah fī al-'Irāq (1946 - 2001)*, Bayrūt: Mu'assasat al-Balāgh li al-Ṭibā'ah wa al-Nashr wa al-Tawzī', 2001, p. 171.

④ Edmund Ghareeb, *The Kurdish Question in Iraq*, Syracuse: Syracuse University Press, 1981, p. 74.

⑤ 本书第二章第一节对两起事件做了简要的分析，更多细节可参见 Sherko Kirmanj, *Identity and Nation in Iraq*, Boulder: Lynne Rienner Publishers, 2013, pp. 100 - 102。

⑥ David McDowall, *A Modern History of the Kurds*, London: I. B. Tauris, 1996, p. 324.

不愿接受复兴党宽厚的“善意”①。

从另一个角度来看，毛拉穆斯塔法之所以不愿支持复兴党政府，也有着多方面的考虑。首先，政变频繁的伊拉克政治生态和复兴党1963年失败的执政经历，让伊拉克社会整体上对复兴党领导的政变缺乏热情与信心。② 其次，复兴党泛阿拉伯民族主义的意识形态和社会革命的政治理念，被毛拉穆斯塔法视为对库尔德人的民族权利及其本人所代表的库尔德部落利益的威胁。再次，1963年复兴党政府对库尔德人发动的恶战和1966年复兴党对巴扎兹《声明》计划的批评，毛拉穆斯塔法记忆犹新。③ 最后，毛拉穆斯塔法不满于复兴党政府同时还与库民党政治局进行谈判，因为复兴党曾将自己看作“分裂分子、封建主义者和帝国主义的走狗”，而非“忠诚的真正的伊拉克库尔德人”④。这无异于在实质上否认了毛拉穆斯塔法长期以来所希冀的成为伊拉克库尔德人唯一合法代表的地位。

而塔拉巴尼—艾哈迈德派系领导的库民党政治局，则选择积极地与复兴党政府开展合作。这是因为复兴党作为一个信奉社会主义和民族主义的政党，在意识形态与政治理念上与库民党政治局有着天然的亲近感，⑤ 并且贾拉勒·塔拉巴尼认为复兴党是“承认库尔德人合法民族权利”的“第一个阿拉伯执政党”⑥。更为重要的是，库民党政治局还将此看作是削弱毛拉穆斯塔法力量的一个良机：复

---

① Edmund Ghareeb, *The Kurdish Question in Iraq*, Syracuse: Syracuse University Press, 1981, p. 74.

② Ofra Bengio, *The Kurds of Iraq: Building a State within a State*, London: Lynne Rienner Publishers, 2012, p. 27.

③ Edmund Ghareeb, *The Kurdish Question in Iraq*, Syracuse: Syracuse University Press, 1981, pp. 73－75.

④ Sa'd Nājī Jawād, *Al-'Irāq wa al-Mas'alat al-Kurdiyyah*, Landan: Dār al-Lām, 1990, p. 231.

⑤ David McDowall, *A Modern History of the Kurds*, London: I. B. Tauris, 1996, p. 325.

⑥ Edmund Ghareeb, *The Kurdish Question in Iraq*, Syracuse: Syracuse University Press, 1981, p. 75.

兴党倡导的社会主义改造理念一旦落实，将有效地推进库尔德社会的城市化进程，打压库尔德部落的生存空间，使毛拉穆斯塔法丧失其在库尔德社会中的代表性。

不愉快的历史互动记忆和出于巩固权力根基的迫切之需，让复兴党政府对毛拉穆斯塔法领导的库尔德民族主义运动采取“三步走”的措施，最终基本延续以军事手段为核心的解决思路：（1）单方面地向库尔德社会展现友好的姿态，以弱化毛拉穆斯塔法的民间支持。（2）坚持分而治之的策略，树立库民党政治局为库尔德人的合法代表，支持其与毛拉穆斯塔法的斗争。（3）继续与库尔德武装开展常规的军事作战。① 需要指出的是，第一、二项政策在落地伊始与第三项政策的确思路相异，但随着二者的失效，逐渐演化为服务于第三项目标的辅助政策。

首先，复兴党政府开始兑现其政治诺言，发布行政令在全国范围内允许伊拉克各级院校教授库尔德语，在苏莱曼尼亚市成立一所新的大学，对参与到库尔德战争中的所有人士进行政治大赦，成立新省杜胡克省，宣布库尔德新年诺鲁孜节为伊拉克的法定节日之一，承认库尔德人的民族身份，并在伊拉克的立法机构全国革命指挥委员会中成立北方事务局，以此表明新政权对库尔德人权利的重视。②

其次，复兴党政府任命贾拉勒·塔拉巴尼的支持者塔哈·穆希丁·马鲁夫（Ṭaha Muḥyī al-Dīn Maʻrūf）进入内阁，任命易卜拉欣·艾哈迈德为库尔德学术协会主席，批准库民党政治局所办的《光明报》（*al-Nūr*）为合法报纸，作为攻击毛拉穆斯塔法的舆论武器。更为重要的是，复兴党政府向库民党政治局下属的2000—4000名追随者提供资金和武器援助。该策略有着多方面的好处：库民党政治局武装对于库区内部的情况有着更好的了解，更适合开展伊拉克正规

---

① Ofra Bengio, *The Kurds of Iraq: Building a State within a State*, London: Lynne Rienner Publishers, 2012, p. 34.

② David McDowall, *A Modern History of the Kurds*, London: I. B. Tauris, 1996, pp. 325 - 326.

军所不擅长的游击战；进一步激化和固化库尔德民族主义运动内部的既有分歧，使其无法形成合力对抗中央政府；在库尔德人内部扶植代理人，可以让新生的复兴党政府将军队用于执行其他拱卫权力的安全任务。①

很明显，复兴党政府此二策略的目的在于，首先从民间社会和政治运动内部弱化毛拉穆斯塔法的权力基础，随后借库民党政治局之手击败毛拉穆斯塔法的“敢死战士”武装，从而换来后者政治上的妥协。不满于此的毛拉穆斯塔法决定向复兴党政府表明自身的实力，1968 年 10 月，其领导的“敢死战士”武装与库民党政治局武装在两伊边境爆发武装冲突，但无论是在人数上或是实际的作战经验上，库民党政治局都不是毛拉穆斯塔法的对手。战场形势的变化表明，复兴党政府在两个层面的库尔德策略都未能奏效，军事解决库尔德问题的思路在政府决策中重新占据主导。1968 年 11 月起，伊拉克军队派出两个师的兵力赴伊拉克北部作战，人数达 2 万余人，并配备以坦克、重型火炮和轰炸机等重型武器，② 开启了一场为期 1 年的战争，形成复兴党政府支持下的库民党政治局武装与亲政府库尔德民兵，同以色列和伊朗支持下的毛拉穆斯塔法“敢死战士”武装相对垒的作战局面。值得注意的是，被复兴党长期视为威胁的伊拉克共产党，不仅拒绝复兴党政府向其发出的共建伊拉克“民族进步阵线”（al-Jabhat al-Qawmiyyat al-Taqaddumiyyah/National Progressive Front）的邀请，还在战争中支持毛拉穆斯塔法阵营，要求和平解决库尔德问题。③

---

① Ofra Bengio, *The Kurds of Iraq: Building a State within a State*, London: Lynne Rienner Publishers, 2012, p. 35; Ṣalāḥ al-Khurasān, *Al-Tayyārāt al-Siyāsiyyah fī Kurdistān al-'Irāq: Qirā'ah fī Milaffāt al-Ḥarakāt wa al-Aḥzāb al-Kurdiyyah fī al-'Irāq (1946 – 2001)*, Bayrūt: Mu'assasat al-Balāgh li al-Ṭibā'ah wa al-Nashr wa al-Tawzī', 2001, p. 172.

② Ofra Bengio, *The Kurds of Iraq: Building a State within a State*, London: Lynne Rienner Publishers, 2012, pp. 35 – 36.

③ Edmund Ghareeb, *The Kurdish Question in Iraq*, Syracuse: Syracuse University Press, 1981, p. 78.

战争前期，伊朗只是为以色列开辟了向毛拉穆斯塔法运输武器和后勤物资的边境通道，并未深度地予以其支持。即便如此，“敢死战士”武装还是在战场上占据充分的优势，接连控制迪扎堡、拉尼亚、霍伊桑贾克、哈莱卜贾（Ḥalabja）和杜胡克等多个重要的交通据点，并由此赢得更多的社会支持，参战人数也从最开始的1万人迅速激增至2万余人。[①] 1969年3月，毛拉穆斯塔法武装还对基尔库克地区的石油设施发动了一次突袭，给伊拉克政府带来500万美元的损失，造成当地采油率连续10天下降70%。[②]

伊拉克军队在北部的应对乏力，被伊朗国王巴列维视为进一步制衡复兴党政权的良机。1969年4月，伊朗单方面宣布终止两国1937年就阿拉伯河边界问题达成的协议。该协议不过是重申了1847年奥斯曼帝国和波斯帝国间达成的《埃尔祖鲁姆条约》（*Treaty of Erzurum*），两国间的边界沿阿拉伯河东岸而划，该河的主权因此归伊拉克所有，伊朗使用阿拉伯河航道需要向伊拉克政府缴纳通行费。巴列维国王要求以阿拉伯河主航道的中心线作为两国的边界。当时的伊拉克军队共有7万余兵力，其中2万人部署在库尔德战场，1.8万人部署在西线遏制以色列（6000人位于叙利亚前线，1.2万人位于约旦前线），除了出于维护常规性的安全秩序需求外，剩余的兵力都被复兴党政府部署到南部，[③] 与边境另一侧的伊朗军队进行战略上的对峙，以维护伊拉克在该问题上的主权尊严和利益。

伊朗在北线支持库尔德人和在南线挑起阿拉伯河问题争端的策略，成功地限制了伊拉克军队在调度上的灵活性，打压着士兵们的

① Edmund Ghareeb, *The Kurdish Question in Iraq*, Syracuse: Syracuse University Press, 1981, p. 77.

② Marion Farouk-Sluglett and Peter Sluglett, *Iraq Since 1958: From Revolution to Dictatorship*, New York: I. B. Tauris, 2001, p. 129.

③ Ofra Bengio, *The Kurds of Iraq: Building a State within a State*, London: Lynne Rienner Publishers, 2012, p. 36.

士气。为打破此一僵局，复兴党政府从 1969 年 5 月起开始陆续从西线抽取兵力，计划从夏季开始向毛拉穆斯塔法发动集中性的猛攻，直指库区腹地，以此让军队得以从北线抽身。伊拉克总统哈桑·贝克尔还因此谴责伊朗称，其与库尔德人间的军事合作，不过是想转移伊拉克军队在以色列前线的注意力。[①] 为阻止复兴党政府突破伊朗设计的南北围堵，巴列维国王决定向伊拉克库尔德人提供直接的资金和武器支持，如轻型高射炮、野战炮和反坦克炮等常规作战装备，毛拉穆斯塔法因此成功抵御住伊拉克军队的夏秋攻势，将战局直接拖入不利于中央政府的冬季。在“敢死战士”武装攻陷政府军在苏尔达什（Surdash）、马尔加（Marka）和迪扎堡等地的军事据点后，伊拉克军队的战场形势由攻转守。[②]

伊拉克军队面临的北线战场困境，推动复兴党政府开始寻求非军事化的解决途径，其清晰地意识到，库尔德武装得以持续有效作战的关键是伊朗作为其战略大后方的支持，因此如果从伊朗入手进行谈判，对复兴党政府而言有着“一石二鸟”般的政治效益。首先，伊朗停止对毛拉穆斯塔法的支持后会带来库尔德局势的缓解；其次，在向伊朗做出政治让步的基础上换来两国关系的转圜，也将有效减轻复兴党政府在南部的压力。1969 年秋，复兴党政府派出一个代表团赴德黑兰进行谈判，希望伊朗关闭对库尔德人的支持通道。巴列维国王不愿放弃刚刚得手的战略上风，并担心脱身之后的伊拉克会与其竞争英国撤军海湾之后留下的地区权力真空，威胁到伊朗的统治，从而拒绝了复兴党的提议。由此，无奈之下的复兴党政府转而向毛拉穆斯塔法寻求和解。这一策略的劣势就在于，伊朗依旧保留

---

① Edmund Ghareeb, *The Kurdish Question in Iraq*, Syracuse: Syracuse University Press, 1981, p. 78.

② Ṣalāḥ al- Khurasān, *Al-Tayyārāt al-Siyāsiyyah fī Kurdistān al-ʻIrāq: Qirā'ah fī Milaffāt al-Ḥarakāt wa al-Aḥzāb al-Kurdiyyah fī al-ʻIrāq (1946 – 2001)*, Bayrūt: Mu'assasat al-Balāgh li al-Ṭibāʻah wa al-Nashr wa al-Tawzīʻ, 2001, p. 175.

着撬动伊拉克库尔德问题的筹码。[①]

有必要指出的是，对复兴党政府而言，选择与库尔德人进行谈判，并非出于真心认同库尔德人享有自治的民族权利，而是迫于政权存亡与权力斗争的压力。一方面，库尔德战争每日产生的25万伊拉克第纳尔的花销，严重地消耗着伊拉克的财政，让复兴党政府无法将资源充分地用于社会经济发展与合法性建构之中。另一方面，也是更为重要的，如何解决库尔德问题成为复兴党政权内部派系斗争的一个角力点。

复兴党二次上台后，政权内部的斗争主要围绕三人展开：复兴党伊拉克地区总书记、伊拉克总统艾哈迈德·哈桑·贝克尔，国防部部长兼副总理哈尔丹·阿卜杜·盖法尔·提克里提（Ḥardān ‘Abd al-Ghaffār al-Tikrītī）和内政部部长兼副总理萨利赫·马赫迪·阿马什。[②] 表面上看，复兴党政权的权力斗争是个人化的，但其本质上是复兴党在统治路线上的分歧。复兴党是否应该延续前任政府的军人统治路线？还是全盘改换依靠文官队伍？或者采取折中的方案？提克里提坚持继续依靠军队维护统治；阿马什认为除军队外还应在政权内部建立制衡性的安全力量；哈桑·贝克尔则持中立调和的态度，主张党军共治的模式，其族人及党内助理萨达姆·侯赛因（Ṣaddām Ḥusayn）为文官出身，主张权力应该掌握在党及其安全机构的手中。[③] 从大的层面上做粗略的划分，复兴党政权内部又可分为以提克里提和阿马什为首的强硬军官派和哈桑·贝克尔与萨达姆·侯赛因结成的温和文官派两大阵营。

复兴党政府一开始落实的两项库尔德政策，都表明文官思路在

---

① Ofra Bengio, *The Kurds of Iraq: Building a State within a State*, London: Lynne Rienner Publishers, 2012, p. 36.

② Charles Tripp, *A History of Iraq*, Cambridge: Cambridge University Press, 2007, pp. 189 – 190.

③ Ofra Bengio, *The Kurds of Iraq: Building a State within a State*, London: Lynne Rienner Publishers, 2012, p. 36.

该问题中占据上风，萨达姆·侯赛因也是与库尔德人进行和谈的主推者。[①] 但随着 1968 年 10 月库尔德战事重燃，提克里提—阿马什阵营获得优势，重新推动军事解决库尔德问题的思路。贝克尔—侯赛因阵营深切地担忧激进的解决思路会像 1963 年一样，极大地削弱复兴党的统治根基。为此，在 1969 年 2 月举行的第七届地区大会上，贝克尔—侯赛因阵营推动通过了把社会主义改造作为伊拉克复兴党执政重心的决议，选举萨达姆·侯赛因为伊拉克地区副总书记，把其族人塔哈·亚辛·拉马丹（Ṭaha Yāsīn Ramaḍān）和伊扎特·易卜拉欣·杜里（‘Izzat Ibrāhīm al-Dūrī）等人选入地区指挥委员会，[②] 这实际上是在制衡提克里提—阿马什阵营在党内的影响力。相应地，此次大会还通过了以 1966 年巴扎兹《6 月 29 日声明》为基础解决库尔德问题的决议。[③] 随着 1969 年秋伊拉克军队在库尔德战场上的应对失效，萨达姆·侯赛因意识到是时候将七大的决议付诸实践，以进一步排斥提克里提—阿马什阵营。

在毛拉穆斯塔法方面，从 1961 年起断断续续持续了近 9 年的库尔德战争，已对库尔德社会带来了沉重的负担。据统计，这场战争共造成 6 万余人伤亡，超 3000 座库尔德村庄遭到重创，有约 1.3 万个家庭依赖于毛拉穆斯塔法而生计。[④] 毛拉穆斯塔法明白，若长此以往，自己在库尔德社会中积累的政治资本会因战争而损耗，并且此轮战事已为其赢得预期的目标：中央政府主动求和的谈判姿态；库民党政治局地位的下降。更为重要的是，毛拉穆斯塔法理解伊朗在伊朗—库尔德人—伊拉克这一组三角关系中处于顶点位置，具有引

---

① David McDowall, *A Modern History of the Kurds*, London: I. B. Tauris, 1996, p. 324.

② Charles Tripp, *A History of Iraq*, Cambridge: Cambridge University Press, 2007, p. 189.

③ Marion Farouk-Sluglett and Peter Sluglett, *Iraq Since 1958: From Revolution to Dictatorship*, New York: I. B. Tauris, 2001, p. 129.

④ David McDowall, *A Modern History of the Kurds*, London: I. B. Tauris, 1996, p. 326.

导局势的作用，并曾于1963年配合过复兴党政权打压库尔德人，还于后期支持库民党政治局打压自己，因此对伊朗怀有深深的战略疑虑。而在此轮合作中，伊朗还一度收缩过支持力度，防止毛拉穆斯塔法的实力增长过快。1968年10月，毛拉穆斯塔法向土耳其政府致信，希望获得支持，以此来分担单独与伊朗绑定的风险，但无疾而终。[①] 因此，毛拉穆斯塔法也愿意接受复兴党政府递出的橄榄枝，将战场上的优势切实地转变为政治谈判的资本，进一步夯实自身在库尔德社会内的领袖地位。值得注意的是，在复兴党政权内斗问题上，毛拉穆斯塔法与贝克尔—侯赛因阵营有着共同的利益，他也忌惮于强硬军官派主导局面后会对库尔德人采取更为严苛的政策，威胁到自身的利益。

此外，苏联也发挥了一定的斡旋作用。1968年复兴党上台后，外交上与苏联关系更趋紧密，后者也计划把伊拉克打造成控制中东的抓手，但伊拉克境内复杂分化的局势让复兴党政府自顾不暇，难以满足苏联的诉求，因此苏联也希望尽快平复库尔德战争，从而让伊拉克更好地服务于其地区利益。1969年11月，苏联通过《真理报》（*Pravda*）驻贝鲁特记者叶夫根尼·普里马科夫（Yevgeny Primakov）分别向复兴党政府和毛拉穆斯塔法递信，劝和促谈，并委托与苏联关系密切的伊拉克政治家阿齐兹·谢里夫（'Azīz Sharīf）作为哈桑·贝克尔和毛拉穆斯塔法通信的中间人。如此，在双方领导人的同意下，1969年12月，复兴党政府与库尔德人正式开启谈判。[②]

二　复兴党—库尔德谈判与《三月声明》的颁布

贝克尔—侯赛因阵营虽然将谈判推上日程，但伊拉克复兴党作

---

① Ofra Bengio, *The Kurds of Iraq: Building a State within a State*, London: Lynne Rienner Publishers, 2012, pp. 36 – 37.

② Ṣalāḥ al- Khurasān, *Al-Tayyārāt al-Siyāsiyyah fī Kurdistān al-'Irāq: Qirā'ah fī Milaffāt al-Ḥarakāt wa al-Aḥzāb al-Kurdiyyah fī al-'Irāq (1946 – 2001)*, Bayrūt: Mu'assasat al-Balāgh li al-Ṭibā'ah wa al-Nashr wa al-Tawzī', 2001, pp. 177 – 178.

为一个泛阿拉伯民族主义政党，要在其政治实践中给予库尔德人自治权，依旧面临着很大的内外压力。从党内来看，除提克里提—阿马什等强硬军官反对之外，即使在文官派系内部，也有很多党员担心这可能会助长库尔德人分裂的倾向，有损于伊拉克的统一和阿拉伯国家合并的长远计划。从党外来看，复兴党鲜明的阿拉伯民族主义意识形态，让库尔德人担忧该党会对少数族群采取沙文主义的政策，而当伊拉克并入一个更大的阿拉伯国家实体后，库尔德人的少数派地位会被进一步加剧，面临更为严峻的安全和生存威胁。为给政治解决库尔德问题创造舆论空间，复兴党文官队伍从 1969 年起就开始广泛地开展前期准备工作。

如前所述，在 1969 年 2 月的第七届地区大会，伊拉克复兴党发表声明称：

> 大会强调我们政党（复兴党）是从民族主义、人文主义、社会主义和民主意识形态出发而奋斗和制定政策（的政党），一直以来尊重库尔德人民在进步和爱国背景下的合法诉求……大会已经开始在阿拉伯—库尔德兄弟情谊的基础上解决库尔德问题，接受库尔德人有权捍卫他们民族属性的信念，并以此作为建设阿拉伯民族和库尔德民族为统一而奋斗的基础。①

1969 年 4—10 月，复兴党又以其党刊《阿拉伯革命报》（*al-Thawrat al-'Arabiyyah*）为主要阵地，对“自治换和平”的库尔德问题解决方案展开讨论。复兴党首先在若干篇文章中改善毛拉穆斯塔法在复兴党党内长期以来的负面形象，称其领导的运动是库尔德社会中最强大也最能代表库尔德人的运动。②

---

① Edmund Ghareeb, *The Kurdish Question in Iraq*, Syracuse: Syracuse University Press, 1981, pp. 80 - 81.

② Ofra Bengio, *The Kurds of Iraq: Building a State within a State*, London: Lynne Rienner Publishers, 2012, p. 38.

复兴党民族指挥部总主席、意识形态理论家米歇尔·阿弗莱克（Mīshīl ‘Aflaq）也为此做出理论阐释。在6月一篇题为《库尔德问题与阿拉伯革命》的讲话中，他指出，复兴党在原则上承认库尔德人有着某种程度的自治权，但在政治层面，则需要区分库尔德叛乱运动和库尔德爱国运动之间的区别。前者是殖民主义与反动势力利用库尔德人爱国情感的产物，当叛乱运动崛起时，政府就会以镇压相应对，长此以往，双方间充满了仇恨的情绪，最终导致叛乱运动走向分裂的诉求。而库尔德爱国运动则不同，因为库尔德人与阿拉伯人在一起共同生存了数个世纪，二者没有本质的差异，因此库尔德爱国运动，或者说库尔德爱国革命，从根本上来看，是阿拉伯革命的一部分。复兴党应该警惕不要被殖民主义和反动势力的阴谋所利用，解决少数民族问题需要践行社会主义，建立社会主义国家，这样才能避免库尔德人与阿拉伯人之间的冲突，使各民族命运与共，消灭阶级压迫和民族专政。① 事实上，阿弗莱克的此番论述与其1955年一篇题为《当我们的解放民族面临宗教与族群分裂》的发言一脉相承。他在该发言中指出，大部分库尔德人所期望的不过是一种幸福且有尊严的生活，而社会主义将满足他们的这一诉求。②

随后，在1969年7月17日举行的革命胜利周年纪念大会上和12月《阿拉伯革命报》刊登的一篇题为《如何解决库尔德问题》的文章中，复兴党政府都再次重申阿弗莱克提出的原则和解决办法。10月，阿弗莱克本人还亲自赴巴格达对贝克尔—侯赛因阵营表示支持。在1970年3月举行的复兴党第十届民族大会上，复兴党总部通过决议，同意复兴党伊拉克地区分支在伊拉克国家统一的框架内赋

---

① Mīshīl ‘Aflaq, “Al-Mas’alat al-Kurdiyyah wa al-Thawrat al-‘Arabiyyah,” in *Fī Sabīl al-Ba‘th*, Al-Juz’ al-Khāmis, Baghdād: Ḥizb al-Ba‘th, 1987, pp. 36 – 38.

② Mīshīl ‘Aflaq, “Qawmiyyatunā al-Mutaḥarrirah amāma al-Tafriqat al-Dīniyyah wa al-‘Unṣuriyyah,” in *Fī Sabīl al-Ba‘th*, Al-Juz’ al-Awwal, Baghdād: Ḥizb al-Ba‘th, 1987, p. 181. 相关论述也可参见韩志斌《伊拉克复兴党民族主义理论与实践研究》，中国社会科学出版社 2011 年版，第 35—37 页。

予库尔德人自治权，保证阿拉伯人与库尔德人的合作。①

在活跃党内和社会舆论氛围的同时，贝克尔—侯赛因阵营也在推动着谈判进程。事实上，双方间的接触早在1969年9月就已开始，但库尔德问题的政治敏感性，使得谈判在秘密中展开。谈判地点设在巴格达或库民党位于纳乌帕尔丹（Nawpardan）的总部，双方交替派遣代表团赴对方地点进行谈判，毛拉穆斯塔法由于担心自身安全，从未亲赴巴格达，而是派遣他的两个儿子伊德里斯·巴尔扎尼和马苏德·巴尔扎尼，以及负责外交关系的马哈茂德·奥斯曼（Maḥmūd ‘Uthmān）为库尔德人的谈判代表。在此有必要指出的是，学界之所以普遍将1969年12月或1970年1月而非1969年9月定为开启谈判的时间点，是基于9月秘密接触时，除萨达姆·侯赛因亲自领导的文官外，提克里提、阿马什、总参谋长哈麦德·希哈布（Hammād Shihāb）和巴格达卫戍部队指挥官萨敦·盖伊丹等强硬派军官也参与了谈判，这意味着，文官派系试图推进的议程，依旧面临着巨大的内部阻力，该阶段的谈判并没有任何实际的成效，因此往往不被研究者计入考虑。

借伊拉克军队秋季攻势的失败，哈桑·贝克尔于1969年10月把60名提克里提—阿马什阵营的军官解职，提克里提和阿马什本人也分别卸任副总理一职。这在很大程度上为谈判扫清障碍。1969年12月，双方终于在原则上达成以自治方案解决问题的共识，为未来的谈判奠定了基础。② 1970年1月21日，一项谋求推翻贝克尔—侯赛因阵营的军事政变被发现，33名军官被处决，提克里提—阿马什阵营的势力也被进一步削弱。借此机会，萨达姆·侯赛因于1970年1月24日公开宣布中央政府在与库尔德人进行谈判，革命指挥委员

① Ofra Bengio, *The Kurds of Iraq: Building a State within a State*, London: Lynne Rienner Publishers, 2012, p. 38.

② Ṣalāḥ al- Khurasān, *Al-Tayyārāt al-Siyāsiyyah fī Kurdistān al-‘Irāq: Qirā’ah fī Milaffāt al-Ḥarakāt wa al-Aḥzāb al-Kurdiyyah fī al-‘Irāq (1946 – 2001)*, Bayrūt: Mu’assasat al-Balāgh li al-Ṭibā‘ah wa al-Nashr wa al-Tawzī‘, 2001, pp. 178 – 179.

会也于同日对参与到北部战事中的库尔德人颁布大赦令。复兴党政府原本希望能在其首次上台的2月8日发布一个双方的联合声明，宣布库尔德问题的解决。但双方在一些原则性和具体性的问题上依旧存有分歧，难达共识，导致计划推迟。

第一，自治践行形式问题。库尔德人要求领土意义上的自治，即对自治区内的领土进行实际控制，而中央政府则认为这无异于建立一个国中之国，会为未来埋下分裂的种子，库尔德人享有的民族权利应该是在个人与文化层面的权利。《阿拉伯革命报》还刊文称："库尔德民族主义不必然要求创造一个库尔德人在其中满足其民族权利的地理区域。"①

第二，自治区范围划定问题。伊拉克中央政府同意将埃尔比勒省、苏莱曼尼亚省和新成立的杜胡克省划为库尔德自治区，库尔德人则要求将基尔库克省也划入其中，因为他们构成该省的绝大多数人口。中央政府对此表示拒绝，称基尔库克省是一个多民族杂居的省份，库尔德人只占到其中的一小部分。② 针对基尔库克当时的人口比例并没有明确的统计，最新的一份被各方公认的数据是在1957年开展的。该数据显示，在全省范围内，库尔德人占到总人口的48.3%，阿拉伯人占28.2%，土库曼人占21.4%，剩余人口为迦勒底人和亚述人等少数族群。但在基尔库克城内，又是土库曼人所占比例最高。③ 事实上，除人口因素外，双方就基尔库克省的归属分歧主要在于该省有着丰富的石油储量，实际控制该省的一方将极大地提高其在经济乃至政治上的影响力。有鉴于此，复兴党政府在1963年执

① Ofra Bengio, *The Kurds of Iraq: Building a State within a State*, London: Lynne Rienner Publishers, 2012, p. 41.

② Ofra Bengio, *The Kurds of Iraq: Building a State within a State*, London: Lynne Rienner Publishers, 2012, p. 41.

③ 具体数据和分析参见 David Romano, "Kirkuk: Constitutional Promises of Normalization, Census, and Referendum Still Unfulfilled," *Middle East Institute*, July 1, 2008, https://www.mei.edu/publications/kirkuk-constitutional-promises-normalization-census-and-referendum-still-unfulfilled。

政期间，就开始系统地对基尔库克省内的石油富庶地区推行阿拉伯化政策，改变当地的人口版图，虽然此前的伊拉克政府也鼓励阿拉伯人北迁，但大部分移居者都为自发性的，缺乏足够的政策和经济刺激。①

第三，权力分享问题。复兴党执政后伊拉克的最高权力和决策机构为全国革命指挥委员会，其成员均为复兴党党员。库尔德代表团要求该机构中有一定比例的库尔德人代表，但复兴党称目前伊拉克依旧处于过渡阶段，暂时只有复兴党党员才有资格进入委员会。很明显，复兴党政府并不愿意真正地与库尔德人分享实权。相应地，库尔德人要求两年内在库尔德自治区建立地区议会的提议，也被中央政府拒绝了。②

第四，军事安全问题。和领土控制问题一样，复兴党政府希望尽可能地垄断对暴力的使用权，要求毛拉穆斯塔法将“敢死战士”武装人数从战时的2万人缩减到5000人，而毛拉穆斯塔法则要求保留至少1万人，并坚持政府解散其组建的亲政府库尔德民兵武装“萨拉丁骑士兵团”。迫于压力的复兴党政府只答应了后一项诉求。③双方在该问题上的分歧，充分暴露出双方间的战略互疑与安全困境。

会谈一度陷入停滞，阿齐兹·谢里夫极力居中调解而未果。毛拉穆斯塔法阵营内部也对和谈开始产生立场分化，分为以毛拉穆斯塔法和伊德里斯·巴尔扎尼为主的保守派（主张退出和谈），以及以马哈茂德·奥斯曼、哈比卜·穆罕默德·凯里姆和马苏德·巴尔扎尼为主的促和派。④ 复兴党文官阵营担心如果错失这次和解机会的

---

① Sherko Kirmanj, *Identity and Nation in Iraq*, Boulder: Lynne Rienner Publishers, 2013, p. 152.

② Ofra Bengio, *The Kurds of Iraq: Building a State within a State*, London: Lynne Rienner Publishers, 2012, p. 41.

③ David McDowall, *A Modern History of the Kurds*, London: I. B. Tauris, 1996, p. 326; Ofra Bengio, *The Kurds of Iraq: Building a State within a State*, London: Lynne Rienner Publishers, 2012, p. 42.

④ Ṣalāḥ al- Khurasān, *Al-Tayyārāt al-Siyāsiyyah fī Kurdistān al-'Irāq: Qirā'ah fī Milaffāt al-Ḥarakāt wa al-Aḥzāb al-Kurdiyyah fī al-'Irāq (1946 – 2001)*, Bayrūt: Mu'assasat al-Balāgh li al-Ṭibā'ah wa al-Nashr wa al-Tawzī', 2001, pp. 182 – 183.

话，军官阵营将重塑其在政权内的势力，且1月份的军事政变表明，形势已不允许复兴党政府再和库尔德人开战，否则1963年的悲剧将再度上演。[①] 萨达姆·侯赛因就此认定有必要做出一定的让步，保证双方达成和平协议。1970年3月8日，他亲自赴纳乌帕尔丹与毛拉穆斯塔法进行了三天的谈判。据说他将一支笔和几张空白的表格放在后者前面，让他把库尔德人的诉求都写下来，同时称自己在达成一份双方都接受的协议前绝不离开，以此表明自己的决心。[②]

最终，复兴党政府同意库尔德人要求的领土性自治原则。在基尔库克归属问题上，双方同意暂时搁置争议，待一年期限内开展一次新的人口普查后再做决定；在权力分享方面，复兴党政府依旧不同意库尔德人进入革命指挥委员会，但向库尔德人许诺了5个部长和1个副总统的职位；在安全问题上，库尔德人同意把“敢死战士”武装规模减裁至6000人，由中央政府出资以边境卫队（al-Ḥars al-Waṭanī li al-Ḥudūd）的形式保留下来，中央政府相应地解散“萨拉丁骑士兵团”，停止对库民党政治局派系的支持。[③]

3月10日，双方签署自治协议。3月11日，伊拉克总统哈桑·贝克尔在电视与广播上发表《三月声明》（*Bayān Ādhār/March Declaration*），正式赋予库尔德人自治权。《三月声明》共有15项条款，分别为：

（1）在库尔德人占多数的地区，库尔德语和阿拉伯语一样都是官方语言，还是这些地区的教学语言，并将作为第二语言在整个伊拉克教授。

---

① Ṣalāḥ al-Khurasān, *Al-Tayyārāt al-Siyāsiyyah fī Kurdistān al-'Irāq: Qirā'ah fī Milaffāt al-Ḥarakāt wa al-Aḥzāb al-Kurdiyyah fī al-'Irāq (1946–2001)*, Bayrūt: Mu'assasat al-Balāgh li al-Ṭibā'ah wa al-Nashr wa al-Tawzī', 2001, p. 182.

② David McDowall, *A Modern History of the Kurds*, London: I. B. Tauris, 1996, p. 327.

③ Ofra Bengio, *The Kurds of Iraq: Building a State within a State*, London: Lynne Rienner Publishers, 2012, p. 42.

（2）库尔德人可以进入政府就职，包括内阁与军队中的高级别和敏感职位。

（3）强化库尔德人的教育和文化发展事业。

（4）库尔德人占多数地区的政府官员必须由库尔德人或操库尔德语者担任。

（5）库尔德人有权自由建立自己的学生、青年、妇女和教师组织。

（6）划拨专款用于库尔德斯坦地区的发展。

（7）向烈士家属和其他受难于贫困、失业和流浪的群体提供抚恤金和援助。

（8）将受以往政策影响的库尔德人和阿拉伯人迁回原址。

（9）在库尔德斯坦地区开展土地革命。

（10）修改宪法，规定伊拉克人由阿拉伯人和库尔德人两个民族构成。

（11）库尔德人的电台站和重型武器都移交给复兴党政府。

（12）任命一位库尔德人为副总统。

（13）按照一种符合该声明内涵的方式修改《省区法》。

（14）把库尔德人占多数的地区合并为一个自治区单位。

（15）按照库尔德人占伊拉克总人口的比例赋予其立法权。①

很明显，库尔德人在此次谈判中获得了极大的政治胜利，除第11项条款外，几乎都是复兴党政府在向库尔德人做出妥协和让步。首先，为淡化自身的劣势，复兴党政府没有将如前所述的双方在敏感争议问题上的5项条款公之于众，而是对库尔德人进行秘密承诺。其次，复兴党政府采用“声明”（bayān/declaration）的字眼，而非在库尔德人中广泛使用的“协议”（ittifāqiyyah/agreement）一词，以表明库尔德人并非和中央政府处于对等地位谈判，而这只是复兴

---

① David McDowall, *A Modern History of the Kurds*, London: I. B. Tauris, 1996, pp. 327 - 328.

党政府对第七届地区大会解决库尔德问题原则的落实，是其单方面的决定。最后，复兴党政府也对这些条款的落实做了一些相应的限制，如强调自治必须在伊拉克共和国的框架下践行，石油等自然资源的开采使用权依旧掌握在中央政府手中，自治不会立刻全面落实，要先经过一个4年的过渡期，即在1975年前完成自治。

当然，从长期来看，《三月声明》的颁布也为复兴党政府带来多方面的裨益。首先，贝克尔—侯赛因文官阵营借此进一步稳固自身地位，有效地打压军官阵营，巩固了复兴党政权的执政根基。1970年4月，国防部部长提克里提和内政部部长阿马什分别遭到解职，被任命为副总统。① 其次，复兴党政府将保证从北部获得稳定的石油收益，用于发展伊拉克的经济。最后，毛拉穆斯塔法停止与以色列和伊朗合作后，伊拉克军队得以抽身向西线和南线补给，分别制衡两国各自在巴勒斯坦和海湾地区的扩张态势。

第二节　库尔德人自治与大国干预

一　库尔德人自治与毛拉穆斯塔法地位的提升

1969年3月12日，即《三月声明》颁布的第二天，马哈茂德·奥斯曼和毛拉穆斯塔法的两个儿子率代表团赴巴格达，与哈桑·贝克尔总统在解放广场一起参加了盛大的群众庆祝活动。同月21日，萨达姆·侯赛因再赴库区访问，与毛拉穆斯塔法共度库尔德新年诺鲁孜节，受到3万余当地民众的欢迎。萨达姆对《三月声明》的热忱，既是出于对自己政绩的维护，也是由于担心毛拉穆斯塔法对中央政府心怀芥蒂的情绪会被伊朗再度利用，导致协议破产。《三月声明》颁布后，伊朗和土耳其纷纷感到压力，一方面担心本国的

---

① Marion Farouk-Sluglett and Peter Sluglett, *Iraq Since 1958: From Revolution to Dictatorship*, New York: I. B. Tauris, 2001, p. 135.

库尔德人会受到刺激要求类似的自治权利；另一方面则是认为伊拉克将腾出精力着手准备填补英国撤军海湾后留下的地区权力真空，威胁两国的战略安全。[①] 因此萨达姆希望能够安定毛拉穆斯塔法的想法，保证伊拉克北部地区局势的稳定。为此，萨达姆宣布成立一个由双方 6 人共同组成的最高和平委员会（al-Lajnat al-'Ulyā li al-Salām），负责监督《三月声明》的落实情况。

第一，人事任命方面。3 月，复兴党政府将库民党的五位成员招入内阁（《三月声明》第 2 条款）：萨米·阿卜杜·拉赫曼（Sāmi 'Abd al-Raḥmān）任北方事务部部长，努里·沙维斯任住建部部长，萨利赫·尤素菲（Ṣāliḥ al-Yūsufī）任国务部长，伊赫桑·希尔宰德（Iḥsān Shirzād）任市政部部长，纳菲兹·贾拉勒·胡维兹（Nāfidh Jalāl Huwayzī）任农业部部长。同时，任命库民党成员为库区和库尔德人占多数地区的政府官员（第 3 条款），如阿里·阿卜杜拉为苏莱曼尼亚省省长，阿里·辛贾里（'Alī al-Sinjārī）为杜胡克省省长。

第二，文化权利方面。库尔德语开始在相关地区使用（第 1 条款），库尔德语报刊被批准公开发行，其中包括库民党党报《团结报》（*al-Ta'ākhi*），该时期也涌现出许多用库尔德语写作的诗人和作家，并成立了文学家协会（第 3 条款）；一批学生、青年、妇女和教师组织也陆续建立（第 5 条款）。

第三，经济发展方面。复兴党政府划拨专款重建因战受损的库尔德村庄，开启当地的基础设施建设和经济项目，新建 2700 处住宅区，1959 年中断的农业改革也得到了重启，因此而失去土地的佃农被安置到新建的城区内定居。（第 6、第 8 和第 9 条款）。

第四，军事安全层面。复兴党政府 5 月解散了"萨拉丁骑士兵团"，将其中的部分民兵并入边境卫队，即库民党的"敢死战士"武装，革命指挥委员会颁布《"敢死战士"法》，对他们发放每人 15

---

① Ofra Bengio, *The Kurds of Iraq: Building a State within a State*, London: Lynne Rienner Publishers, 2012, p. 51.

伊拉克第纳尔的月薪，毛拉穆斯塔法本人的月薪则高达3.5万—5万第纳尔不等。

虽然在副总统任命的人选问题上，双方不能就库民党推荐的哈比卜·穆罕默德·凯里姆达成一致（第12条款），因为凯里姆是一位来自伊朗的“费里”库尔德人（al-Kurd al-Faylī），人种上靠近鲁尔人，信仰上是什叶派穆斯林。但是，复兴党政府积极的践行态度，还是在一定程度上打消了毛拉穆斯塔法的疑虑。1970年12月，他还曾表示：“目前我们是乐观的。十年的交战后，伊拉克政府3月向我们提供了自治，到目前为止他们似乎一直在执行协议。”①

库尔德人自治落实的另一面，是毛拉穆斯塔法个人的权力地位达到顶峰。毛拉穆斯塔法被复兴党政府认定为伊拉克库尔德人的唯一合法代表，库民党也获得伊拉克内政部的认证，成为合法政党，可以公开地在伊拉克开展组织活动。而其对手塔拉巴尼—艾哈迈德派系领导的库民党政治局则失去中央政府的支持，在政治上面临全面的溃败，其下属的4000名追随者被解除武装和停发薪资，《光明报》被勒令停刊，塔哈·穆希丁·马鲁夫也失去部长职位。1971年2月，贾拉勒·塔拉巴尼迫于无奈解散库民党政治局，重新并入毛拉穆斯塔法领导的库民党组织架构。

1970年7月1日，库民党在纳乌帕尔丹召开第八届党代表大会，为期6天，共有488名代表参加。值得注意的是，参与此次大会的还有来自伊拉克共产党、其他国家的库尔德政党、欧美的库尔德学生组织和巴勒斯坦解放组织（PLO，以下简称“巴解组织”）的代表，② 充分证明了自治后库民党不断上升的地区政治影响力。大会决定，毛拉穆斯塔法连任党的主席，哈比卜·穆罕默德·凯里姆担任

---

① Edmund Ghareeb, *The Kurdish Question in Iraq*, Syracuse: Syracuse University Press, 1981, p. 102.

② Ṣalāḥ al- Khurasān, *Al-Tayyārāt al-Siyāsiyyah fī Kurdistān al-'Irāq: Qirā'ah fī Milaffāt al-Ḥarakāt wa al-Aḥzāb al-Kurdiyyah fī al-'Irāq (1946 – 2001)*, Bayrūt: Mu'assasat al-Balāgh li al-Ṭibā'ah wa al-Nashr wa al-Tawzī', 2001, p. 186.

总书记。大会选举产生新一届党的中央委员会和政治局成员，中央委员会的规模从原有的17人扩展为24人，并首次吸纳女性成员宰基娅·伊斯梅尔·哈基（Zakiyyat Ismā'īl Ḥaqqī）。从成员构成上来看，塔拉巴尼—艾哈迈德派系被排除在外，处在被全面边缘化的位置。毛拉穆斯塔法为了防止再出现1959年和1964年类似的党内分裂和争权现象，进一步强化巴尔扎尼家族力量对库民党领导权的控制，把他的两个儿子伊德里斯·巴尔扎尼和马苏德·巴尔扎尼召为库民党党员，直接僭越党的晋升章程，将二人纳入中央委员会和政治局，全面控制情报机构“巴拉斯汀”、外交关系委员会和“敢死战士”武装等核心权力机构。同时，毛拉穆斯塔法还对许多非党员亲信进行提拔，他们构成库民党领导层的1/3。① 从军政关系的角度来看，伊拉克库尔德民族主义运动的领导权被实际掌握武力的巴尔扎尼部落力量所垄断。

在伊拉克库尔德社会内部，库民党的影响力和号召力也因自治成就在不断上升。八大之后，库民党吸纳1万余名新党员。这极大地威胁了伊拉克共产党在库区既有的群众基础，导致库民党与伊拉克共产党间的关系更多地由先前的合作转向竞争。复兴党政府不满于伊拉克共产党不愿配合加入“民族进步阵线”的立场，开始利用库民党与伊拉克共产党间的矛盾，向前者承诺如若其帮助复兴党打压伊拉克共产党，复兴党将停止在库区的动员活动。复兴党伊拉克地区指挥委员会委员塔哈·亚辛·拉马丹在1974年3月的一份报告中承认了这一点，称1972年3月起复兴党就停止在库区的工作，但他指出这是库民党主动向复兴党提出的诉求。② 无论如何，伊拉克共产党的弱化和复兴党的退出，让毛拉穆斯塔法领导的库民党在库区

---

① Ṣalāḥ al- Khurasān, *Al-Tayyārāt al-Siyāsiyyah fī Kurdistān al-'Irāq: Qirā'ah fī Milaffāt al-Ḥarakāt wa al-Aḥzāb al-Kurdiyyah fī al-'Irāq (1946 - 2001)*, Bayrūt: Mu'assasat al-Balāgh li al-Ṭibā'ah wa al-Nashr wa al-Tawzī', 2001, p. 187.

② Ba'th Regional Command Collection (hereinafter referred to as BRCC), Doc. Nos. 01 - 3378 - 0000 - 0325 to 0326, March 2, 1974.

拥有更大的政治活动空间，近乎成为当时伊拉克库区中最为有效且强大的政党组织，并有力地推动了库尔德民族意识在库区社会中的传播。需要注意的是，由于知识分子等左翼派系在党内遭到排挤，党的组织工作机制建设实际上并不健全，因此对庞大新增党员的管理实际上还处于一种松散的状态。①

更为重要的是，在此次大会中，库民党确立要为伊拉克库尔德人实现自治而奋斗的目标，让他们享有和伊拉克的阿拉伯民族主义运动相同的成就，要求按照库尔德人占伊拉克人口的比例获得相应的石油收益，同时库民党还要致力于支持库尔德斯坦其他地区库尔德人的斗争。② 很明显，毛拉穆斯塔法并不满足于仅做伊拉克库尔德人的领袖，而是有着成为全库尔德民族英雄的抱负。

二　自治分歧、冷战与美国的"隐蔽行动"

在复兴党政权内部，虽然文官阵营已经占据显著的上风，但随着库尔德自治的不断落实，阿马什领导的军队阵营对《三月声明》越发不满。相较于他们而言，萨达姆·侯赛因当然保持着高度的热情，坚持和平解决库尔德问题，但在关键性的问题上，两个阵营又有着共同的利益，萨达姆之所以向库尔德人做出让步，不过是想争取时间来打压对手和巩固自己对军队的控制。在这些问题中，首当其冲的就是基尔库克省的归属问题。

按照双方先前达成的共识，复兴党政府会在《三月声明》颁布后的一年内对基尔库克省开展新一次的人口普查，然后以此为基础来决定该省的归属。1970 年 6 月 18 日，规划部部长贾瓦德·哈希姆（Jawād Hāshim）宣布政府计划在同年的 10 月 26 日开始普查。但就

---

① Ṣalāḥ al- Khurasān, *Al-Tayyārāt al-Siyāsiyyah fī Kurdistān al-'Irāq: Qirā'ah fī Milaffāt al-Ḥarakāt wa al-Aḥzāb al-Kurdiyyah fī al-'Irāq (1946 – 2001)*, Bayrūt: Mu'assasat al-Balāgh li al-Ṭibā'ah wa al-Nashr wa al-Tawzī', 2001, p. 189.

② Ofra Bengio, *The Kurds of Iraq: Building a State within a State*, London: Lynne Rienner Publishers, 2012, p. 52.

在规定日期的5天前，革命指挥委员会临时决定推迟普查至1971年3月。复兴党政府从一开始就不同意将石油资源富庶的基尔库克省划定为库尔德自治区的一部分，因为这不仅会直接导致中央政府财政收入的锐减，还无异于赋予了库尔德人更多独立的筹码，因此复兴党政府只是在姿态上向库尔德人表现要解决分歧，但没有意愿和动力真的开展普查，并担心一旦如此，反而会坐实库尔德人占该省人口主体的事实，让中央政府处于被动的局面。复兴党政府建议库尔德人以一份1965年的数据作为依据，但库尔德人怀疑其真实性，认为该数据人为提高了阿拉伯人的占比。而对更有公信力的1957年数据，库尔德人也不愿意接受，因为库尔德人在全省范围内并不占绝对多数，同时土库曼人构成基尔库克市内的人口主体。复兴党政府所采取的策略为，一方面拖延普查，另一方面则建议采用对其有利的数据。例如，1957年数据方案为复兴党政府成功赢得土库曼人的支持，加强库尔德人解决该问题面临的复杂性。①

库尔德人虽然坚持要统计时下的最新数据，但又坚称如若普查结果显示为阿拉伯人占大多数，他们则拒不接受。因为从1970年开始复兴党政府就对基尔库克、哈尼金等地区重启阿拉伯化的政策，每户迁往北方指定地区的阿拉伯家庭都可以免费获得一处住宅和一笔2万第纳尔的补贴，在相关企业的就业安排中，优先招聘新移居的阿拉伯人，并且工资翻倍。② 在库尔德人看来，复兴党政府的这些刺激性政策，是为了改变基尔库克省的人口构成，因此即使普查中阿拉伯人占据主体，也是对原有现实不客观的反映。③

---

① David McDowall, *A Modern History of the Kurds*, London: I. B. Tauris, 1996, p. 330.

② Ṣalāḥ al- Khurasān, *Al-Tayyārāt al-Siyāsiyyah fī Kurdistān al-ʻIrāq: Qirā'ah fī Milaffāt al-Ḥarakāt wa al-Aḥzāb al-Kurdiyyah fī al-ʻIrāq (1946 – 2001)*, Bayrūt: Mu'assasat al-Balāgh li al-Ṭibā'ah wa al-Nashr wa al-Tawzī', 2001, pp. 180 – 181.

③ Ofra Bengio, *The Kurds of Iraq: Building a State within a State*, London: Lynne Rienner Publishers, 2012, p. 54.

直至1972年6月1日宣布对伊拉克石油公司国有化之时，复兴党政府从未切实推动过基尔库克省的人口普查事宜。当日，基尔库克省的55口油井被率先接管，随后才是摩苏尔和巴士拉地区的油井。复兴党政府的这一决定，是以实际行动否决了库尔德人对基尔库克省的诉求，并对其造成严重的利益损失。一方面，国有化后西方资本的退出，导致国际石油市场原有的销售渠道不畅，石油收入下降，相应划拨给库尔德人的发展资金被削减50%；另一方面，英美失去对伊拉克石油的直接控制后，库尔德人以破坏采油设施干扰石油输出相威胁的筹码变得失去分量；包括在国内层面，伊拉克石油的国有化被看作伊拉克爱国主义和反帝国主义的象征，因此毛拉穆斯塔法不敢轻易地在此问题上以武力破坏向中央政府施压，因为这可能会破坏他在普通民众心中的英雄形象。①

除自治落实方面的分歧外，推使双边关系恶化的另一个重要原因，则是针对巴尔扎尼家族接连失败的暗杀行动。1970年11月，伊德里斯·巴尔扎尼访问巴格达期间，险在车内遭到暗杀。1971年9月29日，一个宗教学者代表团受中央政府委托，从巴格达赴哈支欧姆兰调解双方就基尔库克等问题的分歧，还希望打消毛拉穆斯塔法认为伊德里斯暗杀行动是复兴党政府所为的疑虑。毛拉穆斯塔法与马哈茂德·奥斯曼出面接待代表团。在会谈过程中，代表团成员谢赫哈迪·哈兹拉吉（Shaykh Hādī al-Khazrājī）乘服务生侍咖啡之机，按下缠在其腰间的录音设备按钮。这是出发前复兴党政府对其布下的嘱托，要求将代表团与毛拉穆斯塔法的会谈全程录音。但是，哈兹拉吉并不知道录音设备里早已被安装了炸药。而毛拉穆斯塔法出于对宗教学者的信任和尊重，会谈前没有对他们进行安全检查。突如其来的爆炸使得会客厅内硝烟滚滚，9人组成的代表团中，哈兹拉吉和另外2人当场死亡，1人身负重伤。由于毛拉穆斯塔法和奥斯

① Ofra Bengio, *The Kurds of Iraq: Building a State within a State*, London: Lynne Rienner Publishers, 2012, p. 84.

曼与代表团相对而坐，服务生刚好站在哈兹拉吉正前方，从而挡住炸药爆炸所产生的破片，毛拉穆斯塔法二人死里逃生。当二人逃出会客厅时，代表团的司机注意到毛拉穆斯塔法并未身亡，便仓皇掷出手榴弹，但并未击中，毛拉穆斯塔法仅脸部和腿部受到轻微的擦伤。随后双方安保人员间爆发火并，代表团成员全体阵亡。

同日晚，"摩萨德"和"萨瓦克"分别派出高级代表团看望毛拉穆斯塔法。后者表达了对暗杀行动的愤怒，"摩萨德"局长兹维·扎米尔（Zvi Zamir）建议他"认真研究该如何回应"，并称"所有的选项都对他开放"。9 月 30 日，哈桑·贝克尔总统派教育部部长艾哈迈德·阿卜杜·赛塔尔·贾瓦里（Aḥmad ʻAbd al-Sattār al-Jawārī）前去探望，毛拉穆斯塔法告诉贾瓦里"萨达姆和（复兴党）政权是行动的幕后主使"。可以说，此次暗杀事件，构成伊拉克中央政府和库尔德人关系发生质变的转折点，双方在《三月声明》后建立的脆弱互信因此近乎荡然无存。如前所述，毛拉穆斯塔法在协议签署前就已对复兴党心怀芥蒂，如果说 1970 年对其子伊德里斯·巴尔扎尼的暗杀加深了此一心理，那么此次对其本人的暗杀和 1972 年 7 月另一次被提前破获的暗杀行动，则全面确立了他的疑虑。①

毛拉穆斯塔法开始重新与伊朗接触，通过两伊边境通道和以色列展开合作，接受后者的军事顾问到库区进行考察和指导，派遣"敢死战士"武装代表团赴以色列接受重型武器的使用培训。除军事合作外，以色列还派遣定居署署长伊加尔·伊德姆尼（Igal Admoni）到库区帮助库尔德人规划当地的农牧业发展。伊德姆尼回国报告称："尽管农业生产对库尔德人举足轻重，但在库尔德领导层的思考中并不占据重要的地位，因为巴尔扎尼本人最关心的唯一问题，是美国

---

① Ṣalāḥ al- Khurasān, *Al-Tayyārāt al-Siyāsiyyah fī Kurdistān al-ʻIrāq: Qirāʼah fī Milaffāt al-Ḥarakāt wa al-Aḥzāb al-Kurdiyyah fī al-ʻIrāq (1946 – 2001)*, Bayrūt: Muʼassasat al-Balāgh li al-Ṭibāʻah wa al-Nashr wa al-Tawzīʻ, 2001, pp. 180 – 181.

的政治和军事支持。”①

伊德姆尼的描述，生动地反映了毛拉穆斯塔法矛盾的心理：他既信不过复兴党政权，也惧怕伊朗会随时关闭边境，抛弃库尔德人。在他看来，只有美国的保证和支持才能化解这种安全上的困境，并且“一战”后美国支持奥斯曼帝国境内各民族“民族自决”的原则让毛拉穆斯塔法相信美国人会保护库尔德人的民族权利。以色列由此意识到，要让伊拉克库尔德人稳定地发挥制衡巴格达的作用，只有寻求美国介入，而要打消巴列维国王对库尔德人的怀疑，保证以色列能够持续地借伊朗的通道支持毛拉穆斯塔法，也必须征得美国不会允许库尔德人建国的担保。这意味着，三方基于不同乃至近乎相反的诉求，都期望美国介入伊拉克的库尔德问题。

事实上，早在20世纪60年代初期，伊拉克库尔德人就曾多次尝试说服美国提供支持。在1962年初次联系被拒后，库民党代表邵凯特·阿克拉维（Shawkat ‘Aqrāwī）于1963年7月在贝鲁特再次和美国中央情报局（CIA）取得联系，寻求支持，并警告美国称：“如果遭到西方冷遇，库尔德人将联合苏联，把库尔德问题转变成另一个‘古巴’或‘西班牙内战’问题”，美国出于维护盟友土耳其和伊朗利益的考虑，拒绝了库尔德人。② 1964年6月，阿克拉维赴开罗向美国外交官再次求援，建议美国通过第三国支持库尔德人。虽然美国依然拒绝介入，但伊拉克政局的不确定性让美国意识到保持和库尔德人接触的必要性，中情局同年开始采取秘密行动，鼓励伊朗和以色列向伊拉克库尔德人提供支持。③

① Shlūmū Nakdīmūn, *Mūsād fī al-‘Irāq wa Duwal al-Jiwār: Inhiyār al-Āmāl al-Isrā'īliyyah wa al-Kurdiyyah*, Tarjamat: Badr ‘Aqīlī, ‘Ammān: Dār al-Jalīl li al-Nashr wa al-Dirāsāt wa al-Abḥāth al-Filasṭīniyyah, 1997, p. 273.

② Douglas Little, “The United States and the Kurds: A Cold War Story,” *Journal of Cold War Studies*, Vol. 12, No. 4, 2010, p. 70.

③ DOS to Embassy in Iraq, 5 June 1972, in *FRUS*, 1964 - 1968, Vol. XXI, Doc. 165, https://history.state.gov/historicaldocuments/frus1964-68v21/d165.

1969年6月，与伊拉克军队交战中的库民党派出一支5人代表团访美，受到国务院近东事务局地区主管塔尔科特·西利（Talcott Seelye）的接见。代表团警告西利，除非美国直接支持库尔德人反对复兴党政府，否则毛拉穆斯塔法将像1969年3月一样袭击伊拉克的采油设施，干扰石油的正常输出。但西利只是鼓励库尔德人继续向伊朗和以色列寻求帮助。该立场一直延续到1972年才最终实现转变。中情局曾在1968年5月的一份报告中指出："（1967年）虽然大部分伊拉克军队都在北部警戒着库尔德人，但新战事一旦爆发，他们依旧无力征服库尔德人。"① 这说明美国已经意识到伊拉克库尔德人的战略能力和作用，但之所以拒绝直接介入并对其提供支持，主要是基于以下几点考虑：（1）英国、以色列和伊朗构成了美国处理伊拉克问题有力的盟友基础，使美国缺乏直接支持库尔德人的动力。（2）毛拉穆斯塔法在苏联长达12年的流亡生涯和库民党内部严重的左翼化倾向，让美国人对库尔德人缺乏足够的信任。（3）1958年后复杂动荡的伊拉克政局使得美伊关系具有反复性，美国需要保持外交上的灵活度，因此不愿轻易直接支持库尔德人。（4）直接支持伊拉克库尔德人可能会影响美国及其中东盟友的关系。一方面，这会遭到阿拉伯盟友和阿拉伯国家的反对，另一方面，随之产生的外溢效应可能会让同样有着大量库尔德人口的土耳其和伊朗受到影响。（5）美国担心直接支持库尔德人会被看作向苏联宣战的信号，从而导致冷战形势失控并恶化。（6）库尔德人力量的壮大可能会进一步加剧中东地区的碎片化，加剧美国地区政策的难度。②

随着1968年复兴党上台，伊拉克外交上与苏联关系日趋紧密，

① Douglas Little, "The United States and the Kurds: A Cold War Story," *Journal of Cold War Studies*, Vol. 12, No. 4, 2010, p. 73.

② Bryan R. Gibson, *Sold Out? US Foreign Policy, Iraq, the Kurds, and the Cold War*, New York: Palgrave Macmillan, 2015, p. 111.

反美反以色列，指责以色列干涉伊拉克内政，处决了 9 名犹太人，[①] 并命令驻扎在约旦的伊拉克军队炮击犹太人定居点进行挑衅。[②] 1970 年，受阿拉伯河危机、伊朗支持毛拉穆斯塔法，以及秘密策动推翻复兴党政变的影响，两伊关系恶化，伊拉克驱逐伊朗驻巴格达大使，关闭伊朗在伊拉克的三个领事馆，驱逐大批伊朗侨民，支持伊朗胡泽斯坦省的阿拉伯分离运动。因《三月声明》而失去“库尔德牌”的以色列和伊朗，在注意到 1971 年起库尔德人与复兴党政府间关系恶化的迹象后，加紧向美国强调伊拉克在抗苏中的重要性，试图游说美国直接介入库尔德问题。尽管美国对伊拉克局势保持高度关注，但由于理查德·尼克松（Richard Nixon）总统上台后首先将与中国的关系问题和越南战争作为外交重点，[③] 加之该时期伊拉克和苏联关系有所波动，尼克松政府并未满足盟友的诉求。[④]

1971 年年底，英国撤出海湾，苏联为弥补在埃及的损失，同年加大对伊拉克的投入；[⑤] 1972 年 4 月，苏联与伊拉克签署《苏伊友好合作条约》（*Treaty of Friendship and Cooperation Between the USSR and the Iraqi Republic*），美国在海湾的压力上升。20 世纪 70 年代，尼克松政府形成“双支柱”战略（Two Pillars），将伊朗和沙特阿拉伯作为拱卫海湾的支点，重点依靠“海湾警察”伊朗，遏制苏联南下中东的态势。苏联意识到只有实现库尔德人和伊拉克中央政府的和解才能保障伊拉克的稳定和发挥伊拉克的战略作用，为此苏联向

---

① Memorandum to Secretary Rogers, 14 February 1969, in *FRUS*, 1969 - 1976, E-4, Doc. 251, https://history.state.gov/historicaldocuments/frus1969 - 76ve04/d251.

② Embassy in Israel to DOS, 27 January 1969, in *FRUS*, 1969 - 1976, E-4, Doc. 244, https://history.state.gov/historicaldocuments/frus1969 - 76ve04/d244.

③ Nigel Ashton, *The Cold War in the Middle East: Regional Conflict and the Superpowers: 1967 - 1973*, London: Routledge, 2007, p. 218.

④ Bryan R. Gibson, *Sold Out? US Foreign Policy, Iraq, the Kurds, and the Cold War*, New York: Palgrave Macmillan, 2015, p. 118.

⑤ Bryan R. Gibson, *Sold Out? US Foreign Policy, Iraq, the Kurds, and the Cold War*, New York: Palgrave Macmillan, 2015, pp. 129 - 130.

二者施压，倡议库尔德人加入“民族进步阵线”，统合伊拉克各派势力。[①] 美国、以色列和伊朗担心，一旦库尔德人加入“民族进步阵线”，会造成“重大的地缘政治影响”，意味着伊拉克军队将得以抽身进入海湾或打击以色列。[②] 伊拉克库尔德问题由此凸显，成为影响冷战在海湾走向的一个重要因素。

1972 年 5 月底，尼克松总统和时任国家安全顾问亨利·基辛格访问德黑兰。伊朗国王巴列维就伊拉克局势的发展向二者提出更新武器装备和美国支持库尔德人的诉求，尼克松表示美国不会“让它的朋友失望”[③]。尽管在现有的解密档案中，尼克松并未提及库尔德人，但基辛格在回忆录中称尼克松在此次会面中对库尔德问题作出了回应。[④] 6 月 1 日，复兴党宣布对伊拉克石油公司国有化，伊朗国王巴列维随后于 6 月 5 日向基辛格建议安排库尔德人访美商谈支持事宜，得到基辛格的批准。6 月 30 日，马哈茂德·奥斯曼和伊德里斯·巴尔扎尼赴美国与中情局局长理查德·赫尔姆斯（Richard Helms）会面。赫尔姆斯表示，美国可以考虑通过伊朗、以色列或约旦等第三方向库尔德人秘密提供装备支持，[⑤] 伊德里斯则要求美国从防守、进攻与革命三个层次提供支持，直至推翻复兴党政权。[⑥]

美国此时已经意识到支持库尔德人所具有的战略意义，中情局

---

① Charles Tripp, *A History of Iraq*, Cambridge: Cambridge University Press, 2007, p. 202.

② Harold Saunders to National Security Council (NSC), 27 March 1972, in *FRUS*, 1969 - 1976, Vol. E-4, Doc. 301, https://history.state.gov/historicaldocuments/frus1969-76ve04/d301.

③ Memorandum of Conversation, 30 May 1972, in *FRUS*, 1969 - 1976, E-4, Doc. 200, https://history.state.gov/historicaldocuments/frus1969-76ve04/d200.

④ ［美］亨利·基辛格：《白宫岁月：基辛格回忆录》，范益世、殷汶祖译，上海译文出版社 2016 年版，第 1560 页。

⑤ Memorandum of Conversation, 5 July 1972, in *FRUS*, 1969 - 1976, Vol. E-4, Doc. 319, https://history.state.gov/historicaldocuments/frus1969-76ve04/d319.

⑥ Alexander Haig to Henry Kissinger, 28 July 1972, in *FRUS*, 1969 - 1976, Vol. E-4, Doc. 321, https://history.state.gov/historicaldocuments/frus1969-76ve04/d321.

中东专家哈罗德·桑德斯（Harold Saunders）在6月7日给基辛格的一份备忘录中称，美国基于三个考量可以支持库尔德人：（1）库尔德问题可以成为伊拉克不稳定的根源，阻止苏联以伊拉克为支点控制中东。（2）限制伊拉克对外军事输出的能力，保障伊朗、以色列、约旦和海湾国家的安全。（3）加大美国从伊拉克军队内部谋求政变的可能性。① 但美国在5月末刚结束的莫斯科峰会上和苏联达成了《反弹道导弹条约》（*Anti-Ballistic Missile Treaty*）和《战略武器限制条约》（*Strategic Arms Limitations Treaty*），因此基辛格担心支持库尔德人可能会使冷战环境恶化。从能力评估上来看，毛拉穆斯塔法高龄、库民党内部派系分化和换代问题、库尔德社会的部落特性和政治经济冲突等因素，让中情局对库尔德人实际所能发挥的作用持怀疑态度。② 在目标方面，美国也并不确定应该在多大程度上对库尔德人进行支持，但基于库尔德人在中东的少数派身份和土耳其、伊朗盟友利益的考量，美国认为通过库尔德人来推翻复兴党政权是不切实际的想法。③

1972年7月18日，埃及总统安瓦尔·萨达特（Anwar Sādāt）宣布驱逐苏联专家。基辛格认为，萨达特的决定打破了冷战在中东的平衡，会强化伊拉克在苏联中东战略中的地位。④ 这一判断配合英国撤出中东的决定、《苏伊友好合作条约》的签署、伊拉克石油国有化和盟友伊朗及以色列的诉求等因素，最终推动美国转变对伊拉克库尔德人的政策。7月28日，白宫幕僚长亚历山大·黑格（Alexander Haig）向基辛格递交了一份中情局制定的支持方案。8月1日，尼克松正式批准了这项支持伊拉克库尔德人的“隐蔽行动”（covert ac-

---

① Harold Saunders to Henry Kissinger, 7 June 1972, in *FRUS*, 1969 - 1976, Vol. E-4, Doc. 313, https://history.state.gov/historicaldocuments/frus1969 - 76ve04/d313.

② Alexander Haig to Henry Kissinger, 28 July 1972, in *FRUS*, 1969 - 1976, Vol. E-4, Doc. 321, https://history.state.gov/historicaldocuments/frus1969 - 76ve04/d321.

③ Bryan R. Gibson, *Sold Out? US Foreign Policy, Iraq, the Kurds, and the Cold War*, New York: Palgrave Macmillan, 2015, p. 139.

④ Douglas Little, “The United States and the Kurds: A Cold War Story,” *Journal of Cold War Studies*, Vol. 12, No. 4, 2010, p. 77.

tion）。依据方案，美国中情局将通过伊朗向毛拉穆斯塔法以每年300万美元的形式提供共计1800万美元的支持，伊朗和以色列愿意承担其中一半以上的资金，以维持库尔德人的防守状态。[①] 这表明，针对伊德里斯所要求的防守、进攻与革命三个层次的支持，美国自身只在有限的程度上回应了库尔德人的第一层诉求。

值得注意的是，支持伊拉克库尔德人的计划只是白宫批准的中情局秘密行动，与国务院所主导的改善两国关系的思路并不一致，美国政府内部因此在库尔德问题上形成了以驻伊拉克美国利益代表亚瑟·劳里（Arthur Lowrie）为主的反对派和以基辛格与新任美国驻伊朗大使理查德·赫尔姆斯为主的支持派。前者认为，伊拉克1973年2月在伊拉克石油公司和西方关系上的让步和务实派在复兴党政权内力量的上升等现象表明，美伊关系可以修复和提升，因此支持库尔德人会干扰两国关系正常化；[②] 后者认为，复兴党政权支持伊朗俾路支分离运动，对科威特岛屿提主权要求，威胁美国及其盟友的利益，美国应该支持库尔德人遏制伊拉克。美国实际上对伊拉克采取了一种自相矛盾的“双轨”政策（A Dual-Track Policy）。最终，支持派意见占据了上风，美国的“隐蔽行动”由此开始成为影响伊拉克库尔德问题演变的一个新因素。

第三节　库尔德战争与《阿尔及尔协议》

一　1974年《自治法》与第二次伊拉克库尔德战争的爆发

基尔库克问题和暗杀事件上的争端，近乎让《三月声明》濒于

---

① Alexander Haig to Henry Kissinger, 28 June 1972, in *FRUS*, 1969 – 1976, Vol. E-4, Doc. 321, https://history.state.gov/historicaldocuments/frus1969 – 76ve04/d321.

② From the U. S. Interests Section in Baghdad to DOS, 21 October 1972, in *FRUS*, 1969 – 1976, Vol. E-4, Doc. 326, https: https://history.state.gov/historicaldocuments/frus1969 – 76ve04/d326.

破裂，伊拉克库尔德人与复兴党政府在战略上都表现出焦躁的情绪。1972 年 7 月，“敢死战士”武装和伊拉克军队分别在基尔库克和辛贾尔爆发两次小规模军事冲突，但双方依旧没有做好开战的准备，最终保持克制，形成战略对峙的局面。对复兴党政府而言，它非常清楚毛拉穆斯塔法之所以会引入外部干涉，是因为中央政府未能如约全面落实自治条款；而毛拉穆斯塔法也很清晰地知道，同以色列和伊朗等帝国主义力量的合作关系一旦公开，库尔德人将在政治上遭到库民党内部和伊拉克其他力量的孤立。因此，从各自的角度出发，任何一方引发战事都会面临道义上的压力。为此，双方首先在各自的传媒阵地《团结报》和《阿拉伯革命报》上就对方的道义短板相互诘难，展开了一场舆论拉锯。《团结报》集中谴责中央政府未能如期履约，一直在对库尔德人实行拖延策略；而《阿拉伯革命报》则主要攻击库尔德人私通伊朗和以色列，破坏伊拉克的主权完整和各民族团结。①

1972 年 4 月《苏伊友好合作条约》签署后，伊拉克共产党迫于苏联的压力同意加入复兴党政府建立的“民族进步阵线”，弱化了争端以来对库尔德人的支持，并劝说库民党和伊拉克的其他左翼政治力量一起加入“民族进步阵线”。苏联和复兴党政府都希望借此在政治上孤立库民党，使其放弃在核心问题上的自治诉求，主动缓和与中央政府的关系。但是，毛拉穆斯塔法不仅没有将此视为劣势，反而以此为契机进一步打压库民党中的左翼力量，摆脱与美国、伊朗和以色列合作的道义压力，将这一决定塑造为库尔德人的无奈之选，因为苏联并不愿意实现库尔德人的民族权利。更为重要的是，他认为，苏联在伊拉克的势力扩张，会让“美国更加重视库尔德人”的

---

① 关于双方舆论拉锯的细节，参见Ṣalāḥ al-Khurasān，*Al-Tayyārāt al-Siyāsiyyah fī Kurdistān al-'Irāq：Qirā'ah fī Milaffāt al-Ḥarakāt wa al-Aḥzāb al-Kurdiyyah fī al-'Irāq*（*1946 – 2001*），Bayrūt：Mu'assasat al-Balāgh li al-Ṭibā'ah wa al-Nashr wa al-Tawzī'，2001，pp. 199 – 202。

作用，有利于库尔德民族主义运动的斗争。① “敢死战士”武装和情报机构“巴拉斯汀”随后奉毛拉穆斯塔法之意大量逮捕库区境内的伊拉克共产党成员，限制其活动。②

1972 年 8 月，在获得美国的秘密支持后，毛拉穆斯塔法更加坚定自己的判断和与复兴党政府持续对抗的信心，这也直接导致其本人开始在决策上采取过激冒险的举动。1973 年 6 月，在接受《华盛顿邮报》（*The Washington Post*）采访时，他一度表示，只要获得（美国）充分的支持，库尔德人“就有能力控制基尔库克的油田，将采油权交给一家美国公司”③。毛拉穆斯塔法的这一公开表态，引发伊拉克舆论哗然，这不单激怒了复兴党政权，事实上更激怒了整个伊拉克政坛。

作为回应，复兴党政府于同月末派空军对库民党的部分据点进行了象征性的轰炸。毛拉穆斯塔法集结“敢死战士”武装以发动全面战争相威胁。复兴党政府采取克制的态度，并未进一步予以回应。首先，1973 年的复兴党政权执政根基初稳，在政权内部占据上风的贝克尔—侯赛因阵营依旧担心战争会重蹈 1963 年的覆辙。其次，萨达姆·侯赛因并不希望自己一手打造的政治成果被轻易推翻，从而对其本人的政治仕途造成影响。最后，苏联不支持通过军事手段解决问题，因为这会过度地牵制伊拉克的兵力。④ 早在 1972 年 9 月萨达姆就被德黑兰方面告知只要伊拉克愿意在阿拉伯河问题上作出让

① Al-Lajnat al-Taḥḍīriyyah li al-Ḥizb al-Dīmuqrāṭī al-Kurdistānī, *Taqyīm Masīrat al-Thawrat al-Kurdiyyah wa Inhiyāriha wa al-Durūs wa al-'Ibar al-Mustakhlaṣah minhā*, Awā'il Kānūn al-Thānī, 1977, p. 48.

② Ṣalāḥ al- Khurasān, *Al-Tayyārāt al-Siyāsiyyah fī Kurdistān al-'Irāq: Qirā'ah fī Milaffāt al-Ḥarakāt wa al-Aḥzāb al-Kurdiyyah fī al-'Irāq (1946 – 2001)*, Bayrūt: Mu'assasat al-Balāgh li al-Ṭibā'ah wa al-Nashr wa al-Tawzī', 2001, p. 203.

③ David McDowall, *A Modern History of the Kurds*, London: I. B. Tauris, 1996, p. 333.

④ 韩志斌：《伊拉克复兴党民族主义理论与实践研究》，中国社会科学出版社 2011 年版，第 35—37、140 页。

步，伊朗就会放弃支持库尔德人。1973 年 7 月，萨达姆亲自致信毛拉穆斯塔法，向其阐明库尔德问题和阿拉伯河争端间的内在关联，希望以此换回库尔德人在自治诉求上的立场软化，与中央政府达成和解，加入“民族进步阵线”。萨达姆表示，在迫不得已的情形下，复兴党政府会为了结束库尔德问题向伊朗做出必要的边界让步。

1973 年 3 月，在基辛格的建议下，尼克松批准对伊拉克库尔德人下一年的支持力度从 300 万美元上调为 500 万美元。① 毛拉穆斯塔法由此坚信，有了美国的支持伊朗不敢轻易地抛弃库尔德人，于是对萨达姆的来信置之不理。随后，他向中央政府提交了一份新的自治草案，主张以联邦制的形式解决双方的分歧，要求将基尔库克省划入库尔德自治区，以基尔库克市作为自治区的首府。在毛拉穆斯塔法的阐述中，联邦制解决方案突破了伊拉克框架的限定，认为库尔德自治区不再是伊拉克不可分割的一部分，库区与伊拉克其他地区之间是自愿的联合关系，库区内部任何法律上的分歧，都应该优先依据库区当地的法律而非中央政府制定的法律来解决。② 一位复兴党资深官员对此评价称：“库尔德人并非想要自治，而是想要一个国中之国。”③ 萨达姆本人也指出，库尔德人的“草案已经远远超出自治的概念”④。

在保持军事克制的同时，复兴党政府一方面采取了内部瓦解库民党阵营的策略，拉拢阿齐兹·阿克拉维（‘Azīz ‘Aqrāwī）、哈希姆·哈桑·阿克拉维（Hāshim Ḥasan ‘Aqrāwī）等被毛拉穆斯塔法清

---

① Henry Kissinger to President Nixon, 29 March 1973, in *FRUS*, 1969 - 1976, Vol. XXVII, Doc. 207, https://history.state.gov/historicaldocuments/frus1969-76v27/d207.

② Edmund Ghareeb, *The Kurdish Question in Iraq*, Syracuse: Syracuse University Press, 1981, p. 148.

③ Edmund Ghareeb, *The Kurdish Question in Iraq*, Syracuse: Syracuse University Press, 1981, p. 151.

④ Saddam Hussein, *On Current Events in Iraq*, translated by Khalid Kishtainy, London: Longman, 1977, p. 23.

洗出中央委员会的左翼领导人，单独组建与库民党同名的另一套政党框架，加入“民族进步阵线”，创办新的舆论阵地《伊拉克报》（*al-ʻIrāq*），任命阿齐兹·阿克拉维为国务部长。另一方面，复兴党政府继续按照自己的设计单方面推动库尔德人的自治进程。1974 年 1 月，伊德里斯·巴尔扎尼赴巴格达与萨达姆谈判再次未果后，伊拉克全国革命指挥委员会宣布解散双方间共同组建的最高和平委员会，替之以北部事务最高委员会（al-Lajnat al-ʻUlyā li Shu'ūn al-Shimāl），邀请“民族进步阵线”内的政治力量参与讨论《自治法》细节，并告知库民党中央政府将按 4 年的过渡期落实《三月声明》。①

1974 年 3 月初，伊德里斯·巴尔扎尼再次赴巴格达谈判，并于 3 月 10 日向萨达姆保证，只要复兴党政府全面落实库尔德人提出的草案，他们就会立即停止与伊朗之间的联系。这意味着，库尔德人依旧不肯放弃对基尔库克省的诉求。在 1972 年石油国有化后，伊拉克的石油收入于 1974 年年初增长了近 10 倍，达 80 亿美元，而其中基尔库克省的石油储量占到了伊拉克全国总储量的 70%。从这个意义上来看，基尔库克省在经济上举足轻重的作用和石油国有化后石油收益的增长，事实上进一步激化了双方间的分歧，各方有着更为强烈的现实动力去争夺对该省的控制权，更不用说做出让步。对复兴党政府而言，在 1974 年 1 月举行的第八届党的地区大会上，践行社会主义和发展经济被优先确立为党在本阶段的核心目标，而基尔库克省的石油资源则是落实该决议的重要保障。② 对库尔德人来说，无论是在伊拉克国内或是国际社会层面，对基尔库克省的有效控制，都将为其换来强有力的政治议价权，服务于实现库尔德人自治乃至建国的民族主义诉求。

---

① Ṣalāḥ al- Khurasān, *Al-Tayyārāt al-Siyāsiyyah fī Kurdistān al-ʻIrāq: Qirā'ah fī Milaffāt al-Ḥarakāt wa al-Aḥzāb al-Kurdiyyah fī al-ʻIrāq (1946 – 2001)*, Bayrūt: Mu'assasat al-Balāgh li al-Ṭibāʻah wa al-Nashr wa al-Tawzīʻ, 2001, pp. 212 – 213.

② David McDowall, *A Modern History of the Kurds*, London: I. B. Tauris, 1996, p. 335.

3月11日，哈桑·贝克尔总统宣布全国革命指挥委员会通过《自治法》，限毛拉穆斯塔法在两周内对此表示承认并加入“民族进步阵线”。《自治法》规定的主要内容如下。

（1）第1条规定，库尔德地区享有自治的权利；库区的划定标准是看该地区内库尔德人是否构成绝对多数人口；此次划定的依据是1957年的人口普查数据；库区所享有的自治权利的前提是在伊拉克共和国统一的法律、政治和经济框架之内；库区是伊拉克不可分割的一部分，库尔德人民是伊拉克人民不可分割的一部分；库区政府机关是伊拉克共和国政府机关的组成部分。

（2）第2条规定，库尔德语是库区内除阿拉伯语外的另一门官方语言，也是库区内的教学语言，教授阿拉伯语则是所有教育阶段和教学机构的义务；库区内为阿拉伯人创办的教育机构应用阿拉伯语教授，并教授以库尔德语；库区内所有阶段的教育安排都遵循伊拉克中央政府颁布的总体教育政策。

（3）第3条规定，所有少数民族的权利都受宪法保护；库区机构的人员设置按照各民族在本地区所占的比例进行。第4条规定库区享有独立的司法权，但前提是其仅为伊拉克司法权的一个组成部分。

（4）第5—9条规定，在国家财政统一的框架下，库区享有独立的财政权，有着单独的预算；库区财政收入来源由地方收入、国家财政拨款和年度投资项目三部分组成。

（5）第10—15条规定，将建立一个立法议会和一个执行委员会作为库区的执政机构；立法议会由80名代表组成，当地人民直选产生，但基于当下的条件，首届代表由伊拉克总统直接任命；议会有权决定本地区的经济和文化发展事务，按照国家法律提交预算草案；执行委员会承担库区政府的职能，由1名主席和副主席以及10或12位委员组成，各委员分管各职能司局。

（6）第16—20条对中央政府和地区政府的关系做出界定：地区政府部门受中央政府管辖，其执政活动需依照中央政府制定的法律；

库区自治本质上需要双方的联合参与和推动，因此中央政府对地方政府具有监督的作用，如伊拉克最高法院有权驳回库区法院作出的判决，共和国总统有权在库区立法议会违宪的情况下对其进行解散；库区政府的决策应与中央政府进行协调，由一名国务部长专职负责。其中，第 17 条规定，库区的警察与安全系统均隶属于中央政府内政部的地区分局，需遵循中央政府的相关法律规定。①

《自治法》不仅没有满足毛拉穆斯塔法的核心关切，反而在多个方面对库尔德人所希望的自治做出根本性的限制。显而易见的是，《自治法》的颁布迫使毛拉穆斯塔法必须做出最终的回应：（1）遵照自我设定的以基尔库克归属权为界的红线，对复兴党政府宣战；（2）或放弃对该省的诉求，接受《自治法》。在毛拉穆斯塔法阵营内部，部落首领和“敢死战士”武装指挥官都倾向于前一思路，对中央政府单方面的决定开展军事报复。毛拉穆斯塔法本人虽然长期主张武装对抗，但 1972 年苏伊结盟后苏联对伊拉克持续的军事援助与培训，以及第四次中东战争前苏联向伊拉克提供了 200 架直升机和 14 架图 -22 轰炸机的举动，让其明白如果没有美国和伊朗的全力保障，库尔德人在战争中近乎没有胜算。② 因此，毛拉穆斯塔法首先安抚了阵营内部主战派领导人的情绪，向他们阐明库尔德人“只有用相同的武器才能和（复兴党）政权作战”的现实。③ 同时，他于 3 月中旬赶赴德黑兰向美国和伊朗求援，主张在伊拉克北部建立一个库尔德人和阿拉伯人共同主导的政府，但遭到拒绝。毛拉穆斯塔法向中情局和“萨瓦克”重申自己的判断：“如果你们给我们提供和

---

① Edmund Ghareeb, *The Kurdish Question in Iraq*, Syracuse: Syracuse University Press, 1981, pp. 156 - 158.

② Bryan R. Gibson, *Sold Out? US Foreign Policy, Iraq, the Kurds, and the Cold War*, New York: Palgrave Macmillan, 2015, p. 159.

③ Ṣalāḥ al- Khurasān, *Al-Tayyārāt al-Siyāsiyyah fī Kurdistān al-ʻIrāq: Qirā'ah fī Milaffāt al-Ḥarakāt wa al-Aḥzāb al-Kurdiyyah fī al-ʻIrāq (1946 - 2001)*, Bayrūt: Mu'assasat al-Balāgh li al-Ṭibāʻah wa al-Nashr wa al-Tawzīʻ, 2001, p. 213.

伊拉克军队相匹配的武器，我们就会战斗"，"否则，我们将（与复兴党）缔造和平，我们不希望成为牺牲品"[①]。

基辛格在给赫尔姆斯的一份信函中指出不支持毛拉穆斯塔法建立独立政府的原因，是"拒绝与温和领导人治下的伊拉克间的良好关系，不符合美国和伊朗的利益"[②]。1973 年 10 月第四次中东战争期间，伊拉克与西德、英国复交等积极的外交现象，使美国对复兴党政权的认识出现缓和。战争结束后，伊拉克与苏联的关系逐渐趋于冷淡，复兴党政权内部开始主张缓和与西方国家的关系。美国因此坚持保持库尔德人的防守状态，避免双方爆发常规战争。更重要的是，基辛格认为，"尼克松对库尔德人事件的决定仅一年多时间就看出好处来了"，"伊拉克只派出一个师参战"[③]，美国担心在伊拉克装备大幅提升的情况下，如果美国支持库尔德人对复兴党政府主动发起进攻，会遭到后者毁灭性的打击，美国和伊朗将因此丧失"库尔德牌"。

然而，第四次中东战争之后，基辛格借机在中东展开穿梭外交，斡旋埃及和叙利亚同以色列签订《脱离军事接触协议》（*Agreement on Disengagement*），伊拉克在叙利亚境内的军事存在由此成为基辛格外交目标的阻碍。为保证以色列的安全、避免埃及和叙利亚在撤军问题上被孤立，伊朗军队于 1973 年 12 月和 1974 年 2 月两次跨越两伊边境，向伊拉克施压，迫使其从约旦调兵回国。[④] 虽然基辛格已经注意到美国与伊拉克缓和关系的迹象，但对冷战的考量大过对双边关系的重视，基辛格认为有必要通过加大对库尔德人的支持来进一

① Edmund Ghareeb, *The Kurdish Question in Iraq*, Syracuse: Syracuse University Press, 1981, p. 159.

② Bryan R. Gibson, *Sold Out? US Foreign Policy, Iraq, the Kurds, and the Cold War*, New York: Palgrave Macmillan, 2015, p. 170.

③ ［美］亨利·基辛格：《白宫岁月：基辛格回忆录》，范益世、殷汶祖译，上海译文出版社 2016 年版，第 1560 页。

④ Bryan R. Gibson, *Sold Out? US Foreign Policy, Iraq, the Kurds, and the Cold War*, New York: Palgrave Macmillan, 2015, p. 166.

步牵制伊拉克军队，推动以叙脱离军事接触进程。为此，尼克松最终批准提供给库尔德人100万美元的难民救济款和90万磅不具名的小型武器。[①]

美国出于维护冷战利益所追加的支持，及其推翻伊拉克复兴党政权的中期目标，被毛拉穆斯塔法本人解读为美国支持库尔德人反对《自治法》，与复兴党政权宣战，寻求自治。据1975年战败后其本人回忆，1974年3月在德黑兰密谈时是一位中情局官员的话确立了毛拉穆斯塔法的判断，他说道："我们支持你们的目标，伊拉克政府不信守他们的诺言，还计划对你们发动一场猛烈的进攻，美国政府完全愿意帮助你们，如果你现在发动袭击，我们会全力支持你们。"[②] 在另一次采访中，毛拉穆斯塔法还表示："没有美国的承诺，我们不会如此行事。如果不是为了美国的诺言，我们就不会落入圈套，如此程度地涉事其中。"[③] 戴维·麦克道瓦认为，尽管毛拉穆斯塔法从1943年就开始领导起事，但对外界他依旧抱有天真的想法，因为"他全然没有意识到，没有任何一个庇护者会真的欢迎库尔德人自治"[④]。

此外，复兴党政府、伊朗和库尔德社会内部的态度，也在很大程度上推动毛拉穆斯塔法最终采取战争选项。首先，在伊德里斯·巴尔扎尼3月访问巴格达时，萨达姆重申如果爆发战争且无力平复局势时，复兴党政府会主动与伊朗寻求和解，但事后伊朗配合美国的决定加大对库尔德人的支持力度，提升了援助武器的数量与级别，如"萨格尔反坦克导弹"和"萨姆"-7型便携式防空导弹等，这

① Bryan R. Gibson, *Sold Out? US Foreign Policy, Iraq, the Kurds, and the Cold War*, New York: Palgrave Macmillan, 2015, p. 170.

② Shlūmū Nakdīmūn, *Mūsād fī al-'Irāq wa Duwal al-Jiwār: Inhiyār al-Āmāl al-Isrā'īliyyah wa al-Kurdiyyah*, Tarjamat: Badr 'Aqīlī, 'Ammān: Dār al-Jalīl li al-Nashr wa al-Dirāsāt wa al-Abḥāth al-Filasṭīniyyah, 1997, p. 282.

③ Edmund Ghareeb, *The Kurdish Question in Iraq*, Syracuse: Syracuse University Press, 1981, p. 159.

④ David McDowall, *A Modern History of the Kurds*, London: I. B. Tauris, 1996, p. 336.

让库尔德人“感到震惊”，从而认为伊朗不会改善与伊拉克的关系。① 其次，在得知战事或近后，数万名库尔德人响应库民党的号召，自发组成志愿军要求参与战斗，人群涉及各行各业，包括公职人员、医生、建筑师、律师、教师和军官等。据库民党《奋斗报》统计，参与其中的就有5500名教师，1500名大学生，9500名初高中生，乃至近6.4万名小学生，以及298名医生。② 甚至有研究指出，至1975年3月时，绝大多数伊拉克库尔德人都直接或间接地支持着毛拉穆斯塔法领导的库尔德民族主义运动。③ 广泛的社会参与度，事实上赋予了毛拉穆斯塔法赢得战争的决心，当然，这同时也构成其必须宣战的巨大民意压力。

1974年4月22日，“敢死战士”武装与伊拉克军队在基尔库克通往苏莱曼尼亚间的公路上爆发武装冲突，库尔德人占据上风。4月23—24日，伊拉克空军予以回应，对扎胡地区的库尔德武装进行轰炸，防止其向土耳其边境推进。如此，双方自休战谈判起维持了近4年的脆弱和平最终瓦解，第二次伊拉克库尔德战争（又称1974—1975战争）爆发。

二 《阿尔及尔协议》与库尔德运动“大溃败”

第二次伊拉克库尔德战争爆发后，局势迅速升级。毛拉穆斯塔法以库区西北部的扎胡和东南部的达尔班迪汗（Dārbindikhān）划线，致力于将该线东北向的伊拉克库区纳入自己的控制之下，从而

① Ṣalāḥ al-Khurasān, *Al-Tayyārāt al-Siyāsiyyah fī Kurdistān al-'Irāq: Qirā'ah fī Milaffāt al-Ḥarakāt wa al-Aḥzāb al-Kurdiyyah fī al-'Irāq (1946 – 2001)*, Bayrūt: Mu'assasat al-Balāgh li al-Ṭibā'ah wa al-Nashr wa al-Tawzī', 2001, p. 214.

② Ṣalāḥ al-Khurasān, *Al-Tayyārāt al-Siyāsiyyah fī Kurdistān al-'Irāq: Qirā'ah fī Milaffāt al-Ḥarakāt wa al-Aḥzāb al-Kurdiyyah fī al-'Irāq (1946 – 2001)*, Bayrūt: Mu'assasat al-Balāgh li al-Ṭibā'ah wa al-Nashr wa al-Tawzī', 2001, p. 215.

③ Gareth R. V. Stansfield and Shorsh Haji Resool, "The Tortured Resurgence of Kurdish Nationalism in Iraq, 1975 – 1991," in Mohammed M. A. Ahmed and Michael Gunter, eds., *The Evolution of Kurdish Nationalism*, Costa Mesa: Mazda Publishers, 2007, p. 103.

确保战场优势：一方面，这意味着对伊土边境和两伊边境实现基本的控制，为库尔德人作战留出充足的战略后方与纵深；另一方面，该线西南向临界基尔库克与哈尼金，毛拉穆斯塔法希望借此向美国表明他仍能对油产施加影响，自己是西方在中东不可或缺的盟友。战争爆发当月他向《纽约时报》表示："库尔德斯坦已经在中东的军事和政治格局中成为一个重要的因素。西方国家有义务咨询我们其应该扮演怎样的角色。"①

1974年6月以前，毛拉穆斯塔法的作战策略取得了有效的成果。"敢死战士"武装抢占先机，控制土伊边境的大部分地区，以及库区内部两伊边境的近一半地区。同时，大量武装兵力从山区被部署至平原地区，逼近基尔库克与哈尼金地区，分别与驻扎在杜坎谷地（Dukān）和达尔班迪汗谷地守卫当地水坝的伊拉克军队形成对峙。然而进入6月后，库尔德人在战场上转向劣势，大批库尔德难民涌向两伊边境。从单纯的兵力体量上来看，双方没有形成太大的差距。毛拉穆斯塔法保有5000—6000名训练精良的"敢死战士"武装战士和5万余名新组成的库尔德志愿民兵，伊拉克军队则有着9万—10万兵力，但在武器装备方面，库尔德人缺乏远程火炮等重型武器，与配有1200辆坦克、装甲车和200架战机的伊拉克军队相比，实力悬殊巨大，无法长期拱卫战场优势，真正与伊拉克军队展开常规战争。②

7月，美国批准在下一财政年向伊拉克库尔德人追加800万美元的援助款。③ 然而，伊拉克从5月底起加大向美国释放修复关系的信

---

① Edmund Ghareeb, *The Kurdish Question in Iraq*, Syracuse: Syracuse University Press, 1981, p. 161.

② David McDowall, *A Modern History of the Kurds*, London: I. B. Tauris, 1996, p. 336.

③ Henry Kissinger to President Nixon, 24 June 1974, in *FRUS*, 1969 - 1976, Vol. XXVII, Doc. 254, https://history.state.gov/historicaldocuments/frus1969-76v27/d254.

号，还于8月起为亚瑟·劳里开设直通伊拉克外交部部长的协调渠道。伊拉克的积极变化引起美国国务院的重视，但基辛格担心停止支持库尔德人会让伊拉克政府从北线抽身破坏以叙两国5月达成的《脱离军事接触协议》，并且伊朗对阿拉伯河的诉求并没有实现，因此拒绝响应劳里推动的两国关系正常化进程。[①] 更重要的是，尼克松总统受"水门事件"（Watergate）影响于8月9日辞去总统职务，兼任国务卿和国家安全顾问的基辛格对美国外交决策影响加大。8月26日，在基辛格的建议下，继任总统杰拉尔德·福特（Gerald Fort）批准与以色列达成武器交易，以美制反坦克导弹换以色列从战场上缴获的苏制武器，将其提供给伊拉克库尔德武装。[②] 由于双方在武器互换细节上有所分歧，直到10月底以色列才确定武器清单，并提出2400万美元的预算。[③] 中情局局长威廉·科尔比（William Colby）对此不满，认为美国已经在库尔德人身上投入太多的资金和武器，并且当年对库尔德人的财政拨款已无力支持该项交易。[④] 但最终基辛格通过在各方间斡旋促成了武器交易的落实。

10月初，复兴党政府进行内阁改组，萨达姆进一步巩固自己的权力地位，开始集中精力投入北方战线，造成库尔德武装的败退。[⑤] 伊朗于中旬加大对库尔德人的支持力度，向其输送以色列提供的武器装备，并派遣多支部队进入伊拉克。但是，基于1974年暖冬的气

---

① Bryan R. Gibson, *Sold Out? US Foreign Policy, Iraq, the Kurds, and the Cold War*, New York: Palgrave Macmillan, 2015, pp. 171 – 176.

② Memorandum of Conversation, 26 August 1974, in *FRUS*, 1969 – 1976, Vol. XXVII, Doc. 259, https://history.state.gov/historicaldocuments/frus1969 – 76v27/d259.

③ Bryan R. Gibson, *Sold Out? US Foreign Policy, Iraq, the Kurds, and the Cold War*, New York: Palgrave Macmillan, 2015, p. 181.

④ William Colby to Henry Kissinger, 2 November 1974, in *FRUS*, 1969 – 1976, Vol. XXVII, Doc. 264, https://history.state.gov/historicaldocuments/frus1969 – 76v27/d264.

⑤ Charles Tripp, *A History of Iraq*, Cambridge: Cambridge University Press, 2007, pp. 206 – 207.

候条件，萨达姆并没有按往常作战规律减缓在北线的进攻态势，库尔德人的战场形势和难民问题恶化，与伊朗在东线的优势表现形成对照，伊朗国王巴列维重新评估库尔德人的能力和作用，认为即使库尔德人被击败，伊朗军队依旧能够在两伊边境牵制住伊拉克。另外，自1974年5月底联合国通过调和两伊关系的348号决议案以来，两国间的沟通得到加强。约旦国王侯赛因·本·塔拉勒（Ḥusayn Ibn Ṭalāl）在注意到复兴党政权内部的变化后，开始联合埃及和法国在两伊间斡旋，积极劝说巴列维国王相信伊拉克复兴党人只是民族主义者，而非苏联的代理人。[①] 上述因素共同推动巴列维国王于1975年3月3日和萨达姆在欧佩克阿尔及尔会议期间展开会谈；3月6日，两伊签署《阿尔及尔协议》（*Algiers Agreement*），伊拉克在阿拉伯河问题上做出让步，伊朗则承诺停止支持伊拉克库尔德人。

伊朗的决定遭到美国和以色列的共同反对，基辛格视伊拉克库尔德人为战略资产，认为伊朗不应该为了无足轻重的阿拉伯河而将库尔德人抛弃。萨达姆回国后向库尔德人展开全面进攻。失援后的毛拉穆斯塔法致信基辛格，希望其劝说巴列维国王回心转意，赫尔姆斯担心如果美国不采取行动，库尔德人会曝光美国的“隐蔽行动”，因此建议暂时保持对库尔德人的支持，换取对库尔德地区和伊拉克的情报，基辛格批准了这一方案。[②] 由于伊朗关闭支持库尔德人的通道，美国和以色列最终也停止了支持。但面对涌入伊朗境内的30万伊拉克库尔德难民和毛拉穆斯塔法的人道援助请求，美国政府并未予以回应。基辛格在同年10月举行的派克听证会上对此回应称：“隐蔽行动不应该和传教工作相混淆。”[③]

---

① Ḥāmid Maḥmūd ʻĪsā, *Al-Qaḍiyyat al-Kurdiyyah fī al-ʻIrāq: Min al-Iḥtilāl al-Birīṭānī ilā al-Ghazw al-Amrīkī (1914–2004)*, Al-Qāhirah: Maktabat Madbūlī, 2005, p. 423.

② Bryan R. Gibson, *Sold Out? US Foreign Policy, Iraq, the Kurds, and the Cold War*, New York: Palgrave Macmillan, 2015, p. 193.

③ Douglas Little, "The United States and the Kurds: A Cold War Story," *Journal of Cold War Studies*, Vol. 12, No. 4, 2010, p. 83.

1975 年 3 月 13 日，复兴党政府宣布愿意对库区暂停两周的军事行动，但这不意味着要与库尔德人停火或开启谈判，而是因为阿尔及尔谈判期间巴列维国王要求伊拉克留给库尔德战士一段“宽限期”，让他们有权作出选择：在零支持的情况下继续作战；迁至伊朗进行安顿；或是向复兴党政府投降。① 伊朗政府的要求，一方面是为了挽救其在伊拉克库尔德人中所剩无几的公信力；另一方面则是为了向世界展示伊朗在为避免人道主义危机而承担地区大国责任。但奥夫拉·本吉欧认为，伊朗此举的核心目的是希望在《阿尔及尔协议》得到正式落实前，继续保留对复兴党政府的制衡。②

3 月 16 日，毛拉穆斯塔法在凯拉莱召集库民党领导层和“敢死战士”指挥官举行会议，决定继续战斗，向拉旺度兹前线寻求突破口。然而，在两天后的另一次会议中，毛拉穆斯塔法做出个人决定，停止战斗赴伊朗流亡。大部分领导人都选择追随他的脚步，并决定尝试向中央政府寻求政治和解。3 月 19 日，库民党政治局向哈桑·贝克尔和萨达姆发送电报，表示库尔德人愿意立即开启直接的对话，以“不会被他人利用的一种方式”，为双方“寻得一个坚固合理的解决方案”。哈桑·贝克尔和萨达姆则回复称拒绝一切形式的谈判，中央政府将“清除伊拉克土地上所有的叛徒”。20 日，毛拉穆斯塔法致信其下属的指挥官们放弃战斗，尽快逃入伊朗境内。③ 据克里斯·库切拉（Chris Kutschera）考证，多方信息源综合表明，是 3 月 17 日两伊外长达成的一项约定，直接促成毛拉穆斯塔法在如此短的时间内做出重大的决策转变：伊朗向毛拉穆斯塔法发出威胁，如果

---

① Ṣalāḥ al- Khurasān, *Al-Tayyārāt al-Siyāsiyyah fī Kurdistān al-ʻIrāq*: *Qirā'ah fī Milaffāt al-Ḥarakāt wa al-Aḥzāb al-Kurdiyyah fī al-ʻIrāq* (*1946 – 2001*), Bayrūt: Mu'assasat al-Balāgh li al-Ṭibāʻah wa al-Nashr wa al-Tawzīʻ, 2001, p. 231.

② Ofra Bengio, *The Kurds of Iraq*: *Building a State within a State*, London: Lynne Rienner Publishers, 2012, p. 144.

③ Ofra Bengio, *The Kurds of Iraq*: *Building a State within a State*, London: Lynne Rienner Publishers, 2012, p. 145.

库尔德人不放弃战斗，伊朗会帮助伊拉克打击库尔德人。[①] 此外，战争沉重的资源和心理负担、失去美国和伊朗支持后的国际孤立、伊拉克中央政府拒绝谈判的强硬姿态、大量库尔德难民在伊朗境内的存在，以及毛拉穆斯塔法高龄等现实，也都被认为是毛拉穆斯塔法做出决策转变的重要动因。[②]

3 月 30 日，毛拉穆斯塔法带领库民党领导层赴伊朗流亡。这一决定让伊拉克库尔德运动失去支撑与方向，瞬间从内部开始瓦解，军事指挥系统、政治职能部门和党政机构竞相自动解体，只有情报部门“巴拉斯汀”出于迫切的现实需求得到一定程度的保留。[③] 库尔德社会内部弥漫着愤怒却又绝望的气息，人们难以接受毛拉穆斯塔法这样一位传奇般的民族英雄会放弃战斗，许多战士选择自杀，有的战士将告知这一噩耗的指挥官杀害以泄愤，很多人则是在逃往伊朗前将自己的居所焚毁。4 月 1 日，近 30 万伊拉克库尔德难民涌向两伊边境。为减缓伊朗接收难民的压力，复兴党政府按照两伊达成的协议向除毛拉穆斯塔法和他的两个儿子及一位侄子外的所有库尔德人发布大赦令，并许诺每上交一件武器就能得到 350 美元的回报。大部分库尔德平民都选择接受中央政府的招安。[④]

两周的“宽限期”结束后，伊拉克军队重启军事行动，兵不血刃地将库区内和两伊边境的主要据点纳入控制，“在 15 天内取得伊拉克军队（近）15 年都未能实现的成就”[⑤]。4 月 7 日，复兴党政府

① Chris Kutschera, *Le mouvement National Kurde*, Paris: Flammarion, 1970, p. 329.

② Ofra Bengio, *The Kurds of Iraq: Building a State within a State*, London: Lynne Rienner Publishers, 2012, p. 145.

③ Ṣalāḥ al- Khurasān, *Al-Tayyārāt al-Siyāsiyyah fī Kurdistān al-'Irāq: Qirā'ah fī Milaffāt al-Ḥarakāt wa al-Aḥzāb al-Kurdiyyah fī al-'Irāq (1946 - 2001)*, Bayrūt: Mu'assasat al-Balāgh li al-Ṭibā'ah wa al-Nashr wa al-Tawzī', 2001, p. 234.

④ Ofra Bengio, *The Kurds of Iraq: Building a State within a State*, London: Lynne Rienner Publishers, 2012, p. 147.

⑤ Ofra Bengio, *The Kurds of Iraq: Building a State within a State*, London: Lynne Rienner Publishers, 2012, p. 147.

在巴格达的穆斯纳空军基地组织军演，哈桑·贝克尔与萨达姆共同出席，前者将伊拉克军队在库区的胜利描述为“一件重大的历史事件”和“一个伊拉克爱国主义和泛阿拉伯民族主义的壮丽节日，因为在祖国北部部分领土上反动奸诈的叛乱被永远地消灭了”，贝克尔就此高度赞扬了伊拉克军队发挥的作用。但毛拉穆斯塔法则反驳称，库尔德人只是遭遇政治上的失败，而在军事领域并非如此，伊拉克军队在战场上“不过只推进几千米而已，并遭受大量的伤亡”。①

据伊拉克时任总参谋长阿卜杜·贾巴尔·山沙勒（‘Abd al-Jabbār Shanshal）估计，第二次伊拉克库尔德战争造成中央政府方面1640人死亡和7903人受伤，但其他数据源则认为实际的死伤人数达到该数据的十倍，分别为1.6万人和6万人；而在库尔德人方面，死亡人数达5万人，受伤人数达10万人。② 更为重要的是，在政治运动和社会心理层面，此次战争还对库尔德人产生了巨大影响，这集中地表现为库尔德人内部对于其民族权益和运动路线的反思。战争结束后，伊拉克复兴党政府对库区采取的治理政策，也从另一个维度深层次地改变着伊拉克库尔德问题的内涵。这是本书下一章将要讨论的核心问题。

小　　结

1968年7月第二次执政后，伊拉克复兴党基于1963年执政失败的教训，对军人支配的统治模式进行了深刻反思，从而相应地对如何解决库尔德问题开始采取更为审慎的态度。虽然军人主政的政局

① Ofra Bengio, *The Kurds of Iraq: Building a State within a State*, London: Lynne Rienner Publishers, 2012, p. 148.

② Ṣalāḥ al-Khurasān, *Al-Tayyārāt al-Siyāsiyyah fī Kurdistān al-‘Irāq: Qirā’ah fī Milaffāt al-Ḥarakāt wa al-Aḥzāb al-Kurdiyyah fī al-‘Irāq (1946–2001)*, Bayrūt: Mu’assasat al-Balāgh li al-Ṭibā‘ah wa al-Nashr wa al-Tawzī‘, 2001, p. 235.

惯性和战争的悬而未决，让复兴党政府还是与库尔德人维持了两年的战争状态，但久未平复的战事和复兴党政权的生存需求，使得以哈桑·贝克尔和萨达姆·侯赛因为主导的文官阵营开始占据上风，推动库尔德问题的政治解决，双方于1970年达成了以《三月声明》为标志的自治解决方案，第一次伊拉克库尔德战争因此画上句号。

可以说，《三月声明》和复兴党政府随后落实的诸多自治政策，在很大程度上淡化乃至部分消弭了1958—1970年库尔德人对伊拉克中央政府所抱有的敌意与怀疑，这也表明，1961年以来伊拉克库尔德问题中所谓逐渐成形的暴力政治逻辑和战略互疑的氛围，实际上是一个可逆的过程。但是，库尔德问题之所以能得到暂时的和平解决，并非是因为伊拉克复兴党有效地解决了其阿拉伯民族主义意识形态中关于少数民族权利的理论困境，真心实意地要赋予库尔德人自治，而是在当时的环境下，库尔德战争成为影响政权内部军政关系演变和政权存亡的一个重要因素，因此，《三月声明》本质上是复兴党政权政治妥协后的权宜之计。1970年年底开始针对巴尔扎尼家族成员的政治暗杀行动，将本就薄弱的政治互信彻底击穿，库尔德人转而寻求外部力量的支持，反过来进一步固化与强化了双方间的敌意。在冷战等因素的催化下，美国介入伊拉克库尔德问题，直接引爆1974—1975年的第二次伊拉克库尔德战争。两伊签署《阿尔及尔协议》后，库尔德人被伊朗和美国所抛弃，伊拉克库尔德民族主义运动遭受重大溃败。然而，这是否必然意味着另一方的胜利呢？

第四章

伊拉克库尔德问题的低潮与转折期（1975—1990）

该时期伊拉克库尔德问题的发展经历了从低潮到重大转折的历史嬗变，并可依照1980年爆发的两伊战争、两伊战争后期的“安法尔行动”为界分为三个阶段：在第一阶段（1975—1980）中，复兴党政权依托于石油财富对库尔德人施以高福利的政策，并通过阿拉伯化运动，以期复兴党化库尔德社会，打造库尔德人对伊拉克的国家认同；在第二阶段（1980—1987）中，两伊战争的迫切性亟待回应，但复兴党政权同时还需要持续动员库尔德民众参与作战，这对伊拉克的国家能力形成挑战；在第三阶段（1987—1990）中，“安法尔行动”的开展是伊拉克国家能力衰退的表现，库尔德运动虽然再次遭遇溃败，但该行动对库尔德人的身份政治发展产生了深远影响。国家认同建构、战争的复杂影响以及国家能力的衰退，是本章梳理该时期伊拉克库尔德问题演变时重点关注的线索。

第一节 石油财富、阿拉伯/复兴党化与库尔德运动的低潮

一 石油财富与库尔德人的伊拉克认同

从1975年第二次伊拉克库尔德战争结束至1980年两伊战争爆

发，伊拉克复兴党政府迎来其35年执政期间最为繁荣的5年。一方面，复兴党政权内部“党控军”权力结构渐稳、伊拉克共产党力量衰落和库尔德运动溃败，都为复兴党的统治扫清威胁和隐患；另一方面，1972年伊拉克将石油工业国有化，而1973年阿拉伯石油禁运后国际油价持续大幅上涨，让复兴党政府获得巨量的石油财富，去“追求其社会主义的模式，而无需在偿付能力和其他优先选项间作出艰难抉择，如福利收益、基建发展，乃至武装力量的现代化”①。据统计，伊拉克的石油产量从1972年每日的150万桶增长到了1979年的每日350万桶，② 石油收入从1972年的6亿美元飙升至1976年的85亿美元和1980年的265亿美元。③ 对库尔德人而言，这意味着复兴党政府开始有足够的实力按米歇尔·阿弗莱克所说的那样，通过践行社会主义来赋予库尔德人所期望的那种“幸福且有尊严的生活”④。

为此，在20世纪70年代下半叶，复兴党政府在库尔德地区的集体村庄项目中建造3万处住房，花费9000万伊拉克第纳尔，并斥资3.36亿第纳尔推进该地区的经济发展和民生建设，如发展工业、铺设道路、修建学校和医院等。1974—1979年，库区的学校数量增加四倍。复兴党政府还着重在埃尔比勒、拉旺度兹、苏莱曼尼亚和萨拉赫丁修建医院和诊所，开发旅游项目并建设配套设施。据戴维·麦克道瓦考证，该时期复兴党政府在库区的人均财政投入可能

---

① Jonathan Sanford, *Iraq's Economy: Past, Present, Future*, Washington, D. C.: Congressional Research Service, 2003, p. 5.

② Anoushivaran Ehteshami, *Dynamics of Change in the Persian Gulf: Political Economy, War and Revolution*, New York: Routledge, 2013, p. 55.

③ ［美］塔比特·A. J. 阿卜杜拉：《伊拉克史》，张旭鹏译，中国出版集团2013年版，第130页。

④ Mīshīl ‘Aflaq, “Qawmiyyatunā al-Mutaḥarrirah amāma al-Tafriqat al-Dīniyyah wa al-‘Unṣuriyyah,” in *Fī Sabīl al-Ba‘th*, Al-Juz' al-Awwal, Baghdād: Ḥizb al-Ba‘th, 1987, p. 181.

比伊拉克其他地区都要更高。[①] 复兴党政府还致力于尽可能地保证库尔德人与阿拉伯人一样享有相同的就业和教育机会。[②] 在一份 1975 年 7 月的文件中，复兴党政府内部开会建议称，应该给库尔德人提供更多的公共产品，鼓励复兴党干部学习库尔德语，了解库尔德人的诉求，有效地向他们传播复兴党的政治理念，把他们争取到"爱国队伍"（al-ṣaff al-waṭanī）一边。[③]

美国政治学学者丽莎·布蕾兹（Lisa Blaydes）指出，国家的物质分配和奖励通常会以两种方式影响公民的政治行为。首先，公民个人因享受到国家高福利的政策而减少对政府的不满；其次，从国家获得利好会让公民个人在心理和未来预期上积极地评估现有体制，加大对它的"投资"，以期获得更高的物质回报。[④] 库尔德运动 1975 年战败后伊拉克库尔德社会与复兴党政府的关系，也符合布蕾兹所描述的情况。不断增长的公职就业机会、城市薪资待遇，与持续完善的居住、教育和医疗设施，吸引着库区农村人口不断向城镇移居。在某种程度上，这表明复兴党政府的高福利政策已经对库尔德的社会经济结构产生了影响，库尔德平民开始放弃自身对传统部落结构的依附，转而融入伊拉克国家推动的城市化进程之中。这甚至可以进一步表明，他们或许已经向着萨达姆·侯赛因 1977 年所号召的方向转变，不把自己认作库尔德人，而是有着库尔德民族身份的伊拉克人。[⑤]

---

① David McDowall, *A Modern History of the Kurds*, London: I. B. Tauris, 1996, p. 340.

② Zaid al-Ali, *The Struggle for Iraq's Future: How Corruption, Incompetence and Sectarianism Have Undermined Democracy*, New Haven: Yale University Press, 2014, p. 29.

③ Conflict Records Research Center (hereinafter referred to as CRRC) Doc. No. SH-MISC-D-000-508, June 1975, cited from Lisa Blaydes, *State of Repression: Iraq under Saddam Hussein*, Princeton: Princeton University Press, 2018, p. 71.

④ Lisa Blaydes, *State of Repression: Iraq under Saddam Hussein*, Princeton: Princeton University Press, 2018, p. 40.

⑤ Denise Natali, *The Kurds and the State: Evolving National Identity in Iraq, Turkey, and Iran*, Syracuse: Syracuse University Press, 2005, p. 57.

当然相关研究也指出，库区的城市化进程是1975年重启土地改革的结果，大量库尔德农村人口是迫于村落的衰败才选择涌入城市谋生。土地改革与城市化看似“成功地塑造了一批依附于中央政府的（库尔德）中产阶级”，但“工业并不发达，且只有极少的库尔德人被雇用”①。伊朗库民党领导人阿卜杜·拉赫曼·卡塞姆鲁进一步指出，石油开采往往被帝国主义公司或国家政权把控，因此并不存在真正意义上的库尔德工业资产阶级，所谓的库尔德中产阶级实际上只是一批为数不多的无产阶级工人。② 事实上，伊拉克库区的城市化进程是伊拉克国家政策的产物，单一的石油工业基础使得这些“新兴城市”吸纳就业的能力有限，大量库尔德移居人口成为无业游民，只能选择继续向政府庇护下迁居至城市中的库尔德部落寻求生计与安全保障。从另一种意义上来看，与其说是城市化击溃了库尔德部落，不如说是部落结构被内嵌到库区的城市之中。

无论复兴党政府在库区推动的城市化进程是否改变了库尔德人的身份内核，但土地改革后农业的衰落和石油财富创造的高福利政策，的确提升了库尔德人对复兴党政权的“投资”与认可程度。20世纪70年代下半叶的复兴党档案大量记录库尔德人与复兴党政府间开展的合作，同时也记录了库尔德平民在很多时候会受到库尔德运动的困扰乃至伤害。例如，1977年复兴党的一份文件显示，库尔德村长（mukhtārūn）成为伊拉克中央政府了解北部基层事务的一个重要来源。这些村长会定期向政府提交报告，内容上主要涉及库尔德运动的武器装备、财政来源和通信设备等状况。③ 再如，1976年的一份复兴党纪要讨论了当库尔德运动武装进入库区村庄索要钱财、偷取牲畜和威胁当地居民时，当地居民对库尔德运动所怀有的不满

---

① Gareth R. V. Stansfield, *Iraqi Kurdistan: Political Development and Emergent Democracy*, London: Routledge, 2003, p. 44.

② Abdul Rahman Ghassemlou, *Kurdistan and the Kurds*, Prague: Czechoslovak Academy of Sciences, 1965, p. 85.

③ North Iraq Dataset Doc. No. 02477 - 101 - 12, November 29, 1977.

情绪。[①] 即使到两伊战争期间，依旧有许多报告显示，库尔德平民被库尔德“破坏分子”（al-zumrat al-takhrībiyyah，即指库尔德民族主义运动）的活动困扰，认为他们破坏了自己安定的生活，并建议复兴党政府切实解决这些问题，这样才不会打击库尔德人民自愿对抗伊朗的积极性。[②]

库尔德公民对复兴党政权“投资”行为的上升，究竟在多大程度上能被看作他们对伊拉克国家身份认同的佐证，尚且存疑。但至少可以由此得知，在民间社会的层面，库尔德人对自己民族身份的理解并未被完全地政治化，上升至民族自决或是与伊拉克国家体制相对立的程度。[③] 1974—1975 年第二次伊拉克库尔德战争期间，库尔德人内部的反战立场与库民党向外求援，以及外部支持停止导致库尔德人战场溃败，都在很大程度上反映出库尔德运动薄弱的民间基础。而与战败后在库尔德运动中弥漫的绝望气氛形成鲜明对照的是，1975 年 4 月伊拉克军队进驻凯拉莱和收复多地城市时受到当地库尔德居民的热烈欢迎。[④] 当然，这或许是他们迫于现实的无奈之举。但可以确定的是，发展至此的伊拉克库尔德民族主义，在库尔德人中并未达成贯穿精英和底层的共识。对政治运动而言，这意味着库尔德人的自治乃至最终的独立；但对部落势力和民间大众来说，这可能仅意味着富足有效的物质生活，以及随历史情景浮动的民族意识与观念。

二 对库尔德人的族际政治整合：复兴党化还是阿拉伯化？

如果说对库尔德人采取的高福利政策，不必然能转化为他们对

---

① North Iraq Dataset Doc. Nos. 00843 - 85 - 7 and 8, November 13, 1976.

② North Iraq Dataset Doc. No. 11358 - 101 - 95, August 22, 1983.

③ Lisa Blaydes, *State of Repression: Iraq under Saddam Hussein*, Princeton: Princeton University Press, 2018, p. 141.

④ Ofra Bengio, *The Kurds of Iraq: Building a State within a State*, London: Lynne Rienner Publishers, 2012, p. 147.

伊拉克国家或复兴党政治意识形态的认同，那么伊拉克复兴党政府就全然有理由担心，一旦库尔德运动恢复实力卷土重来或高福利政策中断的话，库尔德人可能会再次如1970—1975年一般，广泛地参与到库尔德运动之中，因此复兴党政府也当然地认为有必要采取进一步措施，对本国的库尔德人进行政治整合，彻底地解决库尔德问题所存有的政治隐患。在第二次伊拉克库尔德战争结束的当月（1975年4月），一份在复兴党内部传看的报告就强调，复兴党政府“对所谓的库尔德问题的战略目标，是不让它在这一代和接下来的几代里再次出现”①。

从中短期来看，复兴党政府为此首先采取的政策，是加紧打压库尔德运动，防止其被重新组织起来反对伊拉克中央政府。不过，《阿尔及尔协议》的签署，已暂时地换来溃散的库尔德运动不会被外部力量所整合，因此复兴党政府的当务之急，是阻断运动内部整合的渠道。复兴党政府清晰地明白巴尔扎尼家族在库尔德运动中发挥的支柱性作用，所以只要消灭巴尔扎尼家族的核心力量，就能有效地达到这一目标。为此，复兴党政府对毛拉穆斯塔法及其家族核心成员策划了一系列暗杀行动。在毛拉穆斯塔法赴美流亡前，伊拉克安全部门在伊朗境内对他实施了三次暗杀，但都以失败告终。毛拉穆斯塔法赴美确诊患癌后，复兴党政府知道他已经无力发动新一轮的战争，因此将暗杀重心转向毛拉的子嗣们，首当其冲的就是被选为运动接班人的伊德里斯·巴尔扎尼和马苏德·巴尔扎尼，但也并未奏效。直到1983年，复兴党才成功暗杀了毛拉穆斯塔法的两个儿子萨比尔·巴尔扎尼（Ṣābir al-Barzānī）和卢格曼·巴尔扎尼，包括早在1975年年初就向中央政府投降的毛拉穆斯塔法之子欧贝杜拉·巴尔扎尼（‘Ubaydallah al-Barzānī）也失去复兴党的信任，于1980年

---

① *Pesh Merga*（Helsinki），August 1975，cited from Ofra Bengio，*The Kurds of Iraq*：*Building a State within a State*，London：Lynne Rienner Publishers，2012，p. 155.

11 月被萨达姆下令处决。[①]

然而，从长期来看，复兴党政府只有找到一种恰当的方式在政治上赢得广大库尔德民众的广泛支持，才可能真正实现其战略目标，彻底消除内外力量挑动库尔德问题所依托的社会基础。对复兴党而言，最好的方式莫过于实现整个库尔德社会的复兴党化（al-tab'īth/Ba'thification）。丹妮丝·娜塔莉指出，从 20 世纪 70 年代后期开始，"要成为一个伊拉克人就意味着要成为一名复兴党党员"[②]，虽然无论从理念或行动层面这一说法都具有夸大的成分，但其的确指明了复兴党试图复兴党化整个伊拉克社会的抱负。伊拉克复兴党研究专家亚伦·福斯特（Aaron Faust）也指出，为了塑造伊拉克社会对复兴党和萨达姆个人的绝对忠诚，伊拉克人民的所有认同和忠诚均为次要的，且都必须历经复兴党化的过程来服从于复兴党的政治理念。他认为，复兴党通常采用四种路径推动复兴党化：意识形态、组织架构、威逼与利诱。[③] 而复兴党这么做的目的是将多元的伊拉克社会打造为一个单一的复兴党式的民族。[④] 谢尔库·克尔曼支同样认为，复兴党化的动力来自复兴党领导层相信伊拉克社会应该按照党的方式得到重塑，以确保复兴党在伊拉克长久的统治。[⑤]

库尔德地区作为伊拉克一个重要的有机组成部分，有着高度的战略内涵，自然不会被排除在这一宏大的计划之外。马希尔·阿齐兹（Mahir A. Aziz）指出，1975 年后复兴党政权一以贯之地运用复

---

① Ofra Bengio, *The Kurds of Iraq: Building a State within a State*, London: Lynne Rienner Publishers, 2012, p. 156.

② Denise Natali, *The Kurds and the State: Evolving National Identity in Iraq, Turkey, and Iran*, Syracuse: Syracuse University Press, 2005, p. 59.

③ Aaron Faust, *The Ba'thification of Iraq: Saddam Hussein's Totalitarianism*, Austin: University of Texas Press, 2015, p. 13.

④ Aaron Faust, *The Ba'thification of Iraq: Saddam Hussein's Totalitarianism*, Austin: University of Texas Press, 2015, p. 70.

⑤ Sherko Kirmanj, *Identity and Nation in Iraq*, Boulder: Lynne Rienner Publishers, 2013, p. 134.

兴党化来保证对伊拉克库区的控制。[①] 但是，既有的研究成果极少地就复兴党政权究竟如何在库区践行复兴党化而做出详述。例如，奥夫拉·本吉欧指出，复兴党为此尽可能地在北部省份的各个城镇建立自己的党支部，萨达姆还在赴北部考察时亲自号召库尔德人加入复兴党。[②] 亚伦·福斯特只在其所提出的威逼与利诱两个层面论证了库区的复兴党化。[③] 现代伊拉克历史研究专家约瑟夫·沙逊在研究复兴党时提及对库尔德党员的征招工作更为成功，但并未在细节方面展开论述。[④] 丽莎·布蕾兹指出，复兴党在伊拉克北部用各种形式的教育活动致力于打造库尔德人对党的意识形态认同，[⑤] 并通过分析北部地区库尔德高中生的政治倾向来评估库区复兴党化的程度，但依旧没有直接涉及复兴党在库区的征招细节。[⑥] 塞缪尔·赫尔方特也指出，复兴党会定期盘点库尔德党员的情况，以便对其进行监督，但仍未展开详述。[⑦]

学界就此方面研究的匮乏，一方面或是因为复兴党作为一个泛阿拉伯民族主义的政党，很难有效地对库尔德人形成吸引，因此在库区难以真正地推行复兴党化；另一方面，则是由于1980年两伊战争爆发后，赢得战争成为伊拉克政府的优先考量，复兴党化

---

① Mahir A. Aziz, *The Kurds of Iraq: Nationalism and Identity in Iraqi Kurdistan*, London: I. B. Tauris, 2011, p. 55.

② Ofra Bengio, *The Kurds of Iraq: Building a State within a State*, London: Lynne Rienner Publishers, 2012, p. 160.

③ Aaron Faust, *The Ba'thification of Iraq: Saddam Hussein's Totalitarianism*, Austin: University of Texas Press, 2015, pp. 160 – 164, 176 – 179.

④ Joseph Sassoon, *Saddam Hussein's Ba'th Party: Inside an Authoritarian Regime*, New York: Cambridge University Press, 2012, p. 73.

⑤ Lisa Blaydes, *State of Repression: Iraq under Saddam Hussein*, Princeton: Princeton University Press, 2018, pp. 71 – 72.

⑥ Lisa Blaydes, *State of Repression: Iraq under Saddam Hussein*, Princeton: Princeton University Press, 2018, p. 177.

⑦ Samuel Helfont, *Compulsion in Religion: Saddam Hussein, Islam, and the Roots of Insurgencies in Iraq*, New York: Oxford University Press, 2018, p. 56.

未能系统性地得到开展，尤其是1991年海湾战争后国际社会在伊拉克北部设立禁飞区，复兴党党政军机构退出库区，加之1992年库尔德人自己成立地区政府，都使得本不健全的复兴党化进程实际上面临去复兴党化的挑战。但是，无论复兴党化在库区被践行到何种程度，都不能否定和改变复兴党政权试图复兴党化库尔德社会的基本事实。

诚然，复兴党信奉的泛阿拉伯民族主义意识形态使得复兴党化进程似乎并不适用于库尔德人这样的少数族群。但从复兴党一份名为《在对社会复兴党化的领域内协调党和群众组织关系的工作计划》的文件来看，复兴党化并非只局限于阿拉伯人，而是被复兴党宽泛地定义为“在社会中传播（复兴）党的思想、价值和原则，并将它们转变为它（复兴党）的公民们的日常行为”①。萨达姆也指出：“党章不应该将党组织的成员资格限制在种族的基础上”②，复兴党化致力于在组织和信仰层面将所有伊拉克人打造为复兴党主义者，或者至少是在后一层面实现该目标。③ 萨达姆进一步明确道，加入复兴党的基本标准是“信仰阿拉伯人的未来并为阿拉伯民族奋斗”④。

早在第二次伊拉克库尔德战争爆发前，1974年3月，复兴党伊拉克地区指挥委员会委员塔哈·亚辛·拉马丹就在一份名为《在库尔德人队伍中的入党动员》（*al-Kasb al-Ḥizbī fī Ṣufūf al-Akrād*）的报

① BRCC Doc. Nos. 025－5－5，pp. 476－494. 亚伦·福斯特将这份文件全文翻译成英文，收录在其专著中的附录1中。全文可参见 Appendix I in Aaron Faust，*The Ba'thification of Iraq*：*Saddam Hussein's Totalitarianism*，Austin：University of Texas Press，2015，pp. 193－201。

② Saddam Hussein，*On Current Events in Iraq*，translated by Khalid Kishtainy，London：Longman，1977，pp. 35－36.

③ Saddam Hussein，*Social and Foreign Affairs in Iraq*，translated by Khalid Kishtainy，London：Routledge，2010，p. 57.

④ Saddam Hussein，*On Current Events in Iraq*，translated by Khalid Kishtainy，London：Longman，1977，pp. 35－36.

告中否定了库尔德运动的作用，称只有复兴党能够反映革命的方向，并建议重启对库尔德人的入党动员。[①] 换言之，复兴党认为，“腐朽的”库尔德运动已经无法代表库尔德人民和革命的方向，因此有必要将库尔德人纳入复兴党的队伍之中，帮他们重拾米歇尔·阿弗莱克所述的其忘却的自身本有的阿拉伯历史身份。[②] 从这个意义上而言，复兴党化的终极目标其实是实现库尔德人的阿拉伯化。

在复兴党看来，阿拉伯身份代表着一种高级的文明阶段，而库尔德人处于一种愚昧幼稚的低级文明阶段，因此需要通过复兴党化使其走向阿拉伯化，提升为处于“理想架构”（al-iṭār al-amthal）中的“伊拉克人”（al-insān al-‘Irāqī）。这也是复兴党在 20 世纪 80 年代一份名为《社会的复兴党化计划》（*Khuṭṭat Tab‘īth al-Mujtama‘*）的文件中所确立的核心目标之一。[③] 而在一份 1986 年的报告中，复兴党军事情报局对库尔德人做出了较为详尽的论述。报告指出，库尔德人本质上是“一群通过历史、社会和宗教纽带与阿拉伯人相联系的温和朴实的人民，库尔德人的特点是忠诚、慷慨与情绪化”[④]。具体来看，复兴党将库尔德人分为以下四类。

（1）亲政府的库尔德人，他们以自己的爱国立场将命运与复兴党革命联系起来，他们被库尔德“破坏分子”所困扰，要么是因为后者的破坏活动，或者是因为二者之间的部落仇恨。（2）隶属于反复兴党和反革命的政治群体中的“破坏分子”，他们与外国力量相勾结，影响那些缺乏自我意识的人，让他们选择走狗的道路。（3）在国家和“破坏分子”间来回摇摆的人，他们没有一个确定的立场，这是因为他们惧怕或受威胁于“破坏分子”的破坏活动，或希望借

---

① BRCC Doc. No. 01 – 3378 – 0000 – 0325, March 2, 1974.

② Kanan Makiya, *Republic of Fear: The Politics of Modern Iraq*, Berkeley: University of California Press, 1998, p. 138.

③ BRCC Doc. No. 01 – 3820 – 0000 – 0009, not dated.

④ BRCC Doc. No. 01 – 2497 – 0000 – 0195, June 17, 1986.

此两面吃好，获得更大的物质利益回报。[①]（4）只想要和平生活但不相信国家有能力保障自己安全的人，这迫使他们与“破坏分子”合作。[②]

复兴党认为，库尔德人之所以容易受外国势力和非爱国政治运动殖民主义议程的操纵，是因为他们“远离文明和高尚的文化”。文化的落后让库尔德人“爱得很快，恨得也很快”，因此他们“有时与破坏分子待在一起，而在其他时候则与‘爱国队伍’一道”[③]。这在很大程度上解释了为什么在伊拉克复兴党的文件中诸如“教化”（al-tathqīf）和“教育/启蒙”（al-taw‘īyah）之类的词，总是伴随对库尔德人的讨论而出现。早在复兴党二次执政前，伊拉克著名的泛阿拉伯民族主义理论家萨米·邵凯特（Sāmī Shawkat）就指出，克服该问题的方法就在于将这些文化上落后的种族转变为阿拉伯民族，让他们共享阿拉伯人的崇高品质。[④] 阿拉伯民族主义理论家萨提阿·胡斯里（Sāṭi‘ al-Ḥuṣrī）进一步明确实现这一目标的方式，即教授少数族群阿拉伯语可以首先催生文化上的统一，最终保证一切形式的统一。[⑤] 米歇尔·阿弗莱克 1969 年也就此指出，复兴党应该寻得

① 关于这一点，塞缪尔·赫尔方特在其研究中提供过一个生动鲜活的例子。20 世纪 90 年代，一个曾在巴格达居住的库尔德军人与邻居发生拳脚，后得知邻居效力于伊拉克情报部门，还和萨达姆·侯赛因有远亲关系，因此逃到库区，担任过海外反对派艾哈迈德·沙拉比的贴身保镖。在复兴党发布大赦令的背景下，这名库尔德人最终回到巴格达，重新选择与政府合作，成为一名双面间谍，后赶赴伦敦参与了一起刺杀沙拉比的秘密行动，但未能成功。参见 Samuel Helfont，“Authoritarianism beyond Borders: The Iraqi Ba‘th Party as a Transnational Actor,” *The Middle East Journal*, Vol. 72, No. 2, 2018, p. 242。

② BRCC Doc. Nos. 01 – 2497 – 0000 – 0195 to 0196, June 17, 1986.

③ BRCC Doc. No. 01 – 2497 – 0000 – 0195, June 17, 1986.

④ Ofra Bengio, *Saddam's Word: Political Discourse in Iraq*, New York: Oxford University Press, 1998, p. 110.

⑤ Yūsuf al-Ṣawānī, *Al-Qawmiyyat al-‘Arabiyyah wa al-Waḥdah fī al-Fikr al-Siyāsī al-‘Arabī*, Bayrūt: Markaz Dirāsāt al-Waḥdat al-‘Arabiyyah, 2003, pp. 48 – 50.

“一种和谐的框架”来解决问题，[①] 虽然他并未阐明何为“和谐的框架”，但从后期的实践来看，这主要体现为自治模式、高福利政策和法团主义三个方面。

然而，正如塔哈·亚辛·拉马丹所指出的，自治模式不仅没有把库尔德人拉回到革命的轨道上来，反而进一步让其在美国、以色列和伊朗的支持下向分裂的诉求迈进，复兴党从而有必要重新吸纳库尔德人入党，通过对库尔德人的复兴党化使其向高级的文明身份转变。因此从顺序上看，复兴党化是阿拉伯化的前序阶段。但现实的情况是，复兴党政府在正式接受库尔德人加入党的队伍前，需要首先将其阿拉伯化。这一点在 1979 年 11 月一份在党内传看学习的报告中可以确认。这份名为《关于未来工作的内部思想文件》的报告指出，像库尔德人这样的少数群体永远没有资格享受民主等政治权利及其文化身份，除非通过学习阿拉伯语对他们进行文化启蒙和教育，让其首先变成阿拉伯人。[②]

复兴党政府之所以颠倒复兴党化与阿拉伯化的顺序，很大程度上是因为其作为一个遭遇过失败的执政党，在二次上台时依旧面临群众基础薄弱和党内斗争激烈的挑战，直到 1974 年复兴党政权才对已经稳固的执政根基较为自信。[③] 在此之前，为了巩固权力，复兴党实际上在结构上变得越发集权化和等级化，对党员招募更加严格。更为重要的是，如前所述，库尔德社会对库尔德运动和库尔德战争的广泛参与，深化了复兴党对库尔德人怀有的疑虑，加之战争结束后 30 万库尔德人逃至境外，而大部分人在不足一年时间里即接受大赦回到“爱国队伍”一边，更让复兴党政府怀疑库尔德人政治忠诚与政治立场的坚定性。因此，库尔德人有必要通过阿拉伯化在思想上首先成

---

① Mīshīl ‘Aflaq, “Al-Mas’alat al-Kurdiyyah wa al-Thawrat al-‘Arabiyyah,” in *Fī Sabīl al-Ba‘th*, Al-Juz’ al-Khāmis, Baghdād: Ḥizb al-Ba‘th, 1987, pp. 36 – 38.

② BRCC Doc. Nos. 01 – 2216 – 0001 – 0023 to 0024, November 1979.

③ Joseph Sassoon, *Saddam Hussein’s Ba‘th Party: Inside an Authoritarian Regime*, New York: Cambridge University Press, 2012, p. 35.

为复兴党阿拉伯民族主义政治理念的拥护者，即做到萨达姆所说的“信仰阿拉伯人的未来”，以此作为组织上加入复兴党的基本条件。

基于此，本书认为，复兴党政府1975年后对库尔德人系统开启的阿拉伯化进程，不仅是出于实用主义的策略为了在经济上控制库区的石油资源，军事上提防库尔德民众被库尔德运动所动员，而实际上是有着意识形态和组织动员层面的考量，即阿拉伯化构成复兴党化的一个重要组成部分，以及复兴党化成功的先决条件。

在此有必要指出的是，复兴党对其意识形态和政治现实需求间矛盾所作出的这种理论阐释，并非是一种一厢情愿，而是建立在对其他相似案例考察的基础之上的。一份1975年6月复兴党讨论库尔德局势的报告把伊拉克同摩洛哥和索马里进行了比较，报告分析指出，通过阿拉伯化运动，摩洛哥柏柏尔人和索马里人都开始将自己重新认定为阿拉伯人。① 从实践层面来看，塔哈·亚辛·拉马丹本人就是对应的现实案例。他作为一个阿拉伯化的库尔德人，成功进入伊拉克最高权力机构革命指挥委员会，并成为复兴党最高领导机构地区指挥委员会委员。伊拉克前军事情报总局局长瓦菲格·萨迈拉伊（Wafīq al-Sāmarrāʾī）在回忆录中谈及拉马丹时的描述，也在很大程度上印证了复兴党对待阿拉伯化库尔德人的这种看法。他认为，拉马丹“尽管长期生活在阿拉伯民族主义的荫庇下”，但却依旧难以做出高水平的战略分析，因为他是一个库尔德人，并且他的父母都不擅长说阿拉伯语。② 在拉马丹之前，另一个被阿拉伯化的库尔德人

① Lisa Blaydes, *State of Repression*: *Iraq under Saddam Hussein*, Princeton: Princeton University Press, 2018, p. 177.

② Wafīq al-Sāmarrāʾī, *Ḥuṭām al-Bawwābat al-Sharqiyyah*, Al-Kuwayt: Dār al-Qabas li al-Ṣiḥāfah wa al-Nashr, 1997, pp. 313 – 314. 著名现代伊拉克历史研究专家罕纳·巴塔图（Hanna Batatu）将塔哈·亚辛·拉马丹认定为阿拉伯人，并称虽然有说法称他是一名来自土耳其的库尔德人，但巴塔图认为没有足够的证据指向这一结论。参见 Hanna Batatu, *The Old Social Classes and the Revolutionary Movements of Iraq*: *A Study of Iraq's Old Landed and Commercial Classes and of Its Communists*, *Baʿthists*, *and Free Officers*, Princeton: Princeton University Press, 1978, pp. 1220 – 1223。

阿卜杜·凯里姆·谢赫利（'Abd al-Karīm al-Shaykhlī）也曾于1968—1970年出任伊拉克革命指挥委员会委员。[①] 事实上，复兴党的这种多民族整合思路早在库尔德人之前就已在伊拉克的土库曼人群体中得到过实践。

三　伊拉克库尔德地区的阿拉伯化进程

总体来看，复兴党政府对库尔德人开启的阿拉伯化进程可被分为四个阶段：（1）1963—1968年阶段；（2）1968—1975年阶段；（3）1975—1987年阶段；（4）1987—1991年阶段。[②] 第一阶段的阿拉伯化进程虽由复兴党开启，但因其于1963年11月下台所以并不连贯。1968—1975年中央政府与库尔德人处于交战或谈判状态，因此第二阶段的阿拉伯化进程也并不系统，直到1975年库尔德运动战败退出库区后，阿拉伯化政策才开始被较为集中地践行。1987年起，复兴党政府对库尔德人发动集体性惩罚思路下的"安法尔行动"（'Amaliyat al-Anfāl/Anfal Campaign）[③]，与前述阶段采取了完全不一样的人口管理思路，因此1987—1991年库尔德禁飞区设立、复兴党退出北部的截止时期，被划分为第四个阶段，1991年从而也被认为是库区阿拉伯化进程终止的年份。但是，库尔德民族主义者对这样的划分方法并非完全赞同，尤其就第四阶段的历史跨度问题，他们并不认为1991年后阿拉伯化已经停止，因为只要基尔库克与哈尼金等争端地区一天没有划归库尔德人自治，库区就永远在不同程度上

---

① Hanna Batatu, *The Old Social Classes and the Revolutionary Movements of Iraq: A Study of Iraq's Old Landed and Commercial Classes and of Its Communists, Ba'thists, and Free Officers*, Princeton: Princeton University Press, 1978, pp. 1086 - 1087; Edmund Ghareeb and Beth Dougherty, *Historical Dictionary of Iraq*, Lanham: Scarecrow Press, 2004, pp. 215 - 216.

② Sherko Kirmanj, *Identity and Nation in Iraq*, Boulder: Lynne Rienner Publishers, 2013, p. 152.

③ 本章第三节对该行动有着专门的讨论。

受到中央政府阿拉伯化政策的影响。[①] 据库尔德人自己的统计，伊拉克的库区总面积应达 8.6 万平方千米，但其中近 3.7 万平方千米（42.66%）都遭到不同形式的阿拉伯化。[②]

就第三阶段（1975—1987）来看，复兴党政府重点围绕基尔库克与摩苏尔的产油区，以及辛贾尔、塔拉阿法尔（Tall ‘Afar）、曼代里（Mandalī）与哈尼金等邻近边境有着战略意义的地区，主要从地理划界、人口分布和文化身份三个方面推动阿拉伯化进程。

首先，复兴党政府通过直接变更相关省份的地理界限和行政区划，以降低这些省份的库尔德人口比例。以基尔库克省为例，库尔德人口占主体的贾木贾迈勒（Chamchamāl）和卡拉尔（Kalar）地区原属于基尔库克省，于 1976 年被划入苏莱曼尼亚省，库尔德人与土库曼人杂居的图兹·胡尔玛图（Tūz Khūrmātū）被归入新成立的萨拉赫丁省，同样是库尔德人口占主体的基弗里地区（Kīfrī）则被划入迪亚拉省。[③] 总体来看，基尔库克省 2 万平方千米面积中的一半都被划归到其他省份，当然，其他省份的一些阿拉伯地区，则被相应地划入基尔库克省，如埃尔比勒省的萨尔卡兰（Sargarān）和尼尼微省的扎布地区。[④] 和前述提到的 1957 年王国时期开展的人口调查数据相比，1977 年基尔库克省的阿拉伯人口比例从 28.2% 上升至 44.41%，库尔德人比例从 48.3% 降低至 37.53%，土库曼人比例从 21.4% 降低至 16.31%。[⑤]

---

① Ghafūr Makhmūrī, *Ta‘rīb Kurdistān: Al-Ta‘rīb-al-Makhāṭir-al-Muwājahah*, Tarjamat: ‘Abdallah Qarkay, Arbīl: Maṭba‘at Tārān, 2020, pp. 69 – 92.

② Amin Qadir Mina, *Amni Stratiji Iraq w Sekuchkay Ba‘siyan: Tarhil, Ta‘rib, Tab’ith*, Suleimaniya: Kurdistan Centre for Strategic Studies, 1999, p. 149.

③ David McDowall, *A Modern History of the Kurds*, London: I. B. Tauris, 1996, p. 340.

④ Sherko Kirmanj, *Identity and Nation in Iraq*, Boulder: Lynne Rienner Publishers, 2013, p. 153.

⑤ Nūrī Ṭālabānī, *Minṭaqat Kirkūk wa Muḥāwalāt Taghyīr Wāqi‘ihā al-Qawmī*, Landan: Al-Munaẓẓamat al-‘Āmmah li Maktabat al-Iskandariyyah, 1999, pp. 80 – 81.

其次，对一些不与阿拉伯省份相邻的地区，复兴党政府则强制要求当地的库尔德居民迁出，并以丰厚的物质回报鼓励阿拉伯人迁入定居。其中，复兴党政府重点对与伊朗、土耳其和叙利亚边境相邻的库尔德村庄进行了清洗，并和土耳其政府四次签署协议（1976年、1978 年、1979 年和 1984 年），建立纵深达 10—30 千米的安全区，以此阻断库尔德运动的战略后方，防止国内库尔德人与其他三国库尔德人的串联合作。[①] 被迫迁出的库尔德居民被集体安置到政府新建的城市聚居区（mujamma'āh）内，这些聚居区主要临靠于大型阿拉伯城市和高速公路的主干道旁，便于中央政府的管理和控制。据统计，受第三阶段阿拉伯化政策的影响，共有 60 万库尔德居民被强制搬迁，[②] 埃尔比勒省的库尔德村庄数从 1975 年的 1151 个，减少至 1987 年的 316 个，同时期基尔库克省的库尔德村庄数从 1274 个降至 516 个，苏莱曼尼亚省的库尔德村庄数也从 1977 年的 1877 个减少至 186 个，杜胡克省的数据缺失，但据估计也有近千座村庄遭到清除。[③]

最后，复兴党政府还通过限制库尔德文化事业的发展和抹去库区当地的库尔德历史与文化属性，来深化阿拉伯化进程。在政府划定的库区之外，库尔德语被禁止在任何层级的学校教授；库尔德妇女协会、教师协会和文化协会等职业团体，都被禁止活动；库尔德学术协会被解散，民族主义倾向显著的苏莱曼尼亚大学活动受限，库尔德教职工被大量裁员或调遣他校，代之以阿拉伯教师，1981 年该大学还被搬迁至埃尔比勒，以强化对其的管理力度；包括《团结报》等亲政府的库尔德语报纸，都被禁刊，编辑人员也遭到逮捕。

① Ofra Bengio, *The Kurds of Iraq: Building a State within a State*, London: Lynne Rienner Publishers, 2012, p. 158.

② David McDowall, *A Modern History of the Kurds*, London: I. B. Tauris, 1996, p. 339.

③ Ghafūr Makhmūrī, *Ta'rīb Kurdistān: Al-Ta'rīb-al-Makhāṭir-al-Muwājahah*, Tarjamat: 'Abdallah Qarkay, Arbīl: Maṭba'at Tārān, 2020, p. 66.

同时，复兴党政府还为有着鲜明库尔德文化色彩的地区易名，如基尔库克省被改为塔米姆省（ta'mīm,意为“国有化”），哈尼金改为欧卢拜（al-‘urūbah，意为“阿拉伯性”），哈支欧姆兰改为纳斯尔（al-naṣr，意为“胜利”）。①

此外，库尔德阿拉维派、雅尔珊教和雅兹迪教信徒，与一些地理上靠近阿拉伯地区且人数较少的库尔德部落，被复兴党政府认定为阿拉伯人；而居住在哈尼金、曼代里和巴格达的“费里”库尔德人，因什叶派宗教信仰和长期借道卢里斯坦在两伊之间从事贸易活动，被复兴党政府怀疑为伊朗间谍，因此也遭到强制搬迁，或面临被剥夺伊拉克公民资格和居住权的局面。据统计，从复兴党二次执政至1982年，超过20万“费里”库尔德人失去伊拉克国籍与居住权，其财产遭到没收并被驱赶至伊朗境内。②

诚然，阿拉伯化的执行过程被复兴党政权稳固权力和防止新一轮库尔德战争的逻辑所主导，充满残酷性与强制性。哈尔凯特·哈基姆（Halkawt Hakim）也指出，伊拉克复兴党宣称要把“库尔德人同化进阿拉伯民族的熔炉之中，必要时会借助暴力的手段”③。尽管如此，这并不能否定复兴党政权这一政策背后出于文明教化使命与意识形态追求的原始驱动力。

---

① Ofra Bengio, *The Kurds of Iraq: Building a State within a State*, London: Lynne Rienner Publishers, 2012, pp. 158 – 159.

② 关于“费里”称谓的来源，一直没有学术定论，有研究称该词意为“叛乱者”，还有称其为“庞大躯体”之意，但更多的研究认为该词没有具体的含义，仅是指代一个群体而已。就“费里”库尔德人细节的讨论，参见 Saad B. Eskander, “Fayli Kurds of Baghdad and the Ba‘th Regime,” in Faleh A. Jabar and Hosham Dawod, eds., *The Kurds: Nationalism and Politics*, London: Saqi, 2006, p. 126; Sherko Kirmanj, *Identity and Nation in Iraq*, Boulder: Lynne Rienner Publishers, 2013, p. 152。

③ Halkawt Hakim, “Le Panarabism Irakien et le problem Kurde,” in Halkawt Hakim ed., *Les Kurdes par-dela l'éxode*, Paris: L'Harmattan, 1992, p. 140, cited from Denise Natali, *The Kurds and the State: Evolving National Identity in Iraq, Turkey, and Iran*, Syracuse: Syracuse University Press, 2005, p. 59.

四　伊拉克库尔德运动的裂变与低潮

1975 年战争溃败后，库尔德运动领导人、库民党主席毛拉穆斯塔法逃赴伊朗，健康状况急剧下降，很快被确诊为肺癌，同年 6 月赴美国就医。在美期间，毛拉穆斯塔法继续尝试游说美国政府重启对库尔德人的支持，但未得到回应。一方面，随着《阿尔及尔协议》的签署和伊拉克与苏联关系的淡化，美国逐渐改变伊拉克是苏联在中东代理人的看法，扩大了与伊拉克的石油和商业贸易；[①] 另一方面，1976 年时逢美国大选，福特总统担心美国秘密支持和背叛库尔德人一事如若公开，会对其选情不利，因此不愿意与库尔德问题再有过多牵涉。1977 年，吉米·卡特（Jimmy Carter）入主白宫后，美国在中东的外交重点是推动埃及和以色列间的和平进程，而非遏制伊拉克，因此库尔德问题并未得到重视。[②] 1979 年 3 月，毛拉穆斯塔法在华盛顿乔治敦大学医院病逝，标志着伊拉克库尔德运动一个重要时代的彻底终结。

复兴党政府 1975 年起在库区统治的强化，近乎消灭了库民党领导的库尔德运动在伊拉克库区的实体存在，党总部迁址伦敦，其活动也基本陷于停滞的状态。毛拉穆斯塔法放弃抵抗的立场使他的政治威望大减，其患病后库民党内外交困的局面进一步恶化。库尔德运动内部产生的权力真空，首先让党的领导层内部开始就运动路线产生分化，其次给长期受到压制的左翼政治力量开辟了新的政治空间。以阿里·阿斯凯里和拉苏勒·马曼德（Rasūl Māmand）为首的一派成立库尔德社会主义民主运动（al-Ḥarakat al-Ishtirākiyyat al-Dīmuqurāṭiyyah，以下简称“社会民主运动”），主张响应复兴党政府的大赦令，首先回归伊拉克本土，待时机成熟再度重组运动。最终

---

① 赵伟明：《中东问题与美国中东政策》，时事出版社 2006 年版，第 296 页。

② Ṣalāḥ al- Khurasān，*Al-Tayyārāt al-Siyāsiyyah fī Kurdistān al-'Irāq*：*Qirā'ah fī Milaffāt al-Ḥarakāt wa al-Aḥzāb al-Kurdiyyah fī al-'Irāq*（*1946 – 2001*），Bayrūt：Mu'assasat al-Balāgh li al-Ṭibā'ah wa al-Nashr wa al-Tawzī'，2001，p. 237.

阿斯凯里回到伊拉克，被政府任命为南部济加尔省（Dhī Qār）里法伊市（al-Rifā'ī）市长。

马哈茂德·奥斯曼领导的一派则选择彻底与巴尔扎尼家族决裂，于1976年11月成立库民党筹备委员会（al-Lajnat al-Taḥḍīriyyah li al-Ḥizb al-Dīmuqurāṭī al-Kurdistānī，以下简称"筹委会"），对毛拉穆斯塔法犯下的历史错误进行了严厉的批判。1977年，筹委会发布一份名为《对库尔德革命进程及其崩溃的评估与从中汲取的教训》的报告。报告开篇肯定了伊拉克库尔德人革命有着重大的历史意义，将革命源头追溯至1919年的马哈茂德·巴尔金吉起义。报告指出，在过去的30年中，巴尔扎尼家族的确在领导库尔德人民的斗争中发挥着显著作用，毛拉穆斯塔法也一度成为革命的象征，库区大部分人民都参与到了革命中，但毛拉穆斯塔法个人的短视和将权力家族化的行为，导致这场革命最终走向溃败，这也是历次库尔德革命连续失败的原因，因为掌握暴力或拥有宗教和部落影响力，无法替代政党所具有的核心指导作用。① 随后，报告从七个方面对1961—1975年的库尔德革命进行了评估。

其一，在政党及与人民关系层面，毛拉穆斯塔法对库民党采取了实用主义的态度，扶打并用，对异见者和平民动用威胁和暗杀等恐怖手段，造成集体领导、民主原则和依靠群众的工作方针未被践行，库尔德运动失去持续发展的根基。② 其二，在军事层面，毛拉穆斯塔法依靠部落武装，遵循传统的游击战打法，对军事变化反应迟钝，缺乏重型武器，库尔德运动因此永远只能处于防守状态，无法取得实质性的战场优势；同时，部落武装缺乏职业化素养，组织涣

---

① Al-Lajnat al-Taḥḍīriyyah li al-Ḥizb al-Dīmuqrāṭī al-Kurdistānī, *Taqyīm Masīrat al-Thawrat al-Kurdiyyah wa Inhiyārihā wa al-Durūs wa al-'Ibar al-Mustakhlaṣah minhā*, Awā'il Kānūn al-Thānī, 1977, pp. 5 – 8.

② Al-Lajnat al-Taḥḍīriyyah li al-Ḥizb al-Dīmuqrāṭī al-Kurdistānī, *Taqyīm Masīrat al-Thawrat al-Kurdiyyah wa Inhiyārihā wa al-Durūs wa al-'Ibar al-Mustakhlaṣah minhā*, Awā'il Kānūn al-Thānī, 1977, pp. 24 – 31.

散，纪律性差，未能得到党组织的有效领导，指挥权被毛拉穆斯塔法个人垄断，作战行动缺少集体规划，且很容易被狭隘的部落利益所左右。[①] 其三，在社会层面，毛拉穆斯塔法没有回应广大库尔德工农群体的诉求，而是取悦于地主和军事领导人，使库尔德运动失去社会重心与基础。[②] 其四，在与伊拉克中央政府关系方面，库尔德人对《三月声明》给予充分的信任，但复兴党将权力垄断在提克里特族系的手中，不是真心愿意赋予库尔德人自治，库尔德问题还被文官阵营利用为夺权的筹码，战争因此成为库尔德人迫不得已的选项。当然，报告也承认，谈判中库尔德人的两面性立场和库尔德人对待其他少数族群的方式，也恶化了库尔德人和巴格达的关系。[③] 其五，在与伊拉克爱国政治力量的关系层面，库尔德革命不应该仅仅是为了实现库尔德人自身的诉求，实际上对整个伊拉克的民主政治进步有着更宏大的观照，但毛拉穆斯塔法右翼单边的立场，致使库尔德运动和伊拉克共产党等爱国左翼政治力量的关系恶化，遭到后者的孤立，库尔德革命孤立无援，很快就被击溃。[④] 其六，在与库尔德人的整体关系层面，库民党基于各国库尔德人的国情现实与差异，无可厚非地优先发展本国的民族运动，但毛拉穆斯塔法短视地同伊朗当局合作，帮助其打压伊朗库尔德运动，造成库尔德民族内部的分

---

① Al-Lajnat al-Taḥḍīriyyah li al-Ḥizb al-Dīmuqrāṭī al-Kurdistānī, *Taqyīm Masīrat al-Thawrat al-Kurdiyyah wa Inhiyārihā wa al-Durūs wa al-ʻIbar al-Mustakhlaṣah minhā*, Awā'il Kānūn al-Thānī, 1977, pp. 31 – 37.

② Al-Lajnat al-Taḥḍīriyyah li al-Ḥizb al-Dīmuqrāṭī al-Kurdistānī, *Taqyīm Masīrat al-Thawrat al-Kurdiyyah wa Inhiyārihā wa al-Durūs wa al-ʻIbar al-Mustakhlaṣah minhā*, Awā'il Kānūn al-Thānī, 1977, pp. 38 – 39.

③ Al-Lajnat al-Taḥḍīriyyah li al-Ḥizb al-Dīmuqrāṭī al-Kurdistānī, *Taqyīm Masīrat al-Thawrat al-Kurdiyyah wa Inhiyārihā wa al-Durūs wa al-ʻIbar al-Mustakhlaṣah minhā*, Awā'il Kānūn al-Thānī, 1977, pp. 40 – 55.

④ Al-Lajnat al-Taḥḍīriyyah li al-Ḥizb al-Dīmuqrāṭī al-Kurdistānī, *Taqyīm Masīrat al-Thawrat al-Kurdiyyah wa Inhiyārihā wa al-Durūs wa al-ʻIbar al-Mustakhlaṣah minhā*, Awā'il Kānūn al-Thānī, 1977, pp. 55 – 59.

裂，各国库尔德同胞无法有效地形成串联。① 其七，在外交政策问题上，报告认为，库尔德运动过度依赖外部支持，忽略了夯实本土基础的必要性；运动未能及时捕捉到国际和地区局势的最新变化，切实调整外交政策；此外，运动同帝国主义和反动势力等国际力量打交道，没有团结爱国进步的他国政党与国际组织，争取更广泛的国际舆论支持。②

基于此，报告建议，在保障现有军事实力和干部生命安全的前提下，库民党应该深刻地反省自身的错误，形成开放的党内外讨论氛围，重建政党领导的组织架构，注重党内政治思想工作建设，反对个人和家族集权，落实民主原则，以人民群众为依托，加强运动自给自足的能力，坚持武装斗争策略，提升库尔德人的军事实力，但要制定清晰的战略目标，除了致力于实现库尔德人的自治诉求之外，还应该把库尔德运动看作世界反帝国主义运动的组成部分。③ 事实上，该报告也就此解释了马哈茂德·奥斯曼成立筹委会的原因。

更为重要的是，长期受毛拉穆斯塔法打压的贾拉勒·塔拉巴尼阵营获得重夺运动领导权的机会。在得知两伊签署《阿尔及尔协议》的第一时间，贾拉勒·塔拉巴尼就赶赴苏联商讨局势，回到黎巴嫩时俄新社驻贝鲁特分社社长叶夫根尼·普里马科夫对塔拉巴尼转达了苏联的意见，支持库尔德人继续作战，阻止伊朗计划得逞，苏联会居中调解库尔德人与巴格达间的冲突。1975 年 3 月 21 日，贾拉勒·塔拉巴尼致信毛拉穆斯塔法，劝说其不要放弃抵抗，但遭到拒

---

① Al-Lajnat al-Taḥḏīriyyah li al-Ḥizb al-Dīmuqrāṭī al-Kurdistānī, *Taqyīm Masīrat al-Thawrat al-Kurdiyyah wa Inhiyārihā wa al-Durūs wa al-'Ibar al-Mustakhlaṣah minhā*, Awā'il Kānūn al-Thānī, 1977, pp. 59 –61.

② Al-Lajnat al-Taḥḏīriyyah li al-Ḥizb al-Dīmuqrāṭī al-Kurdistānī, *Taqyīm Masīrat al-Thawrat al-Kurdiyyah wa Inhiyārihā wa al-Durūs wa al-'Ibar al-Mustakhlaṣah minhā*, Awā'il Kānūn al-Thānī, 1977, pp. 62 –69.

③ 细节论述参见 Al-Lajnat al-Taḥḏīriyyah li al-Ḥizb al-Dīmuqrāṭī al-Kurdistānī, *Taqyīm Masīrat al-Thawrat al-Kurdiyyah wa Inhiyārihā wa al-Durūs wa al-'Ibar al-Mustakhlaṣah minhā*, Awā'il Kānūn al-Thānī, 1977, pp. 93 –154。

绝。随后，塔拉巴尼赴大马士革与库民党前驻开罗代表福阿德·马苏姆（Fu'ād Ma'sūm）会面，决定建立新的政党组织，二人也由此开始动员库民党领导层的其他成员，以获得支持。1975 年 5 月 22 日，塔拉巴尼、马苏姆和从德黑兰赶来的阿迪勒·穆拉德（'Ādil Murād）与阿卜杜·拉扎克·阿齐兹（'Abd al-Razzāq 'Azīz）一道，在大马士革宣布成立库尔德斯坦爱国联盟（al-Ittiḥād al-Waṭanī al-Kurdistānī/Patriotic Union of Kurdistan，以下简称“库爱盟”），草拟了首份党的《成立声明》。6 月 1 日，贾拉勒·塔拉巴尼赴西德柏林与在欧洲的库尔德知识精英会面，为声明定稿，成立 7 人[①]组成的库爱盟创始委员会，当日也因此被认定为库爱盟正式成立的日子。

库爱盟《成立声明》指出，《阿尔及尔协议》的签署证明伊拉克的官僚小资产阶级无法为库尔德问题提供民主公正的解决方案，同时也证明右翼的小资产部落势力无力领导库尔德民族解放运动。《成立声明》随后指出，库爱盟的成立，是为了解放伊拉克的殖民束缚，结束独裁统治，建立民主爱国政府，真正实现伊拉克库尔德人的自治，根本上开展有利于工农群众的农业改革，利用好石油财富推进伊拉克的社会主义建设，在此基础上团结伊拉克的整体力量，为反对殖民主义与犹太复国主义，支持巴勒斯坦建国的阿拉伯事业而奋斗。[②] 很明显，《成立声明》所批判的，正是伊拉克复兴党政府和巴尔扎尼部落控制下的库民党。库爱盟宣称，其成立的目的正如党的名称所示一般，是为各进步政治力量的共存与联合提供一个爱国民主的联盟形式，而非因循复兴党与库民党的旧路，搞一党专政。为此，库爱盟加入了同在叙利亚流亡的伊拉克反对派联盟伊拉克爱

---

① 7 人分别为贾拉勒·塔拉巴尼、阿迪勒·穆拉德、阿卜杜·拉扎格·阿齐兹、福阿德·马苏姆、努奇尔万·穆斯塔法（Nawshīrwān Muṣṭafā）、凯迈勒·福阿德（Kamāl Fu'ād）和欧麦尔·希赫姆斯（'Umar Shaykhmūs）。

② Al-Hay'at al-Mu'assasah li al-Ittiḥād al-Waṭanī al-Kurdistānī, *Al-Bayān al-Awwal li al-Ittiḥād al-Waṭanī al-Kurdistānī*, 1 Yūniyū, 1975.

国协会（al-Tajammu‘ al-Waṭanī al-‘Irāqī）①，承认自己是伊拉克反对复兴党政权革命中的一部分，接受爱国协会的统一领导。②

库爱盟首先吸引了库尔德斯坦马克思列宁主义联盟（al-Ittiḥād al-Mārkasī al-Līnīyī al-Kurdistānī，以下简称“科马拉”）的加入，该组织是一个1970年由库区青年学生在库民党内成立的左翼地下组织，与贾拉勒·塔拉巴尼保持了密切的联系，反对巴尔扎尼家族，拒绝放弃抵抗。③“科马拉”代表法里敦·阿卜杜·卡迪尔（Farīdūn ‘Abd al-Qādir）1975年8月赴柏林与塔拉巴尼会面，按地区成立军事宣传小分队（Mafāriz al-Di‘āyat al-Musallaḥah），负责动员民众加入库爱盟，继续开展反对复兴党的武装斗争。根据复兴党安全部门一份1975年9月13日的情报显示，在8月20日伦敦举行的库尔德学生研讨会上，贾拉勒·塔拉巴尼进一步阐明军事宣传小分队的作用，称既保护平民的同时，也要防止平民与复兴党政府合作。为打消学生们的疑虑和担忧，塔拉巴尼表示，小分队的组织性高，数量小，保密性强，且得到叙利亚复兴党党政机关部门、利比亚领导人卡扎菲个人和苏联的全力支持。④ 可以说，“科马拉”的加入，为长期流亡在外的塔拉巴尼派系提供了在伊拉克境内动员与宣传的抓手，“科

① 伊拉克爱国协会包括了多个政党，如艾哈迈德·阿扎维（Aḥmad al-‘Azāwi）领导的复兴党伊拉克地区分支、易卜拉欣·阿莱维（Ibrāhīm ‘Allāwi）领导的伊拉克共产党中央领导机构等。参见Ḥasan Laṭīf al-Zubaydī, *Mawsū‘at al-Aḥzāb al-‘Irāqiyyah*, Bayrūt: Mu’assasat al-‘Ārif li al-Maṭbū‘āt, 2007, p. 251。

② 库爱盟的这一决定遭到了努奇尔万·穆斯塔法和阿卜杜·拉扎克·阿齐兹的反对，认为这会限制未来库爱盟与中央政府谈判的空间，库尔德人的诉求很可能在大的政治架构中被轻视。

③ 关于“科马拉”发展的详细经过，参见Ḥasan Laṭīf al-Zubaydī, *Mawsū‘at al-Aḥzāb al-‘Irāqiyyah*, Bayrūt: Mu’assasat al-‘Ārif li al-Maṭbū‘āt, 2007, pp. 467 – 468; Ṣalāḥ al-Khurasān, *Al-Tayyārāt al-Siyāsiyyah fī Kurdistān al-‘Irāq: Qirā’ah fī Milaffāt al-Ḥarakāt wa al-Aḥzāb al-Kurdiyyah fī al-‘Irāq (1946 – 2001)*, Bayrūt: Mu’assasat al-Balāgh li al-Ṭibā‘ah wa al-Nashr wa al-Tawzī‘, 2001, pp. 326 – 339。

④ Ṣalāḥ al- Khurasān, *Al-Tayyārāt al-Siyāsiyyah fī Kurdistān al-‘Irāq: Qirā’ah fī Milaffāt al-Ḥarakāt wa al-Aḥzāb al-Kurdiyyah fī al-‘Irāq (1946 – 2001)*, Bayrūt: Mu’assasat al-Balāgh li al-Ṭibā‘ah wa al-Nashr wa al-Tawzī‘, 2001, pp. 323 – 326.

马拉”从成立以来搭建了一定成熟的组织框架，很大程度上为库爱盟的发展奠定了坚实的基础。

除“科马拉”外，前“敢死战士”指挥官萨勒曼·达乌德·侯赛因·曼德莱维（Salmān Dāwūd Ḥusayn al-Mandalāwī）接受大赦回国后，在巴格达建立的地下军事组织“为烈士复仇”（al-Intiqām li Dimā' al-Shuhadā'），1976 年 3 月也并入库爱盟，改名为红鹰组织（Munaẓẓamat al-Ṣaqr al-Aḥmar），配合外部在境内对与复兴党合作的多名库尔德人士实施暗杀行动。1976 年 11 月，阿里·阿斯凯里成立的社会民主运动同样加入库爱盟，改名为库尔德斯坦社会主义运动（al-Ḥarakat al-Ishtirākiyyat al-Kurdistāniyyah，以下简称“库社运”）。这都进一步丰富了库爱盟的组织架构，增强了新生政党的力量。同时，库爱盟还成功吸引一批库民党前领导层和“敢死战士”指挥官赴叙利亚加入，活动地点主要位于叙利亚北部的加米什利（Qāmishlī）、迪尔克（Dirk）和哈塞克（Ḥasakah）等地，便于通过叙伊边境的辛贾尔和扎胡两个口岸或借道土耳其库区潜回伊拉克境内。叙利亚政府还在此为库爱盟提供一处军事训练基地和一个广播站，分别负责培建库爱盟独立的“敢死战士”武装，和对伊拉克库区民众的宣传动员工作。

值得注意的是，库爱盟开放多党合作的政治理念，虽然助力其快速发展，可仍难以消弭阵营内部的意识形态、社会阶层和代际差异。“科马拉”作为一个主体由城市知识青年构成的左翼组织，主张通过游击战的方式来恢复库尔德运动的活力，采取激进的社会改革政策，根除库尔德社会的弊端；而库社运中的核心领导层大多为中老年，有着传统部落和农村地主的社会背景，反对“科马拉”的土改政策与作战思路，主张有序地夺取库区据点和领土，保障部落和农村领袖的利益，防止激化他们与复兴党政府间的进一步合作。[①]

---

① Ṣalāḥ al- Khurasān, *Al-Tayyārāt al-Siyāsiyyah fī Kurdistān al-'Irāq: Qirā'ah fī Milaffāt al-Ḥarakāt wa al-Aḥzāb al-Kurdiyyah fī al-'Irāq (1946 – 2001)*, Bayrūt: Mu'assasat al-Balāgh li al-Ṭibā'ah wa al-Nashr wa al-Tawzī', 2001, p. 355.

面对库民党的分化和反对意见，巴尔扎尼家族当然不愿意轻易承认自身错误，让渡领导权。为此，毛拉穆斯塔法的两个儿子伊德里斯·巴尔扎尼和马苏德·巴尔扎尼，同萨米·阿卜杜·拉赫曼和努里·沙维斯等领导人一道，开始着手重建库民党。1975 年 4 月初，马苏德·巴尔扎尼在伊朗西部城市纳卡达（Naqdah）召集继续追随巴尔扎尼家族的领导人开会，宣布成立一个由努里·沙维斯牵头的负责重组库民党的 5 人委员会。委员会又分为两队各赴黎巴嫩和叙利亚开展工作，分别由努里·沙维斯以及阿迪勒·穆拉德与阿卜杜·拉扎克·阿齐兹领导。但沙维斯因健康原因转赴伦敦就医，而后一小队很快加入新近成立的库爱盟，此轮重组尝试也随即告败。1975 年 9 月，毛拉穆斯塔法的两个儿子共同带头成立库民党临时领导机构，核心成员还包括萨米·阿卜杜·拉赫曼、阿里·阿卜杜拉和努里·沙维斯。

库民党临时领导机构首先建立多个职能委员会，一方面负责管理在伊朗境内的库尔德难民；另一方面致力于重启对伊拉克库区内民众的动员工作，以抵消库爱盟形成的挑战。但受《阿尔及尔协议》附属条约的限制，库民党已失去在两伊边境活动的空间。1978 年后，伊土关系因石油债务而松动，土耳其开始放松对双方边境协议的执行力度,[①] 库民党转向土耳其库区，在土伊边境布点，遣人回国指导伊拉克库区的党军活动。依靠巴尔扎尼部落的旧有威望，库民党很快在库区多地搭建起了秘密分支，一度深入至土伊边境往南的 300 千米的地区。此外，库民党同样建立秘密电台做广播宣传之用，开设学校培养新批次的左翼政党干部，号召留欧知识精英回归，以弥补传统领导体系的不足。

按照贾拉勒·塔拉巴尼单方面的回忆，库爱盟成立后他第一时间向毛拉穆斯塔法表示，库爱盟依旧将其认作是库尔德民族解放运

---

① Ofra Bengio, *The Kurds of Iraq: Building a State within a State*, London: Lynne Rienner Publishers, 2012, p. 163.

动的领袖，且毛拉穆斯塔法答复称“做你们可以做到的事吧”[①]，以此表明库爱盟无意挑战巴尔扎尼家族和库民党的地位，而毛拉穆斯塔法也认可了塔拉巴尼的决定。但事实上，从库爱盟筹建伊始毛拉穆斯塔法就对塔拉巴尼派往库民党沟通的代表说过：“回去吧！贾拉勒·塔拉巴尼想重燃革命吗？如果我都无力发起革命，他又如何能担此重任呢？”[②] 两派间长期以来形成的敌对和互疑情绪，不仅没有因库尔德运动的低潮有所淡化，反而在对领导权的新一轮争夺中被加固了。很快，双方就于1976年起爆发武装冲突，库民党还派“巴拉斯汀”情报人员潜入库爱盟做卧底，尝试从内部瓦解对手。

库尔德运动的分化反过来加剧着它的弱势局面。伊拉克军队和安全部门注意到这点后对其加以利用，一度逮捕两党在库区内活动的2700名成员。[③] 支持库尔德运动的叙利亚政府意识到，库尔德运动的内斗不利于实现其削弱伊拉克复兴党政权的战略诉求，因此在1976年年末开始斡旋解决两党的分歧。1977年3月1日，库民党、库爱盟和伊拉克爱国协会达成一份三方协议，承诺放弃分歧共同反对复兴党政权，引领一场伊拉克的革命，并首先以伊拉克库区作为工作的突破口。[④]

作为应对，伊拉克总统哈桑·贝克尔任命中将伊斯梅尔·努埃米（Ismāʻīl al-Nuʻaymī）为第一师总指挥官，派驻至基尔库克，负责

---

① Ṣalāḥ al- Khurasān, *Al-Tayyārāt al-Siyāsiyyah fī Kurdistān al-ʻIrāq: Qirāʼah fī Milaffāt al-Ḥarakāt wa al-Aḥzāb al-Kurdiyyah fī al-ʻIrāq (1946 – 2001)*, Bayrūt: Muʼassasat al-Balāgh li al-Ṭibāʻah wa al-Nashr wa al-Tawzīʻ, 2001, p. 319.

② Ṣalāḥ al- Khurasān, *Al-Tayyārāt al-Siyāsiyyah fī Kurdistān al-ʻIrāq: Qirāʼah fī Milaffāt al-Ḥarakāt wa al-Aḥzāb al-Kurdiyyah fī al-ʻIrāq (1946 – 2001)*, Bayrūt: Muʼassasat al-Balāgh li al-Ṭibāʻah wa al-Nashr wa al-Tawzīʻ, 2001, p. 315.

③ Ṣalāḥ al- Khurasān, *Al-Tayyārāt al-Siyāsiyyah fī Kurdistān al-ʻIrāq: Qirāʼah fī Milaffāt al-Ḥarakāt wa al-Aḥzāb al-Kurdiyyah fī al-ʻIrāq (1946 – 2001)*, Bayrūt: Muʼassasat al-Balāgh li al-Ṭibāʻah wa al-Nashr wa al-Tawzīʻ, 2001, p. 252.

④ Ṣalāḥ al- Khurasān, *Al-Tayyārāt al-Siyāsiyyah fī Kurdistān al-ʻIrāq: Qirāʼah fī Milaffāt al-Ḥarakāt wa al-Aḥzāb al-Kurdiyyah fī al-ʻIrāq (1946 – 2001)*, Bayrūt: Muʼassasat al-Balāgh li al-Ṭibāʻah wa al-Nashr wa al-Tawzīʻ, 2001, pp. 357 – 358.

镇压库尔德运动的叛乱。复兴党政府还召开军事会议，协调靠近北部各军师之间的任务协作，确立打击库尔德运动的四点方针：（1）按照既定计划控制边境；（2）大规模拓展北部地区公路体系，保证对叛乱更容易发生的边远地区和边境公路的应急反应能力；（3）吸引北部地区民众与政府合作；（4）大力发展北部地区经济，解决失业问题。[①] 复兴党政府的策略在短期内获得了积极的成效，但面对库民党、库爱盟和伊拉克爱国协会三方协调开展的游击战，伊拉克军队开始应对乏力。然而，三方合作很快因库民党和库爱盟间重新爆发的军事争端而破裂。

1977 年 11 月，在库尔德巴拉杜斯提部落的斡旋下，库爱盟与复兴党政府展开多轮谈判，原则上同意和平休战，但前提条件是伊拉克政府全面落实《三月声明》中的库尔德自治规定。复兴党政府拒绝了库爱盟的要求，贾拉勒·塔拉巴尼重新对伊拉克军队宣战。这一决定得到“科马拉”的支持，却为库社运所反对。后者认为应该坚持与政府谈判，反对贾拉勒·塔拉巴尼和“科马拉”主导库爱盟的重大决策。但面对伊拉克军队 1978 年 3 月发起的攻势，库爱盟已失去转圜的空间。作战过程中由于缺乏武器，库爱盟希望借道库民党主导的巴德南地区从叙伊边境收获装备补给。贾拉勒·塔拉巴尼虽然多次致信巴尔扎尼家族核心成员协调沟通，但还是在同年 6 月遭到库民党的袭击，并且由于库爱盟与土耳其库尔德民族主义者交往甚密，库民党的行动同时得到土耳其情报部门的支持。

库爱盟受到的三面夹击对其造成严重打击，很多领导层在战争中丧命，或被库民党逮捕，库社运领导人阿里·阿斯凯里在年底遭到逮捕，于 1979 年 6 月被库民党军事法庭判处死刑。[②] 1979 年 3 月，库社运与“科马拉”间的联盟难以维系，拉苏勒·马曼德带领库社

---

① Aḥmad al-Zubaydī, *Al-Binā' al-Ma'nawī li al-Qūwāt al-Musallaḥat al-'Irāqiyyah*, Bayrūt: Dār al-Rawḍah, 1990, p. 147.

② Ḥasan Laṭīf al-Zubaydī, *Mawsū'at al-Aḥzāb al-'Irāqiyyah*, Bayrūt: Mu'assasat al-'Ārif li al-Maṭbū'āt, 2007, p. 466.

运部分领导人和大批武装人员退出库爱盟，与马哈茂德·奥斯曼的库民党筹委会合并，成立库尔德斯坦社会主义党（al-Ḥizb al-Ishtirākī al-Kurdistānī，以下简称“库社党”），[①] 进一步削弱库爱盟的实力。但是，库民党的优势也仅是相较库爱盟而言，其主体力量只保留在伊朗或伊拉克库区的边远山区，并因两伊间的军事安全合作受到结构性的限制，难以重塑1975年前的实力。从整体上来看，在1979年伊朗伊斯兰革命爆发和两伊关系恶化带来地区局势变化前，伊拉克库尔德运动因1975年“大溃败”一直处于弱化与分化的低潮局面。

第二节　两伊战争中的库尔德人

一　伊朗伊斯兰革命、两伊战争爆发与库尔德运动的复苏

1979年2月，伊朗伊斯兰革命胜利。毛拉穆斯塔法在第一时间向革命领袖赛义德·鲁哈拉·穆萨维·霍梅尼（Sayyid Ruhollah Mousavi Khomeini）发去贺信。事实上，早在革命成功前1978年的伊朗政局变动中，[②] 库民党已经意识到霍梅尼及其领导的伊斯兰主义力量在这场人民运动中的核心地位。1978年10月20日，库民党临时领导机构派两名代表赴巴黎拜会流亡中的霍梅尼，表达库民党对他“领导的反沙阿及其代理人政权的斗争”的支持。[③] 革命成功后，伊朗政府同意将毛拉穆斯塔法（1979年3月去世）的尸体运至伊朗库区安葬，一定程度上预示了库尔德人在伊朗所处政治环境的变化。

---

① Ḥasan Laṭīf al-Zubaydī, *Mawsū'at al-Aḥzāb al-'Irāqiyyah*, Bayrūt: Mu'assasat al-'Ārif li al-Maṭbū'āt, 2007, p. 305.

② 关于伊朗伊斯兰革命的发端和爆发细节，请参见吴冰冰《什叶派现代伊斯兰主义的兴起》，中国社会科学出版社2004年版，第151—170页。

③ Ṣalāḥ al- Khurasān, *Al-Tayyārāt al-Siyāsiyyah fī Kurdistān al-'Irāq: Qirā'ah fī Milaffāt al-Ḥarakāt wa al-Aḥzāb al-Kurdiyyah fī al-'Irāq (1946 – 2001)*, Bayrūt: Mu'assasat al-Balāgh li al-Ṭibā'ah wa al-Nashr wa al-Tawzī', 2001, p. 252.

但就如何处理与伊拉克库尔德人的关系，伊朗政府内部产生分化：霍梅尼及其弟子穆罕默德·蒙塔泽里（Mohammad al-Muntadhiri）和伊斯兰革命卫队都对此持保守态度，因为库民党曾与沙阿政权、美国和以色列有过深度密切的合作，被认为是伊斯兰革命的敌人，不值得被信任。而国防部部长穆斯塔法·查姆兰（Mustafa Chamran）和伊朗军队参谋部则主张对库民党保持灵活的态度，将其打造为遏制伊拉克复兴党政权的一股储备力量。

随着革命后伊拉克提出要求修改《阿尔及尔协议》，加紧打压其国内的什叶派伊斯兰主义力量，秘密支持伊朗俾路支斯坦和胡泽斯坦分离运动，支持派在革命阵营内部逐渐占据上风。1979 年 8 月，伊朗中央政府与伊朗库尔德斯坦民主党谈判破裂，爆发武装冲突，同月 19 日，霍梅尼宣布对库尔德人发动圣战。[①] 面对同族与庇护国间的冲突，伊拉克库民党为了自身的发展，再次选择站到后者的一边。20 世纪 60 年代，毛拉穆斯塔法就曾派兵协助伊朗军队打压伊朗库民党，还将逃至伊拉克库区避难的伊朗库民党领导人驱逐出境。库民党的选择进一步赢得伊朗政府的信任，当然这也引起党内部分领导人的反对，选择回国接受复兴党政府的大赦。此外，巴解组织的劝解也在伊朗重拾伊拉克“库尔德牌”的过程中发挥了重要作用。长期以来，库尔德左翼精英将库尔德人的民族运动同巴勒斯坦人的反以斗争作对照，二者惺惺相惜，都视对方为反帝国主义事业的组成部分。1975 年后库民党对巴勒斯坦的建国权利持全力支持的立场，巴解组织驻德黑兰代表也因此向伊朗领导人保证库民党及来自巴尔扎尼家族的新一代领导人伊德里斯和马苏德有别于毛拉穆斯塔法，是值得依靠的对象。在上述三层因素的推动下，霍梅尼最终在什叶派圣城库姆接见了以伊德里斯·巴尔扎尼为首的库尔德代表团，同意恢复伊拉克库民党在伊朗的政治活动空间。

---

① 唐志超：《中东库尔德民族问题透视》，社会科学文献出版社 2013 年版，第 211—212 页。

1979 年 7 月，库民党临时领导机构召开会议，选举马苏德·巴尔扎尼为新的党主席。马苏德而非更为年长的伊德里斯·巴尔扎尼接替毛拉穆斯塔法，其实是库民党内部派系政治妥协的产物。在临时领导机构内部，主要有伊德里斯领导的一派和萨米·阿卜杜·拉赫曼领导的另一派，前者被认为是对毛拉穆斯塔法传统势力的延续，后者则有着明显的左翼立场，反对巴尔扎尼家族专权。马苏德选择居中的立场，调和两派间的分歧。因此，马苏德当选党主席，既维护了巴尔扎尼家族的传统领导核心，又照顾了党内左翼力量的情绪，是两派能共同接受的人选。但事实上，马苏德的立场不过是巴尔扎尼家族政治实用主义的选择，这充分地反映在库民党九大的决策之中。

1979 年 11 月，库民党时隔 9 年后在伊朗境内召开第九次党代表大会，共有来自各分支的 325 名党代表参加。会议首先重新确立库民党的名称和架构，正式批准马苏德的党主席身份，萨米·阿卜杜·拉赫曼强调临时领导机构对库民党复苏发挥的关键性作用是在左翼力量带领下完成的，建议将机构的全体成员选入新的中央委员会。然而，在实际投票过程中，左翼派系基于政治交换的默契选投巴尔扎尼家族的人物，而没有推举自己的代表，但伊德里斯和马苏德两派却并未相应地作出回馈，而是把左翼力量的代表人物全部排除在候选人之外。会议虽然高度评价临时领导机构发挥的重要过渡作用，但并不承认毛拉穆斯塔法的历史错误，称毛拉的遗产是照亮库尔德运动下一阶段发展的一盏明灯。这实际上否定了左翼力量的作用。库民党由此形成以马苏德和伊德里斯为核心的新一届政治局，伊德里斯被选为军事局与外事办公室主任，而新选举产生的中央委员会也主要由他领导的军事局委员所构成。被排除在权力核心外的萨米一派选择退出库民党，由于其支持伊朗库民党的立场很快遭到伊朗军队的逮捕，但最终在利比亚的斡旋下被释放，萨米转赴伦敦避难，直到 1981 年他才重返政治舞台，组建库尔德斯坦民主人民党

（Ḥizb al-Sha'b al-Dīmuqurāṭī al-Kurdistānī）。[①] 此外，为了打破1975年溃败后遭到的政治孤立，回归伊拉克反对派阵营，库民党宣布放弃一党主导的权力安排原则，甚至在有限程度上接受马哈茂德·奥斯曼领导的筹委会发布的批判库民党的报告，以此向其他伊拉克海外政党释放善意。

可以说，伊朗伊斯兰革命的爆发与两伊间关系的恶化，加速了库民党重塑组织架构的进程，而转年爆发的两伊战争，则进一步带来库尔德运动整体力量的复苏与分化重组。1980年9月17日，随着伊斯兰革命以来两国间冲突的不断上升，萨达姆·侯赛因单方面宣布撕毁《阿尔及尔协议》，宣布伊拉克对阿拉伯河航道行使全面主权。9月22日，伊拉克军队入侵伊朗，两伊战争爆发。伊拉克先发制人的攻势与伊朗革命后的政局初稳，使伊拉克军队在两个月内迅速占领包括克尔曼沙赫省在内的2.6万平方千米的伊朗领土，直逼伊朗石油重港阿巴丹（'Abbādān）。伊拉克军队打造的战场优势一直维持到1981年9月，这构成库尔德人重要性上升的大背景。

战争沿两伊间1200千米的边境展开。伊拉克南部的沼泽地与纵横错落的水道，及北部地区延绵的高山地形和冬季的大雪天气，对两伊常规军的坦克作战形成极大的限制。需要注意的是，伊拉克在南北两地面临的作战困境同样适用于伊朗，因此唯有有效地动员熟悉当地情况的政治和武装力量，伊朗才能对伊拉克战场上的此二薄弱环节加以利用。对北部而言，传统的库民党与新生的库爱盟当然成为伊朗政策的首选。在伊拉克库区靠东侧一线，伊朗继续拓展其与库民党间的军事合作；但受意识形态上世俗与宗教间的差异，以及两党间历史交恶等因素的影响，伊朗未能直接与库爱盟建立合作，

---

① Ṣalāḥ al- Khurasān, *Al-Tayyārāt al-Siyāsiyyah fī Kurdistān al-'Irāq: Qirā'ah fī Milaffāt al-Ḥarakāt wa al-Aḥzāb al-Kurdiyyah fī al-'Irāq (1946 – 2001)*, Bayrūt: Mu'assasat al-Balāgh li al-Ṭibā'ah wa al-Nashr wa al-Tawzī', 2001, pp. 256 – 257.

而是通过其地区盟友叙利亚从西向展开。

战争爆发后，叙利亚复兴党政府站在伊朗一边，加大对伊拉克反对派政治力量的支持力度，于 1980 年 11 月 12 日以大马士革为基地筹建了一个名为“爱国民族民主阵线”（al-Jabhat al-Waṭaniyyat al-Qawmiyyat al-Dīmuqurāṭiyyah）的反对派阵营。库民党主动靠拢，以伊拉克共产党为首的四个政党提案接受库民党加入，但被该阵线成员中的库爱盟驳回。11 月 28 日，库民党在伊朗自立替代性的反对派阵营“爱国民主阵线”（al-Jabhat al-Waṭaniyyat al-Dīmuqurāṭiyyah），并成功劝说库尔德社会主义联合党（al-Ḥizb al-Ishtirākī al-Kurdistānī al-Muttaḥid）和伊拉克共产党从前一阵线中退出加入新的阵线。两个阵线的成立和叙利亚及伊朗分别的支持，为库爱盟和库民党培养或恢复自身力量提供了基本的活动平台和必要的作战后勤保障。更重要的是，伊拉克库区作为两伊战争的主战场之一和两个阵线回归伊拉克突破点的战略地位，决定了两党在两个反对派阵线中发挥着核心的作用，这进一步提升了库尔德运动的重要性。但是，两个竞争性阵线的并立，很快因两党间的历史宿怨演变成对库区势力范围的争夺和由此引发的武装冲突。

随着战事推进，伊拉克的攻势难以为继。1981 年 9 月，伊拉克军队被击退，撤出阿巴丹，伊拉克的战场形势开始转攻为守。12 月，伊朗军队收复 70% 的被占领土。1982 年 5 月，伊朗收复克尔曼沙赫省，逮捕 1 万余名伊拉克士兵。7 月，伊拉克单方面宣布停火，并全面撤出伊朗。霍梅尼表明，除非萨达姆和复兴党下台，否则伊朗不会接受停火。战争由此转入第二阶段，双方处于长期消耗的对峙状态。1983 年起，伊朗军队开始对伊拉克南北中三条防线发动一系列进攻。[①] 库尔德两党和伊拉克共产党也借伊拉克退守的空隙，在杜胡克、苏莱曼尼亚和埃尔比勒等城市周边的农村地区对伊拉克军

---

① Dina Rizk Khoury, *Iraq in Wartime: Soldiering, Martyrdom, and Remembrance*, New York: Cambridge University Press, 2013, p. 31.

队发起袭击。对复兴党政权而言，两伊战争开始转变为一场生存之战。[①]

面对战场形势的变化，伊拉克复兴党政府早已预见到北部战线的薄弱，于是希望对库尔德运动内部的分化局面加以利用，重拾分而治之的策略。1982 年夏起，复兴党政府就分别与两党秘密沟通。在谢赫奥斯曼·巴尔扎尼（Shaykh 'Uthmān al-Barzānī）的斡旋下，复兴党政府首先与库民党展开谈判，因为萨达姆个人尤其担心库民党会配合伊朗夺取哈支欧姆兰，打开去往拉旺度兹和沙格拉瓦（Shaqlāwah）的通道，进而威胁埃尔比勒的安全。[②] 双方谈判后达成一份初步协议，复兴党政府要求库民党停止与伊朗合作，允许在伊朗流亡的巴尔扎尼部落民回到家乡巴尔赞原址居住，出资为其重建住房，给予 400 万第纳尔的补偿，并向库民党“敢死战士”武装配备 1 万件小型武器。但在自治问题上的要求被萨达姆否决后，库民党转而向伊朗公开了此次谈判，伊朗表示愿意提供双倍的支持，换取库民党放弃与伊拉克中央政府和解。最终，库民党选择站到伊朗一边。1983 年 7 月，“敢死战士”武装配合伊朗军队占领位于两伊边境的哈支欧姆兰。10 月，双方再次配合进攻通往苏莱曼尼亚的边境口岸潘杰温（Panjwayn）。库民党产生的威胁招致复兴党政府的报复，于 1980 年被安置在古什塔帕（Qushtapa）等新建城市聚居区内的 8000 名巴尔扎尼部落男性成员遭到逮捕，随后下落不明。[③]

库爱盟方面一开始并不愿意接受复兴党政府递出的橄榄枝，但在伊朗库民党主席阿卜杜·拉赫曼·卡塞姆鲁的劝说下，贾拉勒·

---

① Dina Rizk Khoury, *Iraq in Wartime: Soldiering, Martyrdom, and Remembrance*, New York: Cambridge University Press, 2013, pp. 28 – 32.

② David McDowall, *A Modern History of the Kurds*, London: I. B. Tauris, 1996, p. 348.

③ Ofra Bengio, *The Kurds of Iraq: Building a State within a State*, London: Lynne Rienner Publishers, 2012, p. 156.

塔拉巴尼开始考虑改善与伊拉克中央政府的关系，因为如果能达成自治协议，库爱盟将代替库民党成为伊拉克库尔德人无可争议的合法代表。当然，贾拉勒·塔拉巴尼非常清楚这会直接导致叙利亚和利比亚切断对库爱盟的援助，但党的领导层在综合评估后认为，1982 年后伊拉克军队的战场优势已经消失，开始转攻为守，此时谈判可以换来中央政府最大的让步。同时，意识形态因素也发挥着重要的作用。贾拉勒·塔拉巴尼回忆称："如果在伊拉克确立一个和伊朗相似的伊斯兰体制，我们就会处于两个磨盘之间，遭到粉碎"，"因为我们是世俗主义者"，"我们有很大一派奉行马克思列宁主义，另外一派奉行社会主义，因此我们同意了他（卡塞姆鲁）的倡议，接受与伊拉克政府对话"①。

1983 年 10 月，双方达成初步停火协议。库爱盟要求复兴党政府：（1）把基尔库克、哈尼金、辛贾尔和曼代里等地划入库尔德自治区；（2）停止对争议地区的阿拉伯化进程，允许库尔德人自由回迁原址；（3）30% 的石油收入用于库区的发展；（4）合法化库爱盟"敢死战士"武装的存在；（5）释放库尔德政治犯；（6）解散与伊拉克军队合作的 2 万名库尔德民兵和取缔亲政府的库尔德政党。除确保库尔德人自身利益外，库爱盟还以伊拉克反对派的身份要求复兴党在伊拉克全国层面开放党禁，举行大选。② 事实上，库爱盟提出的停火筹码本身和库民党无异，但面对伊朗军队紧逼的战场形势，复兴党政府只能以部分的让步赢取库爱盟的配合，以维持谈判的态势。萨达姆同意先把基弗里和阿格勒并入库尔德自治区，原则上承诺解散亲政府库尔德民兵与政党。在基尔库克归属问题上，复兴党

---

① Ṣalāḥ al- Khurasān, *Al-Tayyārāt al-Siyāsiyyah fī Kurdistān al-'Irāq: Qirā'ah fī Milaffāt al-Ḥarakāt wa al-Aḥzāb al-Kurdiyyah fī al-'Irāq (1946 – 2001)*, Bayrūt: Mu'assasat al-Balāgh li al-Ṭibā'ah wa al-Nashr wa al-Tawzī', 2001, pp. 411 – 412.

② David McDowall, *A Modern History of the Kurds*, London: I. B. Tauris, 1996, pp. 349 – 350.

政府予以拒绝，除出于对石油资源的考虑外，萨达姆还担心这会打破库尔德两党间的力量平衡，增强库爱盟的总体实力。但萨达姆向贾拉勒·塔拉巴尼承诺："（如果你）不坚称基尔库克是一个库尔德城市，我们也不会坚称它是非库尔德的"，以此满足库爱盟的宣传需求。哈尼金、辛贾尔和曼代里等地因其临靠边境的战略地位，也被萨达姆拒绝划入库尔德自治区。①

库爱盟的配合极大地缓解了伊拉克军队在北部的困境，大批部队被抽调至南线继续作战。然而，复兴党政府与库爱盟的合作再次重现伊拉克中央政府和库尔德人权宜联盟的经典模式，双方间的战略互疑不仅没有因此得到根本性的改善，反而在持续的相互利用中进一步固化。出于战事的消耗性和两伊体量上的非对称性，② 冷战两极都非常担忧伊朗的胜利会对中东地区的秩序稳定和石油安全造成毁灭性影响。1984 年起，美国、苏联和法国开始向伊拉克提供秘密支持和开展军火贸易，以平衡伊朗的战场优势。实力的复苏使得复兴党政府对库爱盟的依赖性降低，同年 3 月双方谈判陷入僵局，库爱盟成员多人被政府处决或被亲政府民兵袭击。1985 年 1 月，双方间的合作最终破裂，库爱盟转向伊朗，重启与伊拉克军队的战事。

总体来看，伊朗伊斯兰革命与两伊战争的接连爆发，为 1975 年"大溃败"后弱化与分化的伊拉克库尔德运动打开新的活动空间。而战事的拖延与消耗，让两伊长期争夺库尔德运动在北线战

---

① David McDowall, *A Modern History of the Kurds*, London: I. B. Tauris, 1996, p. 350.

② 这种非对称性表现为伊拉克与伊朗相比，面临双重劣势。首先，伊拉克的主要城市靠近两伊边境，因此更容易受到伊朗的袭击（巴格达距边境 64 千米，巴士拉距边境 19 千米，而德黑兰远离边境 853 千米）。其次，双方在人口数量上的悬殊（伊拉克人口 1400 万人，伊朗人口 4200 万人）。参见 Dina Rizk Khoury, *Iraq in Wartime: Soldiering, Martyrdom, and Remembrance*, New York: Cambridge University Press, 2013, p. 29。

场上的配合，使传统的库民党与新生的库爱盟分别获得恢复和培养自身能力的机会，库尔德运动也因此得以重新登上伊拉克的政治和军事舞台。

二　复兴党政府在库区的运转：动员“我们的库尔德人民”

经历过两次库尔德战争的伊拉克复兴党政府清晰地意识到，要有效遏制库尔德运动的发展，除了阻断外部力量的干涉外，还有必要从伊拉克内部防止库尔德社会同库尔德运动相配合。为此，复兴党政府首先采取细分的政策，将伊拉克库尔德运动与库尔德社会相切割，只有拥护复兴党及其革命事业的库尔德人才是库尔德社会真正的代表，萨达姆·侯赛因称其为“我们的库尔德人民”（sha‘bunā al-Kurdī）。

具体来看，在第二次伊拉克库尔德战争结束前，复兴党政府把库尔德运动统称为“武装化的库尔德人”（al-Akrād al-musallaḥūn）。[①] 1975 年战争结束至两伊战争爆发前，库民党和库爱盟在复兴党政府档案中被用党的原名表述，并被共同归类为“反对派政党”（al-aḥzāb al-munāwi’ah）。[②] 两伊战争爆发后，复兴党将库民党称为“背叛之子的队伍”（zumrat salīlī al-khiyānah），以谴责其与伊朗间的合作。库爱盟因与复兴党政府有过短期的合作，一开始被命名为“塔拉巴尼之伍”（zumrat al-Ṭālabānī），随着 1985 年后双方关系恶化与战事重燃，复兴党政府改变其称谓为“伊朗代理人之伍”（zumrat ‘umalā’ Īrān）。两党由此和其他伊拉克反对派政治力量被统称为“破坏分子”（al-zumrat al-takhrībiyyah/zumrat al-takhrīb/al-mukharribūn）。基于此，复兴党政府向其党政干部作出指示称，库尔德两党不同于“我们的库尔德人民”，无权代表库尔德社会。在 1980 年 6 月埃尔比

① BRCC Doc. No. 01 - 3378 - 0000 - 0245, February 1974.

② North Iraq Dataset Doc. Nos. 06265 - 13 - 8 to 13, June 1, 1980.

勒省安全局的一份内部参考中，复兴党还进一步区分库区中的亲政府政党①和反政府政党，要求北部地区的安全人员将这些信息牢记于心，运用到实际工作中，打击“破坏分子”，保护“我们的库尔德人民”，并称未来要对他们的信息掌握情况进行考核。②

这种细分政策，甚至在对待反政府库尔德人时也得到落实。例如，在如何处理苏莱曼尼亚省地区叛逃至伊朗人员的问题上，1983 年 6 月伊拉克军事情报总局颁布的条例规定，对出逃者全部家属实施拘留或软禁，直到出逃者回国被捕。但苏莱曼尼亚省安全局回馈称，该政策不仅无助于逼迫叛逃者回国，反而会加剧这些家庭的叛逃现象。1985 年 3 月，伊拉克军事情报总局接受了苏莱曼尼亚省安全局的意见，对条例做出调整，其中包括：只对 1979 年以后的叛逃者家属进行惩治；只拘留叛逃者家属中具有重要影响力的人物，如父亲、兄弟或儿子；对叛逃者家属的总拘留期不超过 1 年；拘留条例不包括女性、未成年和作为国家军事人员的成年男性；被拘留者如若有病情等特殊状况可停止拘留；家中有参战烈士或获得“勇气勋章”（maydāliyyat al-shujā‘ah）者，可

① 在这份报告中，复兴党只对两个持亲政府立场的库尔德政党做了介绍，分别是库尔德民主党（al-Ḥizb al-Dīmqurāṭī al-Kūrdī）和库尔德斯坦革命党（al-Ḥizb al-Thawrī al-Kūrdistānī）。但基于两党各自的成员人数只有 300 人左右，且活动能力仅限于召开会议，复兴党评估它们在大众层面（al-wasaṭ al-jamāhīrī）难以发挥影响力，因此党的干部应该把更多精力投入应对反政府库尔德政党的工作上。参见 North Iraq Dataset Doc. No. 06265 - 13 - 8，June 1，1980。这些亲政府库尔德政党前身基本都为库民党的组成部分，因受 1974—1975 年在第二次伊拉克库尔德战争中失败的影响，库民党内部产生路线分歧，部分领导层 1975 年后选择向复兴党政府妥协，从而退出库民党组建新的政党。这些政党成员在库区政府内部多被复兴党委以虚职。除前文提到的阿里·阿斯凯里和拉苏勒·马曼德成立的社会民主运动外，这些政党体量有限，影响力微弱，并且社会民主运动在成立不到 1 年的时间里就被并入库爱盟之中，因此本书不再对这些政党做进一步的考察。关于这些亲政府库尔德政党的介绍，可参见Ḥasan Laṭīf al-Zubaydī，*Mawsū‘at al-Aḥzāb al-‘Irāqiyyah*，Bayrūt：Mu’assasat al-‘Ārif li al-Maṭbū‘āt，2007，p. 332。

② North Iraq Dataset Doc. Nos. 06265 - 13 - 8 to 13，June 1，1980.

以酌情豁免，等等。①

由此，1985 年 12 月，苏莱曼尼亚省下属的卡拉达格（Qar Dāgh）安全中心在复查一位化名为阿扎尔·达吉（Āẓār al-Dāghī）的库民党出逃人员时，由于发现他逃至伊朗的时间为 1975 年，因此决定不再对其家属采取相关措施。② 事实上，早在 1983 年 12 月，卡拉达格安全中心的一份决定就在很大程度上显示出复兴党政策的这种区分性。阿扎尔·达吉的叔叔虽为其家属中的重要人物，但在出任政府公职的政治审核时并未受到影响，被安全中心判定为政治独立人士，允以任命。③

更为重要的是，复兴党政府从未放弃过复兴党化库尔德社会的政治抱负，尽管这一进程中的阿拉伯化环节充斥着强制性与暴力性。1968 年二次上台后，复兴党政府付出了巨大精力试图通过吸纳伊拉克全民加入党的队伍来扩大其执政基础，以避免重蹈 1963 年因缺乏民众支持而下台的覆辙。1963—1986 年，复兴党党员人数从 3000 人扩大至 163.75 万人，④ 增长率达 54400%。虽然复兴党实现了如此巨大的队伍拓展，但加入高度等级化的复兴党“并非是一种走形式，因为这要求一种（对党组织）长期的认同”⑤。事实上，在 35 年的统治期间，伊拉克复兴党仅在被推翻的前一年（2002）才实现其成员占伊拉克总人口比的历史最高值，为 15.7%。⑥ 复兴党内部有着

---

① North Iraq Dataset Doc. Nos. 00089 - 28 - 11 to 15, March 28, 1985.

② North Iraq Dataset Doc. No. 00089 - 28 - 8, December 30, 1985.

③ North Iraq Dataset Doc. No. 00089 - 28 - 25, December 24, 1983.

④ 1963 年的数据源于 Said K. Aburish, *Saddam Hussein: The Politics of Revenge*, New York: Bloomsbury, 2000, p. 60。1986 年的数据源于 BRCC Doc. No. 164 - 3 - 1 - 087, 1986。

⑤ Lisa Blaydes, *State of Repression: Iraq under Saddam Hussein*, Princeton: Princeton University Press, 2018, p. 181.

⑥ 关于不同年份党员人数和占总人口比的细节与比较，参见 Joseph Sassoon, *Saddam Hussein's Ba'th Party: Inside an Authoritarian Regime*, New York: Cambridge University Press, 2012, p. 52; Aaron Faust, *The Ba'thification of Iraq: Saddam Hussein's Totalitarianism*, Austin: University of Texas Press, 2015, p. 85。

严格的党员级别制度，从下至上分别为：支持者（mu'ayyid）—拥护者（naṣīr）—先进拥护者（naṣīr mutaqaddim）—预备党员（murashshaḥ）—在培党员（'uḍw mutadarrib，或称"受训党员"）—干事党员（'uḍw 'āmil）—小组党员（'uḍw firqah）—分支党员（'uḍw shu'bah）—分局党员（'uḍw fir'）—总书记（amīn sirr）。[①] 而对库尔德人而言，在成为支持者之前，还需要通过一个名为"爱国积极分子"（al-nashāṭ al-waṭanī）的过渡考核阶段。[②]

塔哈·亚辛·拉马丹在前文引用的报告中指出，复兴党从未反对过吸纳库尔德人入党，因为党的领导层相信"一定比例的库尔德民众应该与党（组织）相联合，哪怕是在支持者、拥护者或亲党友人（aṣdiqā'）的级别"[③]。但是，"毛拉（穆斯塔法）与库民党迫害了库尔德复兴党人，当他们想靠近党组织时"[④]，"为的是把库尔德地区与那些亲革命的人相隔绝"[⑤]。根据拉马丹的回忆，在复兴党停止对库尔德人的征招工作前，大概有数千名库尔德复兴党的支持者和亲党友人，并且其中很多人都被委以负责发展党在库区的工作。[⑥] 随后，拉马丹在报告中以定居地和社会关系为主要依据，提出吸引库尔德人入党的三条评选办法。[⑦]

---

① 关于复兴党党员级别、入党与提级考核的相关内容，参见 Joseph Sassoon, *Saddam Hussein's Ba'th Party: Inside an Authoritarian Regime*, New York: Cambridge University Press, 2012, pp. 45 – 53; Aaron Faust, *The Ba'thification of Iraq: Saddam Hussein's Totalitarianism*, Austin: University of Texas Press, 2015, pp. 82 – 91; Lisa Blaydes, *State of Repression: Iraq under Saddam Hussein*, Princeton: Princeton University Press, 2018, pp. 180 – 186。

② Joseph Sassoon, *Saddam Hussein's Ba'th Party: Inside an Authoritarian Regime*, New York: Cambridge University Press, 2012, p. 46.

③ BRCC Doc. No. 01 – 3378 – 0000 – 0325, March 2, 1974.

④ BRCC Doc. Nos. 01 – 3378 – 0000 – 0325 to 0326, March 2, 1974.

⑤ BRCC Doc. No. 01 – 3378 – 0000 – 0326, March 2, 1974. 拉马丹提到的迫害，很有可能是指 1959 年 3 月和 7 月分别在摩苏尔与基尔库克发生的库民党配合卡塞姆政府打压复兴党和纳赛尔主义者的活动。

⑥ BRCC Doc. Nos. 01 – 3378 – 0000 – 0325 to 0326, March 2, 1974.

⑦ BRCC Doc. Nos. 01 – 3378 – 0000 – 0327 to 0329, March 2, 1974.

（1）针对居住在阿拉伯人占主体地区的库尔德人。如果他们已经长期居住并有着稳定的工作与社会关系，对其采用和阿拉伯人一样的征招办法；如果他们的居住时间少于10年，则需要对其个人信息做进一步核查，特别是对迁居至现居住地前的背景。

（2）针对居住在多民族杂居地区的库尔德人。如果他们已在此长期居住，和阿拉伯人有着亲密的关系，已做好准备成为一名复兴党人，或其亲朋和部落民已是党员，对其可以采取与上述相同的办法，但需要重点考核他们在“亲党友人”和“支持者”两个阶段的表现，并且其入党介绍人应该为表现良好的干事党员，而非与他们关系密切的阿拉伯支持者党员。如果该地区的库尔德人无法满足居住地和社会关系的这些基本条件，有必要对他们采取特殊办法，多增加一级名为“爱国动员”的考核阶段（al-tanẓīm al-waṭanī），为期至少一年，直到他们取得党组织的积极评价。

（3）针对居住在库区的库尔德人。对他们沿用从“爱国动员”开始考核之人的相同办法。

与本书前述提到的阿拉伯化作为成功实现复兴党化的前提条件的论断一致，拉马丹提出的三条办法证明，库尔德人与阿拉伯人的关系越近，他们加入党组织的难度就越低。但是，受1970年《三月声明》和第二次库尔德战争的影响，复兴党政权在1975年后才能系统且持续地对库区推行阿拉伯化政策，[①] 因此对于库区的库尔德人来说，加入复兴党要花费更多的时间和遵循更严苛的标准。以1988年10月卡尔巴拉省的情况为例，当地库尔德党员人数为38人，其中36人为在培党员，2人为干事党员。38人中的大部分都来自杜胡克省并曾居住于此，随后（可能因为阿拉伯化政策）才移居至卡尔巴拉省。从他们的考核表来看，大部分人是在1974—1976年加入复兴

① Ghafūr Makhmūrī, *Ta'rīb Kurdistān: Al-Ta'rīb-al-Makhāṭir-al-Muwājahah*, Tarjamat: 'Abdallah Qarkay, Arbīl: Maṭba'at Tārān, 2020, pp. 55–56.

党党组织，平均耗时 13—14 年升为在培党员[①]，比阿拉伯党员至少多出 3—4 年。[②] 而与他们形成鲜明对比的是，一位萨拉赫丁省的库尔德党员于 1959 年就加入复兴党，仅耗时 8 年就成为一名干事党员（1967），又用了 6 年提升至小组党员（1973），4 年后变为分支党员（1977）。但是，截至 1988 年 10 月，该库尔德党员再未得到进一步的党级晋升。[③] 这很大程度上可能与他属于塔拉巴尼部落民的身份有关。[④]

但和库区内部的库尔德人相较而言，库区之外的库尔德人在加入复兴党的过程中享受了相对宽松的政策，尤其是两伊战争爆发后，伊拉克库区再度为库尔德运动开放活动空间，并使阿拉伯化进程的开展受到一定阻碍。为此，1980 年在临近两伊战争爆发时，萨达姆·侯赛因的表弟阿里·哈桑·马吉德（'Alī Ḥasan al-Majīd）就致信萨达姆称，在接纳非阿拉伯人入党时，党组织应该极为慎重。[⑤] 截至 1988 年 10 月的统计数据显示，在伊拉克复兴党全国五大组织部（maktab al-tanẓīm）的范围内，[⑥] 共有 1249 名库尔德党员。表 4 – 1 显示了复兴党库尔德党员的人数、组织分布和级别（统计范围覆盖在培党员至分局党员）。[⑦] 虽然北方组织部的库尔德党员构成其中的

---

① BRCC Doc. Nos. 01 – 2750 – 0001 – 0044 to 0117, October, 1988.

② Joseph Sassoon, *Saddam Hussein's Ba'th Party: Inside an Authoritarian Regime*, New York: Cambridge University Press, 2012, p. 46. 约瑟夫·沙逊估计成为一个干事党员的时间一般是 5—10 年。

③ BRCC Doc. No. 01 – 2750 – 0001 – 0025, October, 1988.

④ BRCC Doc. No. 01 – 2750 – 0001 – 0023, October, 1988.

⑤ BRCC Doc No. 003 – 1 – 1 – 0533, 1980.

⑥ 地区指挥部（al-Qiyādat al-Quṭriyyah）下一级为组织部。一个组织部下辖多个行政区域的党支部。截至 1989 年，复兴党伊拉克地区指挥部共有 6 个组织部，分别是 1 个军事组织部（al-Tanẓīm al-'Askarī）和 5 个地理概念上的组织部：巴格达组织部（Tanẓīm Baghdād）、中部组织部（Tanẓīm al-Wasaṭ）、北方组织部（Tanẓīm al-Shimāl）、幼发拉底组织部（Tanẓīm al-Furāt）和南方组织部（Tanẓīm al-Janūb）。到 2002 年，复兴党组织部数量扩展至 17 个。

⑦ BRCC Doc. Nos. 01 – 2750 – 0001 – 0002 to 0140, October 27, 1988; BRCC Doc. Nos. 01 – 2135 – 0004 – 0169 to 0174, September 9, 1988.

绝大多数（82.5%），但表格最后一列显示，除幼发拉底组织部外，北方组织部正式党员的比例明显低于其他各大组织部。这在一定程度上表明，对于库区所属的北方组织部地区的库尔德人而言，入党考核的标准更为苛刻。而从伊拉克全国范围来看，高级别党员的人数（小组党员以上）极为有限，并且在全党范围内，库尔德党员所占比例也非常低（2%）。值得注意的是，此处可用的党员总数（60732 人）为 1986 年统计数据（统计从在培党员开始），[①] 随着 1985 年后复兴党党员数量的持续增长，因此 1988 年库尔德党员占党员总数的实际比例应该低于 2%。

表 4－1　复兴党各组织部中、高级别库尔德党员情况（1988 年 10 月）

（单位：人；%）

复兴党组织部	分局党员	分支党员	小组党员	干事党员	在培党员	总数	正式党员占比（干事党员以上）
巴格达	0	2	12	38	27	79	65.8
幼发拉底	0	0	0	8	42	50	16
南方	0	1	1	37	0	39	100
中部	0	1	0	30	19	50	62
北方	1	7	69	354	600	1031	41.8
总数	1	11	82	467	688	1249（占全党总人数的 2%）	44.9

资料来源：笔者根据复兴党档案数据自制，BRCC Doc. Nos. 01－2750－0001－0002 to 0140，October 27，1988；BRCC Doc. Nos. 01－2135－0004－0169 to 0174，September 9，1988。

北方组织部的党员数据反映出复兴党在多民族杂居地区实现了更大范围的阿拉伯化。如表 4－2 显示，在尼尼微省支部、塔米姆省支部[②]

① BRCC Doc No. 164－3－1－087，1986.

② 即基尔库克省，1976 年伊拉克复兴党政府将该省改名为塔米姆省，2006 年后该省被更名回基尔库克省。

和摩苏尔市支部①，复兴党有着更为庞大的党员群体。但相较于库尔德人占当地人口比例而言，这些地区在培党员及党级以上的库尔德党员占当地党员比例则较低。埃尔比勒省、苏莱曼尼亚省和杜胡克省三个库尔德人口占主体以及库尔德运动较为活跃的地区，也属于相同的情况。然而，值得注意的是，库区三省支部中库尔德党员的占比则远高于北方组织部其他支部，分别达到了 44.8%、50.3%和 58.8%。

表 4-2　北方组织部库尔德党员数量及其情况（1988 年 10 月）　（单位：人；%）

复兴党支部	库尔德党员（在培党员及以上）	当地党员总数*（在培党员及以上）	库尔德党员占当地党员总数比	当地库尔德人口*	库尔德占当地人口比例*
尼尼微省	56	814	6.88	281719	21.8
摩苏尔市	9	2047	0.04		
塔米姆省	83	1661	5	218982	39.9
埃尔比勒省	330	737	44.8	546526	91.6
苏莱曼尼亚省	292	581	50.3	821449	75.3
杜胡克省	261	444	58.8	196036	84.6
总数	1031	6284	16.4	2064712	54.9

注：* 为 1987 年 2 月数据。

资料来源：笔者根据复兴党档案数据自制，BRCC Doc. Nos. 01-2135-0004-0169 to 0174, September 9, 1988; BRCC Doc. Nos. 01-2140-0003-0073 to 0104, March, 1987。

在北方组织部内不同省份间的这种数据反差，很大程度上与各省阿拉伯化实现的方式相关。在尼尼微省、摩苏尔市和塔米姆省，复兴党政府相对成功地实现了库尔德人口和阿拉伯人口的大规模迁

① 摩苏尔市行政上为尼尼微省首府，但有着自己独立的党支部，直属于北方组织部，与尼尼微省党支部并列。

移互换，从而确保地方政府有着充足的阿拉伯官僚队伍来维护复兴党政权的统治。[①] 而在库区三省，复兴党无法复制在前述三地落实的阿拉伯化政策，甚至是将更多的库尔德人口从摩苏尔市和塔米姆省转移至库区三省内，[②] 复兴党政府从而需要更多依托于库尔德党员来维持自身的统治。此外的另一个重要原因，则与阿拉伯党员赴库区工作的动力不足有关。为此，复兴党只有采用薪资高、任期短和升迁快的激励性政策，才能让他们到北部赴任。[③] 1986 年复兴党中央组织委员会的一份统计显示，1980—1986 年，仅有 1694 名复兴党党员赴库区三省任职，其中 378 人“都牺牲在破坏分子的手下”[④]。

虽然库尔德党员在库区三省中有着较高的比例，但从表 4－3 中可以注意到，库尔德高级党员的占比依旧非常有限。这进一步表明，是复兴党官僚资源的匮乏和两伊战争的迫切需求，而非是库尔德人自身入党条件的合格，促成了库区三省之内较高的库尔德党员比例。如果将表 4－3 中的高级别党员与表 4－2 中的中、高级别党员数据相比较，不难发现库尔德高级别党员的体量依然极为有限。

① 关于伊拉克北部各省阿拉伯化进程的细节，可参见 Ghafūr Makhmūrī, *Ta'rīb Kurdistān*: *Al-Ta'rīb-al-Makhāṭir-al-Muwājahah*, Tarjamat: 'Abdallah Qarkay, Arbīl: Maṭba'at Tārān, 2020, pp. 55－66。

② Ofra Bengio, *The Kurds of Iraq*: *Building a State within a State*, London: Lynne Rienner Publishers, 2012, p. 156.

③ Aaron Faust, *The Ba'thification of Iraq*: *Saddam Hussein's Totalitarianism*, Austin: University of Texas Press, 2015, p. 162.

④ BRCC Doc. No. 029－2－3－0209, July 16, 1986. 此处需要注意的是，被该纪要算作北部地区的省份，除苏莱曼尼亚省、埃尔比勒省和杜胡克省外，还包括尼尼微省和塔米姆省。但统计赴任的 1694 名党员中不包括尼尼微省和塔米姆省的，两省该项数据缺失，而牺牲人数则是包括了 5 个省的统计。因此，实际总赴任党员数应该多于 1694 人。

表4－3　库区三省的库尔德高级别党员情况（1988年10月）　（单位：人；%）

复兴党支部	分局党员	分支党员	小组党员	总数	在当地高级别党员中的占比
埃尔比勒省					
库尔德党员	1	3	27	31	21.8
当地党员总数	7	19	116	142	
苏莱曼尼亚省					
库尔德党员	0	4	18	22	12.5
当地党员总数	7	30	139	176	
杜胡克省					
库尔德党员	0	0	20	20	17.4
当地党员总数	6	19	90	115	
总数					
库尔德党员	1	7	65	73	16.9
当地党员总数	20	68	345	433	

资料来源：笔者根据复兴党档案数据自制，BRCC Doc. No. 01－2135－0004－0174，September 9，1988；BRCC Doc. Nos. 01－2140－0003－0096 to 0104，March，1987。

如上述表格所示，尽管复兴党在对库尔德人的入党动员工作方面并未取得可观的成就，但在《复兴党地区指挥部档案集》中，大量文件记录了复兴党试图通过群众活动与组织渠道来实现对库尔德社会复兴党化的计划。从话语上来看，复兴党虽然宣称要将所有伊拉克人纳入复兴党内，但在现实中，复兴党却难以或缺乏动力来实践该理念，因为这有悖于复兴党作为一个先锋队政党的地位，因此要在组织层面实现复兴党化，就有必要通过党领导群众组织来将党的政治理念转变为伊拉克公民的日常行为。①

① BRCC boxfile 025－5－5，pp. 476－494，cited from Aaron Faust，*The Ba'thification of Iraq：Saddam Hussein's Totalitarianism*，Austin：University of Texas Press，2015，p. 199.

据统计，截至1991年1月，北方组织部举行的群众游行、思政与公共讲座在五个组织部中居于首位。[①] 此外，两伊战争期间，这一理念还集中地被实践为复兴党组建的亲政府库尔德民兵组织库尔德轻武器军团（al-afwāj al-khafīfah），及战争中后期扩展而成的库尔德国防军团（afwāj al-difāʻ al-waṭanī）。作为半制度化的民兵组织，库尔德国防军团也构成复兴党开展党领导群众工作的重要平台之一。1986年6月一份名为《如何对待库尔德战士》的报告，就大力强调对库尔德民兵进行不同程度复兴党化的重要性，并就此对军队提出了一系列建议，例如"举办关于复兴党思想、原则及对待库尔德人民立场的讲座，让他们知晓党和领导人为他们所创造的成果"，"尽量将所有的库尔德顾问和战士都吸纳入党"，"团结有影响力的谢赫和个人，把他们吸引入党"[②]。

但是，如先前的统计数据所示，复兴党的这些努力在很大程度上都未能奏效。从复兴党的角度出发，导致这一结果的一个关键性因素，实际上是复兴党对库尔德人深刻的不信任感。例如，1983年一批纪要详细记录了复兴党在苏莱曼尼亚省举行的一系列群众代表座谈会，与会的一名库尔德代表要求复兴党"每年按比例录取库尔德学生就读军事、警察和其他相关学院，而往往这些学院的录取要求并不适用于他们（库尔德人）"。有趣的是，在座谈会纪要的原始手记稿中，萨达姆特派代表对这一要求的回答是："我们没有注意到任何阻碍库尔德人在这些学院学习的要求，这些要求适用于所有伊拉克人"[③]，而呈递给复兴党总书记处的打印版纪要中，回复被改为"我们不支持该建议"[④]。这充分反映了复兴党对库尔德人入党自相矛盾的真实感受，因为长期以来，复兴党一直试图维护军队和教育

---

① BRCC Doc. Nos. 024 – 5 – 2 – 00017 to 0123, February 13, 1991.

② BRCC Doc. No. 01 – 2479 – 0000 – 0198, June 26, 1986.

③ North Iraq Dataset Doc. No. 11358 – 101 – 13, July, 1983.

④ North Iraq Dataset Doc. No. 11358 – 101 – 8, July, 1983.

系统的复兴党化。正如约瑟夫·沙逊指出："在20世纪70—80年代初期，这些军校录取了一些'（政治上）独立'的申请者，认为这些人可能是与党'对话的好材料'。但是到20世纪80年代后期，任何不笃信复兴党政治理念的人都会遭到拒绝。"[①] 此外，纪要末尾的评论指出："尽管公民提出的所有建议都在总统特批的委员会框架之内，但他们将破坏分子描述为革命者，称赞他们，并要求我们重新开始与他们的对话"，"我们认为所有这些建议都是由破坏分子，尤其是塔拉巴尼之伍所煽动的"[②]。

在库尔德国防军团层面的入党动员，复兴党的这种疑虑则体现在其对军事指挥官任命时所采用的双重标准。阿拉伯人出任军事指挥官的党级至少应为支持者，而库尔德人则要求至少是一名干事党员。[③] 在"安法尔行动"开展时期，包括与政府密切合作的国防军团库尔德顾问及其家属，也未能从中幸免，更何况将他们吸纳进党的队伍之中。[④]

不难发现，复兴党政府在对待"我们的库尔德人民"时，面临和在处理复兴党化同阿拉伯化关系时类似的困境，即"我们的库尔德人民"应该为复兴党员，但并非所有库尔德人都愿意加入其中，并且复兴党更因双方固有的历史分歧和迫切的战事需求，不愿轻易接受库尔德人加入党的队伍。由于战争造成的长期消耗和1986年起的石油价格下跌，复兴党政府细分"破坏分子"与"我们的库尔德人民"的能力急剧下降，一种新的政策思路由此得以酝酿，将伊拉克库尔德问题的发展向新的历史维度推进。

---

① Joseph Sassoon, *Saddam Hussein's Ba'th Party*: *Inside an Authoritarian Regime*, New York: Cambridge University Press, 2012, p. 135.

② North Iraq Dataset Doc. No. 11358 - 101 - 11, July, 1983.

③ BRCC Doc. No. 01 - 2479 - 0000 - 0196, June 26, 1986.

④ Joost Hiltermann, *A Poisonous Affair*: *America*, *Iraq and the Gassing of Halabja*, New York: Cambridge University Press, 2007, p. 137.

第三节　“安法尔行动”与库尔德民族主义的嬗变

一　战争消耗与伊拉克国家能力的衰退

如果说伊拉克库尔德人对复兴党的政治理念缺乏兴趣，但这并不必然意味着他们对伊拉克国家身份的否定，只是在复兴党的理解中，“要成为一个伊拉克人就意味着要成为一名复兴党党员”①。虽然复兴党政府在库区的复兴党化效果不尽如人意，但前述的其对库尔德人落实的高福利政策和战争前中期的细分政策，实际在很大程度上促成了战争期间库尔德部落和民众与复兴党政府间较为广泛的政治支持与军事配合。即使在“安法尔行动”开展的早期，这种合作依旧显得非常普遍。截至 1987 年 3 月，库尔德国防军团下辖 142 个部队，体量达 206341 人，占到北方组织部五省库尔德人口的 10%。② 乃至“安法尔行动”结束后的 1989 年 8 月，复兴党统计的“库尔德国防军团作战部队数量（依旧）升至 321 个，包括 412636 名战士”③。

除直接参战外，这种合作还反向地表现为库尔德民众与库尔德运动的非合作行为选择。1983 年 7—8 月，萨达姆派出一个高级政府代表团赴苏莱曼尼亚省进行调研，在数十场与库尔德群众进行会谈的纪要中，虽然很多参会代表表达了对阿拉伯化政策的不满，但其论述的一个重要前提，是强调“破坏分子”不能代表库尔德人民，

---

① Denise Natali, *The Kurds and the State: Evolving National Identity in Iraq, Turkey, and Iran*, Syracuse: Syracuse University Press, 2005, p. 59.

② BRCC Doc. Nos. 01 – 2140 – 0003 – 0107 to 0117, March, 1987. 1987 年，北方组织部统计的其管辖的五省库尔德人口达 2064712（0073）人。

③ Dina Rizk Khoury, *Iraq in Wartime: Soldiering, Martyrdom, and Remembrance*, New York: Cambridge University Press, 2013, p. 101.

希望政府尽快打击“破坏分子”并与其和谈，从而可以根本性地解决问题，让被迁移的库尔德人民得以尽快回迁故居。此外的论述则大都集中于改善民生方面。[①] 这都证明库尔德运动在国内支持的有限性。

有必要指出的是，复兴党政府维系这些政策的关键性因素之一，是高成本的财政投入。例如，参加库尔德国防军团的普通战士，每人每月可以获得 85 伊拉克第纳尔的报酬，军官每月则能拿到 200 伊拉克第纳尔。[②] 这极大地提振与维持了库尔德民兵与伊拉克军队协作参战的积极性。但是，1986 年 4 月国际油价从原有的 31. 75 美元/桶暴跌至 10 美元/桶，伊拉克财政状况由此急剧恶化，政府公共支出大幅度下降，[③] 直接对复兴党政府在库区的运转造成严重的打击。

事实上，早在战争前期，伊拉克就开始面临财政紧缩的压力。为缓解该问题，复兴党在 1982 年 6 月召开的第九次伊拉克地区大会上作出决议，淡化国家经济发展中的社会主义色彩，鼓励私人资本进入市场。[④] 1983 年起，复兴党政府开始向私营部门和个人租赁和买卖土地，大量与政府保持亲密关系的库尔德部落首领重新获得土地并进入商业领域，转变为土地主与城建合同商，跻身城市暴富阶层，埃尔比勒北部哈里里平原的苏尔齐和泽巴里部落就是其中的典型代表。[⑤] 这本质上是延续了复兴党此前的政策，通过财富进一步收

---

① North Iraq Dataset Doc. Nos. 11358 – 101, July, 1983; North Iraq Dataset Doc. Nos. 11359 – 82, August, 1983.

② Lisa Blaydes, *State of Repression*: *Iraq under Saddam Hussein*, Princeton: Princeton University Press, 2018, p. 149. 两伊战争期间，伊拉克第纳尔兑美元的汇率，大致介于 1 个伊拉克第纳尔兑 1. 6—3. 2 美元之间。

③ North Iraq Dataset Doc. Nos. 16409 – 101, 1989.

④ Dina Rizk Khoury, *Iraq in Wartime*: *Soldiering*, *Martyrdom*, *and Remembrance*, New York: Cambridge University Press, 2013, p. 31.

⑤ Fred Halliday, “Can We Write a Modernist History of Kurdish Nationalism,” in Faleh A. Jabar and Hosham Dawod, eds., *The Kurds*: *Nationalism and Politics*, London: Saqi, 2006, p. 8.

买库尔德部落与民众的政治忠诚，让库尔德运动难以获得社会底层的支持。

但是，1986 年的油价暴跌，直接导致复兴党党政干部及其库尔德合作者队伍的萎缩，既有的高福利与细分政策难以为继，对库尔德部落的庇护纽带因此变得松散或自然断裂，削弱了复兴党政府对库区本已有限的掌控力。以情报核验为例，1987 年 4 月 2 日，苏莱曼尼亚省安全局收到的一份可靠情报显示，在第 79 库尔德国防军团中有 8 人与库爱盟有着秘密合作，复兴党总部要求核验该情报的真实性。同日，苏莱曼尼亚省安全局向第 79 库尔德国防军团所属的苏莱曼尼亚市分局下达核验命令。① 但由于迟迟未收到有效信息，② 苏莱曼尼亚市分局并未及时回复党总部。4 月 28 日，苏莱曼尼亚省安全局再次发电要求分局 48 小时内回复情报核验状况。③ 经过新一轮下令催办后，苏莱曼尼亚市分局直到 5 月 31 日才正式回复苏莱曼尼亚省安全局。在 8 名被核验人员中，2 人确认与库爱盟有秘密合作，2 人只能确定家庭住址，而其余 4 人查询不到相关信息。④

情报核验缓慢和地方信息不足，直接证明了复兴党政府对库区统治的有限性和油价暴跌带来的负面影响。从深层次来看，这整体反映的，是伊拉克复兴党政权单一依托于石油经济确立其政治合法性的现代国家建构进程，及由此造成的国家能力低下的现实困境。如前所述，只有极少的复兴党官员愿意在高回报的政策激励下赴库区就职，且他们对库尔德语的掌握程度非常有限。在《伊拉克北部数据集》档案中，复兴党地方安全部门虽然搜集到大量与库尔德运动相关的库尔德语文件，但其中只有极少的一部分被翻译为

---

① North Iraq Dataset Doc. No. 00459 – 101 – 53, April 4, 1987.

② North Iraq Dataset Doc. Nos. 00459 – 101 – 48 to 50, April, 1987.

③ North Iraq Dataset Doc. No. 00459 – 101 – 47, April 28, 1987.

④ North Iraq Dataset Doc. No. 00459 – 101 – 44, May 31, 1987.

阿拉伯语。[①] 这进一步增加了复兴党政府正确认知库区局势并以此制定合理化政策的难度。

最终，在伊拉克总统萨达姆决策模式的激化下，战争的迫切性与复兴党政府1986年后在库区统治困境的加剧，推动复兴党政府对库尔德人开始发起无差别的反人道集体惩罚“安法尔行动”。正如凯南·马基亚所指出的，如果没有1986年世界石油市场的震荡，或许伊拉克不会从一个“正常的发展中国家”向一个“恐惧共和国”转变。[②]

二　“安法尔行动”：一次性彻底解决库尔德问题？

两伊战争期间，伊拉克常规军队在库区的控制力主要集中于埃尔比勒等核心城市和在高速公路主干道边为库尔德人新建的城市聚居区。而面对广袤的库尔德山区，复兴党政府的核心目标则是阻断村庄对库尔德运动游击武装的秘密支持及后勤补给。为此，复兴党政府的政策主要按“与边境相邻地区的库尔德村庄”和“靠内陆地区的库尔德村庄”相区分。一方面，复兴党政府延续着与战前相同的策略，对身处前线的第一类村庄施以经济制裁或清洗，建立纵深不等的限制区（al-minṭaqat al-maḥẓūrah），以阻断逃撤在外的库尔德运动成员向内回流。在1979年两伊关系交恶前，双方基于《阿尔及尔协议》中的安全条款共同管控边境，遏制库尔德运动，但两伊战争爆发后，伊朗向库尔德运动重新开放了靠本国一侧的边境地区，对伊拉克形成压力。

另一方面，第二类村庄构成复兴党政府在战争第二阶段中的软肋。崎岖复杂的山地地貌、不便的交通和通晓库尔德社会与库尔德语干部的匮乏，都让复兴党政府在甄别支持库尔德运动村庄的过程

① 相关事例参见 North Iraq Dataset Doc. Nos. 00459 - 101 - 34 to 36, May 26, 1987。

② Kanan Makiya, *Republic of Fear: The Politics of Modern Iraq*, Berkeley: University of California Press, 1998, p. vii.

中应对乏力。为此，亲政府库尔德民兵与1983年选择同中央政府合作的库爱盟，成为复兴党解决该问题的主要抓手。但是，1985年1月库爱盟退出合作与伊朗结盟，其立场转变极大地削弱了复兴党政府对第二类村庄的识别度和控制力。1986年油价暴跌后的财政危机，进一步松动了复兴党政府与亲政府库尔德民兵间的权宜合作纽带，加剧着伊拉克军队在北部战线的困境。例如，1987年复兴党对“破坏分子”向党干部和办公地点发动袭击的数量做了一份统计报告，其中北部地区居于首位，其次是南部地区，巴格达与中部地区袭击事件则少有发生。[①]

1987年3月，时任复兴党北方组织部总书记穆罕默德·哈姆宰·祖贝迪（Muḥammad Ḥamzat al-Zubaydī）向总统办公厅、北方事务部和党总书记处提呈了自己1985—1987年在北部的述职报告。祖贝迪指出，1983年以来在北部设立的限制区已囊括了1815个边境村庄，而库尔德自治区、尼尼微省和塔米姆省内的其他村庄依旧隐藏了大量的“破坏分子”。他因此向中央建议，把只对限制区施行的经济制裁，拓展至所有可能庇护“破坏分子”的村庄。[②] 蒂娜·里兹克·扈里认为，祖贝迪事实上“已经开始号召对‘库尔德问题’采取一种更加普遍和系统性的路径”[③]。

1987年3月，萨达姆·侯赛因任命自己的表弟阿里·哈桑·马吉德接替祖贝迪，成为新一任复兴党北方组织部总书记，赋予其代表党政最高权力机构复兴党伊拉克地区指挥委员会和伊拉克革命指挥委员会的特权，“在包括自治区在内的北部地区落实（两个机构的）政策，为的是确保安全和秩序，维护稳定，落实该地区的自

---

① 相关细节参见 BRCC Doc. Nos. 01 - 2135 - 0004 - 1222 to 0129，1987。相关论述参见 Lisa Blaydes, *State of Repression: Iraq under Saddam Hussein*, Princeton: Princeton University Press, 2018, p. 151。

② 相关细节参见 BRCC Doc. Nos. 01 - 2140 - 0003 - 0070 to 0123，1987。

③ Dina Rizk Khoury, *Iraq in Wartime: Soldiering, Martyrdom, and Remembrance*, New York: Cambridge University Press, 2013, p. 117.

治”。这意味着，马吉德的决策“对所有国家机构都将是强制性的，无论是军事、民政或是安全部门”①。而萨达姆之所以给予马吉德如此巨大的权力，则是希望他能够一次性彻底地解决伊拉克的库尔德问题。②

在上任两个月内，马吉德即对库尔德人采取新的政策“安法尔行动”。“安法尔”为阿拉伯语词，意为“战利品”，以其命名该行动的灵感源于《古兰经》第八章“战利品章”（Sūrat al-Anfāl）。该章的降世背景为使者穆罕默德迁徙麦地那后与麦加古莱氏部落进行的首次战役巴德尔之战（Ghazwat Badr）。这次战争的胜利和该章第一节将战利品指认归真主和使者所有的内容，被看作真主护佑穆斯林反对异教徒的证明，巩固了穆罕默德在麦地那的政治与宗教权威。复兴党政府以此来命名对库尔德人的新政策，是为了赋予自身宗教与道义的双重合法性。③

从政策思路与特点出发，“安法尔行动”主要可被分为两大阶段，分别为1987年4月21日至6月20日的第一阶段，以及1988年2月22日至9月6日的第二阶段。④ 从地域来看，则可以将其细分为八个阶段。⑤ 马吉德沿用祖贝迪在任期间建立的一个行动协调委员会作为落实“安法尔行动”的依托，其中包括北方组织部下辖的各省省长、驻北部第一和第五师团总指挥官、安全情报部门和库尔德国

---

① Human Rights Watch, *Genocide in Iraq: The Anfal Campaign against the Kurds*, New Haven: Yale University Press, 1993, pp. 276 – 277, 296 – 297.

② Dina Rizk Khoury, *Iraq in Wartime: Soldiering, Martyrdom, and Remembrance*, New York: Cambridge University Press, 2013, p. 117.

③ Sherko Kirmanj, *Identity and Nation in Iraq*, Boulder: Lynne Rienner Publishers, 2013, p. 156.

④ Sherko Kirmanj, *Identity and Nation in Iraq*, Boulder: Lynne Rienner Publishers, 2013, p. 155.

⑤ 相关细节参见 Human Rights Watch, *Genocide in Iraq: The Anfal Campaign against the Kurds*, New Haven: Yale University Press, 1993; Sherko Kirmanj, *Identity and Nation in Iraq*, Boulder: Lynne Rienner Publishers, 2013, p. 158。

防军团负责人等。

在第一阶段中，“安法尔行动”的主要手段为对既有的限制区施加经济制裁和破坏，以此强迫当地居民迁至政府控制的城市聚居区内，斩断库尔德武装游击战的后勤补给线。[①] 1987 年 6 月一份苏莱曼尼亚省安全局发布的政策分析报告明确指出，政府该阶段对库尔德人的政策主要为“摧毁限制区、禁止破坏分子接近他们的安全中心，对他们进行经济封锁”[②]。据 1989 年马吉德本人的统计，1987 年 4—7 月，“安法尔行动”共铲平 1444 个村庄，重新安置 26399 个家庭，663 名反叛者与 2.2 万名逃兵因此向政府投降。[③] 1987 年 7 月起，复兴党政府将剩余的库尔德村庄都划定为限制区，要求其中的库尔德居民在同年 10 月前搬离，回归“爱国队伍”一边，否则就将他们认定为“破坏分子”[④]。而对“安法尔行动”第二阶段期间回归“爱国队伍”的库尔德人，复兴党政府则以逾期回归为由将他们认定为“破坏分子”，拒绝为其提供安置服务。[⑤] 很明显，祖贝迪在其述职报告中提出的建议已为马吉德所采纳。

事实上，“安法尔行动”的第一阶段不过是为其转入第二阶段所做的铺垫，因为第一阶段的政策虽然能够严重削弱库尔德运动依托的社会经济基础，但却无法在短期内消灭其实体存在，达到“彻底解决库尔德问题”的最终诉求。因此，与前一阶段不同的是，转至第二阶段的“安法尔行动”具备更为浓重的军事色彩，通过大规模地使用以蓖麻毒素、沙林毒气和芥子气为主的化学武器对库尔德平民实行无差别攻击，以彻底摧毁库尔德村庄，使继续坚守于此的

---

① Dina Rizk Khoury, *Iraq in Wartime*: *Soldiering*, *Martyrdom*, *and Remembrance*, New York: Cambridge University Press, 2013, p. 119.

② North Iraq Dataset Doc. No. 08564 – 38 – 16, June 8, 1987.

③ BRCC Doc. Nos. 01 – 2140 – 0003 – 0064, 1989.

④ Human Rights Watch, *Genocide in Iraq*: *The Anfal Campaign against the Kurds*, New Haven: Yale University Press, 1993, p. 57.

⑤ Dina Rizk Khoury, *Iraq in Wartime*: *Soldiering*, *Martyrdom*, *and Remembrance*, New York: Cambridge University Press, 2013, p. 119.

“破坏分子”再无复苏之力。

值得注意的是，“安法尔行动”第一阶段和第二阶段的开展时间相差半年有余，这是为了给予库尔德民众足够的时间回归“爱国队伍”，但更重要的是，这是为了让伊拉克军队做出充足的准备，以成功发动第二阶段的“安法尔行动”。1987 年 3 月中下旬，复兴党军事情报局与总统办公厅的一批通信显示，伊拉克军队在使用化学武器攻击库尔德人时主要面临四个方面的限制：（1）生产能力因素。伊拉克军队当时没有充足的化学武器库存，也无法在短时间内生产出打击“破坏分子”所需的用量。①（2）气候因素。3 月份依旧处于晚冬的伊拉克北部山区多为白雪所覆盖，这导致沙林毒气和芥子气很容易被雪水吸收和稀释，无法达到攻击的目的。②（3）投放能力因素。库尔德地区多山的地理特点决定了地面部队与坦克难以开展有效攻击，并且地面部队的大规模集结和移动易被“破坏分子”察觉，他们会提前躲避，从而影响化武攻击的震慑效果，因此攻击应该采用空中投放的方式。然而，伊拉克军队一方面缺乏精准的地面情报，飞行员难以准确地定点打击目标；另一方面，现有的化武投放设备与飞机和坦克等武器的组合装配还有待进一步完善。③（4）邻国因素。两伊战争期间，伊拉克库尔德运动与土耳其库尔德斯坦工人党（Partiya Karkerên Kurdistan，PKK，以下简称“库工党”）从 1983 年起展开合作，伊拉克也相应地与土耳其进行防务配合，土耳其多次派兵进入伊拉克北部作战，打击库工党。鉴于当时很多“破坏分子”都集中于土伊边境山区，土方在此有所驻军，投放精准能力不足的伊拉克军队由此担心化武攻击可能会波及土耳其军队和边境土方一侧的库尔德平民，损害土耳其利益。④ 基于此，伊拉克总统办公厅决定，在第一阶段的行动中暂缓大范围使用化学武

---

① CRRC Doc. No. SH - GMID - D - 000 - 616 - 6，March 19，1987.

② CRRC Doc. No. SH - GMID - D - 000 - 616 - 13，March 18，1987.

③ CRRC Doc. Nos. SH - GMID - D - 000 - 616 - 13 to 14，March 18，1987.

④ CRRC Doc. No. SH - GMID - D - 000 - 616 - 6，March 31，1987.

器，仅有限地对一些便于毒气进入、气候温和的低地发动攻击，并且伊拉克军队需要加紧扩大化武生产，并同时跟进局势评估，至1987年6月再做决定如何开展下一步工作。①

“安法尔行动”第一阶段结束于1987年6月的事实与上述档案中复兴党政府的考量和时间安排相契合。笔者目前还未阅读到进一步的相关文件解释为何6月之后伊拉克军队没有对库尔德人直接发动大规模化武攻击，除前述的给予库尔德平民回归“爱国队伍”的时间因素外，化武产量不足和10月后伊拉克北部再度进入冬季两个因素应该构成了主要原因。从“安法尔行动”第二阶段的结果来看，伊拉克军队的确成功摆脱了生产能力的限制，但化武攻击方式的无差别性则表明，其依旧没有解决在投放能力方面的困境，做到有效甄别“破坏分子”及向其提供支持的村庄。

据统计，第二阶段因化武袭击而丧生的库尔德平民达5万—10万人。② 其中1988年3月16日的哈莱卜贾惨案（Ḥalabja Massacre），就一次性造成5000人死亡。③ 而整个“安法尔行动”对库尔德村庄共发动40次化武袭击，④ 3000—5000座库尔德村庄连同农田遭毁，150万库尔德人流离失所或被强制迁入城市，受政府的集中控制与管理，⑤ 包括与复兴党政府合作的库尔德顾问也未能幸免。⑥

1988年9月6日，伊拉克革命指挥委员会对国内的库尔德人和

---

① CRRC Doc. No. SH - GMID - D - 000 - 616 - 6, March 31, 1987.

② Human Rights Watch, *Genocide in Iraq: The Anfal Campaign against the Kurds*, New Haven: Yale University Press, 1993, p. 5.

③ Sherko Kirmanj, *Identity and Nation in Iraq*, Boulder: Lynne Rienner Publishers, 2013, p. 156.

④ Human Rights Watch, *Genocide in Iraq: The Anfal Campaign against the Kurds*, New Haven: Yale University Press, 1993, p. 57.

⑤ Kerim Yildiz, *The Kurds in Iraq: The Past, Present and Future*, London: Pluto Press, 2007, p. 25.

⑥ Joost Hiltermann, *A Poisonous Affair: America, Iraq and the Gassing of Halabja*, New York: Cambridge University Press, 2007, p. 95.

逃至土耳其境内的数万名库尔德人发布大赦令，残暴的“安法尔行动”由此画上句号。在1989年的一份报告中，马吉德评估称“安法尔行动”剥离了“破坏分子”“对国家发动战争的人力”，在库区创造了稳定与安全，并且通过各库尔德国防军团的参与，佐证了库尔德人与伊拉克国家之间深厚的联系。[①]

三　“强大的”伊拉克与“弱小的”库尔德人

如前所述，“安法尔行动”的政策落地本质上是伊拉克国家能力衰退的产物，复兴党政府由于无法有效甄别支持库尔德运动的村庄而面临战场上的困境，最终选择对库尔德人采取无差别的集体性惩罚。从这个意义上来看，阿里·哈桑·马吉德对“安法尔行动”积极的评估当然可以被解读为其对自身政绩的捍卫。但从伊拉克最高权力核心萨达姆·侯赛因的角度出发，这种自信绝非毫无根据。据历史学家考证，至少在1991年库尔德人与什叶派阿拉伯人起义之前，萨达姆依旧自信于伊拉克公民对其个人和复兴党的忠诚，因为伊拉克人民在两伊战争期间为国家付出了巨大的牺牲。[②] 因此有必要思考的问题是，作为长期要求紧密联系群众的复兴党及其领导的政府，[③] 究竟是如何做出“安法尔行动”这一残酷的决策并就此形成了自信而乐观的判断？

事实上，早在1985年的一次军事高层会谈中，萨达姆就建议应该对库爱盟的背叛行为作出惩罚，采用“那种特殊的办法”（al-uslūb al-khāṣṣ，即暗指“化武攻击”）。面对萨达姆的提议，与会的军事将领几乎都持保守态度，表示首先安全部门缺乏高质量的情报来定位哪些村庄应该遭受惩罚，其次伊拉克空军在北部飞行与定点

① BRCC Doc. Nos. 01－2140－0003－0058，1989.

② Amatzia Baram，*Saddam Husayn and Islam*，*1968－2003*，*Ba'thi Iraq from Secularism to Faith*，Baltimore：Johns Hopkins University，2014，p. 171.

③ Aaron Faust，*The Ba'thification of Iraq*：*Saddam Hussein's Totalitarianism*，Austin：University of Texas Press，2015，p. 10.

轰炸的训练都较为匮乏，贸然行动只能换来低效的回报和北部民众对中央权威的怀疑乃至讥讽。然而，萨达姆很快打断了将领们的讲话，称这无须多虑，因为伊拉克安全部门在北部地面上有着众多的“亲党友人”来帮助其准确定位“破坏分子”的指挥中心和藏身地点，以保证“特殊办法”能获得成功。至于飞行员训练不足的问题，萨达姆则认为凡事总有开头，并引证中国谚语称“千里之行，始于足下”，以及错误地指出大海虽大，但本质上是由氧和氮两个原子组成的。最后，萨达姆还做出非专业的军事建议，称如若担心“破坏分子”发现军队的计划，则将飞行员集中至与北部地理环境截然不同的巴士拉或巴格达周边的军事基地进行训练即可。①

显而易见的是，萨达姆对复兴党在伊拉克基层的领导力有着高度的自信，而其确立的基础正是他本人所指的大量地面“亲党友人”的帮助。约瑟夫·沙逊研究指出，在复兴党的话语中，“亲党友人”是对与伊拉克安全部门合作的民间情报员的代称。② 而在前文引证的塔哈·亚辛·拉马丹的报告中，“亲党友人”则构成库尔德人加入复兴党最基层的党员级别。从这个意义出发，复兴党化有着更为宽泛的外延，即除了意识形态教化与组织整合外，安全情报合作也构成了整合库尔德人靠近复兴党组织的方式之一。

目前，没有确切的统计数据显示复兴党究竟拥有多少情报“亲党友人”，但在复兴党的档案中，存有大量安全部门关于库民党、库爱盟和其他库尔德反对派政党高层会议细节的情报分析。③ 这充分地证明这一群体不在少数，并且在库尔德运动的领导层内部，复兴党也建立了广泛的情报“亲党友人”网络。基于此，萨达姆的自信并

---

① 相关细节参见 Kevin M. Woods, David Palkki, and Mark Stout, *The Saddam Tapes: The Inner Workings of a Tyrant's Regime, 1978 – 2001*, New York: Cambridge University Press, 2011, pp. 231 – 233。

② Joseph Sassoon, *Saddam Hussein's Ba'th Party: Inside an Authoritarian Regime*, New York: Cambridge University Press, 2012, p. 122.

③ 相关事例参见 North Iraq Dataset Doc. Nos. 06265 – 13 – 5 to 13, June 1, 1980。

非空穴来风，因为大量“亲党友人”的存在恰恰象征着复兴党对库区有效的控制和一个分裂弱化的库尔德运动。

然而，正如讨论中军事将领们所反馈的一般，萨达姆的自信并不为所有人所共享，尤其在库尔德基层地区，复兴党官员对中央政府的困境有着切实的体会。1987 年 7 月，一份在苏莱曼尼亚省安全局内传看的政策分析报告就明确地指出，安全人员应该“更加重视其提交情报的质量，而非数量与厚度”，还应该“评估情报来源”，因为这些来源的有效性完全无法与它们的数量相匹配。[①] 尽管如此，这些对库区真实情况的判断，在上报至中央领导人的过程中，遭遇了一种被政治化的过滤，从其最初的版本篡改为领导人所乐见的内容，因为在一个绝不示弱的领导人统治的国度中，任何负面信息都是不受欢迎的。[②] 在前述的军事会谈中，萨达姆表现得缺乏耐心，多次打断将领们的讲话。[③] 约瑟夫·沙逊指出，萨达姆曾是“一位聆听者，一位信息和观点的收集人”，但是到了 20 世纪 80 年代早期，“与他的不同意见和严肃讨论就鲜有发生”[④]，而“从 20 世纪 80 年代中期至他去世”，萨达姆不愿再听到任何负面消息。[⑤] 最终，许多局势分析报告都系统性地歪曲了库区的真实情况，从而进一步强化着萨达姆对库区统治那毫无现实根据的自信。

以复兴党政府在库区的社会主义政策为例。随着两伊战争的长期消耗，复兴党社会主义的执政色彩逐渐淡化，政府已“不再能够

---

① North Iraq Dataset Doc. No. 08564 – 38 – 16，July 21，1987.

② Joseph Sassoon，*Saddam Hussein's Ba'th Party*：*Inside an Authoritarian Regime*，New York：Cambridge University Press，2012，pp. 164 – 165.

③ Kevin M. Woods，David Palkki，and Mark Stout，*The Saddam Tapes*：*The Inner Workings of a Tyrant's Regime*，*1978 – 2001*，New York：Cambridge University Press，2011，pp. 231 – 234.

④ Joseph Sassoon，*Saddam Hussein's Ba'th Party*：*Inside an Authoritarian Regime*，New York：Cambridge University Press，2012，p. 170.

⑤ Joseph Sassoon，*Saddam Hussein's Ba'th Party*：*Inside an Authoritarian Regime*，New York：Cambridge University Press，2012，p. 165.

为发展而分配资源”，而是“把资源用于资助战争”[①]，而复兴党政府却多次强调，政府为库区分配了比其他省更多的资源，[②]“鼓励他们（库尔德人）将自己在伊拉克的生活同其他国家，尤其是伊朗库尔德人的生活做比较”[③]，以此培养他们对复兴党的认同与忠诚。但在事实上，复兴党档案却展现了截然不同的现实情况。例如，1983年7—8月，萨达姆派劳工部部长赴北部了解当地社会状况。在与群众的一系列座谈中，库尔德代表提出的大部分问题和请求都是涉及民生问题，如供水不足、食物匮乏、基本生活用品短缺、道路不平整，以及新建聚居区内公共服务差等。[④]

而在祖贝迪1987年3月的述职报告中，他将北方组织部下辖的五省经济状况描述为“总体良好与稳定”，“组织部可以确保大部分食物和基本生活用品在市场上供应充足”，而库区出现的一些消极的民生现象，则是由“破坏分子”造成的。此外，一份同年7月递呈中央政府的报告也做出类似的判断。报告指出，政府在埃尔比勒市的赫巴特区（Khabāt）新建了11个聚居区，以安置因阿拉伯化政策迁居于此的600个阿拉伯人家庭，负责安置工作的相关委员会称所有的生活必需品都得到了充足供应。但是，埃尔比勒省安全局在批复该报告时却提出一系列问题：“为什么有些家庭只待了数日就离去了?”“为什么每个聚居区只住了5个家庭?”“这些聚居区究竟在多大程度上被建好了?”安全局甚至质疑“真的有人在此居住吗?”最终，安全局建议称：“（我们）应该思考如何让住在聚居区内的人民意识到他们得到的服务是神圣的，而和破坏分子生活在一起不会比这边更好。”[⑤]

---

① Dina Rizk Khoury, *Iraq in Wartime*: *Soldiering*, *Martyrdom*, *and Remembrance*, New York: Cambridge University Press, 2013, pp. 5 – 6.

② North Iraq Dataset Doc. No. 11358 – 101 – 7, July, 1983.

③ BRCC Doc. No. 01 – 2479 – 0000 – 0198, June 26, 1986.

④ North Iraq Dataset Doc. Nos. 11358 – 101, July – August, 1983.

⑤ North Iraq Dataset Doc. Nos. 08564 – 38 – 18 to 19, June, 1987.

可见，包括迁居北部阿拉伯人的基本生活质量都无法得到保障，更何况被复兴党无差别怀疑与“破坏分子”有所合作的库尔德人。谢尔库·克尔曼支指出，在该时期，“尽管石油是从库区出口，但收益却是用于阿拉伯地区的发展”，以此确保库区对中央政府的依赖。[①] 由此来看，在一个领导人拒绝接受任何负面消息的体制中，祖贝迪所做的评估与基层现实间的差距也就变得不足为奇了。

伊拉克国家“强大”的另一面，是库尔德人力量的整体性衰弱。“安法尔行动”给库尔德人的经济与生活造成了致命性的打击，伊拉克库区“变成一片破碎的土地，社会发展迅速地失去经济基础，政党力量弱化，士气低落，库尔德人疲惫涣散”[②]。“安法尔行动”后复兴党政府在大量的局势评估报告中指出，大批“破坏分子”家庭都希望缴械投降，回归“爱国队伍”，甚至大部分库爱盟干部也表示，如果能得到良好的照顾，他们同样愿意回国，但“破坏分子”散布谣言称这些家庭一回国即被复兴党安置到伊拉克南部，住房质量得不到保障。这些谣言起到了一定的作用，让许多家庭担忧回国后的生活。[③] 另一份安全部门的情报分析显示，1988 年 12 月，库民党与库爱盟在伊朗境内分别召开会议讨论了应对危机的策略。库民党决定，基于当下面临的重大经济困难，党不再接受新的入党申请，并劝说向党求援的难民同胞要么在伊朗谋生，要么回归伊拉克。[④] 库爱盟虽然不鼓励他们的“破坏分子”回归“爱国队伍”，但对那些有意愿的人也不会反对与干涉。[⑤]

上述报告中库尔德运动衰弱的形象，或许进一步强化了复兴党

---

① Sherko Kirmanj, *Identity and Nation in Iraq*, Boulder: Lynne Rienner Publishers, 2013, pp. 154 - 155.

② Gareth R. V. Stansfield, *Iraqi Kurdistan: Political Development and Emergent Democracy*, London: Routledge, 2003, p. 47.

③ North Iraq Dataset Doc. No. 21820 - 55 - 47, April 2, 1990.

④ North Iraq Dataset Doc. Nos. 38909 - 97, 1988 - 1990.

⑤ North Iraq Dataset Doc. No. 38909 - 97 - 63, December 16, 1988.

党政高层对库区形势的信心，认为库尔德问题已被根本性地解决。无论是出于客观或者主观上的任何原因，复兴党档案中的形势分析从未承认过库区社会的悲惨局面与“安法尔行动”有着直接的关联，而是不断强调库尔德人回归“爱国队伍”的愿望，以此象征复兴党领导下的国家的强大。在复兴党看来，是库爱盟 1985 年的背叛行为迫使伊拉克军队发动了“安法尔行动”来驱散“破坏分子”①。诚然，伊拉克的库尔德运动因“安法尔行动”遭受了不亚于 1975 年“大溃败”的打击，但这并不必然意味着伊拉克国家身份、爱国主义或是复兴党政治理念的胜利。相反，“安法尔行动”无差别的集体惩罚思路，让库尔德社会同样对伊拉克国家失去信念与认同。库尔德运动和伊拉克国家在库区面对的，实际上是一个“双输”的局面。

例如，20 世纪 80 年代库民党入党登记表的变化就在很大程度上反映了该问题。1982—1985 年登记表的表头，都写有“我们奋发完成我们伊拉克祖国的民主和社会主义建设，依照光荣的 7 月 17—30 日革命②加强伊拉克国家统一，发展库尔德斯坦的自治”③。一方面，这反映了库尔德民族主义运动对伊拉克国家前提的承认；另一方面，这或许是出于动员手段的需要。对库尔德民众来说，超出伊拉克框架的民族主义，在当时还不是其所能认同和接受的问题解决方案。直到 1988 年，登记表的这种情况才有所改变，首先“依照光荣的 7 月 17—30 日革命”的表述被删去，④ 到 1990 年时，表头的整句话被彻底删去。⑤

有必要注意的是，库尔德运动的衰弱却在一定程度上推动了其内部力量的整合。1988 年 5 月，在伊朗的支持下，库民党和库爱盟

---

① North Iraq Dataset Doc. No. 21820 - 55 - 30, August 30, 1990.

② 此处的“七月革命”并非指 1958 年推翻伊拉克哈希姆王朝的“七月革命”，而是指 1968 年 7 月 17 日复兴党二次执政时发动的政变。

③ North Iraq Dataset Doc. Nos. 16601 - 59, 1982 - 1985.

④ North Iraq Dataset Doc. Nos. 16587 - 6, 1988.

⑤ North Iraq Dataset Doc. Nos. 16588 - 34, 1990.

决定放弃对抗，强调民族团结，并联合其他政党宣布成立伊拉克库尔德斯坦阵线（al-Jabhat al-Kurdistāniyyah），库民党主席马苏德·巴尔扎尼和库爱盟主席贾拉勒·塔拉巴尼共同担任阵线领导人，宣布一致对抗复兴党政权。虽然这种联合在"强大"的伊拉克国家面前显得微不足道，复兴党也一针见血地评估道"所谓的库尔德斯坦阵线不过只是一块宣传招牌（wājihat i'lām）而已"[①]，但讽刺的是，恰是这种虚弱在未来塑造了库尔德人的强大。配合1990年伊拉克入侵科威特和1991年海湾战争后中东地区的战略格局变动，"安法尔行动"带来的历史创伤开始发挥作用，成为伊拉克库尔德人构建一个想象共同体宝贵的历史素材。

小　结

1975年《阿尔及尔协议》签署与库尔德运动"大溃败"后，伊拉克复兴党政权迎来了其在库区统治最繁荣稳定的5年。一方面，复兴党政府凭借巨额的石油财富践行复兴党的政治理念与政策，从物质和经济利益回报层面有效地增强了库尔德人对伊拉克的国家认同；另一方面，复兴党政府着眼于意识形态和组织动员层面，希望实现伊拉克库尔德社会的复兴党化，以此帮助库尔德人重拾他们丢失的阿拉伯身份，最终完成库尔德社会的阿拉伯化，将库尔德民族主义事业整合为阿拉伯民族主义事业的有机组成部分。但由于双方长期以来固化的仇恨与互疑情结，复兴党难以真心实意地接受库尔德人入党并分享权力，因此将复兴党化与阿拉伯化的顺序倒置，首先大规模地推行阿拉伯化，以此既在空间维度上控制库尔德人口和遏制库尔德运动的社会动员力，也试图在时间维度上把库尔德人同化为阿拉伯人，使其真正有资格加入复兴党的组织队伍。

---

① North Iraq Dataset Doc. No. 38909 – 97 – 20, November 6, 1989.

与此形成对照的，是毛拉穆斯塔法权威的陨落，伊拉克库尔德运动由此而分化，形成了库民党与库爱盟分立主导的两大阵营和多个中小型库尔德政党并立的格局。直到 1979 年伊朗伊斯兰革命和 1980 年两伊战争爆发后，这一弱势局面才有所改变。因北线战事的需要，库尔德运动为两伊所拉拢和争夺，获得了复苏与发展的新空间。随着两伊战争带来长期的消耗、国家财富流失、1986 年国际油价下跌，库尔德运动整体性倒向伊朗，伊拉克复兴党政权在库区的既有政策难以为继，无力辨析"我们的库尔德人民"和作为"破坏分子"的库尔德运动，从而转向发动无差别的集体惩罚措施"安法尔行动"，以图一次性地彻底解决库尔德问题。从实体层面来看，"安法尔行动"已成功为复兴党政权实现其政策目标，库尔德运动与社会再也无力挑战伊拉克国家权威。但在心理层面，该行动给库尔德人带来难以弥合的创伤，库尔德问题从某种意义上也被彻底固化了，正如库民党主席马苏德·巴尔扎尼在"安法尔行动"后接受采访所言："库尔德问题是一个无法通过军事手段解决的政治问题。"①

① David McDowall, *A Modern History of the Kurds*, London: I. B. Tauris, 1996, p. 369.

第五章

伊拉克库尔德问题的定型期（1990—2003）

"安法尔行动"在身份政治意义上对伊拉克库尔德问题带来的改变，在1990年伊拉克入侵科威特和1991年海湾战争的催化下，转化为库尔德人1991年开启的自治实践，为2003年伊拉克战争后库尔德人获得合法自治地位埋下伏笔。这也使得该阶段伊拉克库尔德问题的族裔化身份属性从制度层面开始定型。在该阶段的历史演变过程中，受库尔德禁飞区设立的限制，伊拉克国家因素对库区的直接影响力被严重弱化，库尔德内部政治冲突和美国对伊拉克的政策发挥着核心作用。本章也将重点围绕这两个因素展开对本阶段伊拉克库尔德问题发展的考察。

第一节　海湾危机与伊拉克北部禁飞区的建立

一　海湾危机中的伊拉克库尔德人

两伊战争结束后，萨达姆·侯赛因及其领导下的复兴党政权继续牢固地把控着伊拉克的权力。塔比特·阿卜杜拉指出，提克里特族系为主的统治集团、巨量的石油储备、一系列补救性的改革措施，以及庞大的军事力量及其对巴勒斯坦问题的长期支持，为战后复兴党政权在伊拉克的统治赢得“脆弱的两年和平”[①]。一方面，在北部库区，伊拉克库尔德斯坦阵线选择继续抵抗复兴党政权，坚持游击战策略，多次进入埃尔比勒平原乃至基尔库克城中发动袭击。在一次针对伊拉克军队大巴的伏击中，“敢死战士”武装就造成了22名飞行员的丧生。但“安法尔行动”后，库尔德村庄全面萎缩与衰败，无力配合库尔德武装的行动，为其提供掩护和后勤补给，因此库尔德运动的游击战策略，无法转化为实际的地面势力范围和政治谈判筹码。对库尔德人而言，坚持抵抗的象征性意义大于其现实意义。此外，由于担心伊拉克军队再次发动毁灭性报复，贾拉勒·塔拉巴尼警告库尔德武装不能随意对阿拉伯地区发动袭击，以免激化冲突。马苏德·巴尔扎尼甚至向伊朗高层表示过，库民党一度考虑过放弃抵抗，与复兴党政权达成和解。[②] 另一方面，复兴党或许已经意识到“安法尔行动”对其在库区统治合法性产生的消极影响，采取了相应的补救措施。1988—1990年，复兴党政府三次发布大赦令并允诺给予经济补偿，号召库尔德人回归“爱国队伍”。例如，一个1990年6月25日接受大赦从伊朗回国的库尔德人，就从埃尔比勒省政府处领取到200第纳尔的补偿款。[③] 1989年8月，接替阿里·哈桑·马吉德出任复兴党北方组织部总书记的哈桑·阿里（Ḥasan ‘Alī）在向党总书记处提交的一份报告中建议，命令北方组织部下辖的所有党的分支机构“关注库尔德人，对吸引他们入党一事给予重视，基于党在（库尔德）地区维稳策略的考量，即使他们还在党外，也不能

---

① ［美］塔比特·A. J. 阿卜杜拉：《伊拉克史》，张旭鹏译，中国出版集团2013年版，第157页。

② David McDowall, *A Modern History of the Kurds*, London: I. B. Tauris, 1996, pp. 368 – 369.

③ North Iraq Dataset Doc. No. 07443 – 10 – 7, 1990.

（因为入党申请者数量少）把他们当作一个无足轻重的数字”①。更为重要的是，复兴党政府也非常愿意通过第三方斡旋的方式来化解库尔德斯坦阵线构成的潜在威胁，但库尔德人整体力量的衰弱和伊拉克国家的“强大”，让复兴党政府缺乏动力去推动和解进程。②

到 1990 年，伊拉克便陷入危机之中。伊拉克的武装力量超过了 50 万人，伊拉克政府无力将他们复员吸纳进既有的经济社会之中。伊拉克军队变得焦躁不安，开始出现个体军官与士兵的叛乱事件。并且，两伊战争期间伊拉克向外大量举债，战后偿还压力巨大，萨达姆试图说服科威特与沙特阿拉伯豁免债务但遭到拒绝，而同年国际油价从 20 美元/桶跌至 13.7 美元/桶，伊拉克年收入损失 70 亿美元。③ 这一系列消极因素进一步威胁着伊拉克脆弱的和平，并最终直接促成萨达姆需要通过发动一场新的战争来消化两伊战争留下的恶果。

1990 年 8 月 2 日，伊拉克入侵科威特，遭到国际社会孤立。这是萨达姆个人对伊拉克地位和冷战形势的错误判断，以及美国驻伊拉克大使阿普里尔·格拉斯皮（April C. Glaspie）暧昧表态误导的结果。④ 为增援南线，伊拉克军队放松对诸如扎胡口岸等边境敏感地区的控制。萨达姆担心一旦土耳其配合美国遏制伊拉克，库尔德运动可能会卷土重来，伊拉克将在南北同时面临困境，因此他委托亲政府的伊拉克共产党资深党员穆卡拉姆·塔拉巴尼（Mukarram al-Ṭālabānī）与库爱盟和伊拉克共产党谈判，并希望在 10 月底前达成和解。但对库尔德人而言，无论是和一个挑战国际社会秩序的政

---

① BRCC Doc. No. 041 -4 -1 -0303, August 9, 1989.

② David McDowall, *A Modern History of the Kurds*, London: I. B. Tauris, 1996, p. 369.

③ ［美］塔比特·A. J. 阿卜杜拉：《伊拉克史》，张旭鹏译，中国出版集团 2013 年版，第 157—158 页。

④ Eric Davis, *Memories of State: Politics, History and Collective Identity in Modern Iraq*, Berkeley: Press of California University, 2005, p. 227.

权和解，还是与一个要求军事推翻复兴党政权的域外大国配合，都将是危险的选择。前一选择会使库尔德人可能面临同样的国际孤立，而后一选择则可能招致复兴党政权的报复。伊拉克革命指挥委员会副主席伊扎特·易卜拉欣·杜里就曾威胁库尔德人称："如果你们已经忘记了哈莱卜贾，我很愿意提醒你们，我们已做好准备重复这一行动。"并且，库尔德斯坦阵线也丝毫没有观察到如果库尔德人公开反对萨达姆与复兴党，美国主导的多国部队会对他们予以支持。①

事实上，早在伊拉克入侵科威特之初，贾拉勒·塔拉巴尼就于1990年8月10日访美，表示库尔德斯坦阵线愿意派遣"敢死战士"武装赴科威特协助作战，希望以此换取美国对库尔德人的支持，但最终只得到一位低级别年轻官员的非正式接待。副国务卿戴维·麦克（David Mack）对此解释称："我们非常有理由相信他们（反对派）在实现解放科威特的目标上不会给予大的帮助。"② 1991年3月，长期支持库尔德人独立事业的美国参议院外交关系委员会办事员彼得·加尔布雷斯（Peter Galbraith），试图联系国家安全委员会中东事务主管理查德·哈斯（Richard Hass），推动美国对伊拉克库尔德人的政策转变，但最终只见到了副主管桑迪·查尔斯（Sandy Charles）。查尔斯认为加尔布雷斯是在冒险，加尔布雷斯称美国需要摆脱复兴党政权，查尔斯回应道："我们的政策是摆脱萨达姆，而不是他的政权。"③ 如查尔斯所言，美国的确忌惮于萨达姆独裁统治带来的威胁，但在政策上仅是希望更迭萨达姆的权力集团，而非推翻整个复兴党政权，因为这可能直接导致伊拉克国家的分裂，从而给

① David McDowall, *A Modern History of the Kurds*, London: I. B. Tauris, 1996, pp. 369 - 370.

② Mohammad Shareef, *The United States, Iraq and the Kurds: Shock, Awe and Aftermath*, London: Routledge, 2014, p. 146.

③ Peter Galbraith, *The End of Iraq: How American Incompetence Created a War without End*, New York: Simon and Schuster, 2006, p. 46.

美国的中东利益制造更大的不确定性。对伊拉克国内而言，北部的库尔德人和南部的什叶派阿拉伯人将争夺对其属地的主权；对中东地区而言，这可能引发土耳其和伊朗分别在伊拉克北部和南部划分自己的势力范围。①

除美国对库尔德人的消极态度外，土耳其、伊朗和叙利亚达成一个三方协调机制，以防止库尔德人借海湾危机建立任何形式的政治实体，这也让伊拉克库尔德斯坦阵线领导人行动审慎，因为还有大量库尔德难民在三国境内流亡。最终，库尔德斯坦阵线选择在危机中保持中立态度，实际上是采取了反对的立场。1990 年 12 月，库尔德斯坦阵线还在大马士革同其他伊拉克反对派政治力量建立了一个联合阵线，宣布共同反对伊拉克复兴党的统治。

二 库尔德人起义与伊拉克北部禁飞区的建立

在一系列外交施压与斡旋未果后，1991 年 1 月 16 日，以美军为主导的多国部队发动“沙漠风暴行动”（Operation Desert Storm），海湾战争爆发。连续数周的大规模空袭摧毁了伊拉克的大部分基础设施，并造成大量士兵和平民伤亡。2 月 15 日，美国总统乔治·赫伯特·沃克·布什（George Herbert Walker Bush，以下简称“老布什”）呼吁伊拉克人民推翻萨达姆的独裁统治。2 月 28 日，伊拉克军队撤出科威特。

受伊拉克军队战败、国内经济损失惨重和军中出现士兵大规模叛逃事件的鼓舞，伊拉克南部的什叶派阿拉伯人率先起义，在老布什总统号召后的三周内控制了巴士拉和南部多处沼泽地带。3 月 4 日，库尔德民众自发响应，起义首先在库区东北部的小镇拉尼亚爆发，苏莱曼尼亚市和埃尔比勒市也分别于 6 日和 7 日加入起义。11 日，起义扩散至杜胡克市和扎胡地区。值得注意的是，因为担心招

① David McDowall, *A Modern History of the Kurds*, London: I. B. Tauris, 1996, p. 370.

致类似“安法尔行动”的大规模报复，库尔德斯坦阵线在起义初期并未走上街头发挥领导作用。相反，亲政府的库尔德民兵在起义中扮演了重要的角色。据称，拉尼亚的起义就是由阿库部族首领阿巴斯·马曼德所领导的。随后，大量库尔德国防军团的顾问都竞相领导起义，并以避免不必要的人员伤亡为由，成功劝退部分驻守当地的伊拉克指挥官和士兵，夺取了控制权。只有极少的库尔德国防军团指挥官和顾问坚持效忠萨达姆。①

库尔德斯坦阵线迅速对新形势作出回应，向起义成功的城镇派驻“敢死战士”武装，开始组织领导起义，更多的库尔德平民也因此参与其中，帮助攻击和控制了库区多个主要城市的复兴党分支办公室、军事基地和安全情报中心。仅在苏莱曼尼亚省安全局一址，就有 700 名复兴党安全人员遭到处决。3 月 21 日，“敢死战士”武装还进一步对基尔库克北部城区实现控制。② 同时，库尔德起义还极大地恢复与增强了库尔德运动的力量。库尔德国防军团中的民兵纷纷响应库尔德斯坦阵线 1 月 29 日发布的大赦令，加入阵线。在起义后的短时间内，“敢死战士”武装力量从 1.5 万人扩展至 10 万人。其中，胡什纳乌部落首领安瓦尔·比特瓦尔塔（Anwar Bitwarta）带领 1 万人加入库尔德斯坦社会主义党；苏尔齐部落的欧麦尔·苏尔齐·比赫马尔（‘Umar Surchī Bikhmār）带领 1.5 万人加入库民党；而巴拉杜斯提部落的凯里姆汗·巴拉杜斯提（Karīm Khān Barādūstī）则因为与巴尔扎尼部落间的世仇，选择加入库爱盟。③

---

① Mahir A. Aziz, *The Kurds of Iraq: Nationalism and Identity in Iraqi Kurdistan*, London: I. B. Tauris, 2011, p. 82; David McDowall, *A Modern History of the Kurds*, London: I. B. Tauris, 1996, p. 370.

② Mahir A. Aziz, *The Kurds of Iraq: Nationalism and Identity in Iraqi Kurdistan*, London: I. B. Tauris, 2011, p. 82.

③ David McDowall, *A Modern History of the Kurds*, London: I. B. Tauris, 1996, p. 372.

然而，从3月中旬起，伊拉克军队开始转入反攻。3月27日，萨达姆派出伊拉克共和国卫队中的精锐部队向北部发动空袭和地面推进，短时间内夺回所有丢失的领土，并造成库尔德武装2万余人伤亡，250万库尔德难民担心复兴党政府会再次发动化武攻击，纷纷涌向伊朗和土耳其边境。伊朗选择向库尔德难民开放边境，同时号召本国的库尔德人将学校、清真寺和医院提供为临时的避难场所。但土耳其则采取了封锁两国边境的政策，加之伊拉克军队的追堵、山区寒冬和恶劣短缺的食宿条件，使伊拉克库尔德人遭受了大规模的人道主义危机。①

美国虽然号召伊拉克人民起义，但并没有提供任何实质的帮助。西方记者赴土伊边境就库尔德难民状况做的大量报道，对多国部队形成巨大的国际舆论压力。这一方面推动西方国家政府与非政府组织向库尔德难民投递了必要的人道主义援助物资；另一方面则有效促成了彻底改变伊拉克库尔德人命运的国际决议。1991年4月5日，联合国安理会通过688号决议，谴责复兴党政权镇压伊拉克平民的行径，要求其立即停止迫害，允许国际组织进入伊拉克提供人道主义援助。戴维·麦克道瓦指出，688号决议具有双重历史意义：一方面，自1926年前奥斯曼帝国行省摩苏尔省被划入伊拉克后，这是库尔德问题历史上首次被国际社会以文件的形式公开正式提出；另一方面，这是联合国对其成员国国内事务进行干涉的首个决议。②

然而，688号决议并未直接使库尔德人地面生存状况得到改善。相反，在攻取拉旺度兹主干道的行动中，伊拉克军队遇到“敢死战士”武装较为顽强和熟练的抵抗，这导致了复兴党政府的误判，认为库尔德运动势力依旧强大，伊拉克因此继续坚持乘胜追击的战术。

---

① 唐志超：《中东库尔德民族问题透视》，社会科学文献出版社2013年版，第159页。

② David McDowall, *A Modern History of the Kurds*, London: I. B. Tauris, 1996, p. 370.

截至4月的第一个周末，土伊边境地区已聚集了25万名库尔德难民，且还有等量的下一波难民逐渐向边境涌来。面对持续上升的边境难民数量和国际舆论压力，土耳其时任总统图尔古特·厄扎尔（Turgut Ozal）开放边境，并号召在两国边境靠伊拉克一侧为库尔德难民创造一个“安全天堂”（safe haven）。当然，厄扎尔总统的让步是以1991年2月以来土耳其与伊拉克库尔德斯坦阵线关系的改善，以及后者保证不寻求独立的承诺为基本前提。①

1991年4月8日，英国首相约翰·梅杰（John Major）接受了厄扎尔总统的提议，在卢森堡主持召开一个欧共体（European Community）会议，号召为伊拉克库尔德人建立一个受联合国保护的“安全天堂”。该倡议先后得到了其他欧洲与会领导人和美国的支持。4月中旬，以美国为首的11个国家以联合国维和部队的形式通过土耳其因吉尔利克（Incirlik）空军基地向伊拉克库区派出2万名士兵，开展“提供舒适行动”（Operation Provide Comfort），在伊拉克北纬36度以北建立禁飞区。禁飞区包括了埃尔比勒、摩苏尔、扎胡和杜胡克等地区，任何飞入其中的伊拉克飞机都将成为多国部队打击的目标。② 在“提供舒适行动”的保护下，近百万库尔德难民开始从边境回归，被安置在临时搭建的帐篷营中，接受不同国家政府和组织

---

① 图尔古特·厄扎尔总统之所以愿意改善与伊拉克库尔德人的关系，同意美国对其提供安全保护，主要是基于几点考虑：（1）可以从库尔德人内部分裂其独立运动；（2）阻断土耳其库尔德工人党将伊拉克库区作为游击战的大后方；（3）避免萨达姆过度打压伊拉克库尔德人，使土耳其在南部面临难民潮压力；（4）缓解土耳其面临的国际压力，提升其在西方的人权形象，推动土耳其加入欧盟事宜。细节可参见 Michael M. Gunter, “The Foreign Policy of the Iraqi Kurds,” *Journal of South Asian and Middle Eastern Studies*, 1997, pp. 7 – 12; Hannes Černy, *Iraqi Kurdistan, the PKK and IR Theory and Ethnic Conflict*, London and New York: Routledge, 2018, pp. 170 – 175；李秉忠《土耳其民族国家建设和库尔德问题的演进》，社会科学文献出版社2017年版，第329—334页。

② Ofra Bengio, *The Kurds of Iraq: Building a State within a State*, London: Lynne Rienner Publishers, 2012, p. 200; Gareth R. V. Stansfield, *Iraqi Kurdistan: Political Development and Emergent Democracy*, London: Routledge, 2003, pp. 95 – 96.

的人道主义援助。4 月 18 日，联合国还就进一步开展人道主义救援行动与伊拉克政府签订了一份谅解备忘录，更多的库尔德难民从而得到救助。[①]

然而，禁飞区设立的意义并不限于此，更重要的是，它为伊拉克库尔德人实现长期追求的自治提供了前所未有的历史机遇。

三　自治谈判重启与复兴党退出库区

在 1991 年 3 月短暂的一个月内，伊拉克库尔德人经历了转瞬即逝的辉煌，面临着一场存亡危机。复兴党政府方面虽然迅速夺回了失陷领土，实现局势逆转，但依旧受制于国内外巨大的政治与军事压力。双方都希望通过改善关系来缓解各自的困境。同年 3 月 28 日，萨达姆在夺回基尔库克后就立即向库尔德斯坦阵线抛出橄榄枝，提议在联邦制原则的基础上达成一个双方都满意的库尔德问题解决方案。

4 月 1 日，贾拉勒·塔拉巴尼率代表团赴巴格达进行谈判。伊拉克官方媒体发布的塔拉巴尼与萨达姆相拥的照片，为世界所震惊，并招致伊拉克海外反对派联合阵线的不满。当然，与库尔德人不同，复兴党政权的什叶派反对派还没有遭遇大规模屠杀的恐怖记忆，同样也不享有库区地理位置所赋予的逃生路径，[②] 因此他们无法像库尔德人一样，有空间且更为灵活地在政策上予以改变。即使到北部禁飞区建立之时，库尔德斯坦阵线领导人依旧对西方保护的可靠性与可持续性深表怀疑，担心库尔德人会像历史上一般随时遭到抛弃，拒绝放弃与中央政府的谈判。从另一个角度来看，这也充分地反映出，伊拉克海外反对派虽然有着推翻萨达姆与复兴党统治的共同目标，但在政策选择与行动协调上又缺乏必要的共识与互信。

---

① David McDowall, *A Modern History of the Kurds*, London: I. B. Tauris, 1996, p. 376.

② Sherko Kirmanj, *Identity and Nation in Iraq*, Boulder: Lynne Rienner Publishers, 2013, p. 161.

在首轮谈判中，库尔德斯坦阵线代表团要求伊拉克中央政府在联邦制的架构下确保库尔德人自治，并在整个伊拉克践行民主宪政和多元主义。马苏德·巴尔扎尼强调，库尔德斯坦阵线不会寻求独立，也不要求萨达姆引咎辞职，而仅是要求伊拉克的民主和库尔德人的自治。在谈判初期，贾拉勒·塔拉巴尼称萨达姆向他承诺会在六周内解散伊拉克最高权力机构革命指挥委员会，并在全国范围内举行多党制的自由选举。戴维·麦克道瓦认为，萨达姆绝不可能执行该承诺，因为“没有任何东西比真正的民主更能确定地导致萨达姆的下台”①。

5月9日，马苏德·巴尔扎尼率团开展第二轮谈判，双方重点讨论争端领土的归属问题。库尔德斯坦阵线要求将基尔库克、哈尼金和曼代里等地都划入库区，确立基尔库克为库尔德自治区的首府。萨达姆口头上表示愿意在基尔库克问题上让步，但前提是库尔德人必须切断一切同外部的联系。这实际上否定了库尔德人要求将双方签署的一切协议都纳入国际第三方监督的主张，也反映出复兴党政权深知控制外部因素在解决库尔德问题中的重要性，并希望借此让伊拉克中央政府成为库尔德人未来所能依靠的唯一选择。萨达姆还强调，只有双方首先达成自治协议，复兴党才愿意推动伊拉克的民主宪政改革。

面对复兴党政府提出的自治条件，库尔德斯坦阵线领导层开始产生意见分化，转至6月中旬，谈判近乎陷于停滞。一方面，有着丰富谈判经验的贾拉勒·塔拉巴尼和马哈茂德·奥斯曼开始怀疑萨达姆的诚意，认为这些要求不过是复兴党为了拖延时间，且伊拉克历史上充斥着基于权宜之计而签署的协议，最终都遭到单方面撕毁，因此二人都坚持协议的签署必须有国际第三方的担保。② 另一方面，

---

① David McDowall, *A Modern History of the Kurds*, London: I. B. Tauris, 1996, p. 376.

② David McDowall, *A Modern History of the Kurds*, London: I. B. Tauris, 1996, pp. 376 – 377.

库民党主席马苏德·巴尔扎尼则认为，在多国部队逐步从伊拉克与土耳其撤军的背景下，放弃与中央政府达成和解是不明智之举，或将激发萨达姆对库尔德人施加新一轮的报复。

萨达姆注意到塔拉巴尼与巴尔扎尼二人间的分歧，从而着重与后者进行谈判，以此分化库尔德斯坦阵线并向其施压。马哈茂德·奥斯曼将巴尔扎尼的立场归因于他个人“太过软弱”的性格，戴维·麦克道瓦则认为是库尔德人惨痛的现实经历而非巴尔扎尼的个人性格，导致了巴尔扎尼“软弱的”立场。[①] 笔者认为，麦克道瓦分析的解释力较为有限，因为正是基于相同的考虑，塔拉巴尼才最终选择与中央政府和谈，因此真正决定二者立场差异的关键，不在于谁遭受了更多的历史迫害，而应该在于二者对国际形势变化理解的差异。贾拉勒·塔拉巴尼相信，只要伊拉克库尔德人不追求独立，如果伊拉克中央政府对其进行报复，多国部队就一定会提供必要的安全保护，马苏德·巴尔扎尼则对此持相反的判断。[②] 同时，这或许还与起义后库民党吸纳了大量的前亲政府库尔德人，及其对巴尔扎尼的劝说，有着密切的关系。这些人对复兴党和库尔德斯坦阵线治下生活质量的悬殊差距有着最切实的感受，因此对库民党形成了巨大直接的压力。来自苏尔齐部落的侯赛因·苏尔齐（Ḥusayn Surchī）就曾对马苏德·巴尔扎尼抱怨道：“我的村庄依旧存在和富有，我的人民依旧按库尔德人的方式着装，说着库尔德语，享有良好的生活。现在你看看你们的民族主义给你们带来了什么？你们的村庄被摧毁，你的人民被强行重新安置，你活在流亡之中，一无所有。你们又凭什么把我称作叛徒？”[③]

---

① David McDowall, *A Modern History of the Kurds*, London: I. B. Tauris, 1996, p. 377.

② Ofra Bengio, *The Kurds of Iraq: Building a State within a State*, London: Lynne Rienner Publishers, 2012, p. 204.

③ David McDowall, *A Modern History of the Kurds*, London: I. B. Tauris, 1996, p. 377.

当然，库民党与其庇护下的前亲政府库尔德人也非常担心，在没有国际担保的情况下，复兴党政府可能会轻易食言，尤其在6月底萨达姆要求库尔德人必须上缴所有的武器和电台之后，库尔德人对复兴党的疑虑进一步加深了。为此，库尔德斯坦阵线在7月初提出，复兴党政府应该首先落实伊拉克的民主和宪政改革，并制定清晰的时间表，只有在此框架下库尔德人才愿意缔结和约。很明显，库尔德斯坦阵线试图通过推动伊拉克的民主化进程，对复兴党政权施以结构性制衡，让一个作为两方问题的库尔德问题受到伊拉克国内多方的监督。

谈判进行的同时，库尔德斯坦阵线也在利用禁飞区的便利重塑对库区领土的控制。但是，伊拉克军队与“敢死战士”武装都采取了克制谨慎的态度，因为前者担心过度打压库尔德人可能会招致多国部队的军事介入，而后者则怀疑如果真的爆发战争，国际社会是否会信守承诺给库尔德人提供保护。因此，双方将军事冲突限定在可控范围内，既可以起到相互施压、换取谈判筹码的作用，也可以借此检验大国承诺的有效性。自7月中旬起，多国部队虽然陆续从伊拉克北部撤出，但其依旧在扎胡地区保留了军事协调中心和一支维稳力量，维护北部禁飞区的运转，美英法土还轮岗派战机在禁飞区进行巡逻。① 这极大地制衡了伊拉克的军事行动。7月20日，库尔德斯坦阵线夺回埃尔比勒与苏莱曼尼亚两座城市；8—10月，双方还陆续围绕基尔库克、基弗里、卡拉尔等争端地区展开交火。谈判也因此止步于8月。

在谈判与军事行动均不奏效的情况下，1991年10月23日，伊拉克中央政府从库区撤出所有的军事和政府人员，并对库区施加经济制裁，让库尔德人实际承受国际与国内的双重制裁。30万库尔德公务员工资被停发，中央政府断电停水，当地公共卫生状

① Mahir A. Aziz, *The Kurds of Iraq: Nationalism and Identity in Iraqi Kurdistan*, London: I. B. Tauris, 2011, p. 83.

况和基础服务急剧恶化。[①] 由于担心伊拉克政府会进一步采取报复行为，20 万难民再次涌向边境。萨达姆希望以此引发库区局势混乱，让库尔德斯坦阵线面临统治困境，逼迫库尔德公务员和平民尽快转移到政府控制区内，并使他们意识到，至少复兴党能够提供比库尔德运动更好的物质生活。

然而，大部分库尔德公务员和平民都抵制住了萨达姆的威胁，拒绝转移至政府控制区。奥夫拉·本吉欧对此评价称："（库尔德）公务员和民众作为一个整体准备好经受如此的艰难，确实是（观察）库尔德民族主义成型的一个晴雨表。"[②] 可以说，"安法尔行动"背后无差别的集体性惩罚思路，实际上激化了伊拉克库尔德人的民族身份意识，使对一个"库尔德民族"政治身份的共同想象，开始贯穿库尔德精英和底层。谢尔库·克尔曼支就此指出，库尔德人的起义不仅仅是伊拉克在科威特军事失败的结果，更是复兴党政权多年来压迫库尔德人政策的结果。[③] 马苏德·巴尔扎尼在一次采访中也坦言称："起义源自于人民本身。这是我们未曾预料到的。"[④]

需要指出的是，复兴党在库区统治的失败，不必然意味着库尔德运动的胜利。事实上，复兴党政府以退为进的倒逼施压政策，在一定程度上达到了效果，杜胡克、苏莱曼尼亚、潘杰温等地区接连爆发民众抗议游行，指责库尔德斯坦阵线无法有效地维护库尔德平民的民生利益。示威者甚至打出标语称："我们要面包和黄油，不要

① Ofra Bengio, *The Kurds of Iraq: Building a State within a State*, London: Lynne Rienner Publishers, 2012, p. 201.

② Ofra Bengio, *The Kurds of Iraq: Building a State within a State*, London: Lynne Rienner Publishers, 2012, p. 201.

③ Sherko Kirmanj, *Identity and Nation in Iraq*, Boulder: Lynne Rienner Publishers, 2013, p. 160.

④ David McDowall, *A Modern History of the Kurds*, London: I. B. Tauris, 1996, p. 371.

萨达姆也不要库尔德斯坦阵线。”① 伊拉克国家与库尔德运动“双输”的局面在库区再次上演。库尔德难民的生存问题亟待解决，库尔德斯坦阵线亟须填补复兴党撤出后在库区留下的权力与秩序真空。

第二节　库尔德人自治与库尔德内战

一　库尔德地区政府的成立与库尔德人自治

要想重启库区社会生活的正常运转，库尔德斯坦阵线就必须替代复兴党新建一套有效的行政系统，也就是说，建立库尔德运动长期追求的库尔德自治政府。但实际上，库尔德斯坦阵线领导人面临着严重的政策困境：倘若不尽快恢复秩序，为公众提供救助与公共服务，库尔德运动将进一步丧失其合法性；但是，库尔德人一旦建立自治政府，势必会招致周边同样有着库尔德问题三国的不满，涉事国政府可能会因此改变政策，放弃庇护库尔德斯坦阵线，请求伊拉克中央政府回归库区重塑秩序，防止库尔德难民问题恶化或库尔德人势力坐大形成外溢效应。这种困境也正是复兴党撤出库区决策所预设的另一种方案。在库尔德民众拒绝屈服的情况下，复兴党希望通过制造外部压力，逼迫库尔德斯坦阵线放弃抵抗。②

为摆脱复兴党制造的“陷阱”，打消各利益攸关方的顾虑，库尔德斯坦阵线首先派代表赴大马士革参加 1992 年 1 月举行的伊拉克海外反对派大会，商议成立一个伊拉克流亡政府，以此表明库尔德人自治不会脱离伊拉克国家的框架。马苏德·巴尔扎尼和贾拉勒·塔拉巴尼也都竞相强调，库尔德人有必要与伊拉克中央政府达成最终

---

① David McDowall, *A Modern History of the Kurds*, London: I. B. Tauris, 1996, p. 379.

② Ofra Bengio, *The Kurds of Iraq: Building a State within a State*, London: Lynne Rienner Publishers, 2012, p. 201.

的和解，合法实现库尔德人的自治与伊拉克的民主。[①]

在实际操作层面，库尔德斯坦阵线也采取着极为谨慎的措施。一方面，它宣布将通过民主选举的方式产生一个库尔德人代表大会及其政府，来负责接管中央政府撤出后的库区；另一方面，库尔德斯坦阵线还成立了一个由专业法学专家和律师组成的选举委员会，指导与监督库尔德人代表大会的选举流程。首先，民主选举的政策是为向外宣示，库尔德地区议会与政府的成立与否由当地人民的自由意志来决定，其核心目的是应对库区混乱的社会经济局面，而非追求库尔德人独立。其次，设立由专业人士组成的选举委员会，则是为体现选举的公正性，表明这并非库尔德民族主义政治家操控的结果。[②]

1991 年 12 月 23 日至 1992 年 1 月 28 日，选举委员会为库区大选筹备密集召开会议，讨论了选举库尔德人代表大会及政府的基本原则和办法，为 1 号法案《伊拉克库尔德斯坦国民大会法》与 2 号法案《库尔德斯坦解放运动领袖法》[③] 的出台奠定了基础。虽然库尔德斯坦阵线领导人出于避讳有独立倾向的谴责，不断强调两部法案没有任何宪法层面的意义，但它们确立了库区未来立法、行政与决策三者间的相互关系，实际发挥着宪法的功能。[④]

1992 年 5 月 19 日，在多个人权组织、多国国会观察团和国际媒体的见证下，伊拉克库区举行大选。根据 1 号法案的规定，库区被划分为埃尔比勒、杜胡克、苏莱曼尼亚和达尔班迪汗四个选区，国民大会共有 105 个席位，其中 5 席专门划拨给基督徒政党，以保

---

① David McDowall, *A Modern History of the Kurds*, London: I. B. Tauris, 1996, pp. 379 – 380.

② Gareth R. V. Stansfield, *Iraqi Kurdistan: Political Development and Emergent Democracy*, London: Routledge, 2003, p. 124.

③ 关于两部法案的细节参见 Gareth R. V. Stansfield, *Iraqi Kurdistan: Political Development and Emergent Democracy*, London: Routledge, 2003, pp. 124 – 128。

④ Nouri Talabany, *The Kurdish Views on the Constitutional Future of Iraq*, London, 1999, p. 1.

护库区内亚述人等少数群体的利益。[①] 选举得到了库区 110 万选民的积极响应，投票率高达 90%。5 月 22 日，大选结果显示，在 967229 张有效选票中，库民党赢得 437879 张选票，占总票数比例的 45.3%，库爱盟赢得 423833 张选票，占比 43.8%，其余 10.9% 的选票则在伊拉克库尔德斯坦伊斯兰运动（al-Ḥarakat al-Islāmiyyat al-Kurdistāniyyah，以下简称“库伊运”）、[②] 库社运和伊拉克共产党库区分支等政党间分布。由于 1 号法案规定参选政党必须赢得总选票数的 7% 才能占据席位，而排名第三的库伊运只占 5.1%，因此 100 席只能在位列第一、二名的库民党与库爱盟间划分。

根据比例，库民党与库爱盟分获 51 个与 49 个席位，但最终的席位分配结果为库民党多分 1 席给库爱盟，两党各占 50 个席位。[③] 马苏德·巴尔扎尼在接受加雷思·斯坦斯菲尔德采访时解释道，库民党之所以采取这一决定，是为避免两党再次分裂，保证库区局势的稳定，因为当时的库爱盟依旧遵循军事斗争的路线，不会轻易接受成为国民大会中的反对党。[④] 据库民党官员称，大选后库爱盟已准备在埃尔比勒周边发起攻击，拒绝接受落选结果。[⑤]

---

① Gareth R. V. Stansfield, *Iraqi Kurdistan: Political Development and Emergent Democracy*, London: Routledge, 2003, pp. 129 – 130.

② 1987 年，受伊朗伊斯兰革命和阿富汗反苏战争的鼓舞，前伊拉克穆斯林兄弟会成员谢赫奥斯曼·阿卜杜·阿齐兹（Shaykh ‘Uthmān ‘Abd al-‘Azīz）成立伊拉克库尔德斯坦伊斯兰运动，以库区南部哈莱卜贾地区及两伊边境为力量依托，受伊朗、阿富汗、巴基斯坦和沙特阿拉伯等国的支持。运动内部又分为三个派系：谢赫奥斯曼·阿卜杜·阿齐兹主导的温和派，与库尔德运动关系较为紧密；阿里·巴佩尔（‘Alī Bābir）领导的激进派；以及纳吉姆丁·法拉吉（Najm al-Dīn Faraj）一派，该派与阿富汗和巴基斯坦联系紧密。更多关于该运动的细节，可参见 Rashīd al-Khayyūn, *100 ‘Ām min al-Islām al-Siyāsī bi al-‘Irāq: Al-Sunnah*, Dubayy: Markaz al-Misbār li al-Dirāsāt wa al-Buḥūth, 2011, pp. 143 – 156。

③ Carl Dahlman, “The Political Geography of Kurdistan,” *Eurasian Geography and Economics*, Vol. 43, No. 4, June 2002, p. 291.

④ Gareth R. V. Stansfield, *Iraqi Kurdistan: Political Development and Emergent Democracy*, London: Routledge, 2003, p. 130.

⑤ 汪波：《中东库尔德问题研究》，时事出版社 2014 年版，第 78 页。

与大会选举同时进行的还有对库尔德解放运动领袖的直选。按照2号法案的规定，运动领袖担任库区主席，享有最高行政权力，担任“敢死战士”武装总统帅，对议会决议具有否决权，履行政策制定、公布法律等职能。[①] 1992年领袖候选人包括库民党的马苏德·巴尔扎尼、库爱盟的贾拉勒·塔拉巴尼、库伊运的谢赫奥斯曼·阿卜杜·阿齐兹和库社运的马哈茂德·奥斯曼。最终，选举结果呈现为与库尔德国民大会选举类似的情况，马苏德·巴尔扎尼与贾拉勒·塔拉巴尼的票数位居第一和第二，分别获得47.51%与44.93%的选票，但均未票数过半够格出任领袖。在此情况下，2号法案规定将组织对前两名候选人的第二轮投票，但二人都决定暂缓该流程两年，不出任行政领导职务，领袖一职悬空。[②]

在国民大会50席对50席的格局下，库民党与库爱盟达成合作协议，联合组阁，平分立法与行政机构中的所有职位。当一党官员出任正职时，副职则必须由另一党指派，并且正副手有权互相否决，二者间不存在真正的领导与从属关系。[③] 1992年6月4日，库尔德国民大会在埃尔比勒召开首次会议，选举库民党的焦海尔·纳米克·萨利姆（Jawhar Namīq Sālim）和库爱盟的穆罕默德·陶菲克（Muḥammad Tawfīq）分别为正、副议长。7月4日，库尔德国民大会产生第一届伊拉克库尔德斯坦地区政府（Ḥukūmat Iqlīm Kūrdistān，以下简称“库区政府”），由库爱盟的福阿德·马苏姆出任总理，库民党的努里·沙维斯担任副总理，下设15个部委，其中还包括分管

---

① Gareth R. V. Stansfield, *Iraqi Kurdistan: Political Development and Emergent Democracy*, London: Routledge, 2003, p. 127.

② Denise Natali, *International Aid, Regional Politics, and the Kurdish Issue in Iraq After the Gulf War*, Abu Dhabi: Emirates Center for Strategic Studies and Research, 1999, cited from Gareth R. V. Stansfield, *Iraqi Kurdistan: Political Development and Emergent Democracy*, London: Routledge, 2003, p. 127.

③ Gareth R. V. Stansfield, *Iraqi Kurdistan: Political Development and Emergent Democracy*, London: Routledge, 2003, p. 147.

武装力量的“敢死战士”事务部。9月，库区政府还任命了库区下辖三省（埃尔比勒省、苏莱曼尼亚省和杜胡克省）的省长。10月，库区上诉法院成立。到1992年年底时，教育系统逐步恢复运转，3所大学、1所军校和1100所中小学重新开学。① 伊拉克政府撤出后库区混乱的局面因此得到很大程度的改善。

库尔德自治体系的成立与逐步完善，自然不为伊拉克中央政府所承认，而被指责是一场闹剧和分裂伊拉克的阴谋。同时，这也引起了土耳其、伊朗和叙利亚三国的警惕。1992年11月，三国政府在伊斯坦布尔召开会议，表示反对伊拉克库尔德人谋求独立，三方致力于维护伊拉克的领土完整，尊重伊拉克主权。② 10月4日，库尔德国民大会开会宣布，库区是伊拉克的一个联邦地区，③ 再次向外界表明库尔德人不诉诸从伊拉克分裂。但更为重要的是，在国际与国内双重制裁的背景下，土耳其成为伊拉克库尔德人通往外部世界、获取国际援助和经济资源的唯一窗口，因此打消土耳其政府的疑虑，保证土伊边境开放，对库区政府的持续运转意义重大。为此，除外交表态外，伊拉克库尔德人还在土耳其的库尔德问题上释放诚意，主要表现为其对土耳其库尔德工人党的立场转变。

库工党20世纪80年代崛起与走上武装斗争路线后，被土耳其政府视为重大安全威胁，而1991年伊拉克北部禁飞区的成立，为其发展提供了更为广阔的空间。库工党利用复兴党撤出后的真空便利，在伊拉克库区内的边远山区建立多个基地，庇护了大约5000名土耳其库尔德活动家。此外，伊拉克复兴党政府为遏制土耳其和打击伊拉克库尔德人为其所提供的秘密支持，也进一步壮

---

① Ofra Bengio, *The Kurds of Iraq: Building a State within a State*, London: Lynne Rienner Publishers, 2012, p. 203.

② 唐志超：《中东库尔德民族问题透视》，社会科学文献出版社2013年版，第77页。

③ 唐志超：《中东库尔德民族问题透视》，社会科学文献出版社2013年版，第160页。

大了库工党的力量。[①]

在此背景下，伊拉克库尔德人放弃与库工党1983年以来达成的军事合作协议，选择配合土耳其打击库工党，以此换取土耳其对其自治现象的容忍和支持。1992年10月，“敢死战士”武装对库工党发动了一次大规模袭击，试图逼迫其从山区撤离，转移至库区内陆，便于土耳其军队的越境打击。10月中旬，库区政府还默许土耳其军队1.5万名士兵进入库区北部，在约25平方千米的土地上建立安全势力范围。上述措施有效地改善与强化了伊拉克库尔德人与土耳其领导层之间的关系，土耳其不仅维持了两国边境的开放，甚至给马苏德·巴尔扎尼和贾拉勒·塔拉巴尼签发护照，使二人能够不受伊拉克制裁的影响赴国外访问。[②]

但有必要指出和强调的是，库尔德人得以自治最为根本的外部保障，其实是冷战的结束和美国遏制伊拉克的政策。1991年年底苏联解体后，美国在全球范围内失去对手，开始致力于维护自身的单极霸权地位。在海湾地区，经过老布什政府时期的过渡，美国在比尔·克林顿（Bill Clinton）总统时期形成了打压伊拉克和伊朗的“双重遏制”战略（Dual Containment），并配合阿以问题推行“东遏两伊，西促和谈”的政策，通过推动阿以和平进程，压制和孤立以伊拉克和伊朗为首的反美阵营。“虽然两伊同是对手，但1991年美国与伊拉克之间爆发了海湾战争，美国与伊朗之间尚未发生过战争，因此美国与伊拉克的对立超过与伊朗的对立。在海湾地区，无论是从国际还是地区的层面看，伊拉克在海湾地区都处于矛盾的焦点和

---

① 唐志超：《中东库尔德民族问题透视》，社会科学文献出版社2013年版，第70、77页；Ofra Bengio, *The Kurds of Iraq: Building a State within a State*, London: Lynne Rienner Publishers, 2012, pp. 205 – 206；Damla Aras, “Similar Strategies, Dissimilar Outcomes: An Appraisal of the Efficacy of Turkey's Coercive Diplomacy with Syria and in Northern Iraq,” *The Journal of Strategic Studies*, Vol. 34, No. 4, August 2011, p. 602。

② Ofra Bengio, *The Kurds of Iraq: Building a State within a State*, London: Lynne Rienner Publishers, 2012, p. 206.

冲突的中心。”① 克林顿政府通过在伊拉克北部及南部建立禁飞区、定期进行惩罚性空中打击、国际经济制裁和反大规模杀伤性武器国际调查四种方式遏制伊拉克。②

虽然美国仅把库尔德人看作伊拉克海外反对派中的一支力量，并同样对他们的自治保持警惕，但由于库尔德斯坦阵线是反对派中组织化程度和武装实力较强的一支，加之担心支持南部禁飞区的什叶派会带来伊朗力量的上升，美国对伊拉克库区和库尔德人有所偏向，选择默许其自治举动，并通过联合国向库区提供资金支持，改善当地的经济状况，将库区视为庇护反对派和中情局策划复兴党党内政变“隐蔽行动”的重要基地。③

综上可见，库区自治系统的确立，是库民党和库爱盟“希望消除政治紧张关系的良好意愿”④ 与外部国际政治空间共同促成的结果。但从该系统内部来看，对等分权的政治体制设计，不仅不是库尔德人派系冲突的制约，反而成为它的催化剂，⑤ 为两党开启新一轮的权力争夺埋下伏笔。

二　库尔德内战与库区政府分裂

如前所述，为避免冲突，库区主席一职被置于悬空的状态，两党对等分权共同主政。短期来看，这的确维护了库区政治局势的稳定，但从政治发展的角度观察，领导核心的模糊或长期缺位，很容易导致政治权威的下降和多权力中心的出现。马苏德·巴尔扎尼和

① 吴冰冰：《从中国与海湾八国关系的发展看“中阿合作论坛”》，《阿拉伯世界研究》2011 年第 1 期。

② 细节可参见 Peter L. Hahn, *Missions Accomplished? The United States and Iraq since World War I*, New York and Oxford: Oxford University Press, 2012, pp. 120 – 126。

③ Ḥāmid Maḥmūd ‘Īsā, *Al-Qaḍiyyat al-Kurdiyyah fī al-‘Irāq: Min al-Iḥtilāl al-Birīṭānī ilā al-Ghazw al-Amrīkī (1914 – 2004)*, Al-Qāhirah: Maktabat Madbūlī, 2005, p. 461.

④ 汪波：《中东库尔德问题研究》，时事出版社 2014 年版，第 77 页。

⑤ Gareth R. V. Stansfield, *Iraqi Kurdistan: Political Development and Emergent Democracy*, London: Routledge, 2003, p. 146.

贾拉勒·塔拉巴尼作为库区潜在的领导人，均未担任行政领导，然而库区的决策都离不开其中一人乃至二者的共同支持，这造成了库区政府的决策过程依旧由两党主导以及政党对政府的过度干涉。库尔德国民大会副议长穆罕默德·陶菲克就此指出：

> 在第一届和第二届政府中，库民党和库爱盟政治局间有一个不成文的默契，库区政府的所有决定都需要它们提前批准……两党政治局对核心事务进行讨论，然后通知政府。有时政府会起草一项政策，但依旧需要（两党）政治局做决定。（两党）政治局一周会面一次，有时候一周两次，来讨论这些事务。[①]

在此基础上，两党间良好有序的协调和利益充足且均匀的分配，对于维持此一决策系统尤为关键。从这个意义上来看，库区政府成立后的稳定局势极为脆弱，两党分权制度有着很大的不确定性。

虽然两党在执政伊始进行着密切有效的沟通，尽可能地保持各自在决策过程中的中立，但是，在涉及实际利益分配的公职人员安排问题上，两党开始产生分歧。一方面，库区政府需要接管21万—30万原亲中央政府的库尔德民兵与公务员；另一方面还需要吸纳两党干部和“敢死战士”武装退役人员。庞大臃肿的公职群体及其产生的巨大财政负担，让实际的人事安排未能完全满足两党的偏好。总理福阿德·马苏姆尝试通过任命技术官僚的方式，来打破两党政治化行政事务的困境，但却并未奏效，反而造成了两党对他的不满、指责与疏远。此外，上述公职人员中的两个群体有着截然不同的参政经历，且管理能力整体低下，参差不齐，这也让福阿德·马苏姆依靠技术官僚执政的思路缺乏实际的队伍基础。失去两党支持的福

---

① Gareth R. V. Stansfield, *Iraqi Kurdistan: Political Development and Emergent Democracy*, London: Routledge, 2003, pp. 146 - 147.

阿德·马苏姆，最终以年事过高为由被库爱盟的军事指挥官科斯拉特·拉苏勒（Kūsrāt Rasūl）所替代。[①] 1993 年 4 月 25 日，科斯拉特·拉苏勒组建第二届库区政府，采取党派倾向显著的执政路线，极大地平息了两党对前一届政府的不满情绪。

1993 年 2 月 10 日，在大选中排名第四的库社党宣布重新加入库民党；7—8 月，萨米·阿卜杜·拉赫曼领导的库尔德斯坦民主人民党与两个小型政党合并为库尔德斯坦统一党（Ḥizb al-Waḥdat al-Kurdistānī）后，同样选择并入库民党。实力得到增强的库民党，开始寻求打破两党间脆弱的均势。[②] 一方面，库民党认为自己议会选举所赢票数本就高于库爱盟，主导政府是其合法权利使然；另一方面，库民党谴责科斯拉特·拉苏勒借职权之便把资源倚向库爱盟，损害了库民党的利益。双方斗而不破的局面很快在半年内开始瓦解，这首先表现为库民党对库爱盟与库伊运间冲突的介入。

1993 年 12 月，因意识形态分歧和势力范围之争，[③] 库伊运与库爱盟爆发武装冲突，但库伊运并非对手，库爱盟几乎夺取了库伊运所有的军事据点，并逮捕谢赫奥斯曼·阿卜杜·阿齐兹及其 200 名追随者。[④] 库民党最终出面调解，实际上是在支持库伊运，遏制库爱盟。库民党借此拉近与库伊运的关系，但同时也加深了其与库爱盟的矛盾。虽然马苏德·巴尔扎尼和贾拉勒·塔拉巴尼在 12 月 20 日

---

① Gareth R. V. Stansfield, *Iraqi Kurdistan: Political Development and Emergent Democracy*, London: Routledge, 2003, pp. 146 – 147.

② Michael M. Gunter, "The KDP-PUK Conflict in Northern Iraq," *The Middle East Journal*, Vol. 50, No. 2, 1996, p. 232.

③ 据库爱盟统计，当时库伊运在库区内建立了 51 个军事据点，为伊朗军队提供支持，并每个月获得 157 万美元的境外支持。库爱盟谴责库伊运不仅拒绝接受库区政府和军队的整编，还试图建立独立的行政体系，伊斯兰化当地的教育，挑衅库爱盟的军事人员等。参见 Ofra Bengio, *The Kurds of Iraq: Building a State within a State*, London: Lynne Rienner Publishers, 2012, p. 210。

④ David McDowall, *A Modern History of the Kurds*, London: I. B. Tauris, 1996, pp. 386 – 387; Ofra Bengio, *The Kurds of Iraq: Building a State within a State*, London: Lynne Rienner Publishers, 2012, p. 210.

再度强调两党平等与和平分权的政治原则，但在实践中依旧在竞相争夺各自的势力范围。[①] 1994 年 1 月，马苏德·巴尔扎尼甚至在库民党大会上称平等分权的体制已不再适用库区的新现实，并随后要求国民大会重新举行大选。[②]

1994 年 5 月 1 日，两党因双方在苏莱曼尼亚北部迪扎堡的一处领土争端而爆发武装冲突，随后引发库尔德内战。两党控制下的共约 6000 名"敢死战士"武装展开对抗，库伊运也配合库民党加入战斗，两个阵营在迪扎堡、拉旺度兹和沙格拉瓦等地陆续交火至 8 月底，造成了 1000 人死亡和 7 万余平民逃难。5 月上旬，库爱盟占据埃尔比勒城内的库区国民大会与政府部门大楼，到 1995 年年初时则全面控制了埃尔比勒。库区由此被划分为以库民党与库爱盟为首的两大阵营，以及两党及库伊运实际控制的三个势力范围：库民党主要控制靠近土伊边境的库区北部，如埃尔比勒以北和杜胡克地区，库爱盟主导地区为整个苏莱曼尼亚地区和埃尔比勒以东的城镇地区，库伊运则控制着库区东部与南部靠近两伊边境的部分地区。[③] 更重要的是，两党还在各自的控制区内独立地建立新的行政体系，库区政府因此被分裂为南北两个部分，相互隔绝。

库尔德两党究竟为何会从和平分权走向内战，其根本原因还是在于如前所述的库尔德人政治实践所埋下的隐患。加雷思·斯坦斯菲尔德认为，如果两党主席一开始就担任正式职务，并将萨米·阿卜杜·拉赫曼和努奇尔万·穆斯塔法等资深政治家纳入政府，两党

---

① Ofra Bengio, *The Kurds of Iraq: Building a State within a State*, London: Lynne Rienner Publishers, 2012, p. 211.

② Gareth R. V. Stansfield, *Iraqi Kurdistan: Political Development and Emergent Democracy*, London: Routledge, 2003, p. 152.

③ Ofra Bengio, *The Kurds of Iraq: Building a State within a State*, London: Lynne Rienner Publishers, 2012, pp. 212 – 213.

间的问题会以更合适的方式得到解决。[①] 事实上，两党主席在政府中的缺席，表面上规避了双方就库区领导权归属的冲突，但却使两党通过非正式的方式控制着库区政府的整个决策与执政过程。库区政府不仅没能成为化解两党历史宿怨、[②] 整合两党力量的平台，反而进一步加剧着双方间的分歧与对抗。同时需要强调的是，两党各自庇护下的阵营内部力量构成多元，不具均质性，因此战争打响后，如部落仇怨、个人冲突等因素借内战得到表达，不为两党领导层所能控制，这也在很大程度上导致了战事的延续。例如，1994 年 6 月初，马苏德·巴尔扎尼和贾拉勒·塔拉巴尼曾达成停火意向，但并不被实际的交战人员所接受。[③]

在内战的新态势下，库区内外各方开始改变政策，试图引导局势向对自己有利的方向发展。美国意识到库区局势的混乱与其遏制两伊的利益相悖，从而多次在两党间调停，但双方在涉及自身核心利益问题上都不肯做出实质性让步，库民党不愿与库爱盟分享土伊边境易卜拉欣·哈利勒（Ibrāhīm al-Khalīl）和叙伊边境哈布尔（Khabūr）等关口的过境费收益，库爱盟也拒绝向库民党交回埃尔比勒的控制权。1995 年 4 月，两党因美国的调解达成停火，但仅维持了 3 个月之久。8—9 月，美国在爱尔兰德罗赫达和都柏林再次调停，依旧无功而返。[④]

---

① Gareth R. V. Stansfield, *Iraqi Kurdistan: Political Development and Emergent Democracy*, London: Routledge, 2003, p. 152.

② 库民党与库爱盟间的历史宿怨表现在多个层面，如社会分层层面的部落势力与城市群体之间的矛盾，意识形态层面的保守派势力与左翼进步力量间的派系分歧，宗教信仰层面的纳格什班迪耶教团与卡迪里耶教团的竞争，以及语言文化层面的克尔曼吉方言区和索莱尼方言区的交流差异等。

③ Ofra Bengio, *The Kurds of Iraq: Building a State within a State*, London: Lynne Rienner Publishers, 2012, p. 212.

④ Michael M. Gunter, "The Foreign Policy of the Iraqi Kurds," *Journal of South Asian and Middle Eastern Studies*, 1997, pp. 13 – 14; David McDowall, *A Modern History of the Kurds*, London: I. B. Tauris, 1996, p. 388.

美国调解失败的原因在于，其虽然试图维护库区局势稳定遏制复兴党政权，却并不愿意加大对库尔德人的政治承诺或经济资源投入，进而有效地化解两党间的冲突。一方面，美国不希望由此增强伊拉克库尔德人的力量，助长其自治与独立的诉求；另一方面，由于复兴党对伊拉克社会进行着严苛的管控，伊拉克海外反对派在国内的社会基础薄弱，这意味着，如果美国致力于更迭复兴党政权，就需要在伊拉克做大量军事部署和战后投入。同时，复兴党政权的倒台可能会导致权力真空、地区局势混乱和伊朗势力的崛起，美国因此更希望伊拉克的变化来自复兴党政权内部，而非实力有限的伊拉克反对派。基于此，克林顿政府缺乏根本动力来加大支持作为反对派一部分的库尔德人，而只是希望通过斡旋调解来维护库区局势稳定，庇护海外反对派，既在道义上孤立复兴党政权，也需要依靠反对派在复兴党内部建立人脉、推动政变议程。① 美国斡旋的失败，使得库尔德内战进一步向其他利益相关方开放影响力空间，两党为打压异己争夺资源、巩固自身在库区的合法性地位，不惜配合引入外部势力。

伊拉克复兴党政府对此有着复杂的情绪。一方面，它乐见于库尔德两党发生内讧，因为这有助于瓦解库尔德人的团结，阻碍自治进程，同时打乱美国的遏制政策，缓解伊拉克的外部战略压力；另一方面，它也非常担心内战会给邻国伊朗和土耳其以新的空间，在伊拉克北部增强各自影响力和军事存在。为此，复兴党政府希望借此机会重新对库尔德两党施加影响，把受国际多方介入的伊拉克库尔德问题拉回到伊拉克国内政治的框架之中。在此之前，因撤出库区政策的失败，复兴党政府多次尝试与库尔德人重启谈判，但都遭到两党的拒绝。贾拉勒·塔拉巴尼称，只要萨达姆·侯赛因继续

① Peter L. Hahn, *Missions Accomplished? The United States and Iraq since World War I*, New York and Oxford: Oxford University Press, 2012, p. 128.

掌权，以及伊拉克民主制度没有建立，库尔德人就不会与中央政府和谈。①

内战爆发后，失去埃尔比勒的库民党基于自身的弱势处境，选择与复兴党政府重新合作。1994 年年初，双方建立起秘密联系，库民党随后开始接受伊拉克军队的武器援助。② 此外，库民党为保证土伊边境口岸的经济收入和进口物资稳定，进一步寻求土耳其的支持，加强了打击库工党的行动。1995 年 8—12 月中，库民党与库工党公开交火。马苏德·巴尔扎尼谴责库工党严重干涉伊拉克库区的内部事务，妨碍伊拉克库尔德人的民主实践，造成地区局势恶化；库工党领袖阿卜杜拉·奥贾兰（Abdallah Öcalan）则称库民党与土耳其政府的合作，是对库尔德民族的背叛，库工党进入伊拉克库区，旨在未来建立一个民主联邦制的库尔德国家。1995 年年底，库民党成功将库工党驱逐出伊拉克库区北部，但因为库爱盟与伊朗的支持和庇护并未对其造成致命性打击。库爱盟在库区政府成立伊始为了获得土耳其的支持，同样配合库民党打击库工党，但随着库尔德内战的演化，库爱盟开始为库工党提供安全庇护，结盟反对库民党。③

在复兴党政府和土耳其的共同支持下，库民党在 1996 年夏季开始陆续收复部分其先前所控领土，双方战事再度升级。同年 8 月，库民党在伊拉克军队的配合下，对库爱盟发起进攻，夺回了埃尔比勒和霍伊桑贾克等地区，9 月初，库民党还迅速向苏莱曼尼亚省推进。伊拉克军队利用此次机会重返库区，短时间内处决了 96 名参与

---

① Ofra Bengio, *The Kurds of Iraq: Building a State within a State*, London: Lynne Rienner Publishers, 2012, pp. 218 – 219.

② David McDowall, *A Modern History of the Kurds*, London: I. B. Tauris, 1996, p. 388.

③ Ofra Bengio, *The Kurds of Iraq: Building a State within a State*, London: Lynne Rienner Publishers, 2012, pp. 216 – 217.

1996年6月政变[①]失败后避难于此的相关人员，并逮捕1500名复兴党政权的反对者。[②] 为进一步支持库民党，萨达姆还取消了对库民党控制区的国内经济制裁。库爱盟力量遭到重创，丧失大量领土。

为改变战场上的弱势局面，库爱盟以打击伊拉克库区境内的伊朗库民党为筹码，选择改善同伊朗的关系。虽然从地理位置上看，伊朗是库爱盟通往外部世界的唯一窗口，但受美国制裁伊朗的影响，库爱盟无法从伊朗处收获和库民党从土耳其处所得到的等量齐观的经济收益，在此之前并未给予与伊朗关系足够的重视，并多次拒绝配合伊朗打击伊朗库民党的请求。伊朗政府谴责库爱盟庇护伊朗库民党，为其提供土地建立秘密军事基地。在1993年12月库爱盟与库伊运的冲突中，伊朗也对后者提供了深度的支持。[③] 从伊朗的角度来看，支持库爱盟反对库民党，有助于阻碍土耳其在伊拉克北部的势力扩张。1995年7月，在美国斡旋的停火失败后，伊朗在德黑兰组织两党和谈对话，试图替代成为新的斡旋者，但同样无果而终。

---

① 1996年6月政变主要由反对派政治家伊亚德·阿莱维（Iyād ʻAllāwī）提出与策划。伊亚德·阿莱维为复兴党前成员，但因与萨达姆·侯赛因关系不睦于1971年赴伦敦求学，随后成为复兴党政权海外反对派。1990年海湾危机爆发后，他建立政治组织伊拉克民族和谐组织（al-Wifāq al-Waṭanī al- ʻIrāqī/Iraqi National Accord）。该组织多数成员由反对萨达姆独裁统治的复兴党成员和一些前政府高官组成，并因此与复兴党政权内对萨达姆不满者建立了广泛的关系网。1994年，伊亚德·阿莱维与伊拉克退休军官穆罕默德·沙赫瓦尼（Muḥammad al-Shahwānī）联系，决定通过后者在共和国卫队中的三个儿子为依托，策划军队政变，但最终于1996年6月因被情报部门发现而失败。穆罕默德·沙赫瓦尼三子在内的120个相关人员遭到处决，穆罕默德·沙赫瓦尼流亡美国华盛顿特区。相关细节参见 ʻAlī ʻAbd al-Amīr ʻAllāwī, *Iḥtilāl al-ʻIrāq：Ribḥ al-Ḥarb wa Khasārat al-Salām*, Tarjamat：ʻAṭā ʻAbd al-Wahhāb, Bayrūt：Al-Mu'assasat al-ʻArabiyyah li al-Dirāsāt wa al-Nashr, 2009, p. 91；Ḥasan Laṭīf al-Zubaydī, *Mawsūʻat al-Aḥzāb al-ʻIrāqiyyah*, Bayrūt：Mu'assasat al-ʻĀrif li al-Maṭbūʻāt, 2007, p. 472。

② Michael M. Gunter, "The Five Stages of American Foreign Policy towards the Kurds," *Insight Turkey*, Vol. 13, No. 2, 2011, pp. 99；David McDowall, *A Modern History of the Kurds*, London：I. B. Tauris, 1996, p. 388.

③ Ofra Bengio, *The Kurds of Iraq：Building a State within a State*, London：Lynne Rienner Publishers, 2012, pp. 220 – 221.

库民党成为土耳其在库区坚定的盟友，库爱盟从而成为伊朗的现实最优选择。得到伊朗强力支持后的库爱盟迅速恢复实力，于 1996 年 10 月 12 日展开反攻，短时间内夺回苏莱曼尼亚和其他属于该党的传统势力范围。①

面对库爱盟迅猛的反攻态势，马苏德·巴尔扎尼立即派萨米·阿卜杜·拉赫曼带团赴美国寻求调解。美国意识到自己的不作为只会折损其在伊拉克反对派中的公信力，给其他国家在库区留下势力增长空间。在库民党进攻埃尔比勒后，贾拉勒·塔拉巴尼就谴责美国毫不信守对禁飞区内的安全承诺，伊拉克军队如入无人之境。② 更严重的是，伊拉克军队对库区内大量伊拉克反对派人士的处决和逮捕，极大地打乱了美国遏制伊拉克的政策，损害了美国策动复兴党政权内部军事政变的人脉基础。

为此，1996 年 9 月 3 日，美国发动“沙漠袭击行动”（Operation Desert Strike），对伊拉克空军基地实施巡航导弹轰炸，并陆续从伊拉克库区撤出 7000 名左右的伊拉克反对派人士，以防伊拉克军队采取进一步的报复措施。③ 10 月下旬，美国在土耳其安卡拉再次居中斡旋，承诺向两党提供 1000 万美元的资金支持。10 月 31 日，两党达成停火，签署《安卡拉协议》，库爱盟停止攻势和对库工党的支持，放弃重塑对埃尔比勒的控制，库民党也拒绝伊拉克军队坚持其继续作战的要求。④ 但是，停火之后的两党并未致力于整合因内战而分化

---

① David McDowall, *A Modern History of the Kurds*, London: I. B. Tauris, 1996, pp. 387 – 388.

② Ṣalāḥ al- Khurasān, *Al-Tayyārāt al-Siyāsiyyah fī Kurdistān al-ʻIrāq: Qirā'ah fī Milaffāt al-Ḥarakāt wa al-Aḥzāb al-Kurdiyyah fī al-ʻIrāq (1946 – 2001)*, Bayrūt: Mu'assasat al-Balāgh li al-Ṭibāʻah wa al-Nashr wa al-Tawzīʻ, 2001, p. 562.

③ David McDowall, *A Modern History of the Kurds*, London: I. B. Tauris, 1996, p. 389；汪波：《中东库尔德问题研究》，时事出版社 2014 年版，第 89 页。

④ Ṣalāḥ al- Khurasān, *Al-Tayyārāt al-Siyāsiyyah fī Kurdistān al-ʻIrāq: Qirā'ah fī Milaffāt al-Ḥarakāt wa al-Aḥzāb al-Kurdiyyah fī al-ʻIrāq (1946 – 2001)*, Bayrūt: Mu'assasat al-Balāgh li al-Ṭibāʻah wa al-Nashr wa al-Tawzīʻ, 2001, p. 565.

的南北政府，而是以停火时的势力范围为界，继续运转各自的行政体系。库民党在埃尔比勒建立了以努里·沙维斯任总理的库区政府，库爱盟则在苏莱曼尼亚继续维持总理科斯拉特·拉苏勒领导的政府。①

停火状态下，两党将斗争的焦点转向对政府合法性的争夺。埃尔比勒政府强调，在库爱盟撤出后的库尔德国民大会中，库民党享有50个席位，加上留在埃尔比勒的另外5位基督徒议员，国民大会席位过半，有权任命新总理组建政府，因此科斯拉特·拉苏勒政府已然失去合法性，被努里·沙维斯政府所取代。苏莱曼尼亚政府则反驳称，科斯拉特·拉苏勒政府并未辞职或被合法解散，是库民党和伊拉克军队对埃尔比勒的侵略，导致政府流亡至苏莱曼尼亚，科斯拉特·拉苏勒依旧是库区政府的合法总理。②

诚然，内战的确给伊拉克库尔德人的团结与自治实践造成消极的影响，但值得注意的是，在库区行政和立法权被一分为二的情况下，司法体系却维持了统一，为埃尔比勒最高法院所领导，两党领袖继续保持着悬空库区主席一职的默契，库区整体边界未被改变，库尔德各方对反对复兴党政权持有高度的政治共识，这些事实都使得伊拉克库区在某种意义上依旧是一个统一体。③ 此外，加雷思·斯坦斯菲尔德还指出，库区政府的分裂让两党在处理内部事务时不必再着眼于党争，而能“更像政府而非政党”一样地高效执政，与联合国和非政府组织打交道，改善库尔德平民的生存状况，并由此培

---

① Ṣalāḥ al- Khurasān, *Al-Tayyārāt al-Siyāsiyyah fī Kurdistān al-'Irāq: Qirā'ah fī Milaffāt al-Ḥarakāt wa al-Aḥzāb al-Kurdiyyah fī al-'Irāq (1946 – 2001)*, Bayrūt: Mu'assasat al-Balāgh li al-Ṭibā'ah wa al-Nashr wa al-Tawzī', 2001, p. 564.

② Gareth R. V. Stansfield, *Iraqi Kurdistan: Political Development and Emergent Democracy*, London: Routledge, 2003, pp. 154 – 155.

③ Yaniv Voller, *The Kurdish Liberation Movement in Iraq: From Insurgency to Statehood*, London: Routledge, 2014, p. 83; Gareth R. V. Stansfield, *Iraqi Kurdistan: Political Development and Emergent Democracy*, London: Routledge, 2003, p. 155.

养出了一批训练有素的行政官僚。①

除对内部合法性的争夺外，两党还竞相通过赢取外界的认可与支持，来确立自身的合法地位。抛开与双方共同合作的美国等欧美因素外，库爱盟在此方面处于明显的劣势。首先，库民党既和土耳其有着良好的合作关系，同时还与复兴党政府保持着联系，以此证明自己是伊拉克境内库尔德人的合法代表；其次，库爱盟的外部支持者主要为叙利亚和伊朗，但二者对其支持力度有限，且伊朗一直希望扮演两党关系的调解人，因此从未放弃加强发展与库民党的关系。1996 年 11 月，库民党与伊朗达成一项协议，开放两伊边境口岸哈支欧姆兰，这又给库民党每日增加近 10 万美元的收入。同时，在库爱盟和伊朗的关系中，依旧横亘着如何处理库伊运地位的问题。1997 年 5 月，库爱盟和库伊运在哈莱卜贾再次爆发武装冲突，伊朗出面进行调解。②

库爱盟执政最大的困境在于财政收入。一方面，国际援助与边境贸易是该时期伊拉克库区的主要经济来源，但因伊朗被施以国际制裁，库爱盟从两伊边境贸易和过境费中得到的收入极为有限，而库民党则能从土伊边境获取丰富可观的经济收益；另一方面，库爱盟从埃尔比勒撤出时带走大批政府公职人员，维系庞大的政府机构，也加剧了库爱盟的财政困境。库爱盟多次要求库民党与其分享收入而未果，这也是两个政府难以合并的一个重要原因。库爱盟多次谴责称，库民党私吞日均 25 万—27 万美元的过境费，而这笔收入应为整个库区所共享，并且库民党还违反联合国决议，每日向土耳其走

① Gareth R. V. Stansfield, "Governing Kurdistan: The Strengths of Division," in Brendan O'Leary, John McGarry and Khaled Salih, eds., *The Future of Kurdistan in Iraq*, Philadelphia: University of Pennsylvania Press, 2005, pp. 203 – 204.

② David McDowall, *A Modern History of the Kurds*, London: I. B. Tauris, 1996, p. 389.

私价值 80 万美元的石油。[①] 然而，库民党依旧拒绝向库爱盟让渡任何经济利益。

1997 年 10 月中旬，迫于拮据的经济形势，库爱盟认为双方非战非和的状态已难以为继，从而对库民党发动大规模袭击，成功夺取库民党控制的两伊边境地区和口岸。[②] 库爱盟打破停火协议的另一个原因，则与土耳其有着密切关系。《安卡拉协议》达成之后，土耳其继续加强与库民党的合作，多次派兵深入伊拉克库区打击库工党。库民党之所以愿意配合土耳其的军事行动，不仅是出于获得现实利益的考虑，还因为库工党左翼的泛库尔德民族主义倾向在伊拉克库区民间更具吸引力，对库民党较为保守的自治理念和与复兴党政府的合作立场构成了挑战。[③] 相较而言，一方面，前库民党左翼派系出身的库爱盟，在意识形态上与库工党更为趋近，将库民党与土耳其政府的军事合作视为对库尔德民族的背叛；另一方面，库爱盟也深切担忧这会进一步加强库民党的力量，恶化自身的安全处境。因此，在重新开战前，库爱盟首先于 1997 年 7 月宣布退出《安卡拉协议》，随后与库工党再次结盟。同年 9 月 24 日至 10 月 13 日，土耳其发起“黄昏行动”（Operation Twilight），向伊拉克库区派兵 8000 至 1.5 万人打击库工党，成为引发两党新一轮内战的导火索。[④]

作为回应，土耳其军队派出空军和地面部队辅助作战，库民党短时间内夺回丧失领土，双方重归停火，维持《安卡拉协议》签

---

① Gareth R. V. Stansfield, *Iraqi Kurdistan: Political Development and Emergent Democracy*, London: Routledge, 2003, p. 161; David McDowall, *A Modern History of the Kurds*, London: I. B. Tauris, 1996, p. 390.

② David McDowall, *A Modern History of the Kurds*, London: I. B. Tauris, 1996, p. 390.

③ David McDowall, *A Modern History of the Kurds*, London: I. B. Tauris, 1996, p. 389.

④ Ofra Bengio, *The Kurds of Iraq: Building a State within a State*, London: Lynne Rienner Publishers, 2012, pp. 254 – 255.

署时各自的势力范围。新一轮的战斗让两党进一步意识到，双方“很难跨越既定的边界，或颠覆既有的平衡。在所谓的库尔德内部冲突中，没有胜利者与失败者，才是国内和国际主流形势背景下必然与合乎逻辑的结果”[①]。为此，1997年12月，马苏德·巴尔扎尼和贾拉勒·塔拉巴尼展开一系列信函往来，加强两党沟通；1998年2月12日，两党政治局还共同组成一个最高协调委员会来保持沟通。这在一定程度上奠定了1998年9月两党签署《华盛顿协议》的基础。

第三节　从《华盛顿协议》到伊拉克战争

一　《解放伊拉克法案》与《华盛顿协议》

如前所述，鉴于伊拉克反对派能力不足和担心过度打压伊拉克可能会增强伊朗的力量，比尔·克林顿政府并不主张颠覆复兴党政权，而仅尝试在复兴党和伊拉克军队内部谋求政变，推翻以萨达姆为核心的统治集团，扶持复兴党内亲美派系主政伊拉克。但是，1995—1997年，美国中情局与反对派策划的政变行动失败，美国的制裁政策并未达到削弱萨达姆统治的目的，反而造成伊拉克的人道主义危机。[②]“双重遏制”战略效果式微。为缓解制裁给伊拉克人民生活带来的消极影响，1995年4月安理会允许伊拉克出售部分石油以换购食品和药物，并最终促成1996年受联合国监督的“石油换食品计划”（Oil for Food）。伊拉克的外部压力反而因此得到一定程度

---

① Ṣalāḥ al- Khurasān, *Al-Tayyārāt al-Siyāsiyyah fī Kurdistān al-ʻIrāq: Qirā'ah fī Milaffāt al-Ḥarakāt wa al-Aḥzāb al-Kurdiyyah fī al-ʻIrāq (1946 - 2001)*, Bayrūt: Mu'assasat al-Balāgh li al-Ṭibāʻah wa al-Nashr wa al-Tawzīʻ, 2001, p. 567.

② ［英］尤金·罗根：《征服与革命中的阿拉伯人：1516年至今》，廉超群、李海鹏译，浙江人民出版社2019年版，第638页。

的释放,[①] 克林顿政府的伊拉克政策面临困境。

1994 年美国中期选举后，共和党人在国会中逐渐占据优势，新保守主义者要求对中东采取强硬措施，主张推动伊拉克的政权更迭。伊拉克海外反对派组织伊拉克国民大会（al-Mu'tamar al-Waṭanī al-'Irāqī/Iraqi National Congress）领导人艾哈迈德·沙拉比（Aḥmad al-Jalabī）一直以来是政权更迭方案的强力支持者，但克林顿政府倾向于伊亚德·阿莱维倡导的军队政变思路，艾哈迈德·沙拉比的军事进攻推翻复兴党计划因此被边缘化，伊拉克国民大会成员还因库尔德内战被美国撤出伊拉克库区，影响力被进一步弱化。在注意到美国内政的变化之后，艾哈迈德·沙拉比于 1996 年秋季开始在华盛顿特区展开广泛的游说活动，上至国会议员，下至美国企业公共政策研究所（The American Enterprise Institute for Public Policy Research）与华盛顿近东政策研究所（The Washington Institute for Near East Policy）等保守智库，推动改变克林顿政府失效的“双重遏制”战略。此外，他还借助美国广播公司等媒体造势宣传，培育舆论环境。[②]

艾哈迈德·沙拉比的游说努力成功引起了新保守主义者的重视，决定将其领导的伊拉克国民大会打造为推翻伊拉克的抓手。迫于压力的克林顿政府，最终决定改变政策。1998 年 10 月 31 日，克林顿总统签署《解放伊拉克法案》（*Iraq Liberation Act*），并决定向伊拉克反对派拨款 9700 万美元。[③] 1998 年 12 月 16 日，克林顿政府对伊拉克发动“沙漠之狐行动”（Operation Desert Fox）。空袭目标从既往的伊拉克武器装备库扩充至复兴党的安全与军事部门，以此惩罚萨

---

① 'Alī 'Abd al-Amīr 'Allāwī, *Iḥtilāl al-'Irāq: Ribḥ al-Ḥarb wa Khasārat al-Salām*, Tarjamat: 'Aṭā 'Abd al-Wahhāb, Bayrūt: Al-Mu'assasat al-'Arabiyyah li al-Dirāsāt wa al-Nashr, 2009, p. 92.

② 'Alī 'Abd al-Amīr 'Allāwī, *Iḥtilāl al-'Irāq: Ribḥ al-Ḥarb wa Khasārat al-Salām*, Tarjamat: 'Aṭā 'Abd al-Wahhāb, Bayrūt: Al-Mu'assasat al-'Arabiyyah li al-Dirāsāt wa al-Nashr, 2009, pp. 94 – 96.

③ Peter L. Hahn, *Missions Accomplished? The United States and Iraq since World War I*, New York and Oxford: Oxford University Press, 2012, pp. 127 – 131.

达姆1998年8月拒绝继续配合联合国特别委员会（United Nations Special Commission）调查伊拉克武器[①]的态度，并为推翻复兴党政权创造条件。《解放伊拉克法案》标志着美国正式将政权更迭作为对伊拉克的一个政策选项，也意味着伊拉克反对派的地位由此得到提升。

但是，库尔德两党1994—1998年四年内战给美国在伊拉克行动产生消极影响的历史表明，要整合伊拉克反对派和发挥伊拉克库区在推翻复兴党政权过程中的支点作用，就必须重塑美国在库尔德人中的公信力，切断库尔德人与复兴党政权间的联系，推动库尔德两党关系的正常化，进而实现库区内部局势的稳定。为此，1998年7月18日，美国派负责近东事务的助理国务卿戴维·韦尔奇（David Welch）率团赴伊拉克库区访问，分别与两党展开会谈，邀请马苏德·巴尔扎尼和贾拉勒·塔拉巴尼访问华盛顿。

9月14日，库尔德两党领袖赴美国访问，与美国国务卿玛德琳·奥尔布赖特（Madeleine Albright）举行三方会谈。这也是库尔德内战爆发以来二人的首次会面。9月17日，在美国的强力斡旋下，马苏德·巴尔扎尼和贾拉勒·塔拉巴尼达成《华盛顿协议》（*Washington Agreement*），宣布两党实现全面停火，承诺将依据1992年大选结果首先合并两个政府，1999年7月前举行新一轮大选，实现库区的和平稳定。库民党同意从1998年10月起每月向库爱盟政府划拨专款，援助其公共服务项目，库爱盟放弃对库工党的支持，保障土耳其南部边境的安全。

---

① 1991年1月海湾战争爆发，联合国安理会于同年4月3日通过687号决议，要求伊拉克交出所有大规模杀伤性武器，销毁生化与核武器，以及射程超过150千米的所有弹道导弹，由联合国特别委员会监督整个执行过程。5月，联合国武器核查人员开始在伊拉克境内进行实地核查。伊拉克曾与联合国特别委员会积极配合，开放包括其政府机关、总统府和总统官邸等要害部门供其检查。但是，在对伊拉克武器核查过程中，伊拉克与武器核查小组以及美国之间在核查地点、核查小组人员构成等问题上摩擦不断，双方矛盾不时恶化。1998年，先后发生了三次武器核查危机。萨达姆·侯赛因怀疑美国人借此来颠覆其政权，于1998年8月5日阻止联合国武器核查人员的工作。12月16日，联合国在伊拉克的武器核查小组人员全部撤离。

更重要的是，该协议被认为是美国和伊拉克库尔德人关系发展中的一个里程碑，标志着伊拉克库尔德问题的公开化与国际化。首先，美国首次在官方文件中用“伊拉克库尔德斯坦”代替“伊拉克北部”的表述；其次，美国国务卿玛德琳·奥尔布赖特是此时美国历史上公开与库尔德人会面的最高级别官员；再次，协议的签署仅介于美国与伊拉克库尔德人两方之间，没有其他反对派和土耳其等利益相关方的参与；最后，协议提及将在“一个联邦制的基础上对伊拉克进行改革”，但前提是维护“伊拉克的领土完整与统一”，以此支持库尔德人长期以来倡导的用联邦制解决库尔德问题的思路。①

1999 年起，美国国务院近东事务局伊拉克处增设多名司务员，其中一名专职负责与库区政府间事务。1999 年 2 月，克林顿总统确定资助 7 个伊拉克反对派组织，② 其中包括库民党、库爱盟和库伊运 3 个库尔德政党。根据《解放伊拉克法案》，美国向这 7 个组织提供包括经济资助、军事培训、广播电视宣传、人道主义救援在内的多项支持。③ 美国高级职业外交官弗兰克·里奇昂多（Frank Ricciardone）还被任命为“伊拉克过渡特别协调官”，负责与各反对派的沟通协调工作，他也因此被称为“美国驻伊拉克反对派大使”。这表明，美国的政策不再仅限于武装反对派的军事选项，而是把它当作一个潜在的伊拉克替代政府来对待，打造其在美国与国际上的公信力。④

---

① Ofra Bengio, *The Kurds of Iraq: Building a State within a State*, London: Lynne Rienner Publishers, 2012, p. 264.

② 美国选择支持 7 个伊拉克反对派组织，分别为伊拉克民族和谐组织、伊拉克国民大会、伊拉克伊斯兰革命最高委员会（al-Majlis al-A‘lā li al-Thawrat al-Islāmiyyah fī al-‘Irāq/The Supreme Council for the Islamic Revolution in Iraq）、库民党、库爱盟、库伊运和君主立宪运动（al-Ḥarakat al-Dustūriyyat al-Malakiyyah/Constitutional Monarchy Movement）。

③ Marianna Charountaki, *The Kurds and US Foreign Policy: International Relations in the Middle East since 1945*, London and New York: Routledge, 2010, p. 190.

④ ‘Alī ‘Abd al-Amīr ‘Allāwī, *Iḥtilāl al-‘Irāq: Ribḥ al-Ḥarb wa Khasārat al-Salām*, Tarjamat: ‘Aṭā ‘Abd al-Wahhāb, Bayrūt: Al-Mu’assasat al-‘Arabiyyah li al-Dirāsāt wa al-Nashr, 2009, pp. 98 – 99.

出于获得《解放伊拉克法案》配套资助和便利的目的，大部分反对派组织都选择配合弗兰克·里奇昂多的协调工作，但对美国更迭复兴党政权的政策严肃性，包括库尔德两党在内的许多反对派则持怀疑保守的态度。贾拉勒·塔拉巴尼指出："我们与美国人的谈判专注于实现库民党与库爱盟的和解"，"我们拒绝参与怀有这一目的（政权更迭）的外国阴谋"。马苏德·巴尔扎尼也认为，反对派首先"应该待在伊拉克境内，因为没有任何反对派可以从外部被强加给伊拉克人民"，他同时表示自己不会允许"库区成为更迭（伊拉克）政权的跳板"，不愿在库区大范围地给其他反对派组织提供安全基地。①

伊拉克库尔德人在此方面持消极的合作态度，与其痛苦的历史记忆有着直接的关系。两党担心一旦正式或全力支持美国推翻复兴党政权，很可能会遭到如20世纪80年代末"安法尔行动"一般的残酷报复，而美国则可能会继续像1975年和1991年一样袖手旁观，背叛库尔德人。此外，库尔德人还需要平衡与周边三国的关系，缓解他们对推翻复兴党政权后库尔德人将独立建国的战略疑虑。因此，库尔德两党采取政治现实主义，在接受美国援助和开展有限合作的同时，保持与复兴党政府重启谈判的空间，维护与周边三国的关系，来追求自身利益的最大化。

从本质上看，伊拉克库尔德人的核心关切并非在于是否要推翻复兴党政权，或以何种方式来实现该目标，而是在此政策下，谁能保证库尔德人的安全和在未来政治安排中的地位，马苏德·巴尔扎尼在拒绝美国政权更迭伊拉克选项的表态中也有所保留，称如果要库尔德人配合美国，"除非有可靠的保证，伊拉克的未来将是多元和民主的，并且对于库尔德问题将有一个联邦制的解决方案"②。《华

① Ofra Bengio, *The Kurds of Iraq: Building a State within a State*, London: Lynne Rienner Publishers, 2012, p. 265.

② Ofra Bengio, *The Kurds of Iraq: Building a State within a State*, London: Lynne Rienner Publishers, 2012, pp. 265 – 266.

盛顿协议》达成后，复兴党政府为表示不满，1998 年 10 月起把允许库区每日出口的能源量（石油 + 柴油）从1000 万公升削减至 600 万公升。1999 年 4 月，随着其他伊拉克反对派组织陆续回归库区，能源出口限额被进一步缩减至每日 100 万公升，萨达姆·侯赛因还下令在库区边界部署军队，以此警告库尔德人，复兴党政府随时有能力对其与美国人的合作行为进行报复。① 这恰恰从反向印证了库尔德人的安全恐惧。在《华盛顿协议》签署的过程前后，库尔德两党为此多次强调，希望美国、英国、土耳其与整个国际社会遵守安全承诺，“继续（对复兴党政权）保持戒备，保卫库区”②。

为消解库尔德人的安全恐惧，美国首先把“禁飞区”的概念拓展为“禁武区”，加大对伊拉克军队的限制。但在安全保护问题上，克林顿政府的承诺更多是非官方性质的，国务卿玛德琳·奥尔布赖特仅宣称，如果萨达姆对包括北部在内的伊拉克人民制造威胁，美国可能予以回应。③ 伊拉克国民大会领导人艾哈迈德·沙拉比致力于在伊拉克北部或阿拉伯世界召开新的反对派组织架构伊拉克民族协会（al-Jam‘iyyat al-Waṭaniyyat al-‘Irāqiyyah/Iraqi National Assembly）的相关大会，讨论复兴党政权更迭事宜，但未能得到克林顿政府的安全保护承诺。协调官弗兰克·里奇昂多在配合组织会议的同时也多次表示，美国欢迎伊拉克境内自主发生的政变。④

在缺乏安全保障的情况下，库尔德两党拒绝为反对派召开大会

---

① David McDowall, *A Modern History of the Kurds*, London: I. B. Tauris, 1996, p. 391.

② Alan Makovsky, “Kurdish Agreement Signals New U. S. Commitment,” *Policy Watch*, September 29, 1998, https://www.washingtoninstitute.org/policy-analysis/kurdish-agreement-signals-new-us-commitment.

③ Ofra Bengio, *The Kurds of Iraq: Building a State within a State*, London: Lynne Rienner Publishers, 2012, p. 264.

④ ‘Alī ‘Abd al-Amīr ‘Allāwī, *Iḥtilāl al-‘Irāq: Ribḥ al-Ḥarb wa Khasārat al-Salām*, Tarjamat: ‘Aṭā ‘Abd al-Wahhāb, Bayrūt: Al-Mu’assasat al-‘Arabiyyah li al-Dirāsāt wa al-Nashr, 2009, p. 99.

提供场所。其他阿拉伯国家也普遍抵制《解放伊拉克法案》，拒绝承办这样一场会议，因为近 10 年的国际制裁不仅未能遏制复兴党政权，反而给伊拉克人民造成大规模人道主义灾难。[①] 伊拉克的国际形象从一个侵略者转变为英美帝国主义的受害者。[②] 最终，1999 年 10 月，伊拉克民族协会大会在纽约召开，出席人员达 350 人，美国副国务卿托马斯·皮克林（Thomas Pickering）、弗兰克·里奇昂多和推动《解放伊拉克法案》的相关议员均列席其中。

会议首先批评克林顿政府不愿为反对派在伊拉克库区召开大会提供安全保障，要求其全面落实《解放伊拉克法案》的条例，武装支持伊拉克民族协会推翻复兴党政权，并为此决议产生了一个 65 人组成的执行委员会和一个 7 人组成的领导委员会，其中包括来自库民党的霍什亚尔·泽巴里（Hūshyār Zībārī）和库爱盟的阿卜杜·拉提夫·拉希德（'Abd al-Laṭīf Rashīd）。关于复兴党政权倒台后的伊拉克政治制度安排，大会上主要有以社群主义、伊斯兰主义和世俗自由民主政治为代表的三种方向。长期以来，库尔德两党是社群主义与联邦制方案积极的倡导者，随着 1991 年北部禁飞区的设立和库尔德人事实上的自治实践，这一倾向更加显著。为充分发挥库区北向进入伊拉克的门户作用，其他反对派组织作出大幅让步，承诺在后萨达姆时代任何形式的政治秩序中，伊拉克库尔德人都将享有高度的自治权。[③]

然而，由于大阿亚图拉穆罕默德·巴基尔·哈基姆（Ayatollah Muḥammad Bāqir al-Ḥakīm）领导的伊拉克伊斯兰革命最高委员会和

---

① ［美］塔比特·A. J. 阿卜杜拉：《伊拉克史》，张旭鹏译，中国出版集团 2013 年版，第 163 页。

② ［美］塔比特·A. J. 阿卜杜拉：《伊拉克史》，张旭鹏译，中国出版集团 2013 年版，第 167 页。

③ 'Alī 'Abd al-Amīr 'Allāwī, *Iḥtilāl al-'Irāq: Ribḥ al-Ḥarb wa Khasārat al-Salām*, Tarjamat: 'Aṭā 'Abd al-Wahhāb, Bayrūt: Al-Mu'assasat al-'Arabiyyah li al-Dirāsāt wa al-Nashr, 2009, p. 106.

大阿亚图穆罕默德·巴基尔·萨德尔（Ayatollah Muḥammad Bāqir al-Ṣadr）组建的伊斯兰召唤党（Ḥizb al-Da'wat al-Islāmiyyah/Islamic Da'wa Party）都拒绝参加纽约会议，伊拉克民族协会和美国失去什叶派反对党中实力最强的两股力量，无从推进更迭复兴党政权的政策议程。这也给克林顿政府延缓落实《解放伊拉克法案》创造了空间，继续维持遏制战略。① 弗兰克·里奇昂多的首要任务，变为首先保证与伊拉克伊斯兰革命最高委员会开展良好有效的沟通，以获得其对美国行动的配合。② 此外，纽约大会后，伊拉克民族协会内部也开始产生分化，艾哈迈德·沙拉比个人及其领导的伊拉克国民大会遭到质疑，被指责藏匿复兴党间谍。作为回应，艾哈迈德·沙拉比暂停伊拉克国民大会在民族协会中的成员资格，并谴责2000年7月7日伦敦举行的执行委员会会议不具有合法性。③ 美国统合伊拉克海外反对派的努力被进一步削弱。

安全保障承诺与反对派统一阵线的共同缺位，使得库尔德两党在执行《华盛顿协议》和配合《解放伊拉克法案》的过程中缺乏动力。截至1999年夏季时，双方仅维持着库区基本的和平与稳定，但就相互达成的承诺没有做出任何实质性的兑现。④ 直到2001年1月乔治·沃克·布什（George Walker Bush，以下简称“小布什”）入主白宫与同年“9·11”恐怖袭击后，这一局面才发生根本性的变化。

---

① Mohammad Shareef, *The United States, Iraq and the Kurds: Shock, Awe and Aftermath*, London: Routledge, 2014, p. 155.

② 'Alī 'Abd al-Amīr 'Allāwī, *Iḥtilāl al-'Irāq: Ribḥ al-Ḥarb wa Khasārat al-Salām*, Tarjamat: 'Aṭā 'Abd al-Wahhāb, Bayrūt: Al-Mu'assasat al-'Arabiyyah li al-Dirāsāt wa al-Nashr, 2009, p. 101.

③ 'Alī 'Abd al-Amīr 'Allāwī, *Iḥtilāl al-'Irāq: Ribḥ al-Ḥarb wa Khasārat al-Salām*, Tarjamat: 'Aṭā 'Abd al-Wahhāb, Bayrūt: Al-Mu'assasat al-'Arabiyyah li al-Dirāsāt wa al-Nashr, 2009, pp. 112 - 113.

④ David McDowall, *A Modern History of the Kurds*, London: I. B. Tauris, 1996, p. 390.

二　“反恐战争”与“倒萨”议程中的库尔德人

2001 年 1 月 20 日，美国总统小布什正式入主白宫，新保守主义政治力量由此开始在美国新一届国防部、国家安全委员会和副总统办公厅中占据主导，要求放弃国务院与中情局推行的遏制思路，对伊拉克采取更为强硬的政策，推翻萨达姆与复兴党政权。两种思路及其背后代表的不同官僚群体，开始就美国的伊拉克政策展开拉锯战。迫于新保守主义者的压力，美国国务卿科林·鲍威尔（Colin Powell）加大对伊拉克的遏制打击力度。2001 年 2 月起，美国多次发动对伊拉克的大规模空袭，制定“巧制裁”（smart sanctions）政策，加强对伊拉克边境的监控，防止复兴党政府通过黑市贸易缓解制裁压力。

但是，随着伊拉克人道主义危机加剧，国际社会不再愿意配合美国新的制裁政策。2001 年 7 月，英国在联合国安理会提议对伊拉克实行多边“巧制裁”，遭到俄罗斯的否决。在中东地区盟友层面，土耳其、约旦、埃及乃至沙特，都陆续恢复与伊拉克接触，达成数十亿美元的优惠贸易协定，以缓解伊拉克的经济与民生危机。[①] 美国在遏制战略都难以得到广泛国际支持的情况下，更遑论推行更为强硬的政权更迭选项。更重要的是，小布什总统在其上任的头 9 个月里，“深信伊拉克大规模杀伤性武器的威胁已经得到控制”，其首要关注并非中东，而是中国。[②] 美国的伊拉克政策面临尴尬的局面。

2001 年“9·11”事件成为美国对伊拉克政策转向和库尔德人地位变化重要的历史分水岭。2001 年 9 月 20 日，小布什总统宣布发动“反恐战争”（War on Terror）。被美国国务院列入“支持恐怖主

---

① ‘Alī ‘Abd al-Amīr ‘Allāwī, *Iḥtilāl al-‘Irāq: Ribḥ al-Ḥarb wa Khasārat al-Salām*, Tarjamat: ‘Aṭā ‘Abd al-Wahhāb, Bayrūt: Al-Mu’assasat al-‘Arabiyyah li al-Dirāsāt wa al-Nashr, 2009, p. 115.

② ［英］尤金·罗根：《征服与革命中的阿拉伯人：1516 年至今》，廉超群、李海鹏译，浙江人民出版社 2019 年版，第 639 页。

义国家”名单的伊拉克，随之被视为美国的重大安全威胁，因为萨达姆·侯赛因政府被怀疑集聚了大批大规模杀伤性武器，并有可能把它们转移到发动“9·11”事件的“基地”组织手中。[①] 新保守主义政治力量要求政权更迭伊拉克的主张占据上风。2001 年 11 月，小布什总统命令国防部部长唐纳德·拉姆斯菲尔德（Donald Rumsfeld）制定对伊拉克的作战方案，年底前美国中央司令部司令汤米·弗兰克斯（Tommy Franks）提交了一份详细的作战计划。为赋予战争合法性并获得公众支持，小布什政府同时重启对伊拉克的大规模杀伤性武器调查进程，并大量接受伊拉克反对派提供的间接和模糊的证据。[②]

美国发动伊拉克战争的政策变化和艾哈迈德·沙拉比与新保守主义者的良好私人关系，使得伊拉克反对派重获小布什政府的重视。有鉴于 2001 年 10—11 月美国在阿富汗战争中取得的初步作战成果和较低成本的投入，美国国防部希望在伊拉克复制阿富汗北方联盟的合作模式，伊拉克反对派因此进一步获得美国的支持。

具体到伊拉克库尔德人，美国希望其能扮演类似于阿富汗北方联盟中塔吉克人的角色。[③] 一方面，美国将库尔德人受“安法尔行动”化武袭击的历史遭遇和对萨达姆政权拥有大规模杀伤性武器的指控联系在一起；另一方面，美国积极宣传非萨达姆治下伊拉克库区良好的生存状况，从道义上孤立伊拉克，塑造美国“解放者”的形象。同时，由于美国对伊拉克的指控被中东地区大多数国家所怀疑，认为这不过是美国试图控制伊拉克石油和在地区谋求霸权的说辞，土耳其政府拒绝为美国在战争中提供过境通道，伊拉克库区成

---

① ［英］尤金·罗根：《征服与革命中的阿拉伯人：1516 年至今》，廉超群、李海鹏译，浙江人民出版社 2019 年版，第 646 页。

② ‘Alī ‘Abd al-Amīr ‘Allāwī, *Iḥtilāl al-‘Irāq*: *Ribḥ al-Ḥarb wa Khasārat al-Salām*, Tarjamat: ‘Aṭā ‘Abd al-Wahhāb, Bayrūt: Al-Mu’assasat al-‘Arabiyyah li al-Dirāsāt wa al-Nashr, 2009, p. 117.

③ ‘Alī ‘Abd al-Amīr ‘Allāwī, *Iḥtilāl al-‘Irāq*: *Ribḥ al-Ḥarb wa Khasārat al-Salām*, Tarjamat: ‘Aṭā ‘Abd al-Wahhāb, Bayrūt: Al-Mu’assasat al-‘Arabiyyah li al-Dirāsāt wa al-Nashr, 2009, p. 119.

为美国北向进入伊拉克的唯一门户，战略地位进一步上升。但是，1975 年美国人的背叛和 1991 年美国号召反对派起义后的冷漠立场，让库尔德人担心推翻萨达姆后自己会再度遭到抛弃。库民党和库爱盟两党领导层就此达成共识，只有得到美国对库尔德人战后安全与政治权利的保证，库尔德人才愿意和美国合作。① 为此，美国既需要维护伊拉克库区的安全局势，也需要建立同库尔德人间的政治互信，保证后者全力配合美国的行动。

2002 年 4 月，马苏德·巴尔扎尼和贾拉勒·塔拉巴尼应邀赴美访问，时任中情局局长乔治·特内特（George Tenet）向二人保证美国推翻复兴党政权的决心，并承诺如果库尔德人遭到萨达姆·侯赛因的报复袭击，美国会提供安全保障。7 月，中情局派出两支特别行动小组分赴土伊边境和苏莱曼尼亚建立行动基地；11 月起，美国特种部队开始陆续抵达伊拉克库区。除向库尔德人提供武器装备和军事训练外，美国还帮助库爱盟建立情报系统“反恐组织”（Counter Terrorism Group），并配合“敢死战士”武装打击 20 世纪末期兴起的库尔德极端伊斯兰主义运动“伊斯兰支持者”（Anṣār al-Islām），② 防止美国的行动受到牵制，同时为美国的“反恐战争”正名。③

但在建立双方互信问题方面，除库尔德人本身的因素外，美国

---

① Kerim Yildiz, *The Kurds in Iraq: The Past, Present and Future*, London: Pluto Press, 2007, p. 103.

② “伊斯兰支持者”组织是伊拉克库尔德地区一个信奉“圣战”萨拉菲主义（Jihadist Salafism）的政治组织。该组织起源于 2001 年 9 月艾布·伯克尔（Abū Bakr）领导的“认主独一团”（Jamāʻat al-Tawḥīd）和艾布·阿卜杜拉·沙斐仪（Abū ʻAbdallah al-Shāfiʻī）领导的“索莱尼力量团”（Jamāʻat Qūwat Sūrān）合并成立的“伊斯兰士兵”组织（Jund al-Islām）。同年 11 月，“伊斯兰士兵”组织与纳吉姆丁·法拉支·艾哈迈德（Najm al-Dīn Farj Aḥmad）领导的“改革团”（Jamāʻat al-Iṣlāḥ）合并成立“伊斯兰支持者”组织，下属作战人士达数千人，致力于在伊拉克库区建立一个小型的伊斯兰国家。“伊斯兰支持者”组织的势力范围主要集中于库区内靠近两伊边境的城镇与村庄，因意识形态差异和势力范围之争，与库爱盟时常爆发武装冲突。

③ Quil Lawrence, *Invisible Nation: How the Kurds' Quest for Statehood is Shaping Iraq and the Middle East*, New York: Walker Publishing Company, 2008, p. 238.

还需要同时考虑土耳其的利益，前者是美国“倒萨”的重要抓手，后者则是美国的北约盟友和北向进入伊拉克的大后方。为打消土耳其的战略疑虑，2002 年 7 月，美国国防部副部长保罗·沃尔夫维兹（Paul Wolfowitz）访问土耳其，承诺伊拉克战争不会带来库尔德人的独立。12 月，沃尔夫维兹再次访问土耳其，承诺美国不会允许库尔德人进入基尔库克和摩苏尔，土耳其从而同意美国使用其南部的军事和空军基地。①

然而，就库尔德人最关心的其战后的政治地位问题，美国难以迅速做出确切的承诺，这与小布什政府内部依旧模糊的伊拉克政策有关。对伊拉克发动战争的决策被确定后，美国国务院与国防部代表的新保守主义势力间既有的分歧随之转移，开始围绕伊拉克的战后政治过渡方案展开，这直接涉及了库尔德人的核心关切。

2002 年 4 月，美国国务院组建多个包含反对派人士在内的工作小组，密集召开会议讨论战后伊拉克的政治安排问题，最终形成了由国务院近东事务局资深官员汤姆·瓦里克（Tom Warric）主持的“伊拉克未来计划”（Future of Iraq Project）。一方面，由于 1996 年伊拉克军队在埃尔比勒对反对派实施的重大打击，以及反对派长期流亡海外与伊拉克国内联系断裂，它们无法为“伊拉克未来计划”提供充足的最新情报或直接经验，来就伊拉克的整体国内局势作出评估，从而制订切实可行的战后安排计划。基于此，美国国务院依旧倾向于推动伊拉克境内自发的政变或革命，即使是由美国发动战争，也应该依靠伊拉克国内反对派，而非组织分化且缺乏国内根基的海外反对派来建立新的政治秩序，因此无论如何，美国都有必要首先与伊拉克的国内反对派建立联系。②

① Mohammad Shareef, *The United States*, *Iraq and the Kurds*: *Shock*, *Awe and Aftermath*, London: Routledge, 2014, p. 158.

② ‘Alī ‘Abd al-Amīr ‘Allāwī, *Iḥtilāl al-‘Irāq*: *Ribḥ al-Ḥarb wa Khasārat al-Salām*, Tarjamat: ‘Aṭā ‘Abd al-Wahhāb, Bayrūt: Al-Mu’assasat al-‘Arabiyyah li al-Dirāsāt wa al-Nashr, 2009, p. 121.

另一方面，以副防长保罗·沃尔夫维兹和负责国防政策的次防长道格拉斯·费思（Douglas Feith）为代表的国防部，则采取完全相反的思路，主张伊拉克战后应该完全切断强人统治和集权的政治传统，由美国来指导伊拉克践行民主政治、自由主义和多元主义，保护人权。这一思路被反对派人士塞利姆·沙拉比（Sālim al-Jalabī）[①]和美国布兰迪斯大学学者凯南·马基亚具化为一份名为《向民主过渡》（*The Transition to Democracy*）的政策报告。受“二战”后盟军驻德国占领当局“去纳粹化”（de-Nazification）成功经验的启发，报告建议对战后伊拉克采取“去复兴党化”（de-Ba‘thification）的政策，全面根除复兴党统治的遗产，因此海外反对派有必要首先建立海外临时政府，接管美国战后交手的政治进程。[②]

2002 年 12 月 14 日，伊拉克民族协会大会在伦敦再次召开，两种战后设计思路展开博弈。《向民主过渡》方案遭到美国国务院和众多反对派人士的否定，库尔德两党也认为应该战后再建立过渡政府。尽管如此，国务院的“伊拉克未来计划”也同样面临政策困境，因为它无法在短期内与伊拉克国内反对派建立联系，使其配合美国的作战计划。最终，大会只确保了海外反对派战后政治参与的权利。在库尔德人的联邦自治诉求问题上，虽然同年秋季美国高层告知库尔德两党，只要发挥作用得当，在民族主义事业上保持沉默，配合美国的行动且不制造麻烦，库尔德人“就可以继续保持目前所拥有的一切”，以表明美国愿意维护伊拉克库尔德人战后的自治地位，[③] 但由于两派思路相持不下，伦敦大会并没有就此做出深入细

---

① 塞利姆·沙拉比是伊拉克国民大会领导人艾哈迈德·沙拉比的侄子。

② ‘Alī ‘Abd al-Amīr ‘Allāwī, *Iḥtilāl al-‘Irāq: Ribḥ al-Ḥarb wa Khasārat al-Salām*, Tarjamat: ‘Aṭā ‘Abd al-Wahhāb, Bayrūt: Al-Mu’assasat al-‘Arabiyyah li al-Dirāsāt wa al-Nashr, 2009, pp. 122 – 123.

③ Mohammad Shareef, *The United States, Iraq and the Kurds: Shock, Awe and Aftermath*, London: Routledge, 2014, p. 157.

致的讨论。[①] 当然，大会也没有推翻纽约大会时其他反对派力量对库尔德人做出的自治承诺。和战后计划本身一样，库尔德人的诉求处于一种悬置未定的状态。大会决定 2003 年 1 月 22 日在伊拉克北部禁飞区内的萨拉赫丁地区再次召开会议。

萨拉赫丁大会被推迟至 2003 年 2 月 25 日才顺利召开。艾哈迈德·沙拉比尝试继续推动建立海外政府，但遭到伊亚德·阿莱维的反对。后者没有亲临大会，而是在同一时段访问土耳其，表明其领导的伊拉克民族和谐组织坚定地抵制海外政府方案，并邀请土耳其政府共同参与到推翻复兴党的作战之中。虽然建立海外政府的方案从设计上来看更能确保库尔德人的自治利益，但库尔德两党领导层担心全力配合美国入侵伊拉克会招致国内阿拉伯反对派的不满，如若计划失败，库尔德人将丧失既有的成果；另外，两党同样担心过度支持艾哈迈德·沙拉比，或会促推土耳其参与作战，派兵进入伊拉克北部，威胁库尔德人的安全。此外，库尔德人为海外反对派讨论政权更迭的会议场地，本身就是冒险的政治举动，而美国拒绝会前直接提供安全保障，而仅愿意在会议遭到伊拉克军队报复的情况下介入。这让库尔德两党进一步怀疑美国许诺其安全保护的诺言，并最终选择放弃对建立海外政府计划的支持。[②] 由此来看，萨拉赫丁大会依旧没有对伊拉克战后计划做出实质性的定论。

为此，接替弗兰克·里奇昂多出任协调官的扎尔梅·哈利勒扎德（Zalmay Khalīlzad）提出“渐进式过渡”（rolling transition）的政策思路，即暂时搁置国内反对派与海外反对派孰轻孰重的问题，战

---

① ‘Alī ‘Abd al-Amīr ‘Allāwī, *Iḥtilāl al-‘Irāq: Ribḥ al-Ḥarb wa Khasārat al-Salām*, Tarjamat: ‘Aṭā ‘Abd al-Wahhāb, Bayrūt: Al-Mu’assasat al-‘Arabiyyah li al-Dirāsāt wa al-Nashr, 2009, p. 126.

② ‘Alī ‘Abd al-Amīr ‘Allāwī, *Iḥtilāl al-‘Irāq: Ribḥ al-Ḥarb wa Khasārat al-Salām*, Tarjamat: ‘Aṭā ‘Abd al-Wahhāb, Bayrūt: Al-Mu’assasat al-‘Arabiyyah li al-Dirāsāt wa al-Nashr, 2009, pp. 126 – 130.

后伊拉克由美军暂为托管，在安全与军事条件成熟的情况下转交给伊拉克的“合法代表们”，以此作为发动战争的必要前提。[①] 但这仍未解决库尔德人关心的战后地位问题。

2003 年 3 月 1 日，土耳其国会在战争前夕拒绝批准美国第 4 步兵师过境土耳其进入伊拉克，该决定打乱了美国原定的北线作战计划。[②] 除前期派入的中情局和特种部队人员外，美国在伊拉克缺乏足够的有生力量，美国国防部随后调整确立美国特种部队和人数近 10 万的库尔德“敢死战士”武装协同作战的北线新计划。伊拉克库区的重要性再次提升。为保证库尔德人的全力配合，3 月 6 日，小布什总统发表声明称：“（战后）伊拉克会提供一个人们可以见证什叶派、逊尼派和库尔德人在一个联邦制下共存的场所。伊拉克将成为积极改变的催化剂。”[③] 库尔德人的自治与联邦制诉求得到了美国最高领导人公开正式的承认。

3 月 20 日，美国开展“伊拉克自由行动”（Operation Iraq Freedom），正式发动伊拉克战争。3 月底，美军在库区北部的哈里里机场（Harir Airfield）投放空降兵第 173 旅 1000 余人。[④] 库尔德武装在战场上迅速推进，4 月中旬前实现了对基尔库克和摩苏尔的控制。4 月 10 日，贾拉勒·塔拉巴尼进入基尔库克市试图发表演讲，被美国方面打断。土耳其担心库尔德人会乘机谋求独立，派兵逼近两国边界，美国国务卿科林·鲍威尔向土耳其施压，并承诺基尔库克和摩

---

① ‘Alī ‘Abd al-Amīr ‘Allāwī, *Iḥtilāl al-‘Irāq: Ribḥ al-Ḥarb wa Khasārat al-Salām*, Tarjamat: ‘Aṭā ‘Abd al-Wahhāb, Bayrūt: Al-Mu’assasat al-‘Arabiyyah li al-Dirāsāt wa al-Nashr, 2009, p. 129.

② Peter Galbraith, *The End of Iraq: How American Incompetence Created a War without End*, New York: Simon and Schuster, 2006, p. 158.

③ Mohammad Shareef, *The United States, Iraq and the Kurds: Shock, Awe and Aftermath*, London: Routledge, 2014, p. 66.

④ Peter Galbraith, *The End of Iraq: How American Incompetence Created a War without End*, New York: Simon and Schuster, 2006, p. 271.

苏尔会回归常态。①

伊拉克的局势发展让土耳其意识到，如果不允许美国军队进入伊拉克北部，美国将不可避免地依靠库尔德人与伊拉克军队作战。土耳其快速调整政策，同意为美国提供军事基地和过境通道，美国派出第10特种部队进入北线战场。米歇尔·戈丹（Michael Gordan）和伯纳德·特雷纳（Bernard Trainor）认为，美国军队进入伊拉克北部具有军事和政治上的双重作用。军事上，美国可以进一步打击伊拉克军队；政治上，美国可以降低对库尔德人的依赖程度，防止后者南扩占领基尔库克与摩苏尔，招致土耳其的介入和阿拉伯人的不满。②

4月9日，复兴党政权被正式推翻；4月15日，美军宣布在伊拉克的主要军事行动已经结束。伊拉克战争不仅改变了伊拉克的历史进程，更是该国库尔德问题演变的重大转折点。自此，伊拉克库尔德人已不再是复兴党政府口中的“破坏分子”，而开始和阿拉伯人平起平坐地参与到伊拉克战后的政治安排之中，开启其长期以来追求的合法的民族自治进程。

小　结

“安法尔行动”之后，伊拉克库尔德运动与复兴党政权在库区面临着“双输”的局面。由于二者在资源占有与活动空间上高度的不对称性，库尔德民众为改善生存处境采取政治实用主义，接受中央政府陆续发布的大赦令，回归“爱国队伍”。但这并非意味着他们对复兴党政权真心实意的认同。1991年海湾战争爆发与老布什总统的

① Michael Gordan and Bernard Trainor, *Cobra Ⅱ: The Inside Story of the Invasion and Occupation of Iraq*, London: Atlantic Books, 2007, pp. 514 – 515.

② Michael Gordan and Bernard Trainor, *Cobra Ⅱ: The Inside Story of the Invasion and Occupation of Iraq*, London: Atlantic Books, 2007, pp. 386 – 387.

号召，让库尔德人大规模发动起义，反对复兴党政权的统治，并在联合国设立的北部禁飞区的庇护下，最终迈向了事实上的民族自治。但从本质上来看，这是美国对伊拉克政策带来的附属结果，而非国际社会对库尔德人政治诉求的认同和承诺。禁飞区作为美国政府遏制伊拉克的政策组成，一方面为伊拉克反对派提供庇护场地，另一方面充当联系复兴党政权内部萨达姆·侯赛因的反对者、推动军事政变的策源地。因此，允许库尔德人自治只是维护库区稳定、实现美国政策目标的途径，而非政策目的本身。

当然，库尔德人的自治也是“安法尔行动”后库尔德民族主义变化的重要结果。集体性无差别的惩罚措施激化了库尔德人从底层至精英对同一民族概念的共同想象，库民党与库爱盟冰释前嫌组建库尔德斯坦阵线，领导起义，亲中央政府的库尔德人也参与其中，并且在伊拉克军队的重压与胁迫之下，依旧选择坚持抵抗，最终引发国际社会同情，促成北部禁飞区和库区自治政府的成立。需要指出的是，这种变化实际上是对“安法尔行动”反应的产物，具有其内在的脆弱性，库尔德民族主义既有的问题并未得到解决，而只是在共同的外部威胁面前被暂时地掩盖了。随着库区局势渐稳和国际与国内双重经济制裁下资源分配不足，两党平等分权的共治模式难以为继，最终于 1994 年爆发内战。

库尔德内战引发的库区局势动荡，打乱克林顿政府遏制伊拉克的战略。在共和党与新保守主义政治力量的压力下，美国于 1998 年通过《解放伊拉克法案》，将政权更迭作为对伊拉克的一个政策选项，伊拉克库区的重要性随之被进一步提升。为重塑库区的稳定性，美国强力促成库尔德两党达成《华盛顿协议》下的政治和解。但克林顿政府依旧对政权更迭政策有所保留，并担心伊拉克库尔德人的强大会损害盟友土耳其的利益与中东地区的局势稳定，因此一直没有给予库尔德人安全保护与战后合法自治的正式承诺。2001 年小布什政府主政与“9·11”恐袭事件的爆发，让伊拉克成为“反恐战争”打击的主要目标，政权更迭正式进入美国对伊拉克的政策议程。

在经历一系列战前局势的变动与反复后，美国最终同意库尔德人的安全与自治诉求，换来后者的作战配合。2003 年 3 月，美国发动伊拉克战争推翻复兴党政权，伊拉克库尔德人正式开启了其民族合法自治新的历史进程。由此，伊拉克库尔德问题进入一个全新的历史阶段。

结　　论

1958—2003 年，伊拉克库尔德问题经历了重大且深刻的变化。以核心标志性事件与时间节点为依据，本书将这一历史阶段细分为四个时期来考察，分别是：（1）伊拉克库尔德问题的塑型与发展期（1958—1968）；（2）伊拉克库尔德问题的高潮期（1968—1975）；（3）伊拉克库尔德问题的低潮与转折期（1975—1990）；（4）伊拉克库尔德问题的定型期（1990—2003）。通过历史性的梳理与分析，本书得出以下研究结论。

第一，库尔德问题是该阶段伊拉克政局不稳定性的主要来源之一，伊拉克中央政府在该问题上的政策选择在很大程度上反向塑造了这一结果。

伊拉克哈希姆王朝（1921—1958）被推翻前，伊拉克库尔德问题主要呈现为库尔德部落叛乱的形式，这是由库尔德部落社会的性质决定的。虽然 1946 年伊拉克库民党的成立象征着库尔德城市知识分子与农村部落势力的联合，使库尔德叛乱开始有了政党化的运动框架与左翼意识形态的行动纲领，但同年毛拉穆斯塔法·巴尔扎尼流亡苏联，让左翼派系主导下的该党难以发挥实质性的作用。伊拉克中央政府采取利益收买和分而治之的实用主义政策，将库尔德问题置于可控的范围内。需要注意的是，这的确限制了库尔德人形成合力来对抗伊拉克国家的潜力，但也人为地塑造乃至固化了库尔德人的某些社会与文化特征，使其成为库尔德问题后期得以发酵的基本要素。

1958 年“七月革命”推翻君主制、确立共和制后，尽管伊拉克历任政权都在宪法中承认库尔德人的民族自治权利，但在本质上并未摆脱革命前君主制政府的实用主义思路与工具化政策。随着毛拉穆斯塔法的回国带来库民党力量的上升与库尔德运动的兴起，原有的权力格局难以为继，库尔德运动与中央政府间的冲突被进一步加剧，双方丧失互信，库尔德问题逐渐向长期化、复杂化与暴力化的特征发展。而复兴党政权 1987—1988 年“安法尔行动”无差别的集体性惩罚政策，彻底将亲政府或中立的库尔德民众推向自己的对立面，激化了他们对“库尔德民族”的共同想象，库尔德民族主义开始贯通政治精英与社会底层，库尔德问题也由此进一步向具有独立倾向的族裔化特征演变。在 1991 年库尔德禁飞区确立后，这种变化还在制度层面得到确立，持续挑战着伊拉克的中央权威和政治稳定性。

除自身制造的不确定性外，库尔德问题还同时与其他三个挑战伊拉克中央政府权威的政治因素相联动，加剧着伊拉克政局的不稳定性。这三个因素分别为：（1）伊拉克共产党；（2）军事政变；（3）逐渐兴起的什叶派现代伊斯兰主义运动。① 首先，毛拉穆斯塔法流亡期间的库民党由以哈姆宰·阿卜杜拉为首的左翼派系主导，深受共产主义思潮的影响，与伊拉克共产党紧密联系并合作，库区也是伊拉克共产党长期寻求庇护的安全区，两个因素叠加对伊拉克中央政府形成挑战。直到 20 世纪 70 年代中后期，因 1975 年库尔德起义“大溃败”、复兴党政权的严厉打压和伊苏关系的弱化，伊拉克共产党势力衰退，二者的叠加效应才逐渐下降。其次，在复兴党政权于 20 世纪 70 年代初实现“党控军”权力结构以前，库尔德问题的悬而未决曾一度激化着伊拉克政权内部的军政冲突。文官队伍和军队在该问题上的拉锯与争夺，造成多任政权的严重内耗，动摇其

① Sherko Kirmanj, *Identity and Nation in Iraq*, Boulder: Lynne Rienner Publishers, 2013, p. 162.

团结性与执政根基。虽然此后库尔德问题不再构成引发军政冲突的分歧，但1991年设立的库尔德禁飞区曾是反对派联系复兴党内部发动军事政变的策源地，不过该进程也因1994—1998年的库尔德内战而中止。最后，同为“破坏分子”的库尔德运动与什叶派现代伊斯兰主义运动，虽然在意识形态与政治诉求上有着本质的差异，且直至两伊战争末期二者才开启较为正式的合作，但1991年库尔德禁飞区的设立，为什叶派伊斯兰主义政治力量提供了有效的安全庇护与活动场所，进而壮大了伊拉克海外反对派的总体力量，推动了美国更迭复兴党政权的政治议程。

有必要指出的是，或是迫于1958年后伊拉克政权频繁更替的形势变动和泛阿拉伯民族主义风靡阿拉伯政坛的局面，伊拉克中央政府缺乏足够的动力或空间来为库尔德问题在意识形态和政治制度安排层面提供合理的解决方案，从而采取了短视的实用主义政策，以满足拱卫新生政权的迫切需求。在复兴党二次执政后确立《三月声明》至1974年第二次伊拉克库尔德战争爆发期间，这一点表现得尤为明显。更重要的是，伊拉克中央政府长期将库尔德问题的存在归因于外部势力的阴谋与干涉，以此掩盖该问题得以向外扩展的国内根源。当然，除国内政策的作用外，库尔德问题的加剧同时还与伊拉克的外交政策密切相关，这也直接促成了外部势力对伊拉克库尔德问题的利用。

第二，在地区局势与伊拉克外交政策的催化下，库尔德问题的悬而未决及其在伊拉克政局中的重要性，使其成为地区和域外大国实现战略诉求所竞相利用的重要资源与抓手，加剧着伊拉克的库尔德问题。

伊拉克1958年“七月革命”时，中东地区正处于泛阿拉伯民族主义情绪高涨和美苏冷战交织的总体环境之中。虽然伊拉克坚定地脱离亲美阵营，但由于在泛阿拉伯统一问题上与埃及和叙利亚存有分歧，伊拉克在是否加入两国主导的亲苏阵营问题上立场有所保留，加之受1958—1968年局势频繁变动的影响，伊拉克的外交政策和地区立场选择缺乏连贯性。这赋予了各利益攸关方争夺伊拉克的基本空间。在1961年第一次伊拉克库尔德战争爆发后，毛拉穆斯塔法领导的库尔德运动开始成为各方竞相试图施加影响的目标。在该时期的伊拉克库尔德问题中，可以相继看到苏联、美国、以色列、伊朗、埃及和叙利亚在不同层面与程度上的身影。但由于伊拉克整体局势走向的模糊性与不确定性，各方对库尔德问题的投入较为有限。

随着1968年复兴党二次执政后伊拉克的国内局势渐稳和1967年第三次中东战争阿拉伯方溃败后埃及与苏联关系疏远，伊拉克逐步取代埃及成为中东亲苏反美阵营的核心国家，因此被美国及其地区盟友视为地区威胁和反苏所需击溃的首要目标。美国、伊朗和以色列利用库尔德人与伊拉克中央政府在《三月声明》上的分歧，对库尔德运动提供秘密支持，间接导致了1974—1975年第二次伊拉克库尔德战争的爆发。但随着1975年两伊签署《阿尔及尔协议》和20世纪70年代后半叶开始苏联在中东实力逐步式微，伊拉克在两个阵营间采取平衡的外交政策，库尔德问题对各方的利用价值减弱，库尔德运动随之遭到美国和伊朗的抛弃以及伊拉克军队的强力打压，库尔德问题在国内外两个层面均处于颓势。

1975年库尔德“大溃败”后，虽然冷战机制对伊拉克库尔德问题的诱发性作用下降，但1979年萨达姆·侯赛因上台后伊拉克逐步走向以其个人为核心的独裁统治之下，在应对同年爆发的伊朗伊斯兰革命时，萨达姆在外交决策上出现重大失误，于1980年发动对伊朗的军事入侵，导致两国间爆发了一场持续8年之久的战争。库尔德运动在战争中重新获得活动空间，受到伊朗与叙利亚的军事和资金支持，共同反对伊拉克复兴党政权。然而，随着两伊战争进入末期，库尔德人再度经历被抛弃的命运，在外部支持力度弱化的情况下，遭到伊拉克军队“安法尔行动”的致命性惩罚，库尔德运动重新陷入溃败的局面。

但是，两伊战争给伊拉克经济与社会带来的沉重负担，最终转化为萨达姆·侯赛因入侵科威特的冒险主义外交政策，导致伊拉克被地区和国际社会所孤立，并被美国视为重大安全威胁及对其冷战后单极霸权地位的首个挑战者。在此背景下，美国通过联合国在伊拉克北部设立库尔德禁飞区，以此作为遏制伊拉克的方式之一，库尔德问题再次进入大国政策的考量之中，库尔德人也由此实现事实上的自治。随着1991年冷战结束后美国在中东地区谋求单极霸权，以及20世纪90年代后期新保守主义势力在美国政局中地位逐渐上升，推翻复兴党政权成为美国对伊拉克政策的选项，库尔德问题进一步得到美国政府的重视。在2001年“9·11”恐袭事件的激化下，美国为推翻复兴党政权，在保持工具化政策基础的同时，对库尔德问题做出实质性的立场转变，库尔德人因此在2003年伊拉克战争后获得了合法的自治地位。当然需要指出的是，地区或域外大国对库尔德问题的政策，自始至终没有脱离伊拉克国家的框架。由此来看，萨达姆·侯赛因统治下接连出现的伊拉克外交决策失误，直接导致外部对本国库尔德问题的利用，从而间接造成该问题本身的进一步恶化，使其持续对伊拉克的政局稳定性构成威胁。

第三，该时期伊拉克库尔德问题的发展表明，从单一国别入手应是探析中东库尔德问题的基本前提和优先选项。

基于库尔德人作为一个民族和库尔德斯坦作为一个自然、历史与文化心理概念的基本现实，既有研究多关注库尔德人整体的“族群特性”（ethnicity），或将其当作国际关系研究中的一个行为体（actor）或要素（factor）来进行考察，强调其作为跨界民族带来的溢出效应和在地区和国际层面发挥的影响。但是，从历史演变的进程来看，自“一战”后库尔德人被划入四个不同的民族国家开始，受各自所在国国情差异的结构性影响，库尔德问题的内涵也从诞生之初宽泛的“无国民族”属性，被逐步内化至四国现代国家的框架之下，发展出内政问题的属性，并依国别衍生出四种不同的演变路径。

横向比较来看，现代土耳其成立后长期采取高度排他性与安全化的土耳其民族主义政策，严厉打压库尔德人及其民族身份的发展。以土耳其民族主义思想家齐亚·格卡尔普（Ziya Gökalp）的学说为代表，将库尔德人定性为“山地土耳其人”，库尔德语被归类为一种从土耳其语变化而来的“方言”。一方面，这使得库尔德民族主义的意识形态发展缓慢并且在土耳其库尔德大众层面难以获得广泛支持；另一方面，也引起少部分土耳其库尔德民族主义政治精英的意识形态反弹，发展出以库尔德工人党为代表的左翼激进的泛库尔德民族主义运动。在伊朗，库尔德人虽然也在一定程度上面临激进的大雅利安民族主义叙事与政策，但鉴于库尔德人将其族源追溯于同为古代雅利安民族的米底人，加之伊朗长期以来维护多民族国家的历史传统以及1979年伊斯兰革命后对伊斯兰共同信仰纽带而非民族身份的强调，库尔德人对伊朗国家民族叙事与政策反弹的剧烈程度较为有限。在叙利亚，库尔德人的情况与伊拉克类似，独立后的叙利亚同样持激进的泛阿拉伯民族主义意识形态，否定库尔德人的存在，把他们界定为“外国人”①。但叙利亚库尔德人有限的人口体量和影响力，使得该国的库尔德问题往往以示威游行等公开和平的形式来展开，而没有采取和另外三国库尔德运动一样的武装斗争策略，并且这些行动在组织架构上都高度依附于伊拉克和土耳其的库尔德运动。直至2011年叙利亚危机爆发和2014年极端组织“伊斯兰国”的兴起，叙利亚的库尔德问题才在美国反恐政策的催化下发挥出显著作用，叙利亚库尔德人的主体性由此得到凸显，当然该过程同样与伊拉克和土耳其两国的库尔德问题高度相关。

而在伊拉克的案例中，正是得益于其现代国家特殊的生成形式，伊拉克的库尔德人享有较大的活动空间，这一方面让具有主导力的库尔德部落很容易为眼前的利益所妥协，限制其对民族主义的追求；另一方面，这也使左翼化的新一代库尔德城市精英得以缓慢但持续

① Jordi Tejel, *Syria's Kurds: History, Politics and Society*, London: Routledge, 2009, p. 51.

成长，为伊拉克库尔德民族主义的发展注入新的活力。但各自的历史局限性，导致以库民党与库爱盟为代表的两股力量间形成长期复杂的竞合关系，库尔德人无法团结协作一致追求共同的民族利益。更重要的是，在社会层面，20 世纪 70 年代后伊拉克国家丰厚的石油财富政策，让民族主义意识淡薄的库尔德民众并不愿意向精英化的民族主义运动提供实际的支持。经过长期与伊拉克中央政府及国际社会的互动实践后，在伊拉克的框架内寻求民族自治逐渐成为库尔德精英政治成熟的表现，而伊拉克国家观念也在很大程度上被库尔德民众所接受。从这个意义上看，伊拉克国家框架既是库尔德民族主义发展所倚赖的资源，同样也是其追求所谓泛库尔德民族统一或独立的结构性负担。

由此可见，库尔德人所在四国不同的国情与政策，对各自库尔德问题的发展带来了独特深远的结构性影响，四国的库尔德运动或库尔德人的政治行为选择也首先依据各自所在国的现实需求而决定，进而才能对更为宽泛的库尔德民族主义事业整体做出观照，这也导致了库尔德人内部的路线分歧和派系斗争，突出地表现为以伊拉克库区政府和土耳其库工党为代表的两种模式之争。因此，只有首先从国别入手对各国的库尔德问题进行单一案例的考察，才能深刻明晰各国库尔德问题的差异与共性，进而提炼出中东库尔德问题发展的总体趋势和特点，探究作为整体的“库尔德民族”在地区甚至国际层面上发挥的作用。这是伊拉克库尔德问题由内及外发挥作用的历史演变为相关研究带来的重要启示。

总的来看，1958—2003 年伊拉克的历史发展，塑造了伊拉克库尔德问题长期化、复杂化、国际化和族裔化的基本特征，这成为 2003 年战后伊拉克库尔德问题在国内与国际两个层面持续演化的基础。通过对该阶段伊拉克库尔德问题历史演变过程的研究可知，2003 年后伊拉克库尔德人持续上升的民族意识和独立倾向的出现，并非为一个不可避免的结果，它本质上是伊拉克国家能力的失效和随之带来的畸形的伊拉克现代民族国家建构进程及其引发的外部危机叠加导致的结果。从性质上看，这符合迈克尔·赫克托（Michael Hechter）关于民族主义的经典论断，即当多民族国家政府建构国家民族主义的尝试失败时，国家边界之内可能产生拒绝被同化或整合的“外围民族主义”（peripheral nationalism）。① 但需要指出的是，基于长期以来伊拉克国家结构对库尔德问题的深刻影响，以及地区与国际环境的根本性限制，伊拉克库尔德问题的解决并非没有转圜的空间。因此，1958—2003 年伊拉克在处理库尔德问题上的实践经验与历史教训表明，如何培育强大稳定的国家能力，建构对多教派—族群社会特征具有包容性的国家话语与制度安排，是伊拉克有效解决其国家认同困境和库尔德问题的关键。同时，在激烈的大国博弈和中东地缘战略竞争中，伊拉克还应找到外交利益平衡点、保持战略审慎，避免作为本国内政事务的库尔德问题被外部利用，演化为地区或国际性问题。

此外，考察该阶段伊拉克库尔德问题的演变，对学界连贯准确地思考与把握2003 年复兴党政权倒台后伊拉克库尔德问题的发展和伊拉克按教派—族群划线的政治局势演变，也有着重要的意义。由于美国在伊拉克战争中与战后制度设计过程中的主导性作用，既有研究多强调美国政策的外部作用，而普遍忽视了 2003 年后伊拉克政治发展的教派化与族群化特征，同样也是伊拉克中央政府（以复兴党政权为主）长期以来政策失衡导致的结果，这在伊拉克的库尔德问题上表现得尤为明显。从这个意义上看，伊拉克时至今日都没有摆脱复兴党政权和萨达姆·侯赛因的政策遗产。在此基础上，本书还在学理发展层面有启示意义。伊拉克库尔德问题悬而未决所反映出来的实质，是有着多教派与族群社会构成的中东现代民族国家该如何实现政治秩序和政治合法性的问题。因此，可将研究成熟的伊拉克库尔德问题案例与地区其他相关国家和社会（如黎巴嫩

① 相关细节参见 Michael Hechter，*Containing Nationalism*，New York：Oxford University Press，2004，pp. 70 – 83。

与叙利亚）的类似案例进行比较，建构符合中东地区国家特色与国情的比较政治学，为设计与地区国家历史发展规律相匹配的政治体制和治理体系提供扎实的案例支持。这是本书对学界进一步思考伊拉克政治、中东库尔德问题本身、中东多元社会的族群治理和民族国家建构所能提供的启示，以及为拓展相关实证和学理性研究打下的必要基础。

参考文献

一　档案文献

《美国外交关系文件集》（*Foreign Relations of the United States, FRUS*）。

《萨达姆·侯赛因录音档案：美国国防大学冲突记录研究中心档案》（*Saddam Tapes：Conflict Records Research Center*）。

《伊拉克阿拉伯复兴社会党档案》（*Ḥizb al-Ba'th al-'Arabī al-Ishtirākī in Iraq Archives*）。

《复兴党地区指挥部档案集》（*Ba'th Regional Command Collection*）。

《伊拉克北部数据集》（*North Iraq Dataset*）。

二　学术研究文献

（一）中文文献

冯燚：《伊拉克现代民族国家建构研究》，博士学位论文，西北大学，2017 年。

郭长刚、杜东辉：《英国的库尔德斯坦政策探析（1915—1922）》，《上海大学学报》（社会科学版）2018 年第 5 期。

哈冠群：《尼克松政府对伊拉克库尔德人的政策初探》，《安徽史学》2018 年第 5 期。

韩志斌：《伊拉克复兴党民族主义理论与实践研究》，中国社会科学出版社 2011 年版。

靳风：《美国外交文件集：FRUS》，《当代美国评论》2017 年第

2 期。
李秉忠、梁钦：《库尔德人独立建国问题的突破及其有限性》，《现代国际关系》2017 年第 11 期。
李秉忠：《土耳其民族国家建设和库尔德问题的演进》，社会科学文献出版社 2017 年版。
李海鹏：《从德鲁兹派政治参与解读黎巴嫩的教派分权体制》，《西亚非洲》2017 年第 2 期。
李海鹏：《教派主义与叙利亚危机教派化机制浅析》，《阿拉伯世界研究》2021 年第 1 期。
李睿恒：《美国对伊拉克库尔德问题政策的演变》，《美国研究》2018 年第 5 期。
李睿恒：《伊拉克库尔德地区两党政治格局的演化》，《阿拉伯世界研究》2018 年第 6 期。
廉超群：《阿拉伯（语）化与阿语世界的“边缘性”》，《北大中东研究》2015 年第 1 期。
梁娟娟：《一个正在遭受 ISIS“屠杀”的宗教——雅兹迪教初探》，《世界宗教文化》2015 年第 1 期。
刘辉：《1921—1979 年苏联与伊拉克、库尔德关系探析》，《哈尔滨工业大学学报》（社会科学版）2005 年第 2 期。
刘云：《美国与土耳其在伊拉克库尔德问题上的分歧与矛盾》，《河西学院学报》2007 年第 1 期。
敏敬：《库尔德人与伊斯兰教》，《中国穆斯林》2010 年第 6 期。
敏敬：《中东库尔德问题研究》，中央编译出版社 2015 年版。
穆春唤：《美国对中东库尔德武装组织政策研究》，博士学位论文，上海外国语大学，2020 年。
唐志超：《政治游说与社会公关：库尔德移民对欧盟库尔德政策制定的影响》，《西亚非洲》2019 年第 3 期。
唐志超：《中东库尔德民族问题透视》，社会科学文献出版社 2013 年版。

汪波、历晶晶：《“外围战略”视域下的以色列库尔德政策》，《阿拉伯世界研究》2020 年第 2 期。

汪波：《中东库尔德问题研究》，时事出版社 2014 年版。

王琼：《伊拉克库尔德人难以独立的国际法检视》，《西亚非洲》2016 年第 4 期。

王伟、张伦阳：《伊拉克库尔德人的民族认同：根源、发展路径及原因探析》，《西南民族大学学报》（人文社会科学版）2019 年第 5 期。

吴冰冰：《从中国与海湾八国关系的发展看“中阿合作论坛”》，《阿拉伯世界研究》2011 年第 1 期。

吴冰冰：《俄罗斯（苏联）中东政策的演变》，《中国国际战略评论》，2014 年（总第 7 期）。

吴冰冰：《什叶派现代伊斯兰主义的兴起》，中国社会科学出版社 2004 年版。

吴冰冰：《中东伊斯兰教派矛盾的新变化》，《西亚非洲》2012 年第 5 期。

肖文超、李佳欣：《伊拉克库尔德政党》，《国际研究参考》2019 年第 12 期。

肖文超：《一战后初期大英帝国对伊拉克库尔德人政策的衍变》，《史学集刊》2018 年第 4 期。

肖文超：《伊拉克库尔德伊斯兰运动的发展演变及其影响》，《西亚非洲》2019 年第 6 期。

杨玉龙：《现代中东库尔德政党研究：起源、嬗变和现实》，博士学位论文，西北大学，2019 年。

张超：《伊拉克库尔德问题的演变及其对伊准联邦国家构建的影响》，《兰州大学学报》（社会科学版）2018 年第 1 期。

赵建明：《伊拉克库尔德对美的游说与各方在独立公投上的多重博弈》，《美国研究》2019 年第 4 期。

赵伟明：《中东问题与美国中东政策》，时事出版社 2006 年版。

周伟洲、丁景泰主编：《丝绸之路大辞典》，陕西人民出版社 2006 年版。

周鑫宇：《美国对库尔德独立问题的政策及其发展前景》，《现代国际关系》2017 年第 10 期。

朱泉钢：《阿拉伯国家军政关系研究：以埃及、伊拉克、也门、黎巴嫩等共和制国家为例》，社会科学文献出版社 2020 年版。

[俄] 阿列克谢·瓦西里耶夫：《俄罗斯的中东政策：从列宁到普京》，唐志超等译，社会科学文献出版社 2021 年版。

[俄] 叶·普里马科夫：《揭秘中东的台前与幕后（20 世纪后半叶—21 世纪初）》，李成滋译，中国对外翻译出版有限公司 2014 年版。

[美] 菲利普·希提：《阿拉伯通史》，马坚译，新世界出版社 2015 年版。

[美] 亨利·基辛格：《白宫岁月：基辛格回忆录》，范益世、殷汶祖译，上海译文出版社 2016 年版。

[美] 塔比特·A. J. 阿卜杜拉：《伊拉克史》，张旭鹏译，中国出版集团 2013 年版。

[英] 安东尼·史密斯：《民族主义：理论、意识形态、历史》，叶江译，上海人民出版社 2006 年版。

[英] 尤金·罗根：《征服与革命中的阿拉伯人：1516 年至今》，廉超群、李海鹏译，浙江人民出版社 2019 年版。

（二）阿拉伯文文献

Aḥmad Tāj al-Dīn, *Al-Akrād*: *Tārīkh Sha'b wa Qaḍiyyat Waṭan*, Al-Qāhirah: Al-Dār al-Thaqāfiyyah li al-Nashr, 2001.

Aḥmad al-Zubaydī, *Al-Binā' al-Ma'nawī li al-Qūwāt al-Musallaḥat al-'Irāqiyyah*, Bayrūt: Dār al-Rawḍah, 1990.

Aḥmad Maḥmūd al-Khalīl, *Tārīkh al-Kurd fī al-'Uhūd al-Islāmiyyah*, Bayrūt: Dār al-Sāqī, 2013.

Idmūn Gharīb, *Al-Ḥarakat al-Qawmiyyat al-Kurdiyyah*, Bayrūt: Dār al-Nahār li al-Nashr, 1973.

Jāsim Yūnus al-Ḥarīrī, "Al-Dawr al-Khalījī fī al-Milaff al-Kurdī fī al-'Irāq ba'da 2003," *Majallat al-Mustaqbal al-'Arabī*, Vol. 1, No. 465, 2017.

Jalāl Ṭālabānī, *Kurdistān wa al-Ḥarakat al-Qawmiyyat al-Kurdiyyah*, Bayrūt: Dār al-Ṭalī'ah, 1971.

Ḥāmid Maḥmūd 'Īsā, *Al-Qaḍiyyat al-Kurdiyyah fī al-'Irāq: Min al-Iḥtilāl al-Biriṭānī ilā al-Ghazw al-Amrīkī (1914 - 2004)*, Al-Qāhirah: Maktabat Madbūlī, 2005.

Ḥasan Laṭīf al-Zubaydī, *Mawsū'at al-Aḥzāb al-'Irāqiyyah*, Bayrūt: Mu'assasat al-'Ārif li al-Maṭbū'āt, 2007.

Rashīd al-Khayyūn, *100 'Ām min al-Islām al-Siyāsī bi al-'Irāq: Al-Sunnah*, Dubayy: Markaz al-Misbār li al-Dirāsāt wa al-Buḥūth, 2011.

Sa'd al-Bazzāz, *Al-Akrād fī al-Mas'alat al-'Irāqiyyah: Aḥādīth wa Ḥiwārāt*, 'Ammān: al-Ahliyyah li al-Nashr wa al-Tawzī', 1996.

Sa'd Bashīr Iskandar, *Qiyām al-Niẓām al-Imārātī fī Kurdistān wa Suqūṭuh: Mā bayna Muntaṣaf al-Qarn al-'Āshir wa Muntaṣaf al-Qarn al-Tāsi' 'Ashar*, Baghdād: Dār al-Shu'ūn al-Thaqāfiyyat al-'Āmmah, 2005.

Sa'd Nājī Jawād, *Al-'Irāq wa al-Mas'alat al-Kurdiyyah*, Landan: Dār al-Lām, 1990.

Sa'd Nājī Jawād, "Al-Qaḍiyyat al-Kurdiyyah," in *Barnāmaj li Mustaqbal al-'Irāq ba'da Inhā' al-Iḥtilāl*, Bayrūt: Markaz Dirāsāt al-Waḥdat al-'Arabiyyah, 2007.

Samar Faḍlā 'Abd al-Ḥamīd Muḥammad, *Akrād al-'Irāq taḥta Ḥukm 'Abd al-Karīm Qāsim (1958 - 1963)*, Risālat al-Mājistīr min Jāmi'at al-Zaqāzīq.

Shlūmū Nakdīmūn, *Mūsād fī al-'Irāq wa Duwal al-Jiwār: Inhiyār al-Āmāl al-Isrā'īliyyah wa al-Kurdiyyah*, Tarjamat: Badr 'Aqīlī, 'Ammān: Dār al-Jalīl li al-Nashr wa al-Dirāsāt wa al-Abḥāth al-Filasṭīniyyah, 1997.

Ṣalāḥ al- Khurasān, *Al-Tayyārāt al-Siyāsiyyah fī Kurdistān al-'Irāq: Qirā'ah fī Milaffāt al-Ḥarakāt wa al-Aḥzāb al-Kurdiyyah fī al-'Irāq (1946 – 2001)*, Bayrūt: Mu'assasat al-Balāgh li al-Ṭibā'ah wa al-Nashr wa al-Tawzī', 2001.

'Abd al-Jalīl Ṣāliḥ Mūsā, *Jamāl 'Abd al-Nāṣir wa al-Qaḍiyyat al-Kurdiyyah fī al-'Irāq: 1952 – 1970*, Duhūk: Maṭba'at Muḥāfaẓat Duhūk, 2013.

'Abd al-Fattāḥ 'Alī al-Būtānī, *Al-'Irāq: Dirāsah fī al-Taṭawwurāt al-Siyāsiyyat al-Dākhiliyyah bayna* 14 *Tammūz 1958 – 8 Shubāṭ 1963*, Dimashq: Dār al-Zamān li al-Ṭibā'ah wa al-Nashr wa al-Tawzī', 2008.

'Alī 'Abd al-Amīr 'Allāwī, *Iḥtilāl al-'Irāq: Ribḥ al-Ḥarb wa Khasārat al-Salām*, Tarjamat: 'Aṭā 'Abd al-Wahhāb, Bayrūt: Al-Mu'assasat al-'Arabiyyah li al-Dirāsāt wa al-Nashr, 2009.

'Ammār 'Alī al-Samr, *Shamāl al-'Irāq (1958 – 1975): Dirāsat Siyāsiyyah*, Dawḥat: Al-Markaz al-'Arabī li al-Abḥāth wa Dirāsāt al-Siyāsāh, 2012.

Ghafūr Makhmūrī, *Ta'rīb Kurdistān: Al-Ta'rīb-al-Makhāṭir-al-Muwājahah*, Tarjamat: 'Abdallah Qarkay, Arbīl: Maṭba'at Tārān, 2020.

Al-Lajnat al-Taḥḍīriyyah li al-Ḥizb al-Dīmuqrāṭī al-Kurdistānī, *Taqyīm Masīrat al-Thawrat al-Kurdiyyah wa Inhiyāriḥā wa al-Durūs wa al-'Ibar al-Mustakhlaṣah minhā*, Awā'il Kānūn al-Thānī, 1977.

Kāwis Qafṭān, *Al-Ḥarakat al-Qawmiyyat al-Taḥarruriyyat al-Kurdiyyah fī Kurdistān al-'Irāq: 1958 – 1964*, Al-Mudīriyyat al-'Āmmah li al-Ṭibā'ah wa al-Nashr li Wizārat al-Thaqāfah li Ḥukūmat Iqlīm Kūrdistān, 2004.

Al-Hay'at al-Mu'assasah li al-Ittiḥād al-Waṭanī al-Kurdistānī, *Al-Bayān al-Awwal li al-Ittiḥād al-Waṭanī al-Kurdistānī*, 1 Yūniyū, 1975.

Majmū'ah al-Bāḥithīn, *Barnāmaj li-Mustaqbal al-'Irāq ba'da Inhā' al-Iḥtilāl*, Bayrūt: Markaz Dirāsāt al-Waḥdah al-'Arabiyyah, 2007.

Muḥammad Amīn Zakī, *Khulāṣat Tārīkh al-Kurd wa Kurdistān: Min Aqdam al-'Uṣūr al-Tārīkhiyyah ḥattā al-Āna*, Naqalahu ilā al-'Arabiyyah Muḥammad 'Alī 'Awnī, Baghdād: Dār al-Shu'ūn al-Thaqāfiyyat al-'Āmmah, 2005.

Muḥammad Jādūr, *Mu'assasat al-Makhzan fī Tārīkh al-Maghrib*, Al-Dār al-Bayḍā': Mu'assasat 'Abd al-'Azīz, 2009.

Muḥammad Suhayl Ṭaqqūsh, *Tārīkh al-Akrād (637 – 2015)*, Bayrūt: Dār al-Nafā'is li al-Ṭibā'ah wa al-Nashr wa al-Tawzī', 2015.

Muḥammad 'Ābid al-Jābirī, *Al-'Aql al-Siyāsī al-'Arabī: Muḥaddātuh wa Tajalliyyātuh*, Al-Markaz al-Thaqāfī al-'Arabī, Al-Dār al-Bayḍā': Dār al-Nashr al-Maghribiyyah, 1990.

Muḥammad 'Alī al-Ṣuwayrikī, *Tārīkh al-Akrād fī Bilād al-Shām wa Miṣr*, 'Ammān: Maṭba'at al-Safīr, 2010.

Maḥmūd al-Durrah, *Al-Qaḍiyyat al-Kurdiyyah wa al-Qawmiyyat al-'Arabiyyah*, Bayrūt: Dār al-Ṭalī'ah, 1963.

Mas'ūd al-Bārzānī, *Al-Bārzānī wa al-Ḥarakat al-Taḥarruriyyat al-Kurdiyyah*, Bayrūt: Kāwā li al-Thaqāfat al-Kurdiyyah, 1997.

Mundhir al-Mūṣilī, *Al-Qaḍiyyat al-Kurdiyyah fī al-'Irāq: Al-Ba'th wa al-Akrād*, Dimashq: Dār al-Mukhtār, 2000.

Mūsā Makhūl, *Al-Akrād: Min al-'Ashīrah 'ilā al-Dawlah*, Bayrūt: Bīsān li al-Nashr wa al-Tawzī' wa al-I'lām, 2013.

Mīshīl 'Aflaq, *Fī Sabīl al-Ba'th*, Baghdād: Ḥizb al-Ba'th, 1987.

Nūrī Ṭālabānī, *Minṭaqat Kirkūk wa Muḥāwalāt Taghyīr Wāqi'ihā al-Qawmī*, Landan: Al-Munaẓẓamat al-'Āmmah li Maktabat al-Iskandariyyah, 1999.

Wafīq al-Sāmarrā'ī, *Ḥuṭām al-Bawwābat al-Sharqiyyah*, Al-Kuwayt: Dār al-Qabas li al-Ṣiḥāfah wa al-Nashr, 1997.

Yūsuf al-Ṣawānī, *Al-Qawmiyyat al-'Arabiyyah wa al-Waḥdah fī al-Fikr al-Siyāsī al-'Arabī*, Bayrūt: Markaz Dirāsāt al-Waḥdat al-'Arabiyyah,

2003.

（三）英文文献

Aburish, Said K., *Saddam Hussein: The Politics of Revenge*, New York: Bloomsbury, 2000.

Ahmed, Mohammed M. A. and Gunter, Michael M., eds., *The Evolution of Kurdish Nationalism*, Costa Mesa: Mazda Publishers, 2007.

Ahmed, Mohammed M. A. and Gunter, Michael M., eds., *The Kurdish Question and the 2003 Iraqi War*, Costa Mesa: Mazda Publishers, 2005.

Al-Ali, Zaid, *The Struggle for Iraq's Future: How Corruption, Incompetence and Sectarianism Have Undermined Democracy*, New Haven: Yale University Press, 2014.

Aras, Damla, "Similar Strategies, Dissimilar Outcomes: An Appraisal of the Efficacy of Turkey's Coercive Diplomacy with Syria and in Northern Iraq," *The Journal of Strategic Studies*, Vol. 34, No. 4, August 2011.

Ashton, Nigel, *The Cold War in the Middle East: Regional Conflict and the Superpowers: 1967 – 1973*, London: Routledge, 2007.

Aziz, Mahir, *The Kurds of Iraq: Nationalism and Identity in Iraqi Kurdistan*, London: I. B. Tauris, 2011.

Baram, Amatzia, *Saddam Husayn and Islam, 1968 – 2003, Ba'thi Iraq from Secularism to Faith*, Baltimore: Johns Hopkins University, 2014.

Barzani, Massoud, *Mustafa Barzani and the Kurdish Liberation Movement 1931 – 1961*, New York: Palgrave Macmillan, 2003.

Batatu, Hanna, *The Old Social Classes and the Revolutionary Movements of Iraq: A Study of Iraq's Old Landed and Commercial Classes and of Its Communists, Ba'thists, and Free Officers*, Princeton: Princeton University Press, 1978.

Bengio, Ofra, *Saddam's Word: Political Discourse in Iraq*, New York: Oxford University Press, 1998.

Bengio, Ofra, *The Kurds of Iraq: Building a State with in a State*, London: Lynne Rienner Publishers, 2012.

Blaydes, Lisa, *State of Repression: Iraq under Saddam Hussein*, Princeton: Princeton University Press, 2018.

Böwering, Gerhard, eds., *The Princeton Encyclopedia of Islamic Political Thought*, Princeton: Princeton University Press, 2013.

Brill, Michael, '*Allah, Al-Watan, Al-Qa'id*': *A Preliminary Study of Regime Militias in Iraq, 1991 – 2003*, Master Dissertation, Georgetown University, 2016.

Bruinessen, Martin van, *Agha, Shaikh, and State: The Social and Political Structures of Kurdistan*, London: Zed Books, 1992.

Caswell, Michelle, "'Thank You Very Much, Now Give Them Back': Cultural Property and the Fight over the Iraqi Baath Party Records," *The American Archivist*, Vol. 74, No. 1, April 2011.

Çerny, Hannes, *Iraqi Kurdistan, the PKK and IR Theory and Ethnic Conflict*, London and New York: Routledge, 2018.

Chaliand, Gerard, *The Kurdish Tragedy*, London and New Jersey: Zed, 1992.

Charountaki, Marianna, *The Kurds and US Foreign Policy: International Relations in the Middle East since 1945*, London and New York: Routledge, 2010.

Dahlman, Carl, "The Political Georaphy of Kurdistan," *Eurasian Geography and Economics*, Vol. 43, No. 4, 2002.

Danilovich, Alex ed., *Iraqi Kurdistan in Middle Eastern Politics*, London and New York: Routledge, 2017.

Davis, Eric, *Memories of State: Politics, History and Collective Identity in Modern Iraq*, Berkeley: Press of California University, 2005.

Dodge, Toby and Simon, Steven, eds., *Iraq at the Crossroads: State and Society in the Shadow of Regime Change*, London: Oxford University Press for the International Institute for Strategic Studies, 2003.

Ehteshami, Anoushivaran, *Dynamics of Change in the Persian Gulf: Political Economy, War and Revolution*, New York, NY: Routledge, 2013.

Faust, Aaron, *The Ba'thification of Iraq: Saddam Hussein's Totalitarianism*, Austin: University of Texas Press, 2015.

Galbraith, Peter, *The End of Iraq: How American Incompetence Created a War without End*, New York: Simon and Schuster, 2006.

Ghareeb, Edmund, and Dougherty, Beth, *Historical Dictionary of Iraq*, Lanham: Scarecrow Press, 2004.

Ghareeb, Edmund, *The Kurdish Question in Iraq*, New York: Syracuse University Press, 1981.

Ghassemlou, Abdul Rahman, *Kurdistan and the Kurds*, Prague: Czechoslovak Academy of Sciences, 1965.

Gibson, Bryan R., *Sold Out? US Foreign Policy, Iraq, the Kurds, and the Cold War*, New York: Palgrave Macmillan, 2015.

Gordan, Michael and Trainor, Bernard, *Cobra II: The Inside Story of the Invasion and Occupation of Iraq*, London: Atlantic Books, 2007.

Gunter, Michael M., *Historical Dictionary of the Kurds*, Lanham: The Scarecrow Press, 2011.

Gunter, Michael M., "The Five Stages of American Foreign Policy towards the Kurds," *Insight Turkey*, Vol. 13, No. 2, 2011.

Gunter, Michael M., "The Foreign Policy of the Iraqi Kurds," *Journal of South Asian and Middle Eastern Studies*, 1997.

Gunter, Michael M., "The KDP-PUK Conflict in Northern Iraq," *The Middle East Journal*, Vol. 50, No. 2, 1996.

Gunter, Michael M., *The Kurds Ascending: The Evolving Solution to the*

Kurdish Problem in Iraq and Turkey, New York: Palgrave Macmillan, 2008.

Hahn, Peter L., *Missions Accomplished? The United States and Iraq since World War I*, New York and Oxford: Oxford University Press, 2012.

Hassanpour, Amir, *Nationalism and Language in Kurdistan 1918 - 1985*, San Francisco: Mellen Research University Press, 1992.

Hechter, Michael, *Containing Nationalism*, New York: Oxford University Press, 2004.

Helfont, Samuel, "Authoritarianism beyond Borders: The Iraqi Ba'th Party as a Transnational Actor," *The Middle East Journal*, Vol. 72, No. 2, 2018.

Helfont, Samuel, *Compulsion in Religion: Saddam Hussein, Islam, and the Roots of Insurgencies in Iraq*, New York: Oxford University Press, 2018.

Hiltermann, Joost, *A Poisonous Affair: America, Iraq and the Gassing of Halabja*, New York: Cambridge University Press, 2007.

Human Rights Watch, *Genocide in Iraq: The Anfal Campaign against the Kurds*, New Haven: Yale University Press, 1993.

Hussein, Saddam, *On Current Events in Iraq*, translated by Khalid Kishtainy, London: Longman, 1977.

Hussein, Saddam, *Social and Foreign Affairs in Iraq*, translated by Khalid Kishtainy, London: Routledge, 2010.

Izady, Mehrdad R., *The Kurds: A Concise Handbook*, London: Routledge, 1992.

Jabar, Faleh A. and Dawod, Hosham, eds., *The Kurds: Nationalism and Politics*, London: Saqi, 2006.

Jabar, Faleh A. and Mansour, Renad, eds., *The Kurds in a Changing Middle East: History Politics and Representation*, London: I. B. Tauris, 2019.

Khadduri, Majid and Ghareeb, Edmund, *War in the Gulf, 1990 – 91, The Iraq-Kuwait Conflict and Its Implications*, New York: Oxford University Press, 1997.

Khadduri, Majid, *Republican Iraq*, London: Oxford University Press, 1969.

Kirmanj, Sherko, *Identity and Nation in Iraq*, Boulder: Lynne Rienner Publishers, 2013.

Kreutz, Andrej, *Russia in the Middle East: Friend or Foe*, Westport: Praeger, 2007.

Kutschera, Chris, *Le Mouvement National Kurde*, Paris: Flammarion, 1970.

Lawrence, Quil, *Invisible Nation: How the Kurds' Quest for Statehood is Shaping Iraq and the Middle East*, New York: Walker Publishing Company, 2008.

Little, Douglas, "The United States and the Kurds: A Cold War Story," *Journal of Cold War Studies*, Vol. 12, No. 4, 2010.

Makiya, Kanan, *Republic of Fear: The Politics of Modern Iraq*, Berkeley: University of California Press, 1998.

Makovsky, Alan, "Kurdish Agreement Signals New U. S. Commitment," *Policy Watch*, September 29, 1998.

McDowall, David, *A Modern History of the Kurds*, London: I. B. Tauris, 1996.

McDowall, David, *The Kurds: A Nation Denied*, London: Minority Rights Publication, 1992.

Middleton, John and Tait, David, eds., *Tribes without Rulers: Studies in African Segmentary Systems*, London: Routledge, 1958.

Muhsin, Zeravan, *The Kurdish Regional Impacts on the Zero Problems with Neighbours Policy towards Iraqi Kurdistan (2011 – 2016)*, Ph. D. Dissertation, University of Surrey, 2020.

Natali, Denise, *International Aid, Regional Politics, and the Kurdish Issue in Iraq After the Gulf War*, Abu Dhabi: Emirates Center for Strategic Studies and Research, 1999.

Natali, Denise, *The Kurdish Quasi-state: Development and Dependency in Post-gulf War Iraq*, Syracuse: Syracuse University Press, 2010.

Natali, Denise, *The Kurds and the State: Evolving National Identity in Iraq, Turkey, and Iran*, Syracuse: Syracuse University Press, 2005.

O'Leary, Brendan, McGarry, John and Salih, Khaled, eds., *The Future of Kurdistan in Iraq*, Philadelphia: University of Pennsylvania Press, 2005.

Pelletiere, Stephen C., *The Kurds: An Unstable Element in the Gulf*, Boulder: Westview Press, 1984.

Rafaat, Aram, "Kurdish Islam and Kurdish Integration into the State of Iraq," *The Journal of Social, Political and Economic Studies*, Vol. 37, No. 1, 2012.

Rafaat, Aram, *The Kurds in Post Invasion Iraq: The Myth of Rebuilding the Iraqi State*, Saarbrücken: Lap Lambert Academic Publishing, 2012.

Romano, David, *The Kurdish Nationalist Movement: Opportunity, Mobilization and Identity*, Cambridge: Cambridge University, 2006.

Sanford, Jonathan, *Iraq's Economy: Past, Present, Future*, Washington, DC: Congressional Research Service, 2003.

Sassoon, Joseph and Brill, Michael, "The North Iraq Dataset (NIDS) files: Northern Iraq under Ba'thist Rule, *1968 – 91*," *Journal of Contemporary & the Arab World*, Vol. 14, No. 1 & 2, 2020.

Sassoon, Joseph, *Saddam Hussein's Ba'th Party: Inside an Authoritarian Regime*, New York: Cambridge University Press, 2012.

Shareef, Mohammad, *The United States, Iraq and the Kurds: Shock, Awe and Aftermath*, London: Routledge, 2014.

Silverfarb, Daniel, *Britain's Informal Empire in the Middle East: A Case*

Study of Iraq, 1929 – 1941, Oxford: Oxford University Press, 1986.

Sluglett, Marion Farouk and Sluglett, Peter, *Iraq Since 1958: From Revolution to Dictatorship*, New York: I. B. Tauris, 2001.

Stansfield, Gareth R. V., *Iraqi Kurdistan: Political Development and Emergent Democracy*, London: Routledge, 2003.

Stansfield, Gareth R. V., *The Kurds and Iraq*, London: Routledge, 2008.

Tahiri, Hussein, *The Structure of Kurdish Society and the Struggle for a Kurdish State*, Costa Mesa: Mazda Publishers, 2007.

Tapper, Richard ed., *The Conflict of Tribe and State in Iran and Afghanistan*, New York: St. Martin's Press, 1983.

Tripp, Charles, *A History of Iraq*, Cambridge: Cambridge University Press, 2007.

Voller, Yaniv, "Identity and the Ba'th Regime's Campaign against Kurdish Rebels in Northern Iraq," *The Middle East Journal*, Vol. 71, No. 3, 2017.

Voller, Yaniv, *The Kurdish Liberation Movement in Iraq: From Insurgency to Statehood*, London: Routledge, 2014.

Woertz, Eckart, "Iraq under UN Embargo, 1990 – 2003: Food Security, Agriculture, and Regime Survival," *The Middle East Journal*, Vol. 73, No. 1, 2019.

Woods, Kevin M., Palkki, David and Stout, Mark, *The Saddam Tapes: The Inner Workings of a Tyrant's Regime, 1978 – 2001*, New York: Cambridge University Press, 2011.

Yildiz, Kerim, *The Kurds in Iraq: The Past, Present and Future*, London: Pluto Press, 2007.

（四）库尔德文文献

Amin Qadir Mina, *Amni Stratiji Iraq w Sekuchkay Ba'siyan: Tarhil, Ta'rib, Tab'ith*, Suleimaniya: Kurdistan Centre for Strategic Studies, 1999.

索　引

A

阿卜杜·凯里姆·卡塞姆　67—70,71—85,87—89,94,114,198 脚注 5

阿卜杜拉·奥贾兰　249

阿卜杜·拉赫曼·阿里夫　104,107,108—111,114

阿卜杜·拉赫曼·巴扎兹　105

阿卜杜·拉赫曼·卡塞姆鲁　58,163,192—193

阿卜杜·萨拉姆·阿里夫　67—68,88,96—97,99,101,103,104,105,114

《阿尔及尔协议》　155,156,165,177,180,181,184,188,190,210

阿尔及利亚　90—91

阿拉伯河　84,118,140,145—146,154,155,190

阿拉伯化　89—90,126—127,135,165,168—176,193,197,199—203,206,207,219,222

阿拉伯联合共和国　68,71,72,90,91,95

阿里·哈桑·马吉德　200,211—212,213,216,225

阿里·萨利赫·萨阿迪　87,89,90,91,94,95

阿齐兹·谢里夫　122,127

"爱国队伍"　162,170,171,213,215,220,221,225

艾哈迈德·哈桑·贝克尔　88,90,91,95,110—111,119,120—122,124—125,128,130,137,145,148,156,158,159,185

埃及　2,35,40,68,72,85,90,91,92,93,95,99,103,106,140,142,150,155

"安法尔行动"　173,206,207,210—216,220—222,223,224,225,228—229,236,259,264,270—271,274,276

奥斯曼帝国　33,40—42,49,57,58,59,60,66,118,138,230

B

巴格达条约组织　65,83,101 脚注 2
“巴拉斯汀”　108,133,145,157
巴勒斯坦解放组织　132,188
部落　27,28—29,32,37—38,39,40—42,43—50,51,53,55,59,60—66,67—71,73—74,76—79,80,82—83,85—86,86 脚注 1,92,93,94,96,97,98,100,102—103,115—116,133,142,149,162,163,164,169,176,178—179,181,183,184,186,192,199—200,207,208—209,212,229,234,247,247 脚注 2,273,278

F

泛阿拉伯民族主义　63,70,90,97,112,115,122—123,158,168,170,275,278
“费里”库尔德人　132,176
复兴党　2,22—25,80,86 脚注 1,87—96,101,104,110—111,113—124,126—147,149—151,154—177,179,181—183,185—186,188,191—223,224—230,232—237,241,243,248—257,259—263,265,267—268,270—272,274—277,280
复兴党党员级别　197—204
复兴党化　24,166—173,197—206,207

G

“敢死战士”　87,87 脚注 1,92,98,99,100,102,103,105,107,117,118,119,127,128,131,133,137,144,145,149,152,153,156,183,192,193,225,227,229,230,235,240—241,242,244,246,265,269

H

哈莱卜贾　86 脚注 1,118,215,227,239 脚注 2,253
哈姆辛·阿卜杜拉　70,71—72,274
海湾危机　224,226—227
海湾战争　168,228,242,257,270
《华盛顿协议》　255,257,259—260,262,271
化武攻击　213—215,216—217,230,264
霍梅尼　187—188,191

J

基尔库克(塔米姆)　41,55,62,70,74,79 脚注 1,82—83,92,93,102,103—104,114,126—127,134—136,143—144,145,146—147,149,152,153,173—176,185,193—194,201—203,201 脚注 2,203 脚注 4,211,225,229,232,233,235,266,

269—270
集体惩罚　173,210—216,221—223,236,271
基辛格　13,141—143,146,150,154—155
贾拉勒·塔拉巴尼　19,32,51,63,71,76,77,78—81,86 脚注 1,88,90—94,97,98—100,108,110,112,116,180—182,184—185,186,192—194,222,227,232—234,240,242,244,245,247,248,251,255,257,259,265,269
《解放伊拉克法案》　255,256—257,258—259,261—262,271
禁飞区　86 脚注 1,168,173,224,228,230—232,235,241,243,251,260,261,268,271,274,275,277
军政关系　91,92,95—96,101,105—106,120,122—123,125,127—128,130,133,134,158—159,274—275

K

凯南·马基亚　7,8,267
科威特　7,36 脚注 2,81,85,107,143,222,224,226—227,228,236,277
库尔德民族主义运动（库尔德运动、“武装化的库尔德人”“破坏分子”）　5,50,56,63,65,82—83,84—85,86,86 脚注 1,95,96—102,103,107,116,117,133,144—145,152,156—158,161,162,164,163—165,169—170,171—172,173,175,177—187,189—195,196,200,202,206,207—208,209,210—211,213—214,215,216,217—218,220—223,226,229,230,236,237,270,274—275,276—279
库尔德内战　86 脚注 1,237,243—255,271,275
库尔德斯坦爱国联盟（“塔拉巴尼之伍”“伊朗代理人之伍”）　50,86 脚注 1,181—187,190—191,192—195,196 脚注 1,206,209,211,216,217,220—222,223,226,229,239—240,243,244—247,249—254,257,258—259,261,265,271,279
库尔德斯坦地区政府　52—53,237—255,258,279
库尔德斯坦工人党　214,241—242,249,251,254,257,279
库尔德斯坦民主党（“背叛之子的队伍”）19,50,51,64—65,67,68,69—73,76—79,81—88,94,95,96—109,110—111,114—117,122,125,128,131—34,138—139,142,144,145,147,152,156—157,164,177—178,179,180—193,195,196 脚注 1,197,198,217,221—222,223,225,229,234—235,239—240,243,244—247,249—254,257—259,

244—247，249—254，257—259，265，271，273—274，279
库尔德斯坦阵线　222，225，226，227，228，229，231，232—238，243，271
库尔德语　29，31，41，50—53，69，74，87 脚注 1，92，116，128，131，148，162，175，209，234，278

L

两伊战争　160—161，164，187，190—192，194—195，200，203，205，208 脚注 2，210，214，216，218—219，223，226，275，276—277
《6 月 29 日声明》　105—108，114，115，121
《洛桑条约》　57

M

马哈巴德共和国　51，64，65，
马哈茂德·奥斯曼　19，125，127，130，136—137，141，178，180，187，233—234，240
马苏德·巴尔扎尼　19，80—81，125，127，133，165，184，188—189，222，223，225，233—234，236，237，239—240，243，245—246，249，251，255，257，259，265
毛拉穆斯塔法·巴尔扎尼　64，65，67—73，76—79，80—87，86 脚注 1，88，91—95，97—104，105，107—109，110，114—119，121—122，125，127—128，130—131，132，133—134，136—138，139—140，142—143，144—146，148，149—150，151—153，155—158，165，177—179，180，184—185，187—189，198，223，273，274，275
穆罕默德·礼萨·巴列维　84，95，101，118，119，138，141，155—156
美国　2—3，7—9，37，57，83—84，101 脚注 2，108，134，137—143，144—146，149—151，153—155，157，159，171，177，194，224，226—228，230—231，242—243，247—248，250—251，253，255—272，275—280
米歇尔·阿弗莱克　124，161，170—171
“民族进步阵线”　117，133，141，144，146，147，213

N

纳赛尔　2，70，72，85，90—91，93—94，95，97，98，101，106—107，112
纳赛尔主义者　68，70，85，88，89，95，107，109，110，198 脚注 5
尼克松　140，141

Q

“七月革命”　5—6，67—68，84，101 脚注 2，111，274，275

“亲党友人” 198—199,217—218
去复兴党化 267

S

萨达姆·侯赛因 7,120—121,125,128,130—131,134,137,145—147,151,154—156,158—159,162,166,167,168,170 脚注 1,172,190,191,192,193—194,195,200,205,207,210,211—212,216—219,224,226—227,228,229,230,231 脚注 1,232,233—236,237,250,250 脚注 1,255,257 脚注 1,260,261,263—265,271,276—277,280
萨法维王朝 33,40—41,54,66
萨拉丁 39—40
“萨拉丁骑士兵团” 82,94,127,128,133
《三月声明》 128—130,130—132,134,137,140,143,147,159,179,188,276
《色佛尔条约》 57,58,59,66
什叶派 41,54,60—61,132,176,188,216,228,232,243,262,269,274—275
苏非教团 48—50,53,55,70,86 脚注 1,247 脚注 2
苏联 3,5—6,13,16,19,35,36,51,57,65,69,71,76—77,83—84,95,98,101 脚注 2,122,138,139—140,142,144,145,149,150,155,177,180,182,194,273,276
《苏伊友好合作条约》 140,142,144

T

塔哈·亚辛·拉马丹 121,133,168—169,171,172,198,199,217
“提供舒适行动” 231—232
土耳其 20,27—28,33—34,35—36,40—41,51,52,53—54,57—58,59,60—61,65,66,69,70,81,84,85,95,101 脚注 2,122,130,138,139,142,152,172 脚注 2,175,183,184,186,214,216,226,228,230—231,231 脚注 1,234,241—242,248—251,253—254,258,260,263,264,266,268—270,271,277—278,279

W

“我们的库尔德人民” 195—196,206,223

X

《席林堡条约》 33,41,42
《夏拉夫书》 27,28
叙利亚 34,35,36,37,38,51,52,68,84,90,91,92,94,95,97,150,181,182,183,185,191,193,228,241,253,276,278

Y

叶夫根尼·普里马科夫　13,122,180
易卜拉欣·艾哈迈德　68,70,71,72,75,77,78,88,98—101,104,116
伊德里斯·巴尔扎尼　100—101,108,125,127,133,136,137,141,143,147,151,165,188—189
伊拉克战争　7,8,264,269—270,277,280
伊朗　2,27,29,33,34,35,36,40,42,50,51,54,64,65,69,70,78,84,85,91,95,101,104,105,107—108,109,117,118—119,121—122,130,132,137—144,146—147,149—150,151—152,154—157,159,164,165,171,175,176,177,179,180,184,187—197,210—211,219,220,221,223,225,228,230,239 脚注 2,241,242,243,245 脚注 3,248—251,253,255,276,278
英国　36,57—58,59—63,64,72,76,78,81,83,85,101 脚注 2,110—111,119,131,139,140,142,150,231,260,263
“隐蔽行动”　134,142—143,155,243

Z

中央情报局　138,139,141—143,149,151,154,243,255,264,265,269
中央条约组织　101,101 脚注 2
《自治法》　144—151

后　记

中东地区的图景很繁杂，但线索也很明确。只是在这繁杂的图景里要找到一条明确的线索并非易事，因为面对中东盘根错节的种种关系、纠缠胶合的纷纷乱象时，要辨明何为表征、何属内里，实在需要消耗巨大的精力，投入长久的时间。所幸自己在这繁复的图景下，抓住了“库尔德问题”这样一条具有穿透力与生长力的线索，让我对不确定的中东局势有了诸多确定，对坚持走“路漫漫其修远兮”的学术求真之路立下了“吾将上下而求索”的决心。这一切，都离不开众多师友亲人的支持、帮扶与鼓励。

在本书付梓出版之际，我首先要衷心地感谢我的博士生导师吴冰冰教授。从本科阶段开始，我就拜读过吴老师的文章，深受其研究广度与深度的启发和影响。硕士期间，我慕名到北京大学旁听他开设的中东研究与伊斯兰文化课程，多次向他请教，最终确定了报考北大的信心与决心。可以说，吴老师早已在为学上对我产生了重要的影响。攻读博士学位期间，吴老师不仅在学术研究上对我进行悉心的指导，提供全力的支持与最大限度的包容，更在为人和为事两个方面积极地引领着我，让我深刻理解了一个学者所当怀有的胸襟与所应担负的重任。值得欣慰的是，我的博士论文最终获得 2021 年北京大学优秀博士学位论文奖和 2022 年北京市优秀博士学位论文提名奖，并得到国家社科基金立项出版资助。难以想象，没有吴老师全面细致的关怀与指导，我不可能顺利应对博士学位论文写作这项综合性的挑战并取得相关的成绩。

2021 年博士毕业后，我有幸在合作导师付志明教授的指导下，入职北京大学担任博雅博士后研究员，继续在库尔德问题上探索。对待工作与生活，付老师惟精惟一，雷厉风行，乐观豁达，视野宽广，是我学习的榜样。每当我迷茫困惑向他求教，付老师总是第一时间为我指点迷津、指明方向。自己得以不断进步成长，背后都离不开付老师的悉心教导与点拨。每想至此，心中感到无比的荣幸与温暖。

同时，我要感谢林丰民老师、王林聪老师、唐志超老师、王宇洁老师、马丽蓉老师、程彤老师、黄慧老师、廉超群老师、李海鹏老师、袁琳老师、肖坤老师、高山老师、昝涛老师、詹世明老师等，在我博士培养、博士后研究和助理教授入职等各个重要环节里，他们都给予我孜孜不倦的教诲和春风细雨般的帮助，让我受益匪浅。感谢本科与硕士母校北京外国语大学的恩师张宏老师、薛庆国老师、刘欣路老师、叶良英老师、吴旻雁老师等诸位老师给予我的指导、关心和体谅。长期以来，各位老师严谨的治学风骨与高尚的品格对我形成感召，让我时刻心怀谦卑，不断追赶。高山仰止，景行行止，师恩难忘。

我要特别感谢吴思科大使和唐志超老师在百忙之中阅读书稿并为之作序。感谢我在美国斯坦福大学做访问学者期间的合作导师丽莎·布蕾兹教授（Lisa Blaydes），她的访学邀请和耐心细致的指导，让我持续拓展着自己的国际学术视野。我还要感谢同样从事伊拉克研究的塞缪尔·赫尔方特教授（Samuel Helfont）和博士候选人迈克尔·布瑞尔（Michael Brill）在我阅读档案过程中向我提供的热情帮助。同时，感谢孙晓雯、赵闻睿、白野、朱泉钢、杜哲元、熊亮、孔雀、黄超、文晶、张若枫、蒋婧等学友，学术求真的志趣让我们一路相伴，共同成长。学生黄碧钰、李如斐和郑一苇同学在书稿初期的编整过程中做了出色的助理工作，在此一并致谢。我还想感谢我可爱的学生们，他们认真的求知态度和营造的活泼课堂氛围，给予我教学相长的成就感。

感谢中国社会科学出版社编辑老师范娟荣博士，本书从确定选题、编辑修订到最终定稿的所有环节中，都浸透着她的辛勤付出和耐心帮助。感谢国家留学基金委和北京大学卡塔尔国中东研究讲席对我在美国访学时的支持。感谢国家社会科学基金博士论文出版项目对本书的资助。

最后，我要感谢我的家人。感谢我的父母 30 多年来予我以无微不至的照顾和无条件的支持。感谢我的爱人马晓颖，她长期的陪伴和包容是我坚持学术追求最坚强有力的后盾。谨以此书作为对他们巨大付出一份绵薄的回馈。

李睿恒

2024 年 6 月于北京大学